中 外 物 理 学 精 品 书 系
本 书 出 版 得 到 " 国 家 出 版 基 金 " 资 助

中外物理学精品书系

前沿系列·69

加速器质谱 ^{14}C 测年研究
——夏商周时期考古遗址与殷墟甲骨测年

郭之虞 原思训 吴小红 刘克新 编著

图书在版编目 (CIP) 数据

加速器质谱 14C 测年研究：夏商周时期考古遗址与殷墟甲骨测年 / 郭之虞等编著. -- 北京：北京大学出版社，2024.10. -- (中外物理学精品书系). -- ISBN 978-7-301-35375-2

I. K878.05；K877.14

中国国家版本馆 CIP 数据核字第 202419GE16 号

书　　　名	加速器质谱 ^{14}C 测年研究——夏商周时期考古遗址与殷墟甲骨测年
	JIASUQI ZHIPU ^{14}C CENIAN YANJIU——XIASHANGZHOU SHIQI KAOGU YIZHI YU YINXU JIAGU CENIAN
著作责任者	郭之虞　原思训　吴小红　刘克新　编著
责 任 编 辑	班文静
标 准 书 号	ISBN 978-7-301-35375-2
出 版 发 行	北京大学出版社
地　　　址	北京市海淀区成府路 205 号　100871
网　　　址	http://www.pup.cn
电 子 邮 箱	zpup@pup.cn
新 浪 微 博	@北京大学出版社
电　　　话	邮购部 010-62752015　发行部 010-62750672　编辑部 010-62754271
印 刷 者	北京中科印刷有限公司
经 销 者	新华书店
	730 毫米 × 980 毫米　16 开本　22 印张　460 千字
	2024 年 10 月第 1 版　2024 年 10 月第 1 次印刷
定　　　价	119.00 元

未经许可，不得以任何方式复制或抄袭本书之部分或全部内容。
版权所有，侵权必究
举报电话：010-62752024　电子邮箱：fd@pup.cn
图书如有印装质量问题，请与出版部联系，电话：010-62756370

"中外物理学精品书系"
（三期）
编 委 会

主　任：王恩哥

副主任：常　凯

编　委：（按姓氏笔画排序，标*号者为执行编委）

丁　洪	马余强	王　牧	王力军	王孝群
王恩科	王雪华	牛　谦	石　兢	田光善
冯世平	邢定钰	朱　星	朱邦芬	向　涛
刘　川*	刘魁勇	汤　超	许宁生	许京军
李茂枝	李建新	李新征*	李儒新	吴　飙
汪卫华	张　酣*	张立新	张振宇	张富春
陈志坚*	武向平	林海青	欧阳钟灿	罗民兴
钟建新	段文晖	徐仁新*	徐红星	高原宁
郭　卫	资　剑	龚新高	龚旗煌	崔　田
谢心澄	解士杰	樊铁栓*	潘　鼎	潘建伟

秘　书：陈小红

序　言

物理学是研究物质、能量以及它们之间相互作用的科学。她不仅是化学、生命、材料、信息、能源和环境等相关学科的基础，同时还与许多新兴学科和交叉学科的前沿紧密相关。在科技发展日新月异和国际竞争日趋激烈的今天，物理学不再囿于基础科学和技术应用研究的范畴，而是在国家发展与人类进步的历史进程中发挥着越来越关键的作用。

我们欣喜地看到，随着中国政治、经济、科技、教育等各项事业的蓬勃发展，我国物理学取得了跨越式的进步，成长出一批具有国际影响力的学者，做出了很多为世界所瞩目的研究成果。今日的中国物理，正在经历一个历史上少有的黄金时代。

为积极推动我国物理学研究、加快相关学科的建设与发展，特别是集中展现近年来中国物理学者的研究水平和成果，在知识传承、学术交流、人才培养等方面发挥积极作用，北京大学出版社在国家出版基金的支持下于2009年推出了"中外物理学精品书系"项目。书系编委会集结了数十位来自全国顶尖高校及科研院所的知名学者。他们都是目前各领域十分活跃的知名专家，从而确保了整套丛书的权威性和前瞻性。

这套书系内容丰富、涵盖面广、可读性强，其中既有对我国物理学发展的梳理和总结，也有对国际物理学前沿的全面展示。可以说，"中外物理学精品书系"力图完整呈现近现代世界和中国物理科学发展的全貌，是一套目前国内为数不多的兼具学术价值和阅读乐趣的经典物理丛书。

"中外物理学精品书系"的另一个突出特点是，在把西方物理的精华要义"请进来"的同时，也将我国近现代物理的优秀成果"送出去"。这套丛书首次成规模地将中国物理学者的优秀论著以英文版的形式直接推向国际相关研究的主流领域，使世界对中国物理学的过去和现状有更多、更深入的了解，不仅充分展示出中国物理学研究和积累的"硬实力"，也向世界主动传播我国科技文化领域不断创新发展的"软实力"，对全面提升中国科学教育领域的国际形象起到一定的促进作用。

习近平总书记2020年在科学家座谈会上的讲话强调："希望广大科学家和科技工作者肩负起历史责任，坚持面向世界科技前沿、面向经济主战场、面向国家重大需求、面向人民生命健康，不断向科学技术广度和深度进军。"中国未来的发展在于创新，而基础研究正是一切创新的根本和源泉。我相信"中外物理学精品书系"会持续努力，不仅可以使所有热爱和研究物理学的人们从书中获取思想的启迪、智力的挑战和阅读的乐趣，也将进一步推动其他相关基础科学更好更快地发展，为我国的科技创新和社会进步做出应有的贡献。

"中外物理学精品书系"编委会主任
中国科学院院士，北京大学教授
王恩哥
2022年7月于燕园

序

"夏商周断代工程"启动时,我在国家自然科学基金委员会担任副主任. 当时国家为了对来自不同地区、不同部门的高校、研究单位、文博单位之间的协调与配合提供支持,成立了"夏商周断代工程"领导小组,组长由国家科学技术委员会 (今科技部) 副主任邓楠担任,副组长由我 (代表国家自然科学基金委员会) 担任,领导小组成员还有国家教育委员会 (今教育部)、中国科学院、中国社会科学院、国家文物局、中国科学技术协会等相关部门的负责人. 1995 年 12 月,时任国务委员的李铁映和宋健在国务院主持召开"夏商周断代工程"领导小组和专家组的联席会议,讨论"夏商周断代工程"的各项准备工作. 会上提到该工程对 ^{14}C 样品的测量精度要求为 0.3%—0.5%,而当时国内的加速器质谱 (AMS) ^{14}C 测量精度仅在 1% 左右,还不能达到此要求. 为此,北京大学 AMS ^{14}C 实验室的负责人郭之虞教授表示,如果投入一定的经费,他们会对北京大学基于 EN 型串列加速器的 AMS 装置 (EN-AMS) 进行升级改造,有把握使其 ^{14}C 测量精度达到要求. 但有些与会者主张把样品送到国外去测,他们担心升级改造工作能否在有限的时间内完成. 会议经过反复讨论,最终还是决定立足国内,通过改造现有 AMS 装置来实现高精度测量.

为此,"夏商周断代工程"在"^{14}C 测年技术的改进与研究"课题下设立了"AMS 法技术改造与测试研究"专题,由郭之虞教授担任专题负责人,同时由北京大学考古文博学院的原思训教授作为"夏商周断代工程"中"骨质样品的制备研究"专题负责人,这本书的其他两位作者分别是这两个专题的骨干人员.

郭之虞曾于 1985—1987 年在英国牛津大学做访问学者,其间他考察了牛津大学的 AMS 装置,并参加了 1986 年在英国举行的国际 AMS 会议. 因此他对 AMS 的原理和技术有比较全面且深刻的了解. 回国后,他参加了北京大学 EN-AMS 的建设工作,该加速器质谱计的主加速器是 EN 型串列加速器,1985 年由英国牛津大学赠送给北京大学. "夏商周断代工程"期间,他率领团队完成了 EN-AMS 的升级改造工作. 经过设备的升级改造和对制样技术的研究,北京大学 AMS ^{14}C 实验室于 1998 年 12 月初开始进行 ^{14}C 样品的测量,1999 年达到了优于 0.5% 的测量精度,2000 年 5 月该专题通过了专家组的验收. 与此同时,北京大学还专门开展了甲骨制样的研究. 如今他们四人合写这本书,在他们三十余年工作经验的基础上,对

高精度 ^{14}C 测年技术, 以及考古学应用的关键问题进行梳理和总结, 是一件十分有意义的事情.

^{14}C 测年在考古学、古人类学、地球科学、环境科学等学科领域都得到了广泛应用, AMS 法业已成为 ^{14}C 测年的主流方法. 近年来, 虽然介绍 AMS ^{14}C 测年在各方面应用的文章已发表不少, 但国内对 AMS ^{14}C 测年原理、技术与方法做系统介绍的书籍尚为鲜见, 特别是在利用贝叶斯 (Bayes) 方法进行系列样品年代校正方面, 国内还少有书籍、文章进行系统且深入的介绍. 《加速器质谱 ^{14}C 测年研究 —— 夏商周时期考古遗址与殷墟甲骨测年》一书的出版恰好可以弥补这方面的不足, 有助于进一步推动我国 AMS ^{14}C 测年研究工作的开展.

书中还给出了相当数量的夏商与西周时期的考古遗址, 以及殷墟甲骨的 AMS ^{14}C 测年数据和年代校正结果, 这也是 "夏商周断代工程" 和 "中华文明探源工程" 的重要成果之一. 中国作为世界文明古国之一, 厘清自身发展的历史, 建立科学可靠的各阶段的年代框架是非常有必要的. 当然, 这方面还有很长的路要走, 而这本书无疑已经迈出了重要的一步.

我相信这本书将成为我国年代学研究工作者的重要参考书, 有助于他们系统且深入地了解高精度 AMS ^{14}C 测年原理、技术与方法中的关键问题. 对于一般的考古学者和这方面的科学爱好者, 这也是一本可读性比较强的 AMS ^{14}C 测年技术普及参考书.

陈佳洱
2022 年 6 月

前 言

1947 年, 美国芝加哥大学的利比 (Libby) 教授使用盖革 (Geiger) 计数器测量出了生物甲烷中的 ^{14}C, 这是人类首次从自然界中检测出 ^{14}C. 此后经过改进仪器、降低本底, 他于 1949 年发表了两个已知年代的埃及考古样品的测定结果, 这标志着 ^{14}C 测年方法的建立. 自那时起, 这个方法在考古学、古人类学、地球科学、环境科学等领域都得到了广泛应用. 利比也因创立 ^{14}C 测年方法而获得了 1960 年的诺贝尔化学奖. ^{14}C 是碳的放射性同位素, 亦称为放射性碳 (Radiocarbon). 在一个封闭体系中 ^{14}C 含量的变化符合指数衰变规律, 因此, 测得某一时刻某样品的 ^{14}C 含量与其初始含量的比值即可推知该样品的年龄. ^{14}C 的衰变不受任何外界条件 (例如, 温度、湿度、压力等) 的影响, 故在满足 ^{14}C 测年原理要求的前提条件下所测得的年龄具有高度可靠性. ^{14}C 测年业已成为测定晚第四纪 5 万年以来样品年代的最有力的工具.

20 世纪 50—70 年代, ^{14}C 测年技术在国际上日臻成熟. 气体正比计数法和液体闪烁计数法得到广泛应用, 1959 年在第 4 届国际 ^{14}C 会议上通过了以 NIST (美国国家标准与技术研究院, 以前称为美国国家标准局 (NBS)) 草酸 OX-I 为现代碳的国际标准物质的决议, 1962 年在第 5 届国际 ^{14}C 会议上确认了较精确的 ^{14}C 半衰期值, 并先后发现了工业效应、核爆效应和同位素效应等影响测年准确性的因素. 树轮校正的研究工作取得重大进展, 1986 年国际上发布了基于树轮测定的高精度 ^{14}C 校正曲线.

早期的 ^{14}C 测年是用 ^{14}C 衰变计数法 (也称为传统或常规 ^{14}C 测年方法) 测量样品的放射性比活度 (本书中常简称为比活度), 20 世纪 70 年代后期加速器质谱法被用于 ^{14}C 测年. 1977 年, 加拿大麦克马斯特大学和美国罗切斯特大学同时发表了用串列加速器测量自然界中 ^{14}C 的结果, 此后 AMS 技术得到快速发展, 1978 年召开了第 1 届国际 AMS 会议. 到 20 世纪 80 年代末, 全世界的 AMS 装置已达 30 多台, 近年来 AMS 法已成为 ^{14}C 测年的主流方法. AMS 法的主要优点是易于降低测量本底、所需的样品量少且测量工作的效率较高. 美国华盛顿大学第四纪同位素实验室为了用衰变计数法测量 5 万年前的 ^{14}C 样品, 将计数器置于地下 10 m 深处并加了 30 cm 厚的铅屏以减小宇宙射线本底, 而 AMS 的机器本底可达 6 万年以上. 衰变计数法的 ^{14}C 样品一般需含 1—10 gC (gC 为克碳), 而 AMS 法的典型样品仅需含 1 mgC (mgC 为毫克碳), 甚至可以采用含 100 μgC (μgC 为微克碳) 或更少的样品, 从而扩大了样品可以选择的范围, 而且可借助样品的组分提取技术提高样品年代的可靠性. 每台 AMS 设备每年可测量几千个甚至上万个 ^{14}C 样品, 而对于常规 ^{14}C 测年方法, 每台设备每年最多仅可测量数百个样品.

^{14}C 测年技术的另一项重要进展是在 20 世纪 90 年代发展了基于贝叶斯统计的系列样品年代校正方法. 该方法首先由英国谢菲尔德大学的巴克 (Buck) 于 1991 年提出, 通过引入包括样品顺序与分期等信息的先验分布, 可以使样品日历年代后验分布的可信区间 (credible interval) 大幅度减小, 这也使得考古文化分期跨度为几十年的遗址测年成为可能. 随后英国牛津大学的布朗克-拉姆齐 (Bronk Ramsey) 开发了 OxCal 程序, 推动了系列样品年代校正方法的广泛应用.

我国的 ^{14}C 测年工作是在 20 世纪 50 年代起步的. 1955 年时任中国社会科学院考古研究所副所长的夏鼐先生首先关注到 ^{14}C 测年技术, 1959 年他将仇士华和蔡莲珍调到考古研究所筹建我国第一个 ^{14}C 实验室, 并于 1965 年建成, 当时使用的是气体正比计数法. 其后, 北京大学的陈铁梅、原思训和王良训于 1975 年建成了我国第一个使用液体闪烁计数法的 ^{14}C 实验室. 在 20 世纪 70 年代后期到 80 年代, 我国的 ^{14}C 测年工作得到了快速发展, 先后建立了 40 多个 ^{14}C 实验室, 自 20 世纪 70 年代起还开始了中国糖碳的研制, 并于 1981 年完成了中国糖碳的制备和标定工作, 1987 年中国糖碳被核准为国家标准物质. 1981 年, 中国第四纪科学研究会 ^{14}C 年代学组成立, 仇士华担任组长, 同年召开了第 1 届全国 ^{14}C 学术会议. ^{14}C 年代学组于 1983 年在北京大学举办了有 50 多人参加的 ^{14}C 讲习班, 并多次组织召开全国性的 ^{14}C 学术会议, 有力推动了我国 ^{14}C 测年技术的发展和研究应用. 1990 年, 仇士华等人主编的《中国 ^{14}C 年代学研究》出版, 全国从事 ^{14}C 研究工作的数十位科研人员参加了这本专著的编写. 1988 年, 北京大学在陈佳洱和李坤的领导下开始研制 EN-AMS 装置并于 1993 年建成, 同时还建成了与 AMS 配套的 ^{14}C 制样实验室. 这是我国首台主要用于 ^{14}C 测量的 AMS 装置, 这台装置建成后在考古学、地球科学、环境科学、生物医学等领域开展了卓有成效的应用研究. 近年来我国的 AMS ^{14}C 实验室发展很快, 据 2021 年 11 月召开的第 15 届国际 AMS 会议上发布的信息, 当时世界上共有 157 台 AMS 装置, 其中中国有 21 台.

1996 年, 国家 "九五" 科技攻关重点项目 "夏商周断代工程" 在时任国务委员李铁映和宋健的推动下正式启动, 项目专家组由 21 名学者组成, 其中包括仇士华、陈铁梅、原思训和郭之虞等 4 位 ^{14}C 测年专家. 项目设立了 9 个课题, 其中, "^{14}C 测年技术的改进与研究" 课题的负责人为仇士华. 该课题下设 3 个专题, "常规法技术改造与测试研究" 专题的负责人是蔡莲珍, "骨质样品的制备研究" 专题的负责人是原思训, "AMS 法技术改造与测试研究" 专题的负责人是郭之虞. 通过设备改造和方法学研究, 北京大学 AMS ^{14}C 测量的水平得到了很大提高, 并在 "夏商周断代工程"期间测量了 9 个夏商周时期考古遗址的系列样品和部分甲骨样品. "夏商周断代工程"于 2000 年 9 月结题, 同年 11 月《夏商周断代工程 1996—2000 年阶段成果报告·简本》出版. 继"夏商周断代工程"之后, 国家又启动了"中华文明探源工程", 该工程从 2001 年至今共分为 6 个阶段. 北京大学 AMS ^{14}C 实验室参加了"中华文明探源工程"各阶段的 ^{14}C 测年研究, 吴小红担任了各阶段考古学文化谱系及年代研究课题的负责人. "夏商周断代工程"项目结题后, 以及"中华文明探源工程"期间, 夏商周时期考古遗址的系列样品和部分甲骨样品的 AMS ^{14}C 测年工作一直在继续进行, 本书中共收入了 13 个考古遗址的系列样品和全部甲骨样品的测年结果. 2004 年 9 月, 北京大学 AMS ^{14}C 实验室参加了第 5 次国际 ^{14}C 样品比对 (International Radiocarbon Intercomparison, 简称 IRI) 活动, 所测量的 4 个比对样品的测量结果与国际原子能机构 (IAEA) 给出的加权统计平均值都十分接近, 在全世界 70 个 ^{14}C 实验室提交的 100 多组数据中处于上游水平.

"夏商周断代工程"期间, 为了提高测年效率, 以获得更多的测年数据, 且便于相互比对提高结果的可信性, 同时启用了中国社会科学院考古研究所常规 ^{14}C 测年方法、北京大学常规 ^{14}C 测年方法和 AMS ^{14}C 测年方法三套测年系统, 本书在相关章节里所做的许多比对表明, 这三套系统的测年结果都是可靠的. 至于一些遗址的系列样品校正结果出现的少许年代差异, 主要是由于各校正系列所采集和测定的样品及样品数量不同而导致的. 我们有理由相信在现有的考古发现和发掘条件下, "夏商周断代工程"所拟定的 ^{14}C 年代框架是合理的.

本书是在《夏商周断代工程报告》(俗称繁本) 第七章第 (三) 节的基础上重新编写的. 为方便读者阅读, 本书增加了对 ^{14}C 测年与加速器质谱原理的介绍, 并补充了更多细节, 增加了更多讨论. 为了使读者对夏商周时期样品的测年成果有一个更全面的认识, 书中增加了本实验室在"中华文明探源工程"中测定的部分数据, 同时还引用了常规 ^{14}C 测年方法测定的二里头遗址和殷墟遗址的 ^{14}C 数据. 此外, 为了各个遗址的系列样品校正结果的统一性和数据的可比对性, 书中所有遗址的系列样品和甲骨样品都用 OxCal v4.4.2 和 IntCal20 校正曲线重新进行了年代校正, 故本书中的年代数据与《夏商周断代工程报告》中会略有不同.

需要指出的是, 使用贝叶斯方法对系列样品进行 ^{14}C 年代校正的结果与先验条件密切相关. 同样一组样品的 ^{14}C 数据, 如果先验条件不同, 就会得到不同的校正结果. 例如, 小双桥与洹北花园庄遗址作为单独系列的校正结果, 和这两个遗址与郑州商城、殷墟遗址组成长系列的校正结果就有所不同, 这是由于二者分别使用了不同的先验条件而造成的. 校正曲线的形状对校正结果也会有一定影响, 较大的扭摆或平台叠加扭摆区段可造成校正后样品年代区间的延伸, 并导致相应分期的年代区间展宽和交叠. OxCal 程序和校正曲线的不同版本所给出的年代校正结果也会有所差异. 禹州瓦店和小双桥遗址的测年结果与发掘者的预期有一定的差距, 这些遗址还在继续发掘, 其年代还值得进一步研究. 本书对以上问题也进行了相应的讨论.

本书第一章为绪论, 介绍 ^{14}C 测年和加速器质谱的基本知识, 并对"夏商周断代工程"和"中华文明探源工程"做了简略的介绍. 第二章介绍我们在制样方面的研究工作. 第三章介绍我们在测量装置与测量方法学方面的研究工作. 第四章介绍我们在系列样品 ^{14}C 年代校正的贝叶斯方法方面的研究工作. 第五章介绍夏商周时期遗址的 AMS ^{14}C 年代测定的研究工作和成果. 第六章介绍殷墟甲骨的 AMS ^{14}C 年代测定的研究工作和成果. 第七章讨论关于 ^{14}C 测年的若干问题. 第八章根据 AMS ^{14}C 年代测定结果给出夏商和西周各文化分期的考古年代框架. 附录 A 和附录 B 给出相关遗址和殷墟甲骨的全部 AMS ^{14}C 测量数据.

北京大学的 AMS ^{14}C 测年工作和本书的写作得到了很多单位的考古学者和 ^{14}C 学者的大力支持与帮助, 北京大学重离子物理研究所和考古文博学院的很多教职员工也为此做出了巨大贡献 (详见本书后记), 我们在此向他们致以诚挚的感谢. 在这里我们还要特别指出, 在研究贝叶斯方法和使用 OxCal 程序的过程中, OxCal 程序的编写者布朗克-拉姆齐给予了我们很大的帮助. 应本书作者郭之虞的要求, 他在发布 OxCal v3.8 时增加了批处理功能, 在发布 OxCal v3.9 时修改了 R_Simulate (^{14}C 年龄模拟) 命令以计入校正曲线的误差, 在正式发布 OxCal v3.9 之前还先把程序发给北京大学试用, 并根据试用中发现的问题提高了随机数发生器种子更新的频率. 2021 年, 我们在使用 OxCal v4.4.2 和 IntCal20 校正曲线进行年代校正时遇到一些问题, 布朗克-拉姆齐又及时给出了解决办法.

AMS ^{14}C 测年工作及其应用涉及的学科与知识面很广, 故 ^{14}C 测年工作者应当具有广泛的知识背景, 同时也应具备一定的考古学与地球科学等学科的知识, 以便与相关学科工作者进行沟通.

目前 AMS ^{14}C 测年工作在我国已得到一定程度的普及, 装置建设也得到快速发展. 本书除了旨在介绍夏商周时期若干重要考古遗址及殷墟甲骨的 AMS ^{14}C 测年成果外, 也可供 ^{14}C 测年工作者、AMS 工作者、历史和考古工作者, 以及有兴趣了解 ^{14}C 测年、AMS 相关科学与技术问题和背景知识的各界人士、研究生与大学生使用. 本书在编写时努力照顾到各方面读者的需求, 尽量把相关问题的来龙去脉说清楚, 同时也注意到学科本身的科学性和严谨性, 对相关科学问题给出全面系统的介绍, 避免可能引起的歧义.

本书的主要工作是在四位作者的共同参与下完成的, 第二章由原思训和吴小红执笔, 其余各章由郭之虞执笔, 四位作者都参加了对全书的审阅和修改. 虽然经过反复修订才最终定稿, 但书中的不足和错误仍在所难免, 敬请专家和读者不吝赐教.

作者
2023 年 4 月

目　　录

第一章　绪论 ⋯⋯⋯⋯⋯⋯⋯⋯⋯⋯⋯⋯⋯⋯⋯⋯⋯⋯⋯⋯⋯⋯⋯⋯ 1
　1.1　^{14}C 测年概述 ⋯⋯⋯⋯⋯⋯⋯⋯⋯⋯⋯⋯⋯⋯⋯⋯⋯⋯⋯ 1
　　1.1.1　^{14}C 测年的原理 ⋯⋯⋯⋯⋯⋯⋯⋯⋯⋯⋯⋯⋯⋯⋯ 1
　　1.1.2　^{14}C 测年的方法 ⋯⋯⋯⋯⋯⋯⋯⋯⋯⋯⋯⋯⋯⋯⋯ 7
　　1.1.3　影响 ^{14}C 测年结果的几个问题 ⋯⋯⋯⋯⋯⋯⋯⋯⋯ 8
　　1.1.4　^{14}C 年代校正 ⋯⋯⋯⋯⋯⋯⋯⋯⋯⋯⋯⋯⋯⋯⋯⋯ 14
　　1.1.5　^{14}C 测年与示踪的应用 ⋯⋯⋯⋯⋯⋯⋯⋯⋯⋯⋯⋯ 18
　　1.1.6　小结 ⋯⋯⋯⋯⋯⋯⋯⋯⋯⋯⋯⋯⋯⋯⋯⋯⋯⋯⋯⋯⋯ 19
　1.2　加速器质谱概述 ⋯⋯⋯⋯⋯⋯⋯⋯⋯⋯⋯⋯⋯⋯⋯⋯⋯⋯ 21
　　1.2.1　AMS 的基本原理与装置 ⋯⋯⋯⋯⋯⋯⋯⋯⋯⋯⋯⋯ 21
　　1.2.2　AMS ^{14}C 测年的测量本底 ⋯⋯⋯⋯⋯⋯⋯⋯⋯⋯⋯ 24
　　1.2.3　AMS ^{14}C 测年的分馏效应 ⋯⋯⋯⋯⋯⋯⋯⋯⋯⋯⋯ 25
　　1.2.4　AMS ^{14}C 测年的测量方法 ⋯⋯⋯⋯⋯⋯⋯⋯⋯⋯⋯ 26
　　1.2.5　小型 AMS 装置 ⋯⋯⋯⋯⋯⋯⋯⋯⋯⋯⋯⋯⋯⋯⋯⋯ 28
　　1.2.6　AMS 测量系统的主要性能 ⋯⋯⋯⋯⋯⋯⋯⋯⋯⋯⋯ 30
　1.3　"夏商周断代工程"与"中华文明探源工程" ⋯⋯⋯⋯⋯⋯ 33
　　1.3.1　"夏商周断代工程"概况 ⋯⋯⋯⋯⋯⋯⋯⋯⋯⋯⋯⋯ 33
　　1.3.2　"夏商周断代工程"的研究途径与成果 ⋯⋯⋯⋯⋯⋯ 34
　　1.3.3　"中华文明探源工程" ⋯⋯⋯⋯⋯⋯⋯⋯⋯⋯⋯⋯⋯⋯ 35
　　1.3.4　北京大学参与两项工程的 AMS ^{14}C 测年的情况 ⋯⋯ 37

第二章　AMS ^{14}C 测年样品的前处理与化学制备 ⋯⋯⋯⋯⋯⋯⋯ 38
　2.1　概述 ⋯⋯⋯⋯⋯⋯⋯⋯⋯⋯⋯⋯⋯⋯⋯⋯⋯⋯⋯⋯⋯⋯⋯ 38
　　2.1.1　测年样品 ⋯⋯⋯⋯⋯⋯⋯⋯⋯⋯⋯⋯⋯⋯⋯⋯⋯⋯⋯ 38
　　2.1.2　样品的前处理 ⋯⋯⋯⋯⋯⋯⋯⋯⋯⋯⋯⋯⋯⋯⋯⋯⋯ 38
　　2.1.3　样品的化学制备 ⋯⋯⋯⋯⋯⋯⋯⋯⋯⋯⋯⋯⋯⋯⋯⋯ 40
　2.2　骨样品的前处理与测年组分选择 ⋯⋯⋯⋯⋯⋯⋯⋯⋯⋯⋯ 44
　　2.2.1　几种可选用的测年组分 ⋯⋯⋯⋯⋯⋯⋯⋯⋯⋯⋯⋯⋯ 44
　　2.2.2　三项相关研究 ⋯⋯⋯⋯⋯⋯⋯⋯⋯⋯⋯⋯⋯⋯⋯⋯⋯ 45
　　2.2.3　制备明胶的常规流程 ⋯⋯⋯⋯⋯⋯⋯⋯⋯⋯⋯⋯⋯⋯ 48

2.3　甲骨样品前处理过程中的纯化 ·· 48
　　　　2.3.1　按常规前处理流程制样存在的问题 ···················· 49
　　　　2.3.2　部分甲骨年代数据偏老的原因分析 ···················· 49
　　　　2.3.3　甲骨明胶和甲骨的除污染探索 ··························· 51
　　　　2.3.4　甲骨纯化的进一步探索 ···································· 54
　　　　2.3.5　用系列有机溶剂纯化甲骨的效果 ······················· 58
　　　　2.3.6　小结 ·· 59
　　2.4　样品的化学制备设备与制样研究 ·································· 60
　　　　2.4.1　AMS ^{14}C 测年用 CO_2 制备系统 ····················· 60
　　　　2.4.2　石墨制备与样品气体回收系统 ··························· 61
　　　　2.4.3　制样系统的可靠性检验 ···································· 63

第三章　AMS ^{14}C 测年的测量方法学　65
　　3.1　误差理论与数理统计基础 ·· 65
　　　　3.1.1　随机变量及其分布 ··· 65
　　　　3.1.2　测量误差 ··· 66
　　　　3.1.3　参数估计 ··· 70
　　　　3.1.4　假设检验 ··· 72
　　3.2　AMS ^{14}C 测年的测量方法与测量误差 ·························· 75
　　　　3.2.1　AMS ^{14}C 测年测量方法的建立 ·························· 75
　　　　3.2.2　AMS ^{14}C 测年测量程序的安排 ·························· 76
　　　　3.2.3　AMS ^{14}C 测年的测量误差 ································ 76
　　　　3.2.4　北京大学 EN-AMS 的测量方法与测量误差研究 ····· 77
　　　　3.2.5　北京大学小型 AMS 的测量方法与测量误差研究 ···· 83
　　3.3　AMS ^{14}C 测年的数据处理 ·· 83
　　　　3.3.1　在线数据处理 ··· 83
　　　　3.3.2　离线数据处理与分析程序 OLDMAP ···················· 85
　　　　3.3.3　测量结果的报道 ·· 88
　　3.4　AMS ^{14}C 测年的质量控制 ·· 89
　　　　3.4.1　日常质量控制措施 ··· 89
　　　　3.4.2　标准样品与已知样品检测 ·································· 90
　　　　3.4.3　样品复测 ··· 90
　　　　3.4.4　实验室之间的比对 ··· 91
　　　　3.4.5　国际 ^{14}C 样品比对 ·· 92

第四章　系列样品 ^{14}C 年代校正的贝叶斯方法　97
　　4.1　概述 ··· 97
　　　　4.1.1　为什么要用系列样品进行 ^{14}C 年代校正 ············· 97
　　　　4.1.2　系列样品年代校正方法的提出与发展 ················· 98

4.2 贝叶斯方法与 OxCal 程序 · 99
4.2.1 贝叶斯方法 · 99
4.2.2 OxCal 程序 · 99
4.2.3 系列样品校正模型的构建 · 101
4.2.4 先验条件对校正结果的影响 · 104
4.2.5 OxCal 的运行及其结果的输出 · · · · · · · · · · · · · · · · · · 106
4.3 ^{14}C 年代校正模拟研究的基本方法与单样品模拟 · · · · · · · · · · 109
4.3.1 模拟研究的基本方法 · 109
4.3.2 单样品模拟实验 · 114
4.4 时序已知系列样品 ^{14}C 年代校正的模拟研究 · · · · · · · · · · · · · · · 116
4.4.1 时序已知系列样品的模型构建 · · · · · · · · · · · · · · · · · · · 116
4.4.2 使用直线校正曲线的模拟研究: 边界命令的必要性 · · · 117
4.4.3 使用直线校正曲线的进一步模拟研究 · · · · · · · · · · · · · 121
4.4.4 使用实际校正曲线的模拟研究 · · · · · · · · · · · · · · · · · · · 124
4.4.5 小结 · 126
4.5 分期系列样品 ^{14}C 年代校正的模拟研究 · · · · · · · · · · · · · · · · · · · 127
4.5.1 分期系列样品的模型构建 · 127
4.5.2 典型分期系列样品的模拟研究 · · · · · · · · · · · · · · · · · · · 128
4.5.3 分期系列样品非理想情况的模拟研究 · · · · · · · · · · · · · 140
4.5.4 各种因素对分期系列样品校正结果的影响 · · · · · · · · · 142
4.5.5 小结 · 152

第五章 夏商周时期遗址的 AMS ^{14}C 年代测定 · · · · · · · · · · · · · · · · 155
5.1 概述 · 155
5.1.1 夏商周时期遗址测年概况 · 155
5.1.2 系列样品校正模型的构建 · 156
5.1.3 OxCal 程序不同版本及不同校正曲线校正结果的比对 · · · 157
5.1.4 年代校正结果的解读 · 158
5.2 夏代若干重要遗址的 AMS ^{14}C 年代测定 · · · · · · · · · · · · · · · · · 160
5.2.1 王城岗遗址 · 162
5.2.2 古城寨遗址 · 169
5.2.3 禹州瓦店遗址 · 173
5.2.4 新砦遗址 · 177
5.2.5 附录一: 二里头遗址 · 180
5.3 商代若干重要遗址的 AMS ^{14}C 年代测定 · · · · · · · · · · · · · · · · · 187
5.3.1 偃师商城遗址 · 188
5.3.2 郑州商城遗址 · 192
5.3.3 小双桥遗址 · 202
5.3.4 洹北花园庄遗址 · 207
5.3.5 东先贤遗址 · 209

　　　　5.3.6　附录二：殷墟遗址……………………………………………211
　　　　5.3.7　郑州商城-小双桥-洹北花园庄-殷墟遗址长系列校正………214
　5.4　西周若干重要遗址的 AMS ^{14}C 年代测定………………………………223
　　　　5.4.1　沣西马王村遗址……………………………………………224
　　　　5.4.2　琉璃河遗址居址区…………………………………………227
　　　　5.4.3　天马-曲村遗址………………………………………………229
　　　　5.4.4　晋侯墓地……………………………………………………231

第六章　殷墟甲骨的 AMS ^{14}C 年代测定……………………………………237
　6.1　殷墟甲骨测年的研究背景…………………………………………………237
　　　　6.1.1　甲骨的发现与甲骨学………………………………………237
　　　　6.1.2　甲骨的分期断代……………………………………………238
　　　　6.1.3　甲骨测年的尝试及其困难…………………………………240
　6.2　殷墟甲骨样品的采集与 ^{14}C 年龄测定……………………………………242
　　　　6.2.1　甲骨样品的采集……………………………………………242
　　　　6.2.2　甲骨制样与测量……………………………………………251
　　　　6.2.3　关于部分甲骨测年数据偏老问题的讨论…………………252
　6.3　殷墟甲骨系列样品的年代校正……………………………………………252
　　　　6.3.1　基本方法概述………………………………………………252
　　　　6.3.2　商后期甲骨系列样品校正模型的构建……………………253
　　　　6.3.3　商后期甲骨系列样品年代校正的结果……………………257
　　　　6.3.4　与"夏商周断代工程"其他研究途径所得结果的比对……264
　　　　6.3.5　历次甲骨系列样品年代校正的情况………………………265
　6.4　关于历组甲骨测年结果的讨论……………………………………………266
　　　　6.4.1　历组甲骨年代的单期校正…………………………………266
　　　　6.4.2　历组甲骨作为系列样品的年代校正………………………268
　6.5　殷墟甲骨测年的小结………………………………………………………271

第七章　关于 ^{14}C 测年若干问题的讨论……………………………………273
　7.1　^{14}C 测年的四个环节………………………………………………………273
　　　　7.1.1　样品采集……………………………………………………273
　　　　7.1.2　制样…………………………………………………………273
　　　　7.1.3　样品 ^{14}C 年龄测量…………………………………………274
　　　　7.1.4　样品 ^{14}C 年代校正…………………………………………274
　7.2　关于 ^{14}C 测年数据可靠性的讨论…………………………………………276
　　　　7.2.1　^{14}C 测年样品制备的质量控制………………………………276
　　　　7.2.2　^{14}C 测年数据的误差分析与质量控制………………………277
　　　　7.2.3　^{14}C 测年数据的拒绝率………………………………………278

  7.3 关于在 ^{14}C 年代校正中使用贝叶斯方法的讨论 · · · · · · · · · · · · · · · · ·278
    7.3.1 使用贝叶斯方法进行系列样品年代校正的优势 · · · · · · · · · · · ·278
    7.3.2 如何看待考古 ^{14}C 测年中的先验条件 · · · · · · · · · · · · · · · · · ·280
    7.3.3 OxCal 程序与 ^{14}C 校正曲线的版本选择对校正结果的影响 · · · ·280
    7.3.4 ^{14}C 年代校正结果中各分期年代区间的确定及其不确定度 · · ·283
    7.3.5 关于校正模型构建的几个问题 ·284

第八章 关于夏商与西周年代框架的讨论 ·292
  8.1 夏代若干遗址测年结果汇总 ·292
  8.2 商代若干遗址与殷墟甲骨测年结果汇总 ·294
  8.3 西周若干遗址测年结果汇总 ·297
  8.4 结论与讨论 ·300

附录 A 夏商周时期遗址的 AMS ^{14}C 测量数据 ·302

附录 B 殷墟甲骨的 AMS ^{14}C 测量数据 ·313

参考文献 ·323

后记 ·333

第一章 绪 论

本章首先介绍 ^{14}C 测年的原理和方法, 然后介绍加速器质谱技术与装置, 最后介绍 "夏商周断代工程" 与 "中华文明探源工程". 本书参考文献的标注和列表采用中华人民共和国国家标准 GB/T 7714—2015 中的著者-出版年制, 标注文献括号内的冒号后为引文的页码. 本书一般按照中华人民共和国国家标准 GB 3101—93 使用国际单位制, 特殊情况另做说明. 在国际单位制中年的单位用 a 表示, 本书中年作为单位与数字连用时或在表中作为单位使用时均写为 a, 但在一般叙述中仍使用中文. 本书在介绍考古遗址时, 长度和面积单位按照考古界的惯例使用中文符号.

1.1 ^{14}C 测年概述

^{14}C 测年的方法是由利比等人于 1949 年提出的 (1949), 此后 ^{14}C 测年技术不断进步, 应用日益广泛. 我国于 1965 年建成第一个 ^{14}C 实验室, 于 1975 年建成第一个使用液体闪烁计数法的 ^{14}C 实验室, ^{14}C 测年工作也得到迅速发展, 1996 年启动的 "夏商周断代工程" 对我国 ^{14}C 测年水平的提高起到了重要的推动作用. 关于 ^{14}C 测年的原理、方法、技术和应用已有不少书籍出版和文章发表 (仇士华等, 1990; 郭之虞, 1999; 陈铁梅, 2008; Taylor et al., 2014; 仇士华, 2015), 本节将对 ^{14}C 测年做一概略的介绍.

1.1.1 ^{14}C 测年的原理

1. 化学元素、核素与同位素

构成一般物质的最小单位是原子, 原子在化学反应中不可分割. 原子由原子核与核外电子组成, 原子核由若干质子和中子组成. 化学元素是具有相同的核内质子数的一类原子的总称. 元素符号通常用元素的拉丁名称中的第一个字母 (大写) 来表示, 如碳元素的符号是 C. 如果几种元素的拉丁名称中的第一个字母相同, 就在第一个字母 (大写) 后面加上该元素的拉丁名称中的另一个字母 (小写) 以示区别. 一种元素在元素周期表中占据一个位置, 不同元素具有不同的化学性质.

核素是指具有一定数目质子和一定数目中子的一种原子. 不同核素的原子核中包含不同数目的质子和中子. 核素常用符号 ^{A}X 表示, 其中 X 是元素符号, A 是质量数, 即其原子核中的质子数与中子数的总和. 如 ^{14}C 是一种核素, 其原子核中包含 6 个质子和 8 个中子.

具有相同质子数、不同中子数的同一种元素的不同核素互称为同位素, 例如, ^{12}C, ^{13}C 与 ^{14}C 三种核素都是碳元素的同位素. 同位素的化学性质相同, 在元素周期表中占据同一个位置. 自然界中存在的某种元素的各种同位素的相对含量称为同位素丰度 (本书中常简称为丰度). 如碳的两种稳定同位素 ^{12}C 与 ^{13}C 在自然界中的丰度分别为 98.9% 与 1.1%.

2. 放射性核素及其衰变

放射性核素是不稳定的核素, 其原子核能够自发地放射出射线而转变为另一种原子核, 同时原来的放射性核素 (母体) 转变为另一种核素 (子体). 这个过程称为放射性衰变. 在放射性衰变过程中, 母体的数目随时间不断衰减, 衰减到原有数目的一半所需要的时间称为半衰期, 记为 $T_{1/2}$. 不同放射性核素的半衰期相差很大, 短的仅千万分之一秒, 长的可达数百亿年. ^{14}C 是一种放射性核素, 或者称为碳元素的放射性同位素, 它在衰变时可放射出 β 射线 (电子) 而自身转变为 ^{14}N, 即 ^{14}C→^{14}N+e. ^{14}C 的半衰期为 5730 a, 即其原子数每过 5730 a 衰减到原来的一半. ^{14}C 又被称为放射性碳.

对于半衰期在 10^3—10^8 a 的放射性核素, 由于其衰变速率低、天然丰度也低, 因此较难测量. 对于这类核素而言, 元素生成时曾经在地球上存在过的原始核素早已衰变殆尽. 现在自然界中存在的这类核素主要是后来直接或间接通过宇宙射线引发的核反应产生的, 故也称为宇宙成因核素[①]. 借助样品中这些核素的丰度, 可以依据衰变规律推算出样品的年龄.

3. ^{14}C 的产生与全球碳循环

^{14}C 是一种宇宙成因核素, 主要是在高层大气中由次级宇宙射线中的中子 n 与大气中的 ^{14}N 原子核发生核反应而产生的, 即 ^{14}N+n→p+^{14}C. 这种核反应称为 (n, p) 反应, 即入射一个中子 n, 出射一个质子 p, 同时 ^{14}N 原子核转变为 ^{14}C 原子核. 由于大气中富含 O_2, 因此 ^{14}C 在大气中生成后迅速被氧化成 $^{14}CO_2$, 进而在大气中与 $^{12}CO_2$ 及 $^{13}CO_2$ 混合, 并参与全球碳循环. CO_2 从大气中溶解入地球的水圈成为 CO_3^{2-} 及 HCO_3^-, 又通过蒸发返回大气圈 (这里, 数量最多的是海洋与大气之间的交换). 大气中的 CO_2 通过光合作用和食物链而进入地球的生物圈, 又通过生物的呼吸作用而返回大气圈. 动植物死亡后一部分机体通过微生物的分解作用生成 CO_2 返回大气圈, 另一部分机体留在土壤中. 大气圈、水圈和生物圈是碳的三个交换贮存库 (exchange reservoir). 据估计 (Finkel et al., 1993), 大气圈中约有 6000 亿 (6×10^{11}) 吨碳, 生物圈和土壤中一共约有 3 万亿 (3×10^{12}) 吨碳[②], 水圈 (主

[①] 自然界中也有少量天然放射系链条中的放射性产物核素的半衰期在此范围内. 这类核素称为放射成因核素.

[②] 严格来讲, 土壤属于岩石圈, 但其含碳量在岩石圈中的占比很低, 而与生物圈相近, 故在研究碳循环时常将土壤与岩石圈分别考虑.

要是海洋) 中约有 40 万亿 (4×10^{13}) 吨碳. 大气圈与生物圈之间的碳交换量约为 600 亿吨/年, 大气圈与水圈之间的碳交换量约为 800 亿吨/年. 岩石圈也是碳的一个贮存库, 碳在岩石圈中主要以碳酸盐和化石燃料的形式存在, 岩石圈中约有 6 亿亿 (6×10^{16}) 吨碳. 岩石圈中的碳通过化石燃料燃烧, 以及碳酸盐分解被释放从而进入大气圈, 释放通量约为 50 亿吨/年. 岩石圈与水圈之间通过沉积和侵蚀也有一定量的碳交换, 但交换速度较慢, 且交换通量也较低, 只有约 2 亿吨/年. 岩石圈与大气圈、水圈之间的碳交换量远小于大气圈、水圈、生物圈之间的碳交换量, 故岩石圈被认为是碳的一个非交换贮存库. ^{14}C 不断在高层大气中产生, 又不断发生衰变而减少, 同时在三个交换贮存库之间进行交换循环, 且其交换速度相对于 ^{14}C 的半衰期来说相当迅速, 故最后大气中 ^{14}C 的丰度也会不断变化, 达到一个动态平衡. 贮存库在有些书中也被称为储存库.

4. ^{14}C 测年的基本原理

若一个物质体系 (样品) 中的放射性核素 ^{14}C 及其稳定同位素不与外界进行交换 (即没有进或出), 则构成封闭体系. 在封闭体系中, ^{14}C 的原子数随时间的变化符合放射性核素的指数衰变规律. 因此, 若已知封闭体系中放射性核素 ^{14}C 的初始同位素丰度 R_0, 则在经过时间 t 之后只要测得体系中放射性核素 ^{14}C 的同位素丰度 R, 即可推知样品的年龄:

$$t = -\tau \ln \frac{R}{R_0}, \tag{1.1}$$

其中 $\tau = T_{1/2}/\ln 2$ 为 ^{14}C 核素的平均寿命, 即所有 ^{14}C 核素寿命的平均值. 放射性核素的衰变不受任何外界条件的影响, 故在满足 ^{14}C 测年 (radiocarbon dating) 所要求的前提条件下所测得的年龄具有高度可靠性. 要实现将 ^{14}C 作为一种全球通用的测年工具, 必须精确地知道样品成为封闭体系时 ^{14}C 的 R_0 值, 且必须满足以下三个条件:

(1) 被测样品有一个从交换状态向封闭体系的转变历史, 该转变过程相对于 ^{14}C 的半衰期来说, 持续时间很短, 转变后能始终保持封闭性, 或者对其后的污染可以有效地清除.

(2) 在上述交换状态下, 样品中 ^{14}C 的 R_0 值不随地点改变, 具有全球一致性, 或者该值随地点改变的规律可以精确地知道.

(3) 在上述交换状态下, 样品中 ^{14}C 的 R_0 值不随时间改变, 与样品的年龄无关, 或者该值随时间改变的规律可以精确地知道.

以上三个条件也被称为 ^{14}C 测年的基本假设. 这三个条件背后隐含的前提是: 长期以来到达地球的宇宙射线通量是一个常量; 各交换贮存库中碳的总量分别是常量且交换得相当迅速; 碳在各交换贮存库之间进行交换时不发生分馏效应. 实际上这些前提并不能严格满足, 故在测年时还要做多种校正.

传统 (常规) 的放射性核素测量的衰变计数法是测量样品的放射性比活度 A. 放射性比活度是指单位质量元素的放射性活度, 而放射性活度是指含有放射性核素的样品在单位时间内的总衰变数. 显然, 放射性核素的放射性比活度与样品中该核素的同位素丰度成正比. 对于衰变计数法测年, (1.1) 式中的初始同位素丰度 R_0 应改为初始放射性比活度 A_0, 而同位素丰度 R 应改为放射性比活度 A, 即

$$t = -\tau \ln \frac{A}{A_0}. \tag{1.2}$$

^{14}C 测年是应用最广泛的放射性核素测年技术. 生物体在活着的时候不断与大气圈、水圈或生物圈之间进行碳交换并达到一个动态平衡, 理论上活着的生物体内的 ^{14}C 丰度与其生存环境中的 ^{14}C 丰度是一样的. 当生物体死去后, 其体内的 ^{14}C 与外界的交换停止, 成为封闭体系, 生物体内留存的 ^{14}C 因衰变而逐渐减少. 非生物体也可以形成封闭体系, 例如石笋和钙华等碳酸盐沉积物被随后沉积的碳酸盐覆盖后与空气隔绝, 亦可形成封闭体系. 因此, 如果作为 ^{14}C 测年基本假设的三个条件均可满足的话, 则在封闭体系中 ^{14}C 丰度的变化符合指数衰变规律. 若已知给定样品的 R_0 或 A_0 值, 则只要测得其当前的 R 或 A 值, 即可根据 (1.1) 式或 (1.2) 式计算出样品的年龄. 但是, 对于 ^{14}C 测年, 实际情况往往并不完全符合上述三个条件.

5. 地球环境中 ^{14}C 丰度的空间一致性

宇宙射线的中子强度随纬度和高度会有大幅度变化, 高纬度地区宇宙射线的强度较高, 故 ^{14}C 的产率亦随纬度变化, 高纬度地区产生的 ^{14}C 较多. 但是, 由于 $^{14}CO_2$ 在大气中与 $^{12}CO_2$ 及 $^{13}CO_2$ 的较为迅速的混匀作用, 大气中 ^{14}C 的丰度或比活度有较好的空间一致性, 即在全球范围内基本一致. 不过, 在以下两种情况下这种空间一致性会被破坏:

(1) 贮存库效应.

在个别地区或特定情况下, 大气中 ^{14}C 的丰度或比活度会偏离全球平均值, 这一现象称为贮存库效应.

① 火山地区的贮存库效应. 火山活动会从地幔中释放大量死碳[③], 使样品的 ^{14}C 年龄普遍偏老.

② 喀斯特地区的贮存库效应. 石灰岩是碳酸盐的沉积物, 其中的碳长期封闭于岩石之中, 故都是不含 ^{14}C 的死碳. 石灰岩可以与地下水或地表水相互作用, 使其中的碳酸盐与水作用生成碳酸氢盐而溶入水中, 导致水中 ^{14}C 的比活度降低, 在这种环境中所形成的次生碳酸盐沉积物 (例如, 石笋、石钟乳、钙华等) 和生活在这种水体中的动植物的 ^{14}C 的放射性比活度会低于同期大气中的 ^{14}C 的放射性比活度, 从而导致其 ^{14}C 年龄偏老.

[③] 自然界中的碳由 ^{12}C, ^{13}C 和 ^{14}C 三种同位素组成, 其中, ^{14}C 具有放射性. 我们把不含有 ^{14}C 的碳称为死碳.

③ 湖泊的贮存库效应. 有些湖泊水体中的 ^{14}C 的放射性比活度会低于同期大气中的 ^{14}C 的放射性比活度, 这是因为湖盆基岩中碳酸盐的死碳溶入水体, 以及上游河流侵蚀给湖泊带来大量的死碳, 从而造成湖泊水体中的 ^{14}C 的放射性比活度被稀释, 其结果是使湖泊沉积物、湖泊中的藻类与鱼类等自生动植物, 以及以淡水鱼为生的人类与陆生动物的 ^{14}C 年龄偏老, 这种现象称为淡水贮存库效应 (freshwater reservoir effect). 富含较老碳酸钙的水, 通常称为硬水, 硬水湖泊中的此类效应称为硬水效应. 淡水贮存库效应也可能出现在软水湖泊中, 但是程度明显小于硬水湖泊.

④ 海洋的贮存库效应. 海洋是巨大的 ^{14}C 贮存库, 因为海洋中有很高浓度的 HCO_3^- 和 CO_3^{2-}, 其中的碳与大气中的碳是不平衡的. 海洋表层水中 ^{14}C 的来源主要有两种: 一是大气中 CO_2 的溶解, 二是与海洋深层水的混合. 海洋深层水的滞留时间可长达千年以上, 其中的 ^{14}C 含量随着放射性核素的衰变过程而减少, 从而使其 ^{14}C 的表观年龄偏老. 同时, 河流也会给沿海地区带来 ^{14}C 表观年龄偏老的含碳物质. 这使得实际年龄一样的陆地和海洋生物在 ^{14}C 年龄上存在一个可达数百年的差异, 此差异随海域地点而异, 在有较多上升洋流 (upwelling) 的区域, ^{14}C 的表观年龄也会偏老较多. 全球不同海洋的校正因子可查阅在线的海洋贮存库效应校正数据库 (http://calib.org/marine/), 该数据库适用于深度不大于 75 m 的海水和海洋生物 (包括贝壳、珊瑚等) 样品.

(2) 南半球和北半球的差异.

关于大气中 ^{14}C 的丰度或比活度的空间一致性的另一个问题是: 长期以来南半球样品的 ^{14}C 表观年龄比同时代北半球样品的 ^{14}C 表观年龄偏老, 具体偏老程度随时间而异, 其偏老程度平均约为 40 a. 这可能是由于全球大气环流主要是东西向的, 而南半球海洋的面积比北半球大很多. 人类活动对此的影响参见下面对时间一致性的讨论.

6. 地球环境中 ^{14}C 丰度的时间一致性

^{14}C 的丰度或比活度在时间上的一致性并不理想, 其变化会受到太阳活动的强度变化和地磁场变化引起的 ^{14}C 产率变化、全球碳循环带来的变化, 以及人类活动等几个因素的影响.

(1) 太阳活动的强度变化对大气中宇宙成因核素产率的影响. 太阳活动主要有 11 a 的周期和约 200 a 的周期, 其中 11 a 的周期对 ^{14}C 的影响不大. 这主要是由于 ^{14}C 在大气圈中有大约 4 a 的驻留时间, 以及水圈等交换贮存库的缓冲作用, 使 ^{14}C 产率的短期变化在很大程度上被平滑掉. 但是周期约为 200 a 的太阳黑子超长极小期所引起的 ^{14}C 产率的上升则较为明显.

(2) 地磁场变化对大气中宇宙成因核素产率的影响. ^{14}C 产率与地磁偶极矩强度存在着明显的负相关. 最近几千年, 地磁偶极矩强度处于较高水平, 故这段时间的 ^{14}C 产率低于冰期. 在约 4.1 万年前, 地磁偶极矩强度接近于零, 导致那时的 ^{14}C

产率是现在的 2 倍以上.

(3) 全球碳循环带来的影响. 实际上, 大气中 ^{14}C 的含量是其源和汇④平衡的结果, 这里的源包括宇宙射线产生的 ^{14}C 和水圈与生物圈释放到大气中的 ^{14}C, 而汇则是衰变减少的 ^{14}C 和从大气圈进入水圈与生物圈的 ^{14}C, 故大气中 ^{14}C 的丰度或比活度也受到大气圈与其他贮存库 (特别是海洋) 之间碳交换量随时间变化的影响. 例如, 当北大西洋深层海水向南大西洋的经线 (子午线) 方向翻转环流减弱时, 大气中的 ^{14}C 进入海洋的速度也减缓, 导致大气中 ^{14}C 的丰度增大. 这也是 1.2 万年前新仙女木 (Younger Dryas) 事件时期所发生的情况 (Schuur et al., 2016).

(4) 人类活动的影响.

① 第一次工业革命后, 煤和石油等化石燃料的大量使用, 使大量不含 ^{14}C 的死碳从非交换贮存库 (岩石圈) 转入交换贮存库 (大气圈), 从而使大气中的 ^{14}C 丰度或比活度因 ^{14}C 被稀释而减小. 1955 年, 苏斯⑤(Suess) 首先从 1890—1950 年间树轮样品的测量中发现此现象, 故也称为苏斯效应.

② 20 世纪 50—60 年代, 美、苏等国在大气层中进行了多次核试验, 特别是 1962—1963 年在北半球中高纬度地区进行了多次特大当量的高空核爆炸, 使大气中 ^{14}C 丰度或比活度猛增. 此后, 随着 ^{14}C 从大气圈向水圈和生物圈转移, 大气中的 ^{14}C 丰度或比活度缓慢下降. 这使得大气中的 ^{14}C 丰度随时间有一个快速且大幅度上升而后缓慢下降的过程, 此过程称为大气中的 ^{14}C 丰度的核爆脉冲. 估计通过核爆炸释放到大气中的 ^{14}C 总共有 2.2 吨之多. 南半球大气中的 ^{14}C 丰度核爆脉冲的峰值要低于北半球, 且在时间上有所延后, 这是因为西风带使 ^{14}C 在北半球迅速扩散, 而北半球与南半球大气的交换混合需要一年多的时间. 由于核爆脉冲的时间宽度远小于 ^{14}C 的半衰期, 因此其为 ^{14}C 在不同贮存库中的扩散提供了一个有用的示踪工具. 近年来北半球有更多的化石燃料燃烧, 使核爆脉冲带来的 ^{14}C 被迅速稀释, 故当前南半球大气中的 ^{14}C 丰度已高于北半球.

③ 最近几十年核能有较快增长, 核反应堆和核燃料处理工厂释放到大气中的 $^{14}CO_2$ 和 $^{14}CH_4$ 也会使大气中的 ^{14}C 丰度有所增长. 就全球范围而言, 这个增长幅度并不大, 但对局部地区, 特别是欧洲, 有明显影响.

因此在 ^{14}C 测年中, ^{14}C 的丰度或比活度随时间的变化必须予以考虑, 这也是需要进行 ^{14}C 年代校正的原因.

7. ^{14}C 测年样品的封闭性

生物体在活着时与大气圈和水圈之间有充分的碳交换, 死后原则上可被视为封

---

④ 源 (source) 和汇 (sink) 是环境科学术语. 源就是产生来源, 是流的起点; 汇就是消耗处, 是流的终点.

⑤ 亦有人译为休斯, 此处据 1993 年由全国自然科学名词审定委员会公布的《地质学名词》一书译为苏斯.

闭体系, 但是在很多情况下, 这个封闭体系可能是不完备的. 例如, 地下水中溶解物的侵入、微生物活动的产物等都会破坏样品的封闭性, 使样品受到污染; 无机碳酸盐样品可能与外界进行 CO_3^{2-} 和 HCO_3^- 的离子交换而引入污染. 故采样时要分析样品与环境之间的相互关系和各种可能的污染. 一般情况下, 我们可以通过适当的样品前处理程序消除这种污染. 分析同一层位中不同样品 ^{14}C 年龄的一致性, 或者同一剖面各层位样品 ^{14}C 年龄与层位之间的关系也有助于判断样品是否受到污染. 当然, 生物扰动或地层扰动也可能造成样品 ^{14}C 年龄与层位之间的关系紊乱, 这与样品的封闭性受到污染破坏是不同的问题.

1.1.2 ^{14}C 测年的方法

按照测量仪器, ^{14}C 测年方法可以分为气体正比计数法、液体闪烁计数法和加速器质谱法, 参见《中国 ^{14}C 年代学研究》中的第四章 (仇士华等, 1990: 71). 气体正比计数法和液体闪烁计数法属于 ^{14}C 衰变计数法, 测量的是样品的放射性比活度 A; 加速器质谱法属于 ^{14}C 直接计数法, 测量的是样品的同位素丰度 R.

气体正比计数法将样品中的碳制备成气体 (如 CO_2, C_2H_2, CH_4 等), 充入专门设计的正比计数管中, 在正比区进行计数测量. 该方法探测效率较高、所需样品量较少、^{14}C 测量精度可高于 0.5%, 但探头体积大、电子线路复杂、换样不够方便; 同时, 该方法对屏蔽有很高的要求, 屏蔽结构复杂且需使用较多的材料.

液体闪烁计数法将样品中的碳制备成液体苯 (C_6H_6), 作为闪烁液溶剂或稀释剂, 溶剂分子被 ^{14}C 放射出的 β 射线激发, 将射线能量成比例地传递给闪烁体, 使闪烁体分子被激发而产生荧光, 再用光电倍增管将光信号转换成电脉冲信号加以探测. 该方法换样方便、屏蔽体积小、电子线路简单、^{14}C 测量精度可到 0.3%, 但所需样品量较多, 一般需要数克碳, 特别研制的小样品液体闪烁装置也需要 100—200 mgC.

加速器质谱法本质上是一种质谱方法, 是 20 世纪 70 年代以后发展起来的. 常规质谱计测量同位素丰度的极限灵敏度难以达到 ^{14}C 测量的要求, 这主要是由于分辨率与传输效率的矛盾造成的, 详见 1.2.1 小节. 在质谱计中引入加速器可以使测量本底大幅度降低, 从而妥善地解决了分辨率的问题, 使测量同位素丰度的极限灵敏度得到极大提高. 经过几十年的发展, 加速器质谱 ^{14}C 测年的精度已与常规 ^{14}C 测年方法可比, 甚至更高. 与常规 ^{14}C 测年方法相比, 加速器质谱法测量 ^{14}C 的一个主要优点是所需样品量很少, 一般在 1 mgC 左右, 甚至可少到数微克碳, 从而扩大了样品可以选择的范围, 而且可以借助样品的组分提取技术提高样品年代的可靠性. 加速器质谱法的另一个优点是工效高, 每台设备每年可测几千个甚至上万个样品, 而对于常规 ^{14}C 测年方法, 每台设备每年仅可测量几百个样品. 对于加速器质谱的进一步介绍请参见 1.2 节.

从国际 ^{14}C 界组织 70 个 ^{14}C 实验室参加的第 5 次国际 ^{14}C 样品比对活动的

结果来看，各加速器质谱实验室的测量结果一致性最好且都集中在共识值附近，测量误差也较小；而 ^{14}C 衰变计数法的测量结果表明各实验室离散较大，少数 ^{14}C 衰变计数实验室的测量结果与共识值相比有较大偏差，测量误差也较大 (Scott et al., 2007b). 对于这个问题的进一步介绍请参见 3.4.5 小节.

1.1.3 影响 ^{14}C 测年结果的几个问题

1. ^{14}C 的半衰期

在应用 ^{14}C 测年的早期，^{14}C 的半衰期尚未精确测定. 当时采用的值是 5568±30 a，称为利比半衰期，其相应的 ^{14}C 平均寿命为 8033 a (该值也称为 ^{14}C 平均寿命的惯用值). 1961 年，国际上测定出较准确的 ^{14}C 半衰期值为 5730 ± 40 a，称为物理半衰期，其相应的 ^{14}C 平均寿命为 8267 a. 用这两种半衰期值计算得到的 ^{14}C 年龄值相差 2.9%，用物理半衰期计算得到的 ^{14}C 年龄值除以 1.029 即可转换成用利比半衰期计算得到的 ^{14}C 年龄值. 在 1962 年举行的第 5 届国际 ^{14}C 会议上决定今后依旧沿用利比半衰期计算样品的 ^{14}C 年龄，这是考虑到在这之前国际上已发表了相当数量用利比半衰期计算的 ^{14}C 年龄数据. 欧美等国家的同行们都遵守了这个决定，但我国和苏联、印度等国家在 20 世纪发表的相当数量的 ^{14}C 年龄数据是用物理半衰期计算的，直到 1996 年 "夏商周断代工程" 启动后，我国发表的数据才改用利比半衰期进行计算 (陈铁梅, 2008: 87). 故在使用我国二十世纪七八十年代和九十年代初测量的 ^{14}C 年龄数据时必须注意所用数据是基于哪一个半衰期计算的.

2. 同位素分馏效应与分馏校正

同一种元素的不同同位素的质量不同，这会对分子中原子的振动和热力学函数等产生影响，导致在物理过程、化学过程与生物过程中不同同位素的比值发生变化，这种现象称为同位素分馏效应. 碳的三种同位素 ^{12}C, ^{13}C 和 ^{14}C 在自然界发生的很多过程中都存在同位素分馏效应，从而使不同样品中的 ^{14}C 丰度产生差异，这会导致 ^{14}C 年龄的偏差. 在样品的化学制备过程中，也会发生同位素分馏效应. 因此在测年过程中要尽量减小同位素分馏效应的影响，且在计算样品的 ^{14}C 年龄时必须对同位素分馏效应进行校正.

对于碳的三种同位素，由于 ^{13}C 和 ^{14}C 的丰度很低，因此我们通常用同位素比值

$$R_{13} = \frac{N(^{13}\text{C})}{N(^{12}\text{C})}, \quad R_{14} = \frac{N(^{14}\text{C})}{N(^{12}\text{C})} \tag{1.3}$$

来代替其丰度，其中 $N(^{12}\text{C}), N(^{13}\text{C})$ 和 $N(^{14}\text{C})$ 分别为样品中 ^{12}C, ^{13}C 和 ^{14}C 的原子数. 对于 (1.3) 式中的原子数比值，有时也可分别简写为 ^{13}C/^{12}C 和 ^{14}C/^{12}C. 样品在自然界中的分馏称为自然分馏，其大小通常以其同位素比值与标准物质的相

对偏离来描述, 并以千分比来表示. 对于 R_{13}, 其相对偏离常表示为

$$\delta^{13}\mathrm{C}_x = \left(\frac{R_{13,x}}{R_{13,s}} - 1\right) \times 1000‰, \tag{1.4}$$

其中 $R_{13,x}$ 和 $R_{13,s}$ 分别为样品和标准物质的同位素比值. 国际上约定的 ^{13}C 标准物质是美国产的一种碳酸盐矿物, 称为 PDB 标准⑥. 大气中 CO_2 的 δ^{13}C 值在 $-9‰$ 至 $-8‰$ 之间. 木头的 δ^{13}C 值在 $-27.86‰$ 至 $-22.5‰$ 之间, 平均值为 $-25‰$, 这表明在光合作用中存在同位素分馏效应. 大理石的 δ^{13}C 值在 $0.63‰$ 至 $3.06‰$ 之间. 对于 ^{14}C 的自然分馏, 近似有

$$\delta^{14}\mathrm{C} = 2\delta^{13}\mathrm{C}. \tag{1.5}$$

国际上统一规定, 被测样品的 ^{14}C 测定值一律校正到 δ^{13}C $= -25‰$ (即木头的 δ^{13}C 的平均值, 以便在进行年代校正时与树轮的 ^{14}C 年龄可比), 据此可对样品的 R_{14} (在本书的之后部分简写为 R) 进行自然分馏校正, 即

$$R = R_x \left[1 - \frac{2(25 + \delta^{13}\mathrm{C}_x)}{1000}\right], \tag{1.6}$$

其中 R_x 为样品的 ^{14}C 的同位素比值的测量值, δ^{13}C$_x$ 为样品的 δ^{13}C 的测量值. 对于衰变计数法, 将 (1.6) 式中的 R 替换为放射性比活度 A 即可.

3. 测量本底与本底校正

测量本底是指原始样品中没有 ^{14}C, 但测量中测量到的 ^{14}C 值. 显然, 这时测量到的 ^{14}C 并非来自原始样品中. ^{14}C 测年的测量本底可以分为两类: 一类是来自原始样品以外的 ^{14}C, 最后被探测计数而引起的, 称为固有本底或污染本底; 另一类是非 ^{14}C 原子导致的探测计数所引起的, 称为机器本底或干扰本底. 对于设计良好的测量系统, 机器本底可以很低, ^{14}C 测年的年代上限往往受制于污染本底. 影响测量本底的污染主要有三个来源: 一是原始样品封闭体系不完备与野外采样过程中引入而在制样的前处理过程中未能消除的污染, 二是制样过程中引入的污染, 三是制样和测量装置中的记忆效应引入的交叉污染. 这里所说的记忆效应是指测量过程中前一个样品对后一个样品的影响, 如果前一个样品的 ^{14}C 丰度较高, 那么可能会有一些 ^{14}C 原子残留在测量装置中 (例如, 器壁上), 在测量后一个 ^{14}C 丰度较低的样品时, 这些残留的 ^{14}C 原子有可能释放出来, 从而抬高测量本底. 生物示踪样品的 ^{14}C 丰度往往很高, 故测量生物示踪样品后要彻底清洗离子源, 然后反复测量本底样品, 直到本底样品的测量值降至正常本底之后才能测量考古样品.

---

⑥ PDB 是 Pee Dee Belemnite 的缩写, 其中 Pee Dee (皮狄) 是美国南卡罗莱纳州白垩纪地层中一组地层的名称, Belemnite 是一种已灭绝的海生远古生物的化石, 称为箭石. 近年来, 由于原来的标准物质 PDB 被用尽, 因此开始采用新的标准物质 VPDB (V 为 Vienna (维也纳) 的缩写) 来代替原来的 PDB.

为了消除机器本底和制样过程中引入污染的影响，^{14}C 测量必须进行本底校正. 为此，在制备被测样品的同时也制备本底样品 (亦称为空白样), 在测量被测样品的同时也测量本底样品. 本底样品用本底物质制备, 最好选择同种类型的样品. 本底物质的 ^{14}C 丰度极低, 其相应的 ^{14}C 年龄远大于被测样品的 ^{14}C 年龄. 由于有机样品和无机样品的制样流程不同, 因此相应本底物质的选择也不同. 一般有机碳本底用无烟煤制备, 无机碳本底用大理石或方解石 (主要成分都是碳酸钙矿物) 制备. 若被测样品和本底样品的同位素丰度测量结果分别为 R_x 和 R_b, 则经本底校正后的被测样品的同位素丰度为

$$R = R_\mathrm{x} - R_\mathrm{b}. \tag{1.7}$$

类似地, 对于衰变计数法, 将 (1.7) 式中的 R 替换为放射性比活度 A 即可.

4. 相对测量与标准样校正

对于一个量 (例如, ^{14}C 的同位素丰度或放射性比活度) 的测量, 从测量方法上可以分为绝对测量和相对测量. 绝对测量的难度很大, 需要对各种因素 (例如, 探测效率、制样和测量过程中附加的同位素分馏效应、各种干扰因素等) 的影响掌握精确的数据, 而且难以进行不同测量仪器之间的比对. 相对测量是同时测量被测样品和标准样品, 并进行标准样校正. 标准样品由标准物质制成, 是已知被测量 (例如, ^{14}C 的同位素丰度或放射性比活度) 之值的样品. 由于标准样品与被测样品经过同样的测量过程, 因此在理论上具有同样的探测效率, 以及在测量过程中会引入同样的附加同位素分馏效应. 这样, 探测效率等因素的影响可以被有效消除, 而不需要知道其具体大小. 当然, 在实际应用中, 这种相对测量的有效性还取决于测量过程中的实验条件与设备运行的稳定性和可重复性, 否则会引入系统误差. 故我们只要测出被测样品的 ^{14}C 同位素丰度 (或放射性比活度) 与标准样品的 ^{14}C 同位素丰度 (或放射性比活度) 之间的比值, 即可推算出被测样品的 ^{14}C 同位素丰度 (或放射性比活度), 它们之间的关系为

$$R = R_\mathrm{s} \left(\frac{R_\mathrm{x} - R_\mathrm{b}}{R_\mathrm{s} - R_\mathrm{b}} \right) = R_\mathrm{s} \left(\frac{R_\mathrm{x}/R_\mathrm{s} - R_\mathrm{b}/R_\mathrm{s}}{1 - R_\mathrm{b}/R_\mathrm{s}} \right), \tag{1.8}$$

其中 $R_\mathrm{x}, R_\mathrm{s}$ 和 R_b 分别为被测样品、标准样品和本底样品的 ^{14}C 同位素丰度的测量值. 对于衰变计数法, 将 (1.8) 式中的各个 R 替换为相应的放射性比活度 A 即可.

对于相对测量而言, 标准物质是十分重要的. 标准物质按级别可分为国际标准物质、国家标准物质和实验室标准物质. 最基本的国际标准物质是 NIST 草酸 OX-I. 1962 年召开的第 5 届国际 ^{14}C 会议确定, 以该草酸在 1950 年的 ^{14}C 放射性比活度的 95% 作为国际现代碳标准. 这实际上相当于第一次工业革命前的 1890 年的木头在 1950 年的 ^{14}C 放射性比活度, 但现在无法给全世界的 ^{14}C 实验室提供

足够数量的 1890 年的木头作为标准样品. 现在国际上统一用现代碳标准 (Modern Carbon, 简称 MC) 表示 ^{14}C 的初始放射性比活度 A_0. ^{14}C 的初始放射性比活度 $A_0 = 13.56$ dpm/gC (dpm 为每分钟的衰变数), 相应的 ^{14}C 的初始同位素丰度 $R_0 = 1.18 \times 10^{-12}$. MC 也可以作为样品的 ^{14}C 的放射性比活度和 ^{14}C 的同位素丰度的单位. 有时也使用其百分数 pMC, 1 pMC = 0.01 MC. 样品的 ^{14}C 的放射性比活度与现代碳标准的比值称为分数现代碳值 (Fraction Modern, 简称 FM), FM 值没有单位.

由于草酸在制样过程中有可能发生较大的同位素分馏效应, 因此 OX-I 的测量值亦需做同位素分馏校正, 国际上规定其 δ^{13}C 值归一化到 $-19.0‰$. 这样, 考虑到标准样校正、本底校正和同位素分馏校正的样品 FM 值可按下式计算:

$$FM = \frac{1}{0.95} \frac{(R_x - R_b)\left[1 - \dfrac{2(25 + \delta^{13}C_x)}{1000}\right]}{(R_s - R_b)\left[1 - \dfrac{2(19 + \delta^{13}C_s)}{1000}\right]}, \tag{1.9}$$

其中 R_x, R_s 和 R_b 分别为被测样品、标准样品 (OX-I) 和本底样品的 ^{14}C 同位素丰度的测量值, $\delta^{13}C_x$ 和 $\delta^{13}C_s$ 分别为被测样品和标准样品的 δ^{13}C 的测量值. 对于衰变计数法, 将 (1.9) 式中的各个 R 替换为放射性比活度 A 即可. 实际上, 标准物质中的 ^{14}C 也在不断衰变, 其在测量年份的放射性比活度已低于 1950 年的水平, 但被测样品中的 ^{14}C 也在不断衰变, 因此被测样品的放射性比活度与标准样品的放射性比活度的比值在 1950 年和在测量年份是一样的.

由 (1.1) 式与 (1.2) 式可知

$$t = -8033 \ln FM, \tag{1.10}$$

其中 8033 是 ^{14}C 与利比半衰期对应的平均寿命. 用 FM 值求得的年龄称为样品的 ^{14}C 年龄, 其含义是以 1950 年作为向前推算年龄的起点. ^{14}C 年龄的单位是 a BP 或 ka BP, 其中 BP 是英文 before present (距今) 的缩写, 这里的 present 就是 1950 年. 通常将 a BP 简写为 BP. 国际上也有人使用 yr BP 作为 ^{14}C 年龄的单位, 但我国规定采用国际单位制, 年的单位应写为 a. 如前所述, 实际上大气中的 ^{14}C 同位素丰度和放射性比活度是随地磁偶极矩强度、太阳活动强度、碳在各个贮存库中的循环和人类活动的影响而变化的, 故所测得的 ^{14}C 年龄还需要用 ^{14}C 校正曲线进行校正, 以得到样品的真实年龄, 即校正后 ^{14}C 年龄 (单位为 Cal BP) 或日历年代, 详见 1.1.4 小节. 考古学和历史研究通常使用日历年代, 并标以 AD (公元) 或 BC (公元前), 地学研究则通常使用校正后 ^{14}C 年龄.

随着国际上 ^{14}C 实验室的增多, 标准物质草酸 OX-I (SRM 4990) 很快就不够用了. 20 世纪 80 年代, NBS (即现在的 NIST) 又推出新草酸 OX-II (SRM 4990C). 该草酸的放射性比活度为现代碳标准的 1.361 倍, 其 δ^{13}C 值为 $-17.6‰$. 在做同位素分馏校正时, 其 δ^{13}C 值归一化到 $-25‰$, 此时该草酸的放射性比活度为现代碳标准的 1.3407 倍, 即 $FM = 1.3407$ (Mook et al., 1999).

另一种标准物质是 ANU (澳大利亚国立大学) 蔗糖, 已被定为国际次标准. 1979 年标定其放射性比活度为现代碳标准的 1.5081 倍, 其 δ^{13}C 值为 $-10.8‰$. 在做同位素分馏校正时, 其 δ^{13}C 值归一化到 $-25‰$. 但在 1990 年 IAEA 组织的国际 ^{14}C 样品比对活动中, ANU 蔗糖的放射性比活度被重新标定为现代碳标准的 1.5061 倍, 其 δ^{13}C 值归一化到 $-25‰$ (Rozanski et al., 1992). IAEA 还同时推出了一套称为 "IAEA ^{14}C 质量保证材料" 的标准物质, 标记为 C1—C6, 其中的 C6 就是 ANU 蔗糖. 也有人报道称, 经过 7 a 来对 351 个 ANU 蔗糖样品作为国际次标准的测量结果可知, 其 FM 平均值为 1.5016 ± 0.0005, 略低于 IAEA 值 (Xu et al., 2010).

CSC (中国糖碳) 是我国于 20 世纪 80 年代推出的国家标准物质, 经标定其放射性比活度为现代碳标准的 1.362 ± 0.002 倍, 其 δ^{13}C 值为 $(-19.32 \pm 0.56)‰$ (仇士华等, 1990: 123). 当时认为, 由于其成分是单质碳, 制样过程中的同位素分馏效应很小, 因此计算 ^{14}C 年龄时不需要做同位素分馏校正. 但是在 "夏商周断代工程" 中使用加速器质谱进行 ^{14}C 测年的过程中发现, CSC 小样品的均匀性不十分理想, δ^{13}C 值有较大离散, 其主要原因是在干馏碳化过程中产生了 C 的同位素分馏. 后来, 美国加州大学尔湾分校 (UCI) 徐晓梅等人的工作也证实了这一点, 他们发现 CSC 在 mgC 量级上的同位素比值是非均匀的, 其 δ^{13}C 值在 $-22.2‰$ 至 $-15.9‰$ 的范围内变化. 因此他们认为用 AMS 测 ^{14}C 时 CSC 也需要做同位素分馏校正, 并将其 δ^{13}C 值归一化到 $-25‰$. 此时, 其放射性比活度与现代碳标准的比值亦需相应地按比例修订为 1.346 (FM 值). 但是他们测定的 CSC 的 FM 值为 1.3533 ± 0.0034, 较原值高出约 0.007 (2013b). 由于常规 ^{14}C 测年方法使用的样品量较大, CSC 颗粒之间的分馏差异被平均化, 因此 CSC 小样品的不均匀性对常规 ^{14}C 测年方法几乎没有什么影响.

如果进行 ^{14}C 测量时用于校正的标准样品是使用 OX-II、ANU 蔗糖或 CSC 制备的, 则 (1.9) 式分母中的 19 应改为 25, 即其 δ^{13}C 值归一化到 $-25‰$. 当然, 如果有可能的话, 标准样品还是应尽量使用 OX-I. 如果没有 OX-I, 则最好使用 OX-II. 有些实验室也制备了自己的标准物质, 这些标准物质的 FM 值一般是通过几个不同实验室的比对测量进行标定的. 这种实验室标准物质常被称作已知样品, 主要用于测量的质量控制 (见 3.4.2 小节), 不宜用于校正. 例如, 北京大学 AMS ^{14}C 实验室常用马王堆汉墓中的木炭作为已知样品与被测样品一起测量.

5. ^{14}C 测年的误差及测量结果的可靠性

每个放射性核素的衰变是独立的随机事件, 一定量的放射性样品中每分钟发生衰变的核素数量并不是严格的常量, 而是有一定的涨落, 故 ^{14}C 样品的放射性比活度或同位素比值测量不可避免地存在着随机的计数统计误差. 这种统计误差服从统计学中的泊松 (Poisson) 分布, 故亦称为泊松误差. 当计数量比较大时, 泊松分布接近正态分布.

^{14}C 测年的误差可分为内部误差与外部误差. 内部误差是已知来源的误差, 对于 ^{14}C 测年来说, 主要是计数统计误差, 其他内部误差 (如电子学误差等) 一般可忽略. 若 ^{14}C 的总计数量为 n, 则内部误差的标准误差为 $\sigma = \sqrt{n}$. 外部误差是多次重复测量所得平均值的标准偏差 s. 如果测量系统是完善的, 即随机系统误差可忽略, 则有 $s = \sigma$; 如果测量系统是不完善的, 则有 $s^2 = \sigma^2 + \sigma_{\mathrm{m}}^2$, 其中 σ_{m} 为机器误差, 其大小反映了测量系统的稳定性.

我们通常说的 "精度" 其实包含两个概念, 即精密度 (precision) 和准确度 (accuracy). 前者指测量数据相对于平均值的离散程度, 后者指平均值相对于真值的偏离程度. 也有人提出精确度的概念, 用以对精密度和准确度加以概括. 但实际上精确度很难加以量化, 在数学上难以进行严格表述. 以上讨论的内部误差和外部误差都属于随机误差, 与测量的精密度相关. 在随机误差的支配下, 样品的 ^{14}C 年龄 t 服从正态分布, 分布的标准误差为 σ (或 s). 此时, 测量结果报道为 $t \pm \sigma$, 即样品的 ^{14}C 年龄的真值应当有约 68.2% 的概率落在区间 $[t-\sigma, t+\sigma]$ 内, 有约 95.4% 的概率落在区间 $[t-2\sigma, t+2\sigma]$ 内. 这两个区间分别称为 1σ 置信区间 (confidence interval) 与 2σ 置信区间, 亦可简称为 68% 区间和 95% 区间[7].

至于测量的准确度则主要取决于制样和测量过程中对污染物的清除程度、对本底和分馏的控制程度, 以及校正的有效性. 反映测量值与真值偏差的误差属于确定性系统误差. 合理的测量布局与程序安排有助于减小这种系统误差, 但一般来说, 很难通过测量本身来发现确定性系统误差, 只能通过比对或特殊安排的实验来发现. 为了保证 ^{14}C 测年结果的可靠性, 实验室必须采取必要的质量控制措施. 例如, 在日常测量中, 同时测量一些年代确定的对照样品, 或者同时测量多种不同的标准样品, 以检查其比值是否正常; 进行实验室之间的测量比对; 参加国际 ^{14}C 样品比对活动; 等等. 关于 ^{14}C 测年误差及测量结果可靠性的进一步讨论可参见第三章.

---

[7]对于服从正态分布的随机变量, 测量值被包含在期望值左右一倍标准误差区间内的概率是 68.27% (参见 3.1.1 小节). 如果取 3 位有效数字, 则可能是 68.2% 或 68.3%, 这取决于计算过程中的四舍五入. 例如, 在校正后所得到的年代区间分裂为几个子区间的情况下, 各子区间的概率相加就可能出现 68.2% 或 68.3% 的情况 (参见图 1.2、图 4.4 和图 4.8 等). 本书中我们将该区间简称为 68% 区间. 类似地, 将 95.5% 或 95.4% 区间简称为 95% 区间. 这里的区间包括置信区间和贝叶斯方法的可信区间 (参见 3.1.3 小节).

6. 样品采集与测量结果的代表性

常用的考古学 ^{14}C 测年样品有木头、木炭、骨头、植物种子、果壳、植物硅酸体 (plant opal) 等。地学 ^{14}C 测年样品的种类则更多，除了上述类型的样品外，还有种类繁多的陆地、湖泊、海洋沉积物，例如，有孔虫、孢子花粉、泥炭、贝壳、次生碳酸盐，以及水体本身、冰川中的 CO_2 等。关于样品采集的方法与要求可见《中国 ^{14}C 年代学研究》中的第二章 (仇士华等，1990: 25)。

在样品采集时要注意其代表性问题，即测年样品与目标研究对象的对应关系。一般来说，样品本身的年代与样品所在地层单元的年代或样品所在考古发掘单位形成的年代并不是同一个概念。同一考古发掘单位或同一地层单元中不同的含碳样品可能有不同的年龄，分别代表不同考古与地质事件的年代。例如，木头和木炭样品有可能给出偏老的年龄，其常见原因是样品来自大树的中心部分，故最好采集细树枝，或者在采集大块的木头和木炭样品时能选择带有外层树轮的样品并取其外层部分。木头和木炭样品的碎屑也可能由于地下水或人工活动造成二次搬运，这也可能导致年龄的偏离。保存良好的骨头或生长期短的植物 (如种子等) 样品通常可给出比较可靠的年代。

同一含碳样品中的不同碳质组分也可能有不同的年龄，并具有不同的年代学意义。例如，骨样品在地下埋藏过程中会受到各种环境因素的影响，后期入侵的腐殖酸有时年龄偏年轻，可侵入骨胶原中，甚至与骨胶原结合，应当设法去除。又如，陶片中已碳化的稻壳、稻草的年龄代表陶器烧制的年代，陶器上的烟炱和陶器内的食物残渣的年龄代表陶器使用的年代，陶器中基质碳的年龄代表制陶所用陶土中含碳物质的年龄，会早于陶器烧制的年代。从陶片中提取的腐殖酸的年龄则大多晚于陶器烧制的年代。加速器质谱的小样品特性为样品的分组分测年提供了便利条件。相应地，制样中的组分提取技术近年来也得到了很好的发展。关于制样的进一步讨论可参见第二章。

1.1.4 ^{14}C 年代校正

由于 ^{14}C 在大气中的同位素丰度 (放射性比活度) 随时间变化，为了将样品的 ^{14}C 年龄转换为其真实年龄，需要使用 ^{14}C 校正曲线。最初的 ^{14}C 校正曲线是基于对已知年龄树轮的测量，故亦称为树轮校正曲线。树轮形成以后是一个封闭体系，其中的 α-纤维素形成之后不再与大气有碳的交换，故树轮中保存了当年大气中的 ^{14}C 同位素丰度 (放射性比活度) 信息，由此可推知相应的 ^{14}C 年龄与其真实年龄之间的关系。但树轮校正目前只能延续到距今一万多年，年代更久远的 ^{14}C 校正曲线则是基于对已知年龄珊瑚和层状沉积物等的测量。校正后 ^{14}C 年龄的单位写为 Cal BP。在考古学中人们更多地习惯于使用日历年代 (AD 或 BC)，在地球科学和古人类学中则多使用 Cal BP 及 Cal ka BP。目前，国际上已有一些通用的程序可用

于 ^{14}C 年龄的校正,使用这些程序时一般可以选择横坐标使用 AD/BC 或 Cal BP.

在过去的几十年间,^{14}C 校正曲线已经发布了多个版本,例如,IntCal86, IntCal93, IntCal98, IntCal04, IntCal09, IntCal13, IntCal20 等. IntCal98 的校正年代范围是 0 Cal BP—24000 Cal BP,其中树轮可校正到 11857 Cal BP(Stuiver et al., 1998). IntCal04 的校正年代范围是 0 Cal BP—26000 Cal BP,其中树轮可校正到 12400 Cal BP,由于其在曲线构建上采用了随机走步模型 (RWF),因此校正曲线较 IntCal98 更平滑一些,此外,还首次增加了南半球的校正曲线 (Reimer et al., 2004). IntCal09 首次纳入了有孔虫样品,其校正年代范围扩展到 0 Cal BP—50000 Cal BP,其中树轮可校正到 12550 Cal BP,在随机走步模型中使用了贝叶斯方法 (2009). IntCal13 的校正年代范围是 0 Cal BP—50000 Cal BP,其中树轮可校正到 13900 Cal BP,此外,校正曲线还使用了湖泊层状沉积物中的植物微体化石、次生化学沉积物、珊瑚和有孔虫样品,随机走步模型也有所改进 (2013). IntCal20 的校正年代范围是 0 Cal BP—55000 Cal BP,其中树轮仍可校正到 13900 Cal BP,其主要改进是在曲线构建上用贝叶斯三次样条方法代替了随机走步模型,并在校正曲线的一些年代区段增加了更多的数据 (2020).

国际 ^{14}C 学界每过几年就对 ^{14}C 校正曲线更新一次,更新包括以下几个方面:一是随着校正用样品种类的扩展,校正年代范围不断延伸;二是树轮校正部分不断精细化,例如从 5 a 一个数据点到 1 a 一个数据点;三是加入了更多的树轮校正曲线片段,使一些年代区段的校正曲线更为精确;四是不断改善曲线构建的数学方法. 因此最新的校正曲线应该最为可信.

鉴于目前的年代校正范围已远超出树轮校正的范围且校正曲线是基于多种样品测量而构建的,因此现在一般不再使用树轮校正曲线这一名称,而是称其为 ^{14}C 年代校正曲线 (radiocarbon age calibration curve) 或简称为 ^{14}C 校正曲线. 图 1.1 给出了两段 ^{14}C 校正曲线,其年代范围大致上相当于夏商周时期,曲线的上下波动反映了 R_0 (A_0) 随年代的变化. 如果 R_0 (A_0) 不随年代变化,则校正曲线应当是一条倾斜的直线. 图中蓝色曲线为 IntCal98,绿色曲线为 IntCal20. 由该图可看出这两条曲线的差别. 例如,在公元前 1700—前 1500 年这一年代区段,两条曲线的差别是很明显的.

前面曾经提到,南半球大气的 ^{14}C 同位素丰度或放射性比活度要低于北半球,故相应地,IntCal20 有专门用于南半球样品的 ^{14}C 校正曲线 SHCal20 (Hogg et al., 2020). 对于海洋样品,考虑到其特有的贮存库效应,也有专门的海洋用校正曲线 Marine20 (Heaton et al., 2020).

由于校正曲线在某些年代区段的多值性,一个 ^{14}C 年龄值可能对应多个校正后 ^{14}C 年龄,且校正后 ^{14}C 年龄的概率分布已不再是正态分布. 此时,样品日历年代的置信区间取决于对应校正曲线区段的形状和误差,以及 ^{14}C 年龄的误差.

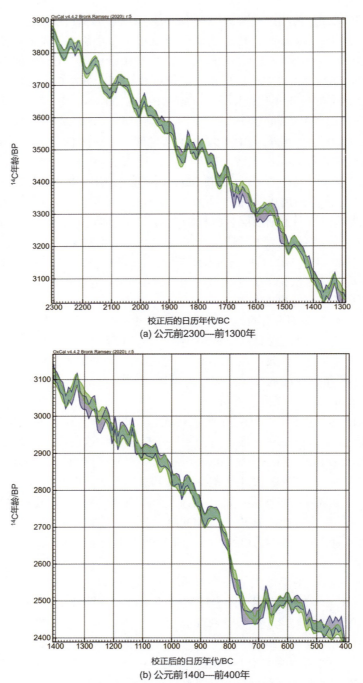

图 1.1 ^{14}C 校正曲线区段 (蓝色曲线为 IntCal98, 绿色曲线为 IntCal20)

图 1.2 给出了一个 ^{14}C 年代校正的例子. 此例中, 样品 ^{14}C 年龄的测量误差为 40 a, 故其 ^{14}C 年龄的 95% 置信区间为 160 a, 但其校正后日历年代的 95% 置信区间可达 250 a 以上, 较 ^{14}C 年龄的 95% 置信区间有较大的展宽.

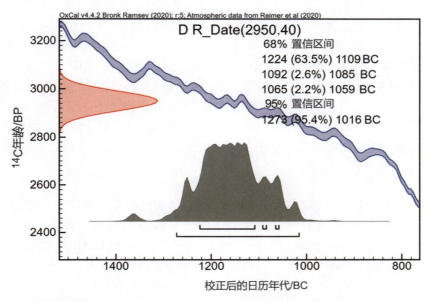

图 1.2 一个 ^{14}C 年代校正的例子, 这是 OxCal 程序输出的样品 ^{14}C 年代校正结果. 从左上到右下的曲折曲线是 ^{14}C 校正曲线, 纵轴为样品的 ^{14}C 年龄, 纵轴上的红色曲线为样品 ^{14}C 年龄的正态分布曲线. 图下部的黑色曲线为样品校正后的日历年代概率分布曲线, 曲线下方有两层括号, 上层括号对应于样品校正后日历年代 68% 置信区间, 下层括号对应于样品校正后日历年代 95% 置信区间. 此例中, 68% 置信区间分裂为三个子区间

^{14}C 校正曲线在某些区段呈现平台状或平台叠加扭摆, 这会造成进行年代校正时得到的年代区间大幅度展宽, 例如公元前 760—前 410 年和公元 1650—1950 年区段. 此时, 从一个样品的 ^{14}C 年龄 (即便其测量精度很高) 难以得到对应的有意义的日历年代.

为了减小日历年代置信区间的宽度, 近年来发展了基于贝叶斯方法的系列样品年代校正方法. 用贝叶斯方法校正得到的年代区间称为可信区间, 参见 3.1.3 小节的第 2 部分. 由于该方法引入包括样品顺序与分期等信息的先验分布, 对样品校正后日历年代的范围形成了附加的约束, 从而使样品日历年代后验分布的可信区间宽度大幅度减小. 这里需要注意的是, 贝叶斯方法的可信区间与经典统计方法的置信区间虽属同类概念, 但其在统计意义上的内涵是不同的, 参见 3.1.3 小节的第 3 部分. 本书中我们将68% (95%) 置信区间与 68% (95%) 可信区间统称为 68% (95%)

区间. 通常可以用 OxCal 程序进行样品的 ^{14}C 年代校正, 用该程序也可以进行基于贝叶斯方法的系列样品年代校正. 关于系列样品年代校正的贝叶斯方法的进一步讨论可参见第四章. 由第四章的模拟研究可知, 对于系列样品, 我们可以取其 68% 区间作为样品的年代区间. 但是对于单样品年代校正, 我们还是应当取其 95% 区间作为样品的年代区间.

需要指出的是, 对于一个或一组样品的 ^{14}C 年龄, 使用不同版本的 ^{14}C 校正曲线有可能得到不同的年代校正结果, 参见 7.3.3 小节. 故 ^{14}C 实验室在向用户报告 ^{14}C 数据时应给出样品的 ^{14}C 年龄或 FM 值, 以便用户根据自己的需要进行 ^{14}C 年代校正. 如果用户有要求, 那么 ^{14}C 实验室也可以同时给出校正后的 ^{14}C 年代, 此时应注明所使用的 OxCal 程序和校正曲线的版本, 以及是否使用了系列样品年代校正方法. 考古及地质工作者报道年代校正结果时也应该这样做.

1.1.5 ^{14}C 测年与示踪的应用

^{14}C 测年在考古学、古人类学、地球科学、环境科学等领域有广泛的应用.

在考古学领域应用的一个著名的例子是对阿尔卑斯山"冰人"的年代测定 (Prinoth-Fornwagner et al., 1994). 1991 年, 在意大利阿尔卑斯山南麓发现了一具由于冰川融化而暴露出来的干尸, 并依其发现地将其命名为"奥茨". 这是迄今为止世界上发现最早的木乃伊. 他的保存状态非常好, 同时发现的还有他的衣服、鞋子、一张弓和箭袋, 以及一把铜制手斧. 英国牛津大学和瑞士苏黎世联邦理工学院等多个 AMS ^{14}C 实验室参与了对他的骨骼和组织标本, 以及帽子和鞋子上的草进行的 ^{14}C 测年. 经整合后的测年结果表明, 他的死亡时间对应的 ^{14}C 年龄为 4546±17 BP, 相应的校正后日历年代为 3350 BC—3100 BC, 可与阿尔卑斯山南麓当时存在的考古文化类型相匹配.

北京大学 AMS ^{14}C 实验室的原思训、吴小红等曾对我国的陶器起源问题进行研究, 对发现早期陶器的广西庙岩、湖南玉蟾岩、江西仙人洞等遗址出土的陶片, 以及洞穴沉积物相应系列地层中的木炭和骨头进行了 ^{14}C 测年 (Yuan et al., 1997; Boaretto et al., 2009; Wu et al., 2012; Cohen et al., 2017), 从而确定所发现早期陶器的年代分别为: 庙岩 17300 Cal BP—16700 Cal BP, 玉蟾岩 18300 Cal BP—17500 Cal BP, 仙人洞 20000 Cal BP—19000 Cal BP, 均早于日本所发现的最早陶器的年代.

AMS ^{14}C 测年在地球科学中常被用于高分辨率古气候重建. 例如, 中国科学院青藏高原研究所朱立平团队 (吕新苗等, 2011) 对西藏南部普莫雍错深水湖区获取的 3.8 m 长湖芯中 25 个样品的植物碎屑进行了 ^{14}C 测年, 结合表层样品 ^{210}Pb 衰变计算的沉积速率对整个湖芯的 ^{14}C 测年及其贮存库效应进行了系统校正. 结果显示, 该湖芯完整地覆盖了 19 Cal ka BP 以来的时间尺度, 通过对湖芯中的总有机碳、无机碳、粒度和孢粉的分析重建了该地区的古环境变化, 发现 14.2 Cal ka BP 和 11.8 Cal ka BP 左右的两次冷事件可能是老仙女木和新仙女木事件的反映.

除了测年以外, ^{14}C 也被应用于示踪研究. 例如, 20 世纪 70 年代进行的海洋地球科学研究计划对全球洋流循环模式有了初步了解, 其后又有 20 世纪 90 年代启动的世界大洋环流实验 (WOCE) 计划和全球海洋通量联合研究 (JGOFS) 计划. 北京大学周力平团队通过对南海海面大气和表层海水的 ^{14}C 取样分析, 发现 2014 年南海表层海水中溶解的无机碳的 ^{14}C 比大气 CO_2 的 ^{14}C 平均高出 (15.4 ± 5.1)‰; 自 2000 年开始, 海洋-大气 Δ^{14}C 梯度由负转正, 海洋超越大气成为核爆碳水平相对较高的碳库 (Gao et al., 2019). 又如, ^{14}C 是大气中化石源 CO_2 (来源于化石燃料燃烧产生的 CO_2) 浓度最准确的示踪剂. 中国科学院地球环境研究所周卫健团队通过 ^{14}C 示踪准确定量了我国主要城市大气中化石源 CO_2 的浓度水平, 分析了其在不同城市之间的差异, 研究了盆地城市化石源 CO_2 的来源和传输. 研究还发现大气中 PM2.5 与化石源 CO_2 有较强的相关性, 其斜率的大小可以反映城市化石燃料消费种类的比例 (2020). ^{14}C 示踪在生物医学中也有重要应用. 例如, 北京大学刘元方团队利用 ^{14}C 标记化合物与 DNA 的加合来研究丙烯酰胺的毒性 (Xie et al., 2006), 国际上也有人利用微剂量药物研究人类的代谢活动及其动力学、人体组织再生与细胞代谢等 (Vogel et al., 2007).

^{14}C 测年还可用于艺术品真伪的鉴别. 例如, 北京大学曾成功鉴定过在河北兴隆发现的古代纹饰鹿角雕刻品的真伪 (原思训, 1993). 该纹饰鹿角残长 12.5 cm, 上面阴刻三组精美纹饰并染成红色. 经 AMS 测定其 ^{14}C 年龄为 13065 ± 270 BP, 相应的校正后 ^{14}C 年龄为 16570 Cal BP—14840 Cal BP (95% 区间), 是我国的一件极为珍贵的旧石器时代晚期的工艺品.

核爆脉冲也是有力的示踪工具. 例如, 使用 1962 年以后到 21 世纪初生产的纸张作伪的古字画很容易通过测量其 ^{14}C 同位素丰度来鉴别, 因为核爆脉冲后生物制品中的 ^{14}C 同位素丰度明显上升. 但是近年来大量燃烧化石燃料释放的 CO_2 使大气中的 ^{14}C 同位素丰度快速下降, 2014 年已下降到接近第一次工业革命前的水平, 目前已低于第一次工业革命前的水平. 故用近年生产的纸张作伪的古字画已很难通过测量其 ^{14}C 同位素丰度来鉴别.

1.1.6 小结

综上所述, ^{14}C 测年是基于放射性核素衰变规律的测年方法, 其前提是被测样品有一个从交换状态向封闭体系的转变历史, 转变后样品对外界环境保持封闭性, 且样品转为封闭体系之前, 在交换状态下的初始 ^{14}C/^{12}C 值已知. 这里要注意原始样品是否存在贮存库效应, 若存在贮存库效应, 则需做相应校正. 由于大气中的 ^{14}C 同位素丰度随时间改变, 因此测出样品的 ^{14}C 年龄后要用 ^{14}C 校正曲线做年代校正才能得到样品的真实年龄. 样品的封闭性有可能被来自外部的污染所破坏, 故在测年时要选取合适的组分并在制样时进行必要的前处理. 碳的三种同位素 ^{12}C、^{13}C 和 ^{14}C 在自然界各交换贮存库之间的循环交换过程中、在同一年代形成的不同类型的样品中、在样品化学制备的过程中、在加速器质谱的测量过程中等, 都存在同位素分馏效应, 这会导致 $^{14}C/^{12}C$ 值的偏差, 因此在计算样品的 ^{14}C 年龄或 FM 值时必须对同位素分馏效应进行校正. ^{14}C 测年中存在测量本底, 包括污染本底和机器本底, 故 ^{14}C 测量需进行本底校正. 在自然环境中、在制样过程中、在测量过程中, 样品均有可能受到污染, 因此要做仔细分析, 并采取必要的污染清除和控制措施. ^{14}C 测年采用相对测量的方法, 同时测量被测样品和标准样品, 并需进行标准样校正. ^{14}C 测年误差包括随机误差和系统误差, 系统误差可能有不同的来源且较难通过测量本身发现. 为了保证 ^{14}C 测年结果的可靠性, 实验室需采取必要的质量控制措施, 例如, 次级标准样品的测定和长期观测、定期参加国际 ^{14}C 样品比对活动等. 样品采集是 ^{14}C 测年的重要环节, 采集时要特别注意其代表性问题及年代学意义. 故 ^{14}C 测年是一个复杂的科学过程, 其中涉及物理学、化学、数理统计学、仪器科学、地学、考古学等多个学科. 作为 ^{14}C 测年工作者, 需要对所有环节 (包括其物理和化学机制、可能产生的后果、能够采取的措施等) 都有清楚的了解, 才能保证所提供 ^{14}C 测年结果的可靠性.

尽管有以上诸多问题, 但因为碳几乎无处不在而且参与所有的生命活动, 所以 ^{14}C 仍是用于衰变测年的理想核素. ^{14}C 测年的优点是: 测年范围可从两三百年到五万年之内, 特别适合测定旧石器时代晚期以来样品的年代; 相对于其他测年方法来说, ^{14}C 测年精度较高, 对于一万年以内的样品, 其测年精度可达几十年, 对于生长期超过百年的古树树轮样品, 其测年精度在理想情况下可达两三年; 测定的样品十分广泛且容易得到, 几乎在所有考古遗址中都能找到合适的 ^{14}C 测年样品. 因此 ^{14}C 测年也是提供测年数据最多的一种测年方法. 它使全球各地各类考古学文化的延续时间及相互之间的前后次序可以纳入一个客观、统一、精确定量的时间标尺之上, 从而使旧石器时代晚期以来的考古编年建立在科学的基础之上.

当然, ^{14}C 测年也存在固有的局限性. 受放射性衰变的统计性涨落的影响, 测年数据总会存在一定的误差, 一般情况下, 样品的测年结果不可能具体到某一年, 只能得出一个或大或小的年代区间. ^{14}C 校正曲线为将样品的 ^{14}C 年龄转换为样品的真实年龄提供了有力的工具, 但校正曲线的扭摆起伏与平台状会使样品真实年龄的年代区间在不同程度上被展宽, 展宽的程度与所使用的校正曲线的区段及测量误差有关. 此外, 作为统计性涨落的小概率事件, 个别测年数据有可能会产生较大程度的偏离. 值得注意的是, 采用基于贝叶斯方法的系列样品年代校正方法可以在一定程度上排除异常样品 (outlier), 提高样品数据的可靠性.

1.2 加速器质谱概述

AMS 是 20 世纪 70 年代末在国际上兴起的一项现代核分析技术, 主要用于测量长寿命放射性核素的同位素丰度, 从而得出样品的年龄或进行示踪. 40 多年来, AMS 在装置、方法和应用等诸多方面都不断有新的发展. 我国于 20 世纪 80 年代即在中国原子能科学研究院和北京大学建造了加速器质谱计, 并开展了相关应用的研究. 现在国内很多地方也已经建成或正在建造 AMS ^{14}C 实验室. 关于 AMS 的原理、方法、技术和应用, 有一些书籍和文章可供参考 (郭之虞, 1994; Finkel et al., 1993; Chen et al., 2011; Kutschera et al., 2023b), 本节对其做一概略的介绍.

1.2.1 AMS 的基本原理与装置

AMS 与常规质谱计有相似之处, 也是由离子源、离子的加速与聚焦装置、分析器和探测器组成的, 但常规质谱计只将离子加速到 keV 量级, 而 AMS 则用加速器将离子加速到 MeV 量级. 最常用的分析器是二极磁铁, 一定能量的离子束在磁场中发生运动方向的偏转, 偏转的大小与离子的质量相关. 这样, 不同质量的离子束通过磁分析器后将发生空间位置的展开, 形成不同的质量峰. 如果仪器刚好可以把质量为 M 和 $M-\Delta M$ 的两个峰分开, 那么我们就定义仪器的分辨本领为 $M/\Delta M$. 含有不同碳同位素的离子束在经过磁分析器后会形成 ^{12}C, ^{13}C 和 ^{14}C 质量峰, 表面上看起来要把 ^{13}C 和 ^{14}C 质量峰分开, 分辨本领为 14 就足够了, 但实际情况并非如此. 例如, 一个问题是同量异位素干扰. 同量异位素是质量数相同的不同元素的核素, ^{14}C 的同量异位素是 ^{14}N. 在它们的原子核中, 质子与中子的总数是相同的, 但 ^{14}C 比 ^{14}N 多一个中子而少一个质子. 这就造成了二者质量的微小差别, 其质量差为 1/84000. 故用质谱计将 ^{14}C$^+$ 与 ^{14}N$^+$ 分开所需的分辨本领为 84000, 这是常规质谱计很难做到的. 如果使用负离子消除 ^{14}N, 那么区分 ^{14}C$^-$ 与分子离子 ^{13}CH$^-$ 和 ^{12}CH$_2^-$ 仍然需要很高的分辨本领. 另一个问题是强峰拖尾干扰, 这是用质谱计检测低丰度同位素时所特有的问题. 强离子流对应的质量峰 (如 ^{12}C) 的两侧会呈弥散展开, 绵延至邻近质量峰上, 这种现象称为强峰拖尾. 其来源主要是强离子流与分析管道中残余气体分子碰撞后的散射和电荷交换, 或者与管道、电极、狭缝表面撞击后的散射. 强峰拖尾会造成对相邻弱峰的叠加, 甚至湮没相邻的低丰度同位素峰. 由于 ^{14}C 的同位素丰度很低, 现代碳的 ^{14}C 同位素丰度约为 10^{-12} 的量级, 年龄为几万年的样品的 ^{14}C 同位素丰度可低至 10^{-15} 的量级, 故很容易被 ^{12}C 和 ^{13}C 的强峰拖尾所湮没. 因此用常规质谱计进行 ^{14}C 测年是十分困难的.

AMS 中离子能量的提高带来了多方面的好处, 使得检测同位素丰度低至 10^{-16}—10^{-12} 量级的 ^{14}C, ^{10}Be, ^{26}Al, ^{36}Cl, ^{41}Ca, ^{129}I, ^{236}U 等寿命在 10^3—10^8 a 的长寿命放射性核素成为可能. 这些放射性核素都是宇宙成因核素, 即产生于宇宙射线引发核反应的核素. 对于寿命超过 10^9 a 的长寿命放射性核素 (产生于早期地球的原始核素), 因其在自然界中的同位素丰度相对较高, 一般可用常规质谱计测量. 本书主要讨论 AMS 用于 ^{14}C 测年的技术.

与使用液体闪烁计数法和气体正比计数法的衰变计数法测年相比, AMS ^{14}C 测年的主要优势在于所需样品量少、测量工效高. 一般衰变计数法需要 g 量级的碳, 而 AMS 只需要 mg 量级甚至 μg 量级的碳, 这就极大地拓展了可测样品的范围; 同时, 小样品特性使得可以通过组分提取技术提高测年结果的可靠性; 测量工效高则使大批量样品的测量成为可能.

加速器质谱装置主要由离子源、注入系统、加速器、高能分析系统、探测器、控制与数据获取系统等部分组成. 加速器以串列加速器为主, 亦有使用单端静电加速器、回旋加速器和射频直线加速器的. 串列加速器使用负离子源, 而有些核素的同量异位素 (如 ^{14}N) 不能生成稳定的负离子, 故使用串列加速器的好处是这类同量异位素干扰可以在离子源中消除. 图 1.3 为北京大学的 EN-AMS 装置示意图.

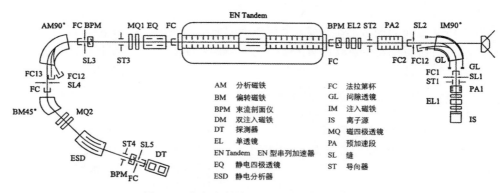

图 1.3 北京大学的 EN-AMS 装置示意图

AMS 的核心技术是抑制本底和减小分馏效应, 为了提高样品的利用效率及得到可靠的测量结果, 制样技术和测量方法的设计也是十分重要的. 由于加速器质谱最多的应用是测量样品中的 ^{14}C, 近年来用于 ^{14}C 测量的小型加速器质谱装置得到了快速发展.

1. 离子源

离子源用于产生被测核素的离子. AMS 对于离子源的要求是: 流强高、发射度小、束流稳定性好、记忆效应小、离子转换效率高、样品靶材易于化学制备、具有多靶位、靶的更换快速简便、换靶后束流可迅速上升并迅速稳定.

串列 AMS 一般采用铯溅射负离子源. 被测样品经化学提纯制成单质或化合物靶材, 靶材在铯正离子的轰击下被溅射, 其中一部分形成负的原子或分子离子, 被电场引出. 在铯离子束流的长时间轰击下, 样品靶表面可产生弹坑. 弹坑的形状随时间而变,会引起附加的时变分馏效应.对于高精度 AMS 测量,可以对靶位进行机械扫描,使溅射过程中样品表面各处受到铯离子束流的均匀轰击,以避免出现明显的弹坑.

2. 注入系统

注入系统的作用是:对离子源的引出束流进行质量分析;对束流的传输进行匹配;实现不同同位素的交替注入或同时注入,以便在高能分析系统中测量同位素比值,这可以减小分馏效应的影响.

注入系统通常用磁分析器对离子源的引出束流进行质量分析,并要求相邻强峰在被测质量峰处的拖尾强度低至 10^{-5}—10^{-4}. 这意味着磁分析器要有相当高的质量分辨率,一般均采用大半径 90° 双聚焦磁铁. 为了更有效地抑制强峰拖尾,有的 AMS 还在注入系统中增加一台静电分析器以进行能量选择.

AMS 注入系统的传输匹配也比一般加速器的注入系统要求更高. 为减小分馏效应,AMS 要实现"平顶传输",即各束流元件的束流接受度较之束流发射度要有较大的裕量,以使其参量调节曲线上有较宽的平顶区.

3. 串列加速器

加速器用于提高被测核素离子的能量. 使用串列加速器的好处是离子源和探测器都位于地电位,运行和维护比较简单. 串列加速器的高压端内装有电子剥离器. 注入的负离子经剥离后转变为正离子. 剥离后的正离子的电荷态有一分布,适当选取端电压和剥离介质可使所选择的电荷态有尽可能高的剥离产额. 电子剥离器有两种:固体剥离器 (如碳膜) 和气体剥离器. 固体剥离器的寿命较短,所引起的角发射和能量发散也较大,在 AMS 中很少使用. 使用气体剥离器时,其细长的气体通道无法实现"平顶传输",会导致传输效率下降并可引起分馏效应,而加粗剥离管道会导致加速管中的真空度下降,从而加剧散射与电荷交换碰撞,其结果是传输效率下降、干扰本底上升. 较好的解决办法是在加速器的高压端内安装差分抽气泵,以实现气体循环剥离.

4. 高能分析系统

高能分析系统用来选择具有特定电荷态的被测核素离子,并抑制干扰本底. 从加速器引出的离子束流成分十分复杂,除了被测核素离子外,还有其高丰度同位素的离子,以及剥离产生的分子碎片的离子,且所有这些离子又都具有不同的电荷态与不同的能量. 为了从中筛选出具有特定电荷态的被测核素离子,至少要用两种不同类型分析器的级联组合. 有三种分析器可供选择:静电分析器,可确定离子的 E/q 值;磁分析器,可确定离子的 $(E/q) \times (M/q)$ 值;交叉场分析器,可确定离子的 $(E/q)/(M/q)$ 值. 其中,E 为离子的能量,M 为离子的质量,q 为离子的电荷态. 有的 AMS 高能分析系统还使用第三台分析器以进一步抑制干扰本底.

在经过第一个分析器之后,不同同位素离子的路径会分开. 高丰度同位素离子的流强可用相应路径上的法拉第 (Faraday) 杯测量, 被测核素离子则由位于高能分析系统末端的探测器计数. 将二者都折算成粒子流强, 即可求出相应的同位素比值.

5. 探测器

探测器用来对被测核素离子进行计数. AMS 广泛采用 $\Delta E - E$ 气体探测器, 其优点是通过在 $\Delta E - E$ 双参数 (或多参数) 谱上设置窗口, 可以只对被测核素离子进行计数, 而进一步排除其他离子的干扰. $\Delta E - E$ 气体探测器要在入射离子的能量大于每核子 250 keV 时才能有效工作, 因此, 对于重的被测核素 (如 ^{129}I, ^{236}U 等), 要用飞行时间探测器. 如果各种干扰已经在高能分析系统中被有效地消除, 例如, 用小型 AMS 测量 ^{14}C 时, 可以使用较简单的半导体探测器.

6. 控制与数据获取系统

控制系统的作用是: 实现加速器及束线参数的调节、监测与优化; 实现测量过程的控制, 例如, 换靶、交替注入等.

数据获取系统用于读取不同样品的不同同位素的测量值, 并进行数据的在线处理, 同时将数据存入文件, 供数据的离线处理使用. 如果使用 $\Delta E - E$ 气体探测器或飞行时间探测器, 还要生成双参数 (多参数) 谱或飞行时间谱.

1.2.2 AMS ^{14}C 测年的测量本底

AMS ^{14}C 测年的干扰本底主要源于分子干扰和同位素干扰. 其同量异位素 (^{14}N) 干扰已在离子源中被消除.

进行 ^{14}C 测量时, 在铯溅射负离子源的引出束流中会有多种与 ^{14}C 质量接近的分子离子, 例如, ^{13}CH$^-$, ^{12}CH$_2^-$ 和 ^{7}Li$_2^-$, 其流强可达 ^{14}C 的 10^8 倍以上. 在串列 AMS 中可用剥离技术来消除分子干扰, 因为较高电荷态 ($q \geqslant 3+$) 的分子离子是不稳定的, 这些分子离子会迅速离解为原子离子, 所以 AMS 常选用 3+ 电荷态, 这样就要求使用较高的加速器端电压以便达到尽可能高的剥离效率. 剥离效率也与剥离气体的种类有关, 氩气的剥离效率要明显高于氧气. 如果使用氩气作为剥离气体且达到平衡剥离条件, 在端电压为 3 MeV 左右, ^{14}C^{3+} 的剥离效率可达 55%⑧.

高丰度同位素离子 ^{12}C 和 ^{13}C 的干扰可有多种来源, 其中最重要的是在高能加速管和高能输运系统中发生的电荷交换碰撞引起的高能分析系统中的动量连续谱. 串列加速器中的剥离过程可以有效地消除分子干扰, 但同时也产生大量分子碎片, 这些分子离解产生的 ^{12}C 和 ^{13}C 离子成为动量连续谱的重要来源. 剥离也会产生一些处于激发态的离子, 这些离子在随后的加速过程中自发退激, 这是动量连续谱的另一个来源. 此外, 离子源中的溅射过程可产生离子束能谱中的高能方向拖尾, 使部分 ^{12}C 和 ^{13}C 离子获得与 ^{14}C 离子相近的动量而通过注入磁铁, 这些离

---

⑧目前的小型 AMS 已可以使用较低的端电压与低至 1+ 的电荷态, 详见 1.2.5 小节.

子也进入加速器被加速, 并通过电荷交换过程进入动量连续谱. 这种动量连续谱的同位素干扰离子必须用至少两台不同类型分析器的级联组合才能有效地加以抑制. 在注入系统中使用第二台分析器或在高能分析系统中使用第三台分析器有助于进一步抑制同位素干扰.

AMS ^{14}C 测年的另一种本底是离子源中的记忆效应引起的. 记忆效应是指一个新样品的分析结果受到残存在离子源内的前面分析过的样品的影响. 例如, 在溅射过程中一些样品会附着在离子源内表面上, 而在新样品的溅射过程中又被释放出来, 使前一样品中的 ^{14}C 进入后一样品的离子束流中. 这种本底属于固有本底, 无法通过测量系统消除. 通常情况下, 使用石墨作为靶材的铯溅射负离子源的记忆效应很小, 但如果使用 CO_2 作为靶材则会有较明显的记忆效应, 此时需采取必要的措施 (如换样间隙用氩气清洗) 以减小记忆效应.

1.2.3 AMS ^{14}C 测年的分馏效应

AMS ^{14}C 测年过程中的分馏效应包括样品的自然分馏、制样过程中的化学分馏、离子源中的溅射分馏和从离子源到探测器之间的传输分馏.

样品的自然分馏可以用 $δ^{13}$C 值进行校正.

制样过程中的化学分馏可以通过使用 AMS 在线测量的 $δ^{13}$C 值进行同位素分馏校正.

离子源中的溅射分馏有两种产生机制. 一种源于溅射产额的速度相关性. 相同能量的 ^{12}C, ^{13}C 和 ^{14}C 离子的速度不同, 因此溅射产额也不同. 这导致引出离子束流中的同位素比值与样品中的比值不同, 即产生了分馏效应. 此分馏可以通过求被测样品与标准样品的 ^{14}C 丰度比值加以消除. 另一种分馏效应是伴随溅射过程所产生的样品表面弹坑形变而引起的时变分馏, 可以通过靶位的机械扫描或使用 AMS 测量的 $δ^{13}$C 值每轮进行同位素分馏校正来加以消除.

传输分馏从产生机制上可分为三种: 剥离过程产生的分馏、磁场引起的分馏和传输路径差异引起的分馏. 剥离后的电荷态分布也取决于离子的速度, 故 ^{12}C, ^{13}C 和 ^{14}C 剥离后的电荷态分布是不同的, 导致的分馏效应的大小与端电压及电荷态的选取有关. 这是一种非线性分馏, 也可以通过求被测样品与标准样品的 ^{14}C 丰度比值加以消除. 地磁场和加速管中抑制二次电子的偏转磁场等杂散磁场和束线磁导向器磁场的径向分量会导致不同同位素离子运动轨迹的横向歧离, 若其后传输路径上某处束流元件的接受度不足, 则会产生分馏效应. 磁四极透镜对不同同位素离子有不同的聚焦强度, 会导致束流腰位歧离而影响其后的传输. 故在不同同位素的公共通道上要避免使用磁四极透镜和磁导向器, 并且要尽量实现 "平顶传输" 特性. 为进一步实现 "平顶传输", 尽管在调束时有时要把束缝关小, 但在运行时通常将各缝开足. 传输路径差异主要是指在高能分析系统的主分析器后不同同位素离子的路径将分开,如果不同路径上的束流传输效率不同,则会引起分馏效应. 为了减小传输路径差异引起的分馏,应当使不同同位素都经过同样的加速过程,并有尽可能多的公共传输路径,同时,在单独的 ^{14}C 束线上要实现近于 100% 的传输效率. 为了把不同同位素离子都送到高能分析系统中,需要采用交替注入技术或同时注入技术.

从上述分析可知,采用相对测量的方法,求得被测样品的 ^{14}C 同位素丰度与标准样品的 ^{14}C 同位素丰度比值是消除分馏效应影响的重要措施. 此外,把不同同位素离子都送到高能分析系统中测量、在不同同位素的公共通道上避免使用磁四极透镜和磁导向器并实现 "平顶传输"、对离子源的靶位进行机械扫描等也都是减小分馏效应的有效措施.

1.2.4 AMS ^{14}C 测年的测量方法

1. 同位素比值的测量方法

为了将不同同位素离子经加速器送至高能分析系统,可以使用顺序交替注入或同时注入方法. 顺序交替注入方法是令 ^{12}C、^{13}C 和 ^{14}C 顺序依次注入加速器,每种核素占一定的注入时间,形成一个周期,然后循环交替. 磁分析器是动量分析器,相同能量的 ^{12}C、^{13}C 和 ^{14}C 的动量不同,故通过注入磁铁后运动轨迹将分开. 为实现交替注入就需要改变磁场强度,或者改变离子的能量. 改变磁场强度的速度很慢,故实际可行的是改变离子的能量. 在具体实施上又有两种方法: 慢交替注入和快交替注入.

慢交替注入使用脉动能量调制器 (bouncer) 调节通过注入磁铁的离子能量,使不同同位素离子具有相同的动量. 为此需将磁铁真空盒对地绝缘,在其两端设置间隙透镜. 然后在真空盒上施加时变高压以调节离子的能量,从而使其可顺序交替注入加速器中. 慢交替注入的周期约为 1 min,其中高丰度同位素的注入时间为数秒. 其优点是技术较为简单,离子能量调制可用直流电源. 其主要缺点是当 ^{12}C 的流强很强时会使加速器端电压因束载效应而下降,甚至使加速器过载. 故有些使用慢交替注入的 AMS 只测量 ^{13}C 和 ^{14}C, 用 ^{14}C/^{13}C 值计算样品的年代 (Donahue et al., 1990). 此时,分馏校正使用的 δ^{13}C 值是用常规质谱计测量的.

快交替注入的周期一般在 0.1 s 左右,其中 ^{12}C 的注入时间约为 100 μs,此时,^{12}C 流强引起的加速器端电压下降的影响可以忽略,故可以实现 ^{12}C、^{13}C 和 ^{14}C 的顺序交替注入. 快交替注入可以克服慢交替注入的缺点,但技术较为复杂,离子能量调制需用脉冲电源或特殊设计的高压开关,高丰度同位素的束流测量需用快响应束流积分仪 (Suter et al., 1984). 此外,使用快交替注入还可以直接测量 ^{13}C/^{12}C 值,从而得到样品的 δ^{13}C 值,用 AMS 测得的 δ^{13}C 值包含了机器引起的分馏 (见 3.2.5 小节),故可以得到更为准确的 ^{14}C 测量结果.

同时注入方法则需使用两台注入磁铁以实现消色差设计,第一台注入磁铁将不同质量离子的束流分开,第二台注入磁铁再将感兴趣质量数的离子束流汇合起来,注入加速器中 (Purser et al., 1990). 原则上,这种方法可消除系统时变不稳定性的影响,但为了解决束载问题,需在 ^{12}C 的路径上插入束流衰减器. 此外,这种装置的干扰本底很强,高能端需使用附加的分析器. 一般来说,同时注入的设备成本要比交替注入高很多,现在已基本无人使用.

2. 测量结果的校正

AMS ^{14}C 测量也是使用相对测量的方法,与 1.1 节中所述相同,使用标准样品并与被测样品经同样的流程制备、同时轮流测量,并对测量结果进行本底校正和标准样校正. 本底校正可以消除机器本底和制样过程中引入的固有本底的影响,标准样校正可以消除制样分馏、溅射分馏与剥离分馏的影响,并在一定程度上消除路径分馏与磁场分馏的影响. 对于样品的自然分馏也要进行相应的校正. 如果使用快交替注入方法,那么可用 (1.9) 式计算 FM 值.

如果使用慢交替注入方法,只测量 ^{13}C 和 ^{14}C,得到的是样品中 ^{14}C 相对于 ^{13}C 的同位素比值的测量值,记为

$$R' = \frac{N(^{14}\mathrm{C})}{N(^{13}\mathrm{C})}. \tag{1.11}$$

若将样品中 ^{13}C 相对于 ^{12}C 的同位素比值记为 R'' (即 (1.3) 式中的 R_{13}),则由 (1.4) 式可得

$$R = R' \cdot R'' = R' \left(1 + \frac{\delta^{13}\mathrm{C}}{1000}\right) R''_{\mathrm{PDB}}, \tag{1.12}$$

此处 R''_{PDB} 即为 (1.4) 式中的 $R_{13,\mathrm{s}}$. 将 (1.12) 式代入 (1.9) 式可得

$$FM = \frac{1}{0.95} \frac{(R'_{\mathrm{x}} - R'_{\mathrm{b}})\left(1 + \frac{\delta^{13}\mathrm{C_x}}{1000}\right)\left[1 - \frac{2(25 + \delta^{13}\mathrm{C_x})}{1000}\right]}{(R'_{\mathrm{s}} - R'_{\mathrm{b}})\left(1 + \frac{\delta^{13}\mathrm{C_s}}{1000}\right)\left[1 - \frac{2(19 + \delta^{13}\mathrm{C_s})}{1000}\right]}, \tag{1.13}$$

其中下标 x, s 和 b 分别表示被测样品、标准样品和本底样品,$\delta^{13}\mathrm{C_x}$ 和 $\delta^{13}\mathrm{C_s}$ 分别为被测样品和标准样品的 $\delta^{13}\mathrm{C}$ 的测量值. 这里仍假定用 OX-I 作为标准样品. 如果用 OX-II 作为标准样品,则 (1.13) 式中的 1/0.95 应改为 1.3407,其 $\delta^{13}\mathrm{C_s}$ 应归一化到 $-25‰$,即将标准样品自然分馏校正因子中的 19 改为 25. 现在,随着商品化 AMS 装置的普及,已经很少有人再使用慢交替注入方法了.

3. 测量程序

AMS 一般采用多靶位离子源,在靶轮的不同靶位间隔装上被测样品、标准样品 (最好用 OX-I) 与本底样品,同时也装上其他标准样品 (如 OX-II, ANU 蔗糖等)

或已知样品作为测量的质量控制用样品,各靶轮流测量一次为一个轮次. 每个靶通常测量三到十个轮次, 视所要求的精度而定. 在一个轮次中, 对每个靶测量一次, 亦称为大周期, 即对一个样品进行连续测量直至换靶的一段时间. 一个大周期通常分为十个小周期. 对于慢交替注入, 就以交替注入的周期为小周期. 对于快交替注入, 一个小周期可包含数百个交替注入周期. 每个小周期可测得一个 R' 值 (对于慢交替注入) 或 R 值 (对于快交替注入). 以慢交替注入为例, 每个样品在一个大周期中可以得到一个平均的 R' 值, 并可求得相应的内部误差和外部误差. 比较此内部误差和外部误差可以得知在大周期时间尺度上机器的稳定性. 利用一个轮次中被测样品、标准样品和本底样品的 R' 值即可求得它们的比值, 即

$$K_\mathrm{x} = \frac{R'_\mathrm{x} - R'_\mathrm{b}}{R'_\mathrm{s} - R'_\mathrm{b}} = \frac{R'_\mathrm{x}/R'_\mathrm{s} - R'_\mathrm{b}/R'_\mathrm{s}}{1 - R'_\mathrm{b}/R'_\mathrm{s}}, \tag{1.14}$$

将该比值代入 (1.13) 式, 即可求得未知样品的 FM 值, 再代入 (1.10) 式, 即可求得未知样品的 ^{14}C 年龄. 对于快交替注入, 则相应地有

$$K_\mathrm{x} = \frac{R_\mathrm{x} - R_\mathrm{b}}{R_\mathrm{s} - R_\mathrm{b}} = \frac{R_\mathrm{x}/R_\mathrm{s} - R_\mathrm{b}/R_\mathrm{s}}{1 - R_\mathrm{b}/R_\mathrm{s}}, \tag{1.15}$$

将该比值代入 (1.9) 式, 即可求得未知样品的 FM 值, 再代入 (1.10) 式, 即可求得未知样品的 ^{14}C 年龄. 关于数据处理的方法和其中的问题可参见第三章.

这里有一个标准样品应当如何使用的问题. 标准样品用多少比较合适? 各标准样品在靶上是集中排列还是分散排列? 各标准样品测得的 R'_s 值如何使用? 是用于与相邻样品的 R'_x 值一块求 K_x 值? 还是取各 R'_s 的平均值与各 R'_x 值配合求 K_x 值? 这些问题的答案与机器误差 σ_m 的大小和性质密切相关. 若 σ_m 在一个轮次的时间尺度上不可忽略, 且主要受时变因素影响, 则应考虑使用较多的标准样品, 且间隔分散排列, 用前后相邻的 R'_s 值与 R'_x 值求 K_x 值. 若 σ_m 可以忽略, 即各标准样品的 R'_s 值离散不大, 则标准样品如何排列并不十分重要. 此时, 亦可用各 R'_s 的平均值作为该轮的 R'_s 值计算 K_x 值, 且可将各标准样品小周期的数据合并处理, 以得到较小的方差. 这样, 可以充分利用标准样品, 提高最后结果的精度. 以上是以慢交替注入为例进行说明的, 对于快交替注入, 将 R' 替换成 R 即可. 进一步的讨论可参阅第三章.

1.2.5 小型 AMS 装置

在前 20 a 的发展中, 传统的可测量多种放射性核素的 AMS 装置一般使用端电压在 3 MV 以上的串列加速器, 并在剥离后选择 3+ 及更高的电荷态以有效地消除分子离子干扰. 当时认为电荷态为 1+ 和 2+ 的分子离子是稳定的. 20 世纪 90 年代末, 瑞士苏黎世的 AMS ^{14}C 实验室发现, 提高剥离气体的密度可在较低端电

压下进行 ^{14}C 测量时有效地消除电荷态为 1+ 的分子离子干扰, 这导致了端电压为 0.5 MV 的小型 AMS 装置的建立, 其 ^{14}C 测量的本底 (2×10^{-15}) 与束流传输效率 (42%) 均与大型 AMS 装置可比 (Synal et al., 2000). 美国国家静电公司 (NEC) 基于此技术发展了端电压为 0.5 MV 的商品化小型 AMS 装置 (Compact AMS, 简称 CAMS), 北京大学于 2004 年也安装了一台这样的 AMS 装置, 见图 1.4 (Liu et al., 2007).

图 1.4　北京大学的小型 AMS 装置

瑞士苏黎世的 AMS ^{14}C 实验室的进一步研究表明, 能量在 200—600 keV 范围内, 氩气和氮气对分子离子干扰的抑制只表现出微弱的能量依赖性. 在此基础上, 该实验室于 2007 年推出端电压为 0.2 MV 的超小型 ^{14}C 测年系统 (Mini Radiocarbon Dating System, 简称 MICADAS) (Synal et al., 2007). 目前艾恩普拉斯 (Ionplus) 公司生产的 MICADAS 已占据全球低能专用 AMS ^{14}C 的主要市场.

2011 年, 瑞士苏黎世的 AMS ^{14}C 实验室发现在远低于 0.2 MV 的端电压下, 利用氦气作为剥离气体, 也可以获得足够高的分子解离. 在此基础上, 2021 年瑞士苏黎世的 AMS ^{14}C 实验室与艾恩普拉斯公司合作建造了一台端电压仅为 50—65 kV 的串列加速器低能 AMS 系统 (Low Energy Radiocarbon AMS, 简称 LEA), 其 ^{14}C 测量丰度的灵敏度达到 10^{-15} 量级的水平, 具有超过 50 ka BP 的年代测定能力 (de Maria, 2021).

根据 2021 年的统计, 目前全球共有 157 台 AMS 装置, 其中 CAMS 有 24 台, MICADAS 有 19 台 (Kutschera, 2023a). 在国内, 2020 年中国原子能科学研究院首次成功研制了两台国产的小型 AMS 装置, 分别是端电压为 0.2 MV 的单极型 AMS 和端电压为 0.3 MV 的串列型 AMS 装置 (何明等, 2020).

1.2.6 AMS 测量系统的主要性能

1. 束流传输特性

对于 AMS 的束流传输, 我们主要关注两个问题: 一是束流传输效率, 二是 "平顶传输" 特性 (郭之虞, 1994; Finkel et al., 1993). 束流传输效率是指探测器之前的法拉第杯所测得的稳定同位素粒子流强与注入系统第一台磁分析器之后的法拉第杯所测得的同种稳定同位素粒子流强之比. 对于多电荷态离子束流, 用实际流强除以电荷态数即可得到粒子流强. 串列加速器的束流传输效率包含剥离效率和束流光学传输效率. 离子束流穿过剥离介质后, 其电荷态会形成一个分布. 剥离效率为选定电荷态与总束流的粒子流强之比, 与离子的入射能量和剥离介质的种类有关. 在串列加速器中, 粒子的输运可以分为注入系统、加速器与高能分析系统三段. 在注入系统中, 离子能量较低, 束流包络较大, 易造成束流损失. 在注入系统和低能加速管中, 如果真空度不够高, 则残余气体分子的散射也会造成束流损失; 而在高能加速管中, 如果真空度不够高, 将导致电荷交换碰撞加剧, 其结果是不但降低了传输效率还会使连续动量谱本底上升. "平顶传输" 特性是指扫描某一个可调节参数 (如束流导向器电压) 时, 在经过一段束流传输线及光阑等限束元件后的法拉第杯所测得的扫描流强曲线具有明显的平顶段. 其物理含义是: 各束流元件的接受度与束流发射度相比有较大的裕量. 这样, 杂散磁场 (如地磁场) 和系统参数的少许波动引起的不同同位素运动轨迹的横向岐离可被包容在接受度之内, 以避免产生分馏效应. 串列加速器的气体剥离管道直径若较小则会限制束流接受度, 若较大又会降低加速管中的真空度, 故一般采用气体循环剥离技术解决此矛盾.

在对 AMS 装置进行调试时, 应首先检查其束流传输效率及 "平顶传输" 特性. 北京大学 EN-AMS 在经过 "夏商周断代工程" 改造后, 束流传输效率提高了一倍, 北京大学小型 AMS 的束流传输效率可达 43%.

2. 测量精度

如前所述, 测量精度应当包含两种概念, 即精密度和准确度. 不过我们通常所说的测量精度实际上是指精密度. ^{14}C 测量的不同应用对测量精度有不同的要求. 对于大部分地质测年, 0.5%—1% 的测量精度是可以接受的. 对于一般的示踪应用 (如生命科学应用), 5% 的测量精度已足够好. 但某些示踪应用 (如大气环境中甲烷和二氧化碳的分析) 要求测量精度达到 0.5%, 甚至 0.2%. 对于考古测年, 有时希望测量精度达到 0.3%, 但是对于一万年以上的老样品, 由于其受到本底的影响, 一般较难达到好于 1% 的测量精度, 除非采取特殊的本底控制措施.

在外部误差与内部误差一致的情况下, ^{14}C 测量的精密度在一般情况下主要取

决于 ^{14}C 计数的统计误差. 我们来考虑一个夏商周时期样品测年的典型情况. 以北京大学小型 AMS 为例, 假定测量为等精度, 每轮测量标准样品 OX-I 的计数为 50000, 一个年代为 3700 BP 的被测样品的计数约为 30000, 共进行 9 轮测量, 在此情况下, 本底样品对测量精度的影响可忽略, 则由误差传递公式可算出结果的内部误差约为 0.24%. 北京大学 EN-AMS 的离子源流强和束流传输效率都要低一些, 典型情况下, 每轮测量标准样品 OX-I 的计数为 14000, 一个年代为 3700 BP 的被测样品的计数约为 8400, 共进行 9 轮测量, 在此情况下, 本底样品对测量精度的影响可忽略, 则由误差传递公式可算出结果的内部误差约为 0.46%. 如果进行 20 轮测量, 则可以达到 0.3% 的测量精度. 当然, 也可以将一个样品分装到 3 个靶中, 然后对 3 个靶的测量结果进行合并处理, 这样, 通过 9 轮测量也能达到好于 0.3% 的测量精度. 使用多个靶的好处是, 可以减小长时间轰击一个靶产生的深弹坑. 弹坑会改变离子源的发射度, 从而产生附加的分馏效应. 有的 AMS 装置用靶位机械扫描技术消除弹坑的产生, 也有的 AMS 装置用在线测量的 $\delta^{13}C$ 值每轮进行分馏校正以消除弹坑效应的影响. 以上只是以北京大学的两台 AMS 测量夏商周时期样品 (年龄在几千年、样品量在 mgC 以上) 的情况为例进行的讨论. 但如果样品量比较少、AMS 装置的本底又非常低, 那么本底样品的测量误差可能会比较大. 此时, 本底样品的测量误差对样品 FM 值误差的影响不可忽略.

理论上只要测量足够长的时间, 积累足够多的计数, 就可以得到更高的精密度. 但若可能存在未知的确定性系统误差, 那么越高的精密度也就意味着真值落在置信区间之外的风险越高.

老样品的 ^{14}C 含量较低, 测量精度会受到限制. 现代碳的 $^{14}C/^{12}C$ 值为 1.18×10^{-12}, 在 1 mgC 中含有约 6×10^7 个 ^{14}C 原子. 一个年代为 40 ka BP 的样品已经过了 7 个半衰期, 1 mgC 中仅约含有 4.7×10^5 个 ^{14}C 原子. 一般情况下的样品利用率为 1%, 则最大 ^{14}C 计数为 4700, 所能达到的极限测量精度为 1.4%.

准确度是指测量值对于真值的偏离程度, 主要受确定性系统误差的影响. 一般来说, 很难通过测量本身来发现系统误差, 只能通过比对或特殊安排的实验发现, 可参阅 3.4 节的质量控制措施.

3. 测量本底

AMS 通常使用测量的本底值作为检测下限的度量. 有两种本底值: 一种是机器本底, 另一种是制样本底. ^{14}C 测量的机器本底是用不含 ^{14}C 的天然石墨作为离子源靶所测得的同位素比值, 主要来源于高丰度同位素离子动量连续谱的干扰. 北京大学小型 AMS 的机器本底低于 0.03 pMC, 相应的 ^{14}C 年龄为 65 ka BP. 机器本底也可以用来衡量机器本身被污染的程度. 例如, 在离子源被污染之后, 或者测量了高浓度 ^{14}C 样品 (有些生物示踪样品的 ^{14}C 丰度很高) 之后, 离子源会有记忆效应, 使机器本底大幅度上升. 此时, 我们可连续测量机器本底, 直至其降至正常水平. 也有人用铝靶测量机器本底, 其值会低于天然石墨靶的机器本底, 故在给出机器本底时应说明是使用何种靶测的.

制样本底是用本底样品所测得的 $^{14}C/^{12}C$ 值, 该值主要取决于两个因素: 一是本底物质的选择, 二是制样过程中的污染控制程度. 通常选择无烟煤为有机样品的本底物质, 选择大理石或方解石为无机样品的本底物质, 测量大气环境中的甲烷时最好使用不含 ^{14}C 的甲烷作为本底物质. 值得注意的是, 无烟煤在运输和保管过程中可能会引入现代碳污染, 故对本底物质的收集、保管和酸-碱-酸前处理都不可掉以轻心. 本底物质通过与被测样品同样的化学制备过程制备成本底样品, 故可以作为扣除制样过程中污染的依据. 不同 AMS ^{14}C 实验室的测量本底会有很大差别, 通常在 40 ka BP—60 ka BP 的范围之内, 同一实验室不同批次的测量本底也会有差异. 故本底样品应经常制备, 以便能真实反映测量本底的变动情况. 在制样系统更新或更换部件后, 首先应进行测量本底的检查. 北京大学小型 AMS 的测量本底一般在 40 ka BP—48 ka BP 的范围内.

4. 小样品测量能力

与衰变计数法相比, AMS 的突出优点是样品用量少, 通常情况下为 1 mgC. 为进一步发挥这一优点, 人们不断尝试更少的样品量, 例如 100 μgC 甚至 10 μgC. 这对于海水里的悬浮物 (如沉积物捕集器中的颗粒有机碳 (Particulate Organic C in Sediment Traps, 简称 POC)、极冰中包裹的 CO_2 或 CH_4, 或者近年来发展很快的特定化合物的 ^{14}C 分析 (Compound Specific ^{14}C Analysis) 等 C 元素含量低的情况是有帮助的. 但小样品的测量精度指标会低于 1 mgC 的样品, 测量本底也会比 1 mgC 的样品更高. 提高小样品测量能力的关键是使用恰当的制样方法 (参见第二章)、提高样品的利用率、控制制样过程中的污染, 以及保证本底校正的有效性.

样品利用率取决于离子源的离子转换效率、AMS 的传输效率和探测器的探测效率, 总的样品利用率一般在 1% 左右, 主要受限于离子源的离子转换效率. 近年来通过离子源技术的改进, 样品利用率有所提高, 有的 AMS 装置甚至可达到 10%. 较高的样品利用率对于小样品意味着可以得到较高的 ^{14}C 计数, 从而达到较高的测量精度.

研究表明, 制样过程中所引入的污染量是近于恒定的, 与样品本身的多少无关. 该污染量取决于制样设备与工艺. 基尔纳 (Kirner) 等人用上新世古树作为本底物质, 测出 1 mgC 样品的平均年龄约为 52 ka BP, 而 10 μgC 样品的平均年龄约为 20 ka BP. 由此可推出, 制样过程中引入的恒定污染量等价于 1.0 ± 0.4 μg MC (1995). 美国加州大学尔湾分校凯克 (Keck) 碳循环 AMS ^{14}C 实验室的研究表明, 对于 2—100 μgC 的小样品, 在制样过程中会引入两种近于恒定的污染: 一种是现代碳污染, 另一种是死碳污染. 为保证小样品本底校正的有效性, 在测量小样品时所使用的本底样品的大小应当与被测样品匹配. 对于小于 100 μgC 的小样品, 所使用的标准样品 (即 (1.9) 式中 R_s 对应的样品) 的大小也应当与被测样品匹配, 否则应当对现代碳污染本底和死碳污染本底分别做校正 (Santos et al., 2007; Walker et al., 2019).

1.3 "夏商周断代工程"与"中华文明探源工程"

1.3.1 "夏商周断代工程"概况

"夏商周断代工程"是国家"九五"科技攻关重点项目, 于 1996 年 5 月启动, 至 2000 年 9 月结题. 该工程以人文社会科学与自然科学相结合的方法, 研究中国历史上夏商周三个历史时期的年代学, 制定有科学依据的夏商周年表. 具体研究目标是: 对于西周共和元年 (公元前 841 年) 以前各王, 提出比较准确的年代; 对于商代后期武丁以后各王, 提出比较准确的年代; 对于商代前期, 提出比较详细的年代框架; 对于夏代, 提出基本的年代框架.

为加强统一领导和协调配合, 1996 年国务院设立了"夏商周断代工程"领导小组, 由国家科学技术委员会、国家自然科学基金委员会、国家教育委员会、中国科学院、中国社会科学院、国家文物局、中国科学技术协会的相关主要领导组成, 并聘任李学勤、仇士华、李伯谦和席泽宗为项目首席科学家. "夏商周断代工程"领导小组聘任了人文社会科学和自然科学领域的 21 名学者组成项目专家组 (李学勤担任组长, 仇士华、李伯谦和席泽宗担任副组长), 负责制订工作计划、拟定研究课题与专题、协商推荐课题负责人、组织课题实施、组织成果汇集和夏商周年表的编制. 时任国务委员的李铁映和宋健应专家组邀请担任"夏商周断代工程"的特别顾问.

项目启动之初设立了 9 个课题, 包括 36 个专题, 后在项目执行过程中又陆续增设了 8 个专题, 专题总数达到 44 个. 其中, "^{14}C 测年技术的改进与研究"课题设有"常规法技术改造与测试研究""骨质样品的制备研究"和"AMS 法技术改造与测试研究"3 个专题. 全国共有 35 个单位的 200 余名科技工作者参加了研究工作. 截至 2000 年底, 项目先后召开了 65 次多学科学术研讨会. 2000 年 11 月,《夏商周断代工程 1996—2000 年阶段成果报告·简本》出版, 并发布了夏商周年表 (夏商周断代工程专家组, 2000).

项目结题验收后, 专家组开始着手组织编写《夏商周断代工程报告》(俗称繁本). 同时, 鉴于少数专题因工作量大仍在继续进行、成果的某些方面尚需补充完善、一些问题也需要进一步研究, 因此"夏商周断代工程"的后续研究工作并没有停止. 2000 年后, 结合相关研究的进展, 专家组又组织了 21 次多学科学术研讨会, 其中有 9 次关于 ^{14}C 测年的研讨会.《夏商周断代工程报告》的起草小组于 2001

年完成了初稿,后来经反复讨论和不断修改,至 2006 年出了第五稿. 但此时研究人员已各自投入新的工作, 对工程的后续工作已不可能全力以赴, 故后续研究及工程报告的撰写进度较慢.《夏商周断代工程报告》的第七章 "夏商周考古年代的 ^{14}C 测定与研究" 于 2009 年完成初稿, 后几经修改, 到 2013 年基本定稿. 其后, 几位首席科学家对《夏商周断代工程报告》全书进行修改审定, 于 2016 年底提交给专家组成员征求意见. 此后, 又经过一轮修改, 最终于 2017 年末全书定稿, 交给出版社. 2020 年出版社排出校样, 相关人员进行了校对, 该书已于 2022 年 6 月出版 (夏商周断代工程专家组, 2022).

1.3.2 "夏商周断代工程" 的研究途径与成果

"夏商周断代工程" 是一项由人文社会科学与自然科学相结合进行多学科交叉研究的科技攻关重点项目, 参与人员的研究领域涉及历史学 (历史文献学、古文字学、历史地理学)、考古学、天文学、^{14}C 测年技术科学, 而 ^{14}C 测年技术本身就是核物理学、化学、核技术应用学、质谱学等多学科的交叉. "夏商周断代工程" 的研究途径主要有两条: 一是对传世的古代文献和出土的甲骨文、金文等古文字材料进行搜集、整理、鉴定和研究, 对于其中有关的天文和历法记录, 借助现代天文计算推定其年代; 二是对有典型意义的考古遗址和墓葬资料进行整理和分期研究, 并做必要的发掘, 以取得系列样品, 进行常规法和 AMS 法的 ^{14}C 年代测定.

"夏商周断代工程" 的主要研究成果集中体现在《夏商周断代工程报告》中. 其中, 夏商周年表提出夏代的始年约为公元前 2070 年, 商代的始年为公元前 1600 年, 盘庚迁殷为公元前 1300 年, 周代的始年为公元前 1046 年. 这是我国迄今为止最具科学依据的夏商周三代的历史年表. 例如, 武王克商年代的确定就综合考虑了多方面的约束条件, 包括与殷墟、沣西马王村、琉璃河、天马-曲村等考古遗址和殷墟甲骨[①]的 ^{14}C 年代测定结果的匹配, 以及对武王伐纣天象记录的天文推算、与西周金文历谱的衔接等. 当然, 这里所说的 "最具科学依据" 是以我们现在掌握的材料为基础的, 并不排除今后有新的重要考古发现, 以及古文字发现后对其进行修订的可能.

现在, 国内外对 "夏商周断代工程" 的成果有种种不同的看法, 其实这是很正常的. 即便在 "夏商周断代工程" 内部, 对一个问题也往往会有不同的观点. 例如, 武王克商之年, 在工程内部就曾经提出过公元前 1027 年、公元前 1044 年和公元前 1046 年三种观点, 且各自都有一定的理由, 都有文献和天文推算支撑, 也都在 ^{14}C 年代测定的合理年代区间内. 但公元前 1027 年方案与工程推定的金文历谱无法整合, 而公元前 1044 年方案对作为天文推算出发点的月相 (生霸、死霸) 的解释与工

[①] 甲骨是中国古代占卜时用的龟甲和兽骨. 其中龟甲又称为卜甲, 多用龟的腹甲; 兽骨又称为卜骨, 多用牛的肩胛骨. 卜甲和卜骨合称为甲骨.

程对西周金文的研究结果不符, 故专家组最后选择公元前 1046 年为武王克商之年. 此外, 如二里头遗址属于夏代还是商代、商代的亳都到底在哪里等, 科学家们也都有不同的观点.

2002 年 4 月, "夏商周断代工程" 专家组成员李学勤、仇士华等人赴美参加了美国 "亚洲学协会" 的年会及其后的研讨会, 就海外学者对 "夏商周断代工程" 的方法与成果的质疑进行了讨论 (张立东, 2002; 苏辉, 2002). 其间, 蒋祖棣提交会议的论文对 "夏商周断代工程" 采用的系列样品的 ^{14}C 年代校正方法提出疑问 (2002). 他的主要观点是: 系列样品年代校正使用的贝叶斯方法包含了人为加工成分, 使计算的正确性降低; OxCal 程序不能代表国际 ^{14}C 年代校正的标准; 年代数据使用 68% 置信区间不合理. 随后, 我们对他提出的问题进行了回应 (郭之虞等, 2002). 关于这些问题的详细讨论, 请参见第四章. 在 2002 年的上述会议中, 还有海外学者提出疑问, 认为晋侯墓 M64 出土的两个样品所测的 ^{14}C 年代相差 130 a, 结果肯定有错误. 其实考虑到测量误差后, 根据国际通用判据可知, 这两个年代数据是源于同一事件的. 相关讨论请参见 5.4.4 小节.

1.3.3 "中华文明探源工程"

"中华文明探源工程" 是继 "夏商周断代工程" 之后又一项由国家支持的多学科相结合、研究中国历史与古代文化的重大科研项目, 该项目致力于全方位、多角度、多层次地研究中华文明的起源与早期发展的过程、背景、原因、特点与机制. 该项目由科技部立项、国家文物局作为组织单位分阶段实施, 包括预研究阶段 (2001—2003)、第一阶段 (2004—2005)、第二阶段 (2006—2008)、第三阶段 (2011—2012)、第四阶段 (2013—2015) 和第五阶段 (2020—2024). "中华文明探源工程" 是一个总的名称, 各阶段还有具体的项目名称.

预研究阶段的项目名称为 "中华文明探源工程预研究", 以公元前 2500 年到公元前 1600 年的中原地区为研究工作的时空范围, 设置了 9 个课题, 其中包括 " ^{14}C 测年技术研究与豫西晋南地区龙山至二里头时期考古学文化的年代框架".

第一阶段的项目名称为 "公元前 2500 年到公元前 1500 年中原地区文明形态研究", 亦称为 "中华文明探源工程 (一)", 设置了 5 个课题. 其中 "考古学文化谱系的精确碳十四年代测定" 课题结合中原地区考古学文化谱系的梳理和分期, 重点对山西襄汾陶寺、河南登封王城岗、河南新密新砦等中心性遗址出土的系列样品进行了精确测年, 从而奠定了中原地区社会文明化进程中的种种问题讨论的年代学基础.

第二阶段的项目名称为 "中华文明探源工程 (二)", 在第一阶段的基础上, 研究的时间和空间范围都有所扩展. 研究的年代上限向前延伸到公元前 3500 年, 空间范围由中原地区扩展到文明化起步较早、资料较丰富的黄河上中下游和长江中下游，以及西辽河流域. 第二阶段设有课题 "3500 BC—1500 BC 中国文明起源与早期发展阶段的考古学文化谱系年代研究".

第三阶段的项目名称为 "中华文明探源工程及其相关文物保护技术研究"，重点围绕中华文明起源与早期发展综合研究、"中华文明探源工程" 中现代科学技术应用与支撑研究、文物保护与展示的关键技术研究等方面开展工作. 设有课题 "公元前 3500 年至前 1500 年黄河、长江及西辽河流域的考古学文化年代谱系的完善和文明化进程中重大事件的年代学研究".

第四阶段的项目名称为 "中华文明探源工程及其相关文物保护技术研究(2013—2015)"，设有课题 "公元前 3500 年至前 1500 年考古学文化年代谱系的年代学研究". 此阶段项目于 2016 年结项.

2018 年 5 月 28 日，国务院召开了 "中华文明探源工程" 成果发布会. 研究表明，距今 5800 a 前后，黄河、长江中下游和西辽河等流域出现了文明起源迹象；距今 5300 a 以来，中华大地各地区陆续进入了文明阶段；距今 3800 a 前后，中原地区形成了更为成熟的文明形态，并向四方辐射文化影响力，成为中华文明总进程的核心与引领者. 在浙江良渚遗址，发现了建于距今约 5000 a 前，面积近 300 万平方米的内城和更大规模的外城. 在山西陶寺遗址和陕西石峁遗址，分别发现了面积在 280 万乃至 400 万平方米的巨型城址. 这些城址内社会分化严重，高等级建筑物周围有高高的围墙围绕. 这一时期，墓葬中反映的阶级分化非常明显，小墓一无所有，或者仅有一两件武器或陶器；大型墓葬随葬品可达上百件，这些随葬品不仅制作精美，而且还有表明等级身份的物品，如表明军事指挥权的钺. 像这样的社会，显然不再是我们原来认为的部落联盟，虽然距今 5000 a 的社会在整体上还没有形成王朝，但是应该已经进入王朝之前的古国文明阶段. 这个阶段的古国规模不大，但数量很多. 在这个基础上，在距今 3800 a 前后，中华文明发展有了一些新的动向，即中原地区在继续持久地接受周围先进文化因素的同时，自身的一些极有特色的文化因素也开始对外辐射，而且幅度很大、范围很广. 例如，玉器、牙璋这一类制度性的、仪仗的用器等对外的传播，这也反映了中原某些政治制度或思想对外的传播. "中华文明探源工程" 表明中华文明的主要特征就是 "多元一体、兼容并蓄、绵延不断"(中国政府网, 2018; 赵海涛等, 2019).

第五阶段目前正在进行，项目名称为 "中华文明探源研究"，设有课题 "中华文明起源进程中的年代学研究". 该项目要求建构中华文明形成过程、基本态势和发展流变的时空框架，通过多学科交叉融合，完善多重证据链论证；在牛河梁、焦家、凌家滩、良渚、石家河、碧村、石峁、芦山峁、宝墩、陶寺、新砦、二里头、双槐树等 13 处以上遗址进行调查、勘探及发掘的关键技术应用与示范. 在具体内容上，需利用现代科学技术精确判断关键节点和重大事件的年代，解析重大环境事件对文明进程的影响，阐释生业发展对文明起源的经济基础和上层建筑作用，研究文明起源过程中的人类状况、人群迁移与文化交互；研究长城沿线以石峁和大型聚落为核心的区域文明演进，以及与欧亚草原的互动，阐明文明起源"北方模式"的内涵；研究黄河中下游新石器时代晚期社会复杂化的区域特征和早期王朝国家组织结构与控制策略；研究长江流域新石器时代区域文明的兴衰历程；建立文明起源关键性遗址、重要遗物和检测分析样品的标本库和数据库，构建文明特质研究的数据分析模式。

1.3.4　北京大学参与两项工程的 AMS ^{14}C 测年的情况

北京大学 AMS ^{14}C 实验室自始至终参加了"夏商周断代工程"与"中华文明探源工程"，承担了"夏商周断代工程"中的"AMS 法技术改造与测试研究"和"骨质样品的制备研究"两个专题，以及"中华文明探源工程"中各阶段的考古学文化谱系年代研究及年代框架、年代学研究课题。为了满足两项工程对 AMS ^{14}C 测年的要求，我们对制样装置和 AMS 装置进行了全面改造，使制样与测量能力、制样与测量本底、EN-AMS 的测量精度等性能都得到大幅度提高。我们深入研究了骨质样品，特别是甲骨样品的制备方法，较好地解决了清除甲骨污染的问题 (详见第二章)；对 AMS ^{14}C 测年的测量误差与数据处理方法进行了深入研究，保证了误差报道的合理性与测年数据的可靠性 (详见第三章)；对系列样品 ^{14}C 年代校正的贝叶斯方法进行了深入研究，用模拟研究的方法探讨了各种因素对校正结果的影响 (详见第四章)。在此基础上进行了夏商周时期若干重要遗址的 AMS ^{14}C 年代测定 (详见第五章)，以及殷墟甲骨的 AMS ^{14}C 年代测定 (详见第六章)。

北京大学研究团队在参与"夏商周断代工程"与"中华文明探源工程"的过程中，利用 AMS 技术开展 ^{14}C 年代学研究，测定了几十个重要遗址的年代，为精确判断关键节点和重大事件的年代提供了高精度年代数据，为夏商周断代和中华文明起源与早期发展阶段的研究提供了年代学支撑，为实证中华五千年文明准确的年代做出了重要贡献。

第二章 AMS ^{14}C 测年样品的前处理与化学制备

2.1 概　　述

AMS ^{14}C 测年的制样是将样品转换成 AMS 离子源中适于测量的样品靶材的过程. AMS 离子源中的样品靶材通常为石墨, 但也有人使用气体离子源, 则测量样品的形式为 CO_2. 制样可分为前处理与化学制备这两大步骤, 其关键问题是在制备样品靶材的同时去除样品中的各种污染并防止在制样过程中引入新的污染, 使被测量的石墨或 CO_2 样品能够反映样品的真实 ^{14}C 年龄或 ^{14}C 含量.

2.1.1 测年样品

能够满足 ^{14}C 测年原理的物质必须是一个封闭体系. 原则上, 气体、液体、固体都能够用作测年样品, 测年样品既可以是有机质又可以是无机质. 对于考古年代测定, 能够得到和适用的主要是由各个考古遗址发掘采集的木炭、木头、骨头 (包括动物骨头和人骨, 以及珍贵的甲骨)、农作物或其他生长期较短的植物 (包括粮食和食物残渣) 等. 亦可使用陶器或青铜器上的烟炱, 甚至某些金属 (古代用木炭冶铁, 铁器中会夹杂少量碳, 这些碳亦可提取出来作为测年样品). 对于地质年代测定, 以及环境、海洋、大气等学科领域的应用, 可用样品的范围更广、更加复杂多样. 本节主要讨论考古年代测定的制样问题, 其他有关学科的制样在此不做重点讨论.

2.1.2 样品的前处理

虽然夏商周年代研究用的样品较为单纯, 但由于要求的测量精度较高, 因此要得到高精度的 ^{14}C 年代数据仍然面临很大的挑战. 要获得可靠的 ^{14}C 数据, 除了要求仪器的高精度测量之外, 样品的前处理和化学制备也是另一个决定性因素.

样品的前处理看似简单, 实际上是在对于样品的来源、形成、性质、埋藏环境、保存状况、有无污染及污染物的种类、性质与污染程度等信息认识的基础上, 研究如何去除污染物并提取出理想测年组分的细致工作. 样品的前处理可分为物理前处理和化学前处理两步.

1. 物理前处理

所谓物理前处理, 是指用简单的物理或机械操作分拣出样品中的夹杂物. 动手之前要留意查看包装是否完好, 特别留意样品有无发霉变质等. 对于采自发掘工地的样品通常操作如下:

用刷子、手术刀、镊子等清除样品表面的泥土等附着物, 必要时借助放大镜剔除夹杂的植物须根、草梗、菌丝等与样品年代不符的杂质, 并尽量选取保存良好的部分, 以及最适合测定年代的部位. 例如, 对于木材或大块木炭, 根据测年目的选择相应的年轮部分. 然后在蒸馏水或去离子水中超声清洗.

如果不是发掘出土之后送测的样品 (如博物馆的收藏品), 则必须留意观察有无经过修复和使用粘接剂、加固剂, 尽量对可疑物质做红外光谱等分析, 以判定可能的污染物. 这一点十分必要, 我们将在 2.3 节中详细讨论这个问题.

2. 化学前处理

化学前处理是指用化学试剂和手段去除样品中的杂质污染, 分离提取出理想的测年组分. 我们在夏商周年代 AMS ^{14}C 测定研究中所用的样品全部为有机质, 一类是植物类的木头、木炭和炭化谷物, 一类是动物骨头, 包括人骨. 我们着手 AMS ^{14}C 测定研究夏商周年代时, 植物类的木头、木炭等样品的化学前处理方法已经相当规范, 而骨样品的化学前处理流程还存在较大差异. 至于来自博物馆等收藏单位的样品, 特别是经过粘接剂和加固剂处理的样品的前处理方法则罕见研究和报道. 以致我们必须做深入的探索, 甚至一些被粘接剂和加固剂污染样品的处理一度给我们的工作造成很大的困扰, 并为此投入许多精力. 我们在本节仅阐述植物类样品 (木头、木炭和炭化谷物) 的化学前处理, 骨样品的问题我们将在 2.2 节和 2.3 节中详细讨论.

一般情况下, 木炭样品利用酸-碱-酸法处理, 方法步骤如下:

(1) 将经过物理前处理后的样品进行适当破碎并称重.

(2) 将样品在 1—2 mol/L 的盐酸溶液中加热煮沸后, 浸泡 20—30 min, 浸泡过程中可以适当搅拌以去除样品中的无机盐类, 如碳酸盐等.

(3) 将样品用去离子水清洗至中性.

(4) 将样品在 0.25—0.5 mol/L 的氢氧化钠溶液中加热煮沸后, 浸泡 20—30 min, 浸泡过程中可以适当搅拌以去除腐殖酸.

(5) 将样品用去离子水清洗至中性.

(6) 将样品在 1 mol/L 的稀盐酸溶液中加热煮沸后, 浸泡 30 min 左右, 去除碱清洗过程中吸收的二氧化碳.

(7) 将样品用去离子水清洗至中性, 得到纯净的木炭.

(8) 将样品置于烘箱内烘干备用.

对于细碎木炭, 特别是炭化谷物的处理要特别小心, 由于颗粒细碎, 不宜使用高浓度的酸碱, 特别不宜使用浓度大的碱溶液, 一般使用 0.25 mol/L 的碱溶液, 而且不宜长时间浸泡, 否则可能造成大量样品丢失.

2.1.3 样品的化学制备

样品的化学制备可分为制备 CO_2 和制备石墨两步.

1. 制备 CO_2

国际上在用无机样品和有机样品制备 CO_2 时通常采取不同的方法，无机碳酸盐样品通常采用酸分解，而有机样品多采用两种方法：一种是将样品与 CuO 混合后置于石英管内，在真空系统中加热制备 CO_2，并加以纯化；另一种是将样品与 CuO 混合后置于石英管内抽真空后密封，把多个装样品的密封石英管在电炉中加热到 900 °C 高温，燃烧生成 CO_2，然后再将密封石英管逐个于真空系统内打开，并纯化 CO_2 气体. 二者的不同之处在于：前者是单个样品在线燃烧，接着进行纯化，而后者是同时燃烧多个样品，然后再一个个纯化. 上述两种方法的优点是设备简单，但对某些杂质（如硫）的纯化效果欠佳，会影响后续步骤中合成石墨反应的正常进行，不仅会造成样品的损失，而且还可能使一些非常重要且珍贵的样品无法获得年代数据. 在燃烧中同时加入银丝可有效地清除硫的氧化物，防止硫对催化剂（如铁粉）的毒化. 利用 CHN 或 CH 元素分析仪作为燃烧系统制备 CO_2 也可克服上述缺点.

制备 CO_2 的一个重要问题是防止现代碳对样品的污染. 制备 CO_2 时所引入的污染情况也会因为各实验室采用的 CO_2 制备方法的不同而有所不同. 将样品密封在石英管内燃烧是目前多数实验室普遍采用的制备 CO_2 的方法，除了需要对燃烧用石英管预先进行高温焙烧之外，在焙烧前对石英管的仔细清洗也是非常必要的，以去除附着在石英管内表面的可能污染物. 沃格尔 (Vogel) 等人曾对制样过程中的各种污染来源进行研究，他们认为污染的 60%—70% 来自燃烧过程中石英管在 900 °C 高温下释放出来的 CO_2，故燃烧前进行清洗和预焙烧是有益的 (1987). 有时实验室为了方便向石英管内转移样品，会采用锡箔或铝箔包裹样品的方式. 此时，需要对每批购置的锡箔或铝箔进行空白试验，只有通过检验的锡箔或铝箔才可以用于实验. 当然，最好是尽可能地减少实验过程中附加材料的引入. 事先在 900 °C 的高温下预焙烧 CuO 几个小时也有助于降低燃烧本底. 同时，尽量控制 CuO 的使用量，不可过多. 如果采用元素分析仪燃烧制备 CO_2，因元素分析仪的仪器型号不同，引入污染的可能性也会有所变化. 例如，燃烧后采用气相色谱柱进行气体分离，或者采用不同陷阱吸附再释放的方式进行气体分离. 实验室需根据自己选用的仪器型号，有针对性地制订消除污染的措施.

2. 制备石墨

用 CO_2 制备石墨也有不同的方法，目前常用的方法有氢气还原法、锌还原法和锌加氢化钛 ($Zn+TiH_2$) 还原法.

氢气还原法因为反应效率高、速度快而被国内外多数实验室采用 (Vogel et al., 1984; 原思训, 1990; 尹金辉等, 1997). CO_2 与氢气反应首先被还原成 CO，然后 CO

在铁粉的催化下进一步还原成碳,再进一步完成石墨化.反应催化所用铁粉的量大约为碳量的 2—4 倍,根据每个 AMS 加速器的操作条件不同而有所不同.铁粉不仅可作为催化剂,还是石墨靶的组成部分,其在离子源中的作用是导电和散热.通常,铁粉在使用前需要进行活化或纯化,以保证反应的顺利进行,这也是消除污染的重要措施.

由于这个反应过程中会不断产生水,因此保证反应高效进行的重要措施是让产生的水不断地离开反应系统.这通常是利用水的相变来实现的.例如,通过自然冷却法,让水在反应器的一端冷凝下来,这种方式的反应器的体积会比较大;或者在反应器的一端加入冷阱,使用液氮调和酒精或使用干冰将水冻成固态,这种方式的效率比较高,反应器的体积可以控制在比较小的范围内.除了上述两种措施之外,还有一种策略是通过吸附的方法除去反应系统中的水,例如,采用无水高氯酸镁吸附.吸附法的优点是操作简单,缺点是在反应系统中引入了更多物质,增加了反应过程中污染的可能性,采取的措施是使用优级纯的试剂,以及在使用前对试剂进行解吸处理 (Santos et al., 2007).围绕如何除去反应系统中的水这一点,各实验室展开了各类研究,除了上述方法外,还有一种方法是通过低温介质循环制冷,这通常需要制造一个循环制冷装置,成本较高,但一旦建成,使用时操作简单、除水效率高,也不会引入额外污染.

另一种改进措施是让石墨反应过程离开真空系统,在密封管内独立进行.这个措施的最大优点是提高了真空系统的利用率,可以尽可能多地实现样品的石墨化,缺点是反应过程中的压力无法监控.一般可在反应结束后,将其接入一个可以测压力的系统中,用压力传感器观察反应的完全程度.这样,有可能会发生个别样品反应不完全而被放弃的情况,此时就需要重新制样.在样品来源有保证的情况下,这种高效率的改进措施有很大的吸引力.

锌还原法是除了氢气还原法之外,另一个被普遍采用的石墨制备方法,这个方法使用金属锌还原 CO_2.朱尔 (Jull) 等人采用有两个支管的制样装置,一个支管将锌粉加热至约 400 °C,使 CO_2 被还原为 CO;另一个支管将铁粉加热至 700—750 °C,同时引入氢气 (氢气与 CO 之比为 1.2—1.8),将 CO 还原为石墨 (1986).此后,斯洛塔 (Slota) 等人将该方法进一步简化,不使用氢气亦可生成石墨 (1987),但需要比较长的时间.他们也曾将 CO_2 与锌粉和铁粉同时封入一个小密封管内后放入高温炉持续加热来制备石墨 (1986),现在使用密封管已成为锌还原法的主流,但一般使用硬质玻璃管而不是石英管,故加热温度一般不超过 550 °C.此方法最大的优点是安全,操作简单,易于维持高真空度,不需要考虑除去反应过程中产生水的问题.但与氢气还原法相比,反应过程较慢.因为使用密封管的方法没有办法监控反应过程中的压力变化,不能确定反应完全与否,只能按照实验统计规律估计反应时间,并适当延长反应时间.通过反应后检验石英管内压力的方法可以观察反应是否完全,使用元素分析仪测量石墨的碳含量以及 $\delta^{13}C$ 值是检验反应是否完全的更为有效的手段 (Xu et al., 2007). 如果反应不完全, 则会导致 C 的分馏, 对于 $\delta^{13}C$ 值在线测量的加速器质谱计, 该分馏是可以自行校正的.

$Zn+TiH_2$ 还原法是为了解决大批量生化制药中标记化合物的 ^{14}C 测量, 由沃格尔首先提出的石墨制备方法 (1992). 为了避免反应过程中样品的交叉污染, 他设计了一种双管反应装置, 如图 2.1 所示. 图 2.1 中的上方为一次性 Y 形塑料歧管, 密封燃烧管从右侧插入, 燃烧产生的水在下端被干冰收集. 弯曲塑料管将燃烧管打破后, CO_2 经歧管被导入左侧的还原管, 在还原管下端用液氮收集 CO_2. 从歧管上端抽真空后, 用火焰将还原管封口. 随后, 还原管被放入马弗炉中加热, 使用 Zn 和 TiH_2 联合反应的方式以钴粉作为催化剂实现石墨化过程, 这个反应装置主要用于低剂量放射性标记药物的研究中, 反应时间可缩短到 5 h.

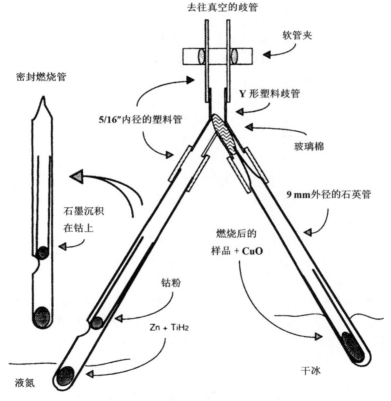

图 2.1 利用 $Zn+TiH_2$ 还原法制备石墨的装置 (Vogel, 1992)

徐晓梅等人对这个反应过程进行了改进 (2007), 特别是在 Zn 和 TiH_2 用量上进行了优化, 提高了反应效率, 同时做了大量实验. 证实该装置亦可用于古老样品

的 ^{14}C 年代测定, 测量本底可到 5 万年, 且在微小样品的年代测定方面也有优势. 另外, 徐晓梅等采用了目前实验室通常使用的铁粉作为催化剂, 而不是沿用沃格尔当年使用钴粉的方法. 后来, 沃格尔团队又对生物标记化合物的石墨制备方法做了改进, 使用隔膜密封小瓶作为还原管, 没有分离氧化过程中形成的水, 而是利用了水中的氢作为还原剂, 大大简化了操作程序 (Ognibene et al., 2003).

3. 小样品的制备

由于有机化学分离技术的不断提升, 因此其在考古学、环境科学领域得到广泛应用, 例如, 微体化石的提取、陶器等表面残留物的分析、沉积物中不同含碳组分的分离鉴定, 以及海水和极冰中各种含碳组分的分析鉴定等, 研究不断精细化, 针对这些微小组分提出了年代测定方面的要求. 通常这类样品量都很小, 针对小样品展开 ^{14}C 年代测定的关键因素就是特定含碳组分样品的分离和提取、样品的纯化和石墨合成效率的提高, 以及制样过程中污染的控制、测量过程中本底的扣除等问题 (Kaihola et al., 1992; Kirner et al., 1995; Santos et al., 2007), 其中, 对小样品的本底影响最大的一个环节是石墨化之前的化学分离过程. 由于样品的种类比较多, 且不同种类样品的化学分离过程差别较大, 这里不做一一详述. 下面重点讨论一些共性的问题, 例如, 小样品的气体纯化、石墨制备, 以及如何降低小样品的测量本底问题.

当样品量减小之后, 系统中的各类可能的污染被无形中放大了, 这类研究所关注的问题其实是一些实验过程中的细节, 其中最为关键的因素是减小还原管、真空系统的体积, 减少 CuO 加入的量. 其主要目的是: (1) 尽可能降低外部 CO_2 的介入; (2) 尽可能减小反应器的体积, 确保一定的反应压力, 有利于反应的正向进行. 除此之外的一些措施也被关注, 例如, 反应系统中金属或石英管表面吸附的气体, 以及可能的油脂等是一个最大的污染源, 需要定期对反应系统进行表面清洗. 样品燃烧制备 CO_2 过程中使用的石英管的清洗成为一个重要步骤. 如果采用 CuO 进行氧化的话, CuO 的预处理也是一个关键因素, 基尔纳等人的研究发现 CuO 的预处理与否对测量本底的改变是很大的 (1997). 美国加州大学尔湾分校凯克碳循环 AMS ^{14}C 实验室在小样品 ^{14}C 年代测定方面针对 $Zn+TiH_2$ 封管制备石墨的方法进行了一系列改进, 包括 Zn 和 TiH_2 用量方面的调整, 以及石墨化过程对于石墨离子束流的影响等方面都进行了非常细致的研究 (Khosh et al., 2010; Xu et al., 2013a; Walker et al., 2019).

在小样品测量方面的另一重大举措是实现加速器质谱气体靶的测量 (Ruff et al., 2010). 这不仅仅可以实现小样品的测量, 而且其最大优点是取消了 CO_2 制备石墨的过程, 这无疑节省了 ^{14}C 制样的时间. 当然, 目前这个方法还仅限于在环境样品的 ^{14}C 测量中使用, 考古样品, 特别是年代较早的考古样品还没有能够实现气体靶测量. 最主要的问题是气体靶的 ^{14}C 测量精度问题. 尽管这些年气体靶离子源束流的产率大大提高, 但是一个样品的 CO_2 在离子源中的持续运行时间依然是一个难以克服的限制因素, 通常只能维持在 20 min 以内. 如此短的测量时间, 无法像石墨靶那样可以对一个老的样品进行反复多次测量, 以达到足够多的计数, 获得较高的测量精度. 相信随着加速器质谱技术的不断提升, 气体靶测量被广泛应用的前景可期.

2.2 骨样品的前处理与测年组分选择

骨样品, 包括骨骼、牙齿、角等是重要的测年物质. 骨头由有机质和无机质两部分构成: 有机质约占干骨重的 1/3, 其中, 约 95% 是具有棒状三股螺旋结构的骨胶原纤维, 约 5% 是呈凝胶状的无定形基质, 化学成分为糖胺多糖和蛋白质的复合物; 无机质主要为钙盐, 约占干骨重的 2/3, 其中, 除了少量的碳酸盐之外, 主要成分是羟基磷灰石结晶.

骨头的组分很复杂, 且在埋藏过程中受种种因素作用而不断发生着变化, 其中, 固有的有机质逐渐降解并减少, 并且可能不断有外来物质 (包括有机质, 如腐殖酸之类) 侵入, 它们可能与骨头里固有的有机质相结合而造成不易去除的污染. 测定骨样品的关键问题是采取何种前处理方法能够获取可靠的测年组分. 迄今为止, 如何使用降解严重的骨样品测年仍然是一个难题.

自从 ^{14}C 测年方法建立的初期, 应用骨样品的研究就受到广泛重视, 并且人们已经做过大量的探讨, 主要包括: 用骨样品测年的可能性; 测定哪些组分能够得到可靠的年代, 如何分离出这些组分; 用什么方法判别分离出来的组分没有和环境中的碳交换, 即仍然保持了除因 ^{14}C 衰变而减少之外的样品中固有的 ^{14}C 等. 赫奇斯 (Hedges) 等人对骨样品的前处理方法做过全面的评述 (1992b).

在 AMS ^{14}C 测定夏商周年代的工作中, 骨样品所占比例很大, 而且还包括了许多极为珍贵的有字甲骨, 其取样量仅为 1—2 g. 为了精确测定骨样品的年代, 需要对国际上流行的多种骨样品的前处理方法做一个全面的甄别, 以回答样品研究中的问题, 拟定出适用的骨样品前处理流程.

2.2.1 几种可选用的测年组分

以往的研究发现, 尽管骨样品中含有少量无机碳酸盐, 但是由于其容易被污染, 且不易将污染物和骨样品中固有的碳酸盐彻底分离, 因此难以得到精确的 ^{14}C 年代. 通常, 国际上都是采用骨样品中的有机质测年, 应用的组分和分离流程主要有:

(1) 用酸脱盐, 并经碱处理后将骨胶原保留下来.
(2) 将骨胶原在 pH 值为 2—3 的 HCl 中加热到 90 °C 左右, 水解得到明胶.
(3) 将明胶于 6 mol/L 的 HCl 中加热到 110 °C, 水解得到氨基酸.

(4) 将氨基酸进一步分离, 以得到特定的氨基酸, 例如、甘氨酸、脯氨酸、羟脯氨酸等.

在应用这些组分时, 一些实验室为了去除其中的腐殖酸等污染, 又采取了不同的纯化方法, 例如, 活性炭吸附、离子交换分离、超滤 (ultrafiltration)、XAD-2 树脂处理等 (Stafford et al., 1988; Brown et al., 1988). 上述分离出四种组分的流程繁简不一, 前两种比较简便, 后两种, 特别是分离出不同组分的氨基酸, 不仅流程冗长, 而且需要采集到较前两种方法多几倍甚至十几倍的样品量. 国际上对使用较多的超滤和 XAD-2 树脂处理的作用的看法也不尽相同. 有人指出, 在有些情况下用超滤法有可能导致样品的 ^{14}C 年龄偏老 (Talamo et al., 2021: 74).

在综合分析了各种分离流程和应用上述四种组分测年的优点和不足之后, 我们认为骨胶原中可能混杂着没有清除干净的碳污染, 而制备单一氨基酸不仅费时, 而且需要大量样品. 分离提取明胶和进一步将明胶水解并经 XAD-2 树脂处理得到总氨基酸是两种较好的前处理方法. 在一般情况下分离出明胶测年更为方便, 因此我们更倾向于应用该流程. 不过为了慎重起见, 我们仍根据夏商周年代研究的样品状况和测年精度要求, 对骨样品测年的问题做了如下的一些研究工作.

2.2.2 三项相关研究

1. 明胶蛋白的分子量分布研究

我们选择各种骨样品, 包括古代的和现代的动物骨头, 分别经 2.2.1 小节的 (1) 和 (2) 两步处理之后, 水解得到明胶. 在高效液相色谱仪上对它们的明胶蛋白的分子量分布进行了分析. 结果表明, 对于保存状况较好的古代的动物骨头, 经过同样的前处理流程制备成明胶之后, 它们的明胶蛋白的分子量分布范围和现代动物骨头的明胶基本一致. 从而说明, 在骨样品保存状况较好的情况下, 使用前述流程将样品制备成明胶之后, 可以不必再经过明胶蛋白的分子量分级制备测年样品, 就可能得到可靠的测年组分.

2. 腐殖酸污染研究

骨头在地下埋藏过程中受到各种环境影响, 外来物质侵入骨头, 使得骨头的组分变得更加复杂, 而其中的腐殖酸大分子不易被分离清除, 影响测年的准确性. 为了检验实验流程中腐殖酸类化合物的清除情况, 进行了如下实验: 选择各种不同的骨头, 包括未受污染的现代骨样品、已知可能有污染的骨样品、腐殖质样品, 以及腐殖土中提取出的腐殖酸类化合物样品. 首先将腐殖酸类化合物样品配成一定浓度的溶液, 做紫外色谱扫描, 得到紫外图谱, 确定腐殖酸的紫外线特征吸收波长. 再将其他三种样品按前述制备明胶的流程进行处理, 得到三种溶液. 然后把这三种溶液也分别做紫外色谱扫描, 得到三张紫外图谱, 这三张紫外图谱上均未发现腐殖酸的特征吸收峰. 在我们的实验室条件下, 紫外色谱检测腐殖酸物质的灵敏度为

$1\ \mu g/mL$ 左右, 而通常情况下, 相应溶液中的明胶含量为 $1\ mg/mL$ 左右, 所以可以认为, 在我们的实验室条件下, 即使存在未被清除掉的微量腐殖酸污染, 对于测年组分明胶不会构成明显的污染, 也不会对测年的可靠性产生明显的影响.

3. 特定情况下前处理所得到的测年组分比对

(1) 分离提取明胶及经 XAD-2 树脂处理得到总氨基酸的 AMS ^{14}C 测年结果比对.

虽然我们认为分离提取明胶和进一步将明胶水解并经 XAD-2 树脂处理得到总氨基酸是两种较好的前处理方法, 不过在一般情况下分离出明胶更为简便, 但是有的研究表明, 用明胶方法测年的可靠性比经 XAD-2 树脂处理得到总氨基酸方法的可靠性差 (Minami et al., 1998). 为了检验这一看法, 我们做了如下实验: 从晋侯墓地系列样品中选择若干考古年代明确且有木炭同出的骨样品, 同时分离提取明胶及经 XAD-2 树脂处理得到总氨基酸, 并且和同出的木炭分别制成石墨测定年代加以比对, 结果列于表 2.1 (Yuan et al., 2000a).

表 2.1 分离提取明胶及经 XAD-2 树脂处理得到总氨基酸的 AMS ^{14}C 测年结果比对

组	实验室编号	样品物质	测年组分	C/N②	$\delta^{13}C/‰$	^{14}C 年龄/BP	
						本实验室	加拿大多伦多大学 AMS ^{14}C 实验室
1	SA98093	人骨	明胶	2.97	−10.0	2781 ± 50	
	SA98093A①	人骨	氨基酸	2.88	−9.1	2850 ± 50	
2	SA98094	马骨	明胶	3.05	−14.2	2573 ± 50	2570 ± 50 (TO7999)
	SA98094A①	马骨	氨基酸	2.87	−12.1	2574 ± 51	
	SA98155	木炭	木炭		−25.1	2640 ± 50	2630 ± 40 (TO7998)
3	SA98096	马骨	明胶	3.08	−15.7	2555 ± 50	
	SA98096A①	马骨	氨基酸	2.89	−16.7	2531 ± 53	

注: ① 实验室编号后缀 A 表示氨基酸经 XAD-2 树脂处理, 其余样品未经特殊处理.
② 此表中的 C/N 值为质量比.

表 2.1 中的木炭 SA98155 与马骨 SA98094 是从同一墓中出土的. 表 2.1 中各数据测量的误差都较小, 各组数据在 1σ 误差范围内一致. 这些结果表明, 在一般情况下, 采用明胶制样测年和经 XAD-2 树脂处理得到总氨基酸测年是等效的, 都能够得到可靠的年代结果. 据此, 我们决定在 AMS ^{14}C 测定研究夏商周年代工作中的骨样品的前处理采用制备成明胶的方法.

(2) 碱处理和 XAD-2 树脂处理作用的比对.

制备骨胶原时碱处理可能导致较多骨胶原丢失, 在处理保存状况较差的骨头时, 用酸脱盐的过程中也会有一些骨样品的降解产物溶解, 甚至有大量测年组分丢失. 为了找到适合于这类样品的前处理方法, 我们用两种不同的前处理方法处理同一个样品, 并且比对测量结果.

方法一: 绕过碱处理. 我们只用酸浸泡脱盐, 略去碱处理, 然后将骨胶原在 pH 值为 2—3 的 HCl 中加热到 90 °C 左右, 水解得到明胶, 并将明胶于 6 mol/L 的 HCl 中加热到 110 °C, 水解得到氨基酸, 再经 XAD-2 树脂处理. 最后制备成石墨测量, 结果列于表 2.2.

表 2.2 XAD-2 树脂处理对于清除骨样品中污染物的作用

组	实验室编号	样品物质	测年组分	C/N[3]	$\delta^{13}C/‰$	^{14}C 年龄/BP
1	SA98094	马骨	明胶	3.05	−14.2	2573 ± 50
	SA98094A[1]	马骨	氨基酸	2.87	−12.3	2574 ± 51
	SA98094AA[2]	马骨	氨基酸	2.91	−12.6	2440 ± 43
2	SA98096	马骨	明胶	3.08	−15.7	2555 ± 50
	SA98096A[1]	马骨	氨基酸	2.89	−16.6	2531 ± 53
	SA98096AA[2]	马骨	氨基酸	2.87	−13.8	2556 ± 50
3	SA98167	羊骨	明胶	3.06	−16.4	2868 ± 48
	SA98167AA[2]	羊骨	氨基酸	2.92	−15.5	2824 ± 43

注: [1] 实验室编号后缀 A 表示氨基酸经 XAD-2 树脂处理.
[2] 实验室编号后缀 AA 表示制备骨胶原时未用碱处理, 但氨基酸经 XAD-2 树脂处理.
[3] 此表中的 C/N 值为质量比.

表 2.2 中的数据表明, 为了减少在碱处理过程中的样品损失, 略去碱处理步骤而将骨胶原直接水解制备成氨基酸, 并经 XAD-2 树脂处理也可以得到好的年代结果.

方法二: 将利用酸脱钙处理骨样品时溶解于酸中的样品有机质作为测年组分. 为了了解利用酸脱钙处理骨样品时溶解于酸中的样品有机质的年代, 以便考察利用其测年的可能性, 我们将酸脱钙后的样品溶解液冷冻干燥, 然后制备成 "氨基酸", 并经 XAD-2 树脂处理清除腐殖酸, 再将得到的固体物质制备成石墨和该样品的明胶样品处理结果比对, 结果列于表 2.3.

表 2.3 中的两个年代符合良好. 此结果表明, 在样品脱盐制备骨胶原时溶解出来的有机质为样品本身的产物, 其年代和样品年代相同. 如果遇到保存状况较差的样品, 为了避免碱处理丢失测年组分, 则在流程中省略碱处理清除腐殖酸的步骤, 而改用将全部样品的有机质制备成 "氨基酸" 并经 XAD-2 树脂处理, 也有可能得到好的年代结果. 但这只是初步尝试, 有待更多结果的检验.

表 2.3 明胶样品和样品用酸脱钙制备骨胶原时溶液中的有机质 ("氨基酸") 的 AMS ^{14}C 测年结果比对

组	实验室编号	样品物质	测年组分	C/N③	δ^{13}C/‰	^{14}C 年龄/BP
1	SA99068	兽骨	明胶	2.84	−5.6	3385 ± 38
	SA99068SA①	兽骨	"氨基酸"	2.76	−5.6②	3366 ± 63

注: ① 实验室编号后缀 SA 表示样品经酸脱钙处理.
② 未测定, 假定与 SA99068 相同.
③ 此表中的 C/N 值为质量比.

2.2.3 制备明胶的常规流程

总结上述实验研究, 我们选择制备明胶作为研究工作中的常规流程. 先仔细检查骨样品的保存状况, 并清刮干净, 破碎成大小为 0.5—1 cm 的碎块, 在纯净水中超声清洗之后, 按下述流程制备明胶:

(1) 用酸脱盐制备骨胶原. 将碎骨样品浸泡于 0.5 mol/L 的 HCl 中, 不时搅拌并注意观察, 待骨样品很少冒泡时倾倒出废液, 换新的 0.5 mol/L 的 HCl 继续处理, 以清除样品中的碳酸盐和磷酸盐等. 得到骨胶原后, 将其用去离子水洗至中性.

(2) 用碱处理清除腐殖酸. 将经酸处理后得到的骨胶原洗至中性后浸泡于 0.5 mol/L 的 NaOH 中, 不时搅拌, 以清除骨胶原中可能存在的腐殖酸等污染, 然后用纯净水将骨胶原洗至中性.

(3) 再次酸化, 以清除在碱处理过程中吸收的大气中的 CO_2, 将骨胶原再置于 0.5 mol/L 的 HCl 中浸泡, 并洗至中性.

(4) 水解制备明胶. 将骨胶原加入适量的 pH 值为 2—3 的 HCl 溶液中, 置于温度为 90 °C 的烘箱中过夜, 水解骨胶原得到明胶.

(5) 离心或经玻璃纤维滤纸过滤明胶溶液, 以清除其中的不溶杂质.

(6) 冷冻干燥明胶溶液, 得到干燥的明胶待用.

在夏商周年代研究中, 我们用前述流程处理在考古遗址中采集的大量骨样品时均得到了合理的年代结果. 但是, 当我们用同样的流程处理甲骨样品时却遇到了困扰, 发现测定出的部分甲骨样品的年代与甲骨学家所预期的年代偏老超过 3σ. 为此, 又开展了一系列探索, 关于这个问题, 我们将在 2.3 节中详述.

2.3 甲骨样品前处理过程中的纯化

AMS ^{14}C 测定甲骨年代的工作是与 "殷墟甲骨分期与年代测定" 专题组专家们合作进行的. 专家们经过慎重研究, 共采集和选送有字甲骨样品 107 个, 无字甲骨样品 9 个, 其他重要骨样品 3 个. 甲骨样品的前处理、纯化、制样及测量工作从 1999 年 2 月到 2004 年底, 前后历经近 6 a 时间, 大致可以分成如下 3 个阶段:

(1) 按一般考古样品处理, 即采用前述常规前处理流程制备成明胶, 然后进行制样测量, 结果发现部分样品偏老超过 3σ.

(2) 初步分析研究造成样品偏老超过 3σ 的原因并探索纯化方法.

(3) 深入分析污染原因并继续探索纯化方法, 并完成全部甲骨样品的制样测量.

2.3.1 按常规前处理流程制样存在的问题

鉴于甲骨样品的珍贵及重要性, 为了保证甲骨前处理工作的顺利进行, 实验室人员从开始处理甲骨时就特别慎重: 向考古学家询问了采样时有没有发现加固剂和保护剂, 当时得到的答复是肉眼没有看到, 故决定按常规前处理流程制样; 在处理前仔细观察甲骨样品的状况; 在处理且测量了大量遗址出土的骨样品之后再处理甲骨和制备测量甲骨样品. 我们于 1999 年 2 月才开始先处理无字甲骨样品再处理有字甲骨样品, 到 1999 年底共处理了无字甲骨样品 8 个, 有字甲骨样品 37 个. 经过前处理的 37 个有字甲骨样品中, 除了 4 个因为保存状况太差而没有分离出可测明胶之外, 其他 33 个甲骨样品都得到了明胶, 其中的 32 个明胶在当年制备成石墨, 并且陆续用北京大学的 EN-AMS 装置测出了 ^{14}C 数据, 另外 1 个明胶 (SA98176) 于 2004 年制样测量. 这些先期制样并测量的 32 个有字甲骨样品的多数年代数据在考古学家预期的年代范围之内, 即与甲骨分期及殷墟考古分期年代相协调, 但是也有约 1/3 的样品无法纳入系列校正, 甚至偏老超过 3σ. 对于一些年代偏老的有字甲骨, 用其明胶第二次制备石墨后再进行复测, 结果表明, 绝大多数样品的复测结果与原测量结果基本一致. 不仅测出的有字甲骨的年代如此, 无字甲骨也存在这种现象.《夏商周断代工程 1996—2000 年阶段成果报告·简本》(夏商周断代工程专家组, 2000) 内的表十三中的甲骨数据 (SA99097p 除外), 就是在排除了有争议的历组甲骨数据和偏老的甲骨数据之后的系列样品的年代校正结果. 结果表明, 其日历年代与商后期的年代框架大体上一致, 但由于校正时没有使用边界命令, 使得系列两端的年代区间向外有所延伸. 以上工作说明, 通过甲骨测年来研究商后期的年代, 在方法上是可行的, 但是一些样品的年代偏老, 甚至偏老超过 3σ 的问题值得关注, 必须厘清其原因, 找出解决办法.

2.3.2 部分甲骨年代数据偏老的原因分析

从 ^{14}C 测年原理来说, 测定夏商周年代研究所用甲骨 (专指卜骨) 主要为牛骨, 和通常由考古遗址中出土的骨样品在本质上是一样的, 化学前处理应该相同. 出现数据与预期结果不符, 特别是偏老超过 3σ 的原因可能有很多, 例如, 考古学家判断的甲骨年代和真实年代偏离较大、测量差错, 以及样品中的污染在前处理过程中没有彻底清除干净等. 我们分析后认为, 第一种可能性几乎不存在, 因为甲骨样品的采集和分期归属是经过几位甲骨学家反复斟酌商定的, 并且一些偏老超过 3σ 的数据年代也有违甲骨可能的年代归属. 测量中多个样品出现重大差错的可能性也很小, 因为不仅测量装置经过认真调试, 个别数据还做了复测, 而且在测量多个考古遗址的骨样品时从来没有出现过这种情况. 所以原因只可能是样品中的污染在前处理过程中没有彻底清除干净.

甲骨中的污染主要来自两个方面: 一是出土前土壤中腐殖酸等的污染, 二是出土后人为施加的保护剂、粘接剂等污染. 由于土壤中腐殖酸造成的污染的后果主要是引起样品年代偏年轻而不是偏老, 因此唯一的原因只可能是甲骨出土后, 在缀合拼接及收藏流转过程中使用了粘接剂和保护剂. 鉴于这类材料多是以煤炭和石油为原料提炼加工而成的物质, 其中所含碳的年代都极为久远, 已经是不存在 ^{14}C 的死碳, 所以即使少许污染也能导致甲骨样品年代偏老, 甚至偏老超过 3σ.

为了追索这部分甲骨受污染的根源, 我们进一步了解了原来的藏品状况; 分析在前处理与制样时剩余的明胶, 并用红外光谱仪进行检测. 红外光谱分析是一种灵敏的检测手段, 它可以检测未知物质的结构、组分或化学基团, 并判别化合物的纯度等. 几个明胶样品的红外光谱检测结果如图 2.2 所示 (Yuan et al., 2007), 通过与明胶的标准红外光谱和一些正常样品的红外光谱的比对发现, 明显偏老的样品, 例如, SA98244, SA98234, SA98197, SA98198 等与年代在预期范围内的正常样品的红外光谱相比, 前者的红外光谱约在 2925—2930 cm^{-1} 波数区间有一个较为明显的吸收峰. 它们是链状烷烃的亚甲基 ($-CH_2-$) 的反对称伸缩振动峰. 它的存在显示, 一

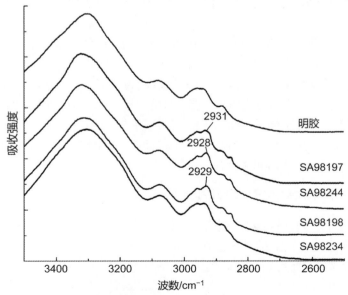

图 2.2 反常年代样品的红外光谱和明胶的标准红外光谱的比对

些偏老样品的明胶中可能混入了含有链状烷烃基团的污染. 这种情况说明, 像甲骨这类样品, 仅用通常的制备骨样品明胶的流程, 尚不足以完全清除其中的污染, 需要研究和增加另外的清除污染的措施.

2.3.3 甲骨明胶和甲骨的除污染探索

目前, 国际上虽然有一些方法可以用于纯化保护剂和粘接剂引入的污染, 但是多是针对某一特定的污染物, 而要纯化像甲骨或其明胶中这类未知污染物的样品, 仍然是一个十分棘手的问题. 1999 年 8 月在第 8 届加速器质谱国际会议上, 我们看到一份纯化污染木材的简单资料, 该资料于 2001 年正式发表 (Bruhn et al., 2001). 该资料的作者模拟受橡胶胶水、木胶、环氧树脂、甲基纤维素、蜂蜡、聚乙二醇、石蜡等污染的已知年代的木材, 先在改进的索氏提取器中用三氯乙烯、二甲苯、石油醚、丙酮、甲醇等五种有机溶剂依次萃取洗涤 (简称萃洗), 然后按标准的木材前处理流程处理后制备成石墨, 经 AMS ^{14}C 测量的 ^{14}C 年龄一倍标准误差 (1σ) 区间都能和处理前的木材 ^{14}C 年龄两倍标准误差 (2σ) 区间相符①.

用系列有机溶剂萃洗清除污染的基本依据是利用物质的相似相溶性, 即各种物质的结构性质愈相近就愈能够相互溶解, 故可以选择多种对污染物有强烈溶解作用的溶剂来萃洗受污染的甲骨. 在使用过程中还要求最后能从甲骨上彻底清除这些溶剂, 以免造成新的污染. 因此在使用时需要将拟用的多种溶剂成系列顺序排列, 要求先用的溶剂能够被后用的溶剂清除掉. 纯净水肯定不会造成污染, 所以先用不溶于水的, 最后用能够与水完全互溶的溶剂. 上述三氯乙烯 (后改用四氢呋喃)、二甲苯 (后改用三氯甲烷)、石油醚、丙酮和甲醇系列的应用就是遵循这一考虑.

借鉴这一方法, 我们开展了被污染甲骨明胶和甲骨样品清除污染的探索.

1. 被污染的甲骨明胶的纯化

考虑到明胶和木材的性质不同, 我们将纯化方法做了一些改进. 依据五种有机溶剂对水的溶解度差异, 将它们分为溶于水的和不溶于水的两组, 前者为丙酮和甲醇, 后者为三氯乙烯、二甲苯和石油醚. 对于溶于水的溶剂, 将明胶装在玻璃交换柱中用溶剂淋洗; 对于不溶于水的溶剂, 将经丙酮和甲醇淋洗后的明胶溶于水, 再用有机溶剂萃洗. 具体做法是制备一根内径 ~2 mm、长 ~200 mm 的玻璃交换柱, 底部放置少许石英棉, 装入 ~20 mg 欲纯化的明胶, 先用 20 mL 丙酮淋洗, 再用 20 mL 甲醇淋洗, 然后将玻璃交换柱内的明胶溶于水, 经玻璃纤维滤纸过滤后, 将明胶滤液转入分液漏斗中, 依次用 20 mL 三氯乙烯、二甲苯和石油醚各萃洗 3 次, 每次 30 min. 再将明胶溶液加热赶去水相中残留的有机溶剂, 冷冻干燥后得到纯化的明胶. 用该方法共纯化了 12 个样品, 其中包括明显偏老的样品, 例如, SA98234,

---

①这是判断两个数据是否一致的一种方法, 另一种方法参见 3.4.3 小节中的 (3.61) 式. 可以证明, 这两种方法在数学上是等价的.

SA98244, SA98197, SA98198. 为了检验纯化方法, 作为比对, 还处理了被认为正常和可能偏老不多的样品, 例如, SA98252, SA98242, SA99094, SA99097, SA98169 等. 将纯化后的明胶制成石墨, 经北京大学的 EN-AMS 测量后, 结果列于表 2.4. 表 2.4 中样品实验室编号中的后缀 -1, -2 分别表示明胶第一次、第二次制成石墨, 后缀标注为 p1 的流程如前所述, 标注为 p2 和 p3 的流程与标注为 p1 的流程有所不同, 参见后面的说明. 由表 2.4 中的数据可以看出相应流程的纯化效果及其相关问题. 表 2.4 显示, 同样使用 p1 流程, 不同样品的回收率相差悬殊, 不少样品的回收率很低, 无法得到足够的明胶用来制样测量. 专门安排的实验表明, 回收率低的原因主要是这些明胶溶于甲醇. 为了提高明胶的回收率, 我们曾用乙醇替换甲醇, 这一流程在表中以 p2 标注. 标注为 p2 流程的数据说明, 明胶的溶解现象减少, 也有明显的纯化效果, 但是清除污染的效果不够稳定. 我们还尝试将明胶装在玻璃交换柱中, 用五种溶剂依次淋洗, 同样有明显的纯化效果, 流程以 p3 标注, 但是由于明胶在甲醇等溶剂中发生溶胀而导致流速太慢, 在日常工作中难以应用. 表 2.4 中的数据表明, 被认为明显偏老的样品, 经过纯化之后的年代多较原来的年代年轻, 并且数据趋向正常, 而原来被认为正常和可能偏老不多的样品, 经过纯化之后的 ^{14}C 年龄 1σ 区间也与原来的 ^{14}C 年龄 2σ 区间基本一致. 红外光谱分析表明, 一些明显偏老的样品, 经过纯化之后的红外光谱在约 2925—2930 cm^{-1} 波数附近的吸收峰消失. 这一现象说明, 明胶中的污染经过纯化之后已经被清除或基本被清除, 并且说明, 所用有机溶剂纯化方法不会引入新的污染, 从而证明所采用的纯化方法是有效的. 但是, 正如前面所指出的, 标注为 p1 的流程因为部分明胶溶于甲醇而使方法的应用受到限制, 标注为 p2 和 p3 的流程虽然也有纯化效果, 但是由于实验数据少, 或者明胶溶胀等问题, 难以在实践中应用. 总体来说, 上述有关试验仅仅为初步探索. 如果遇到类似情况, 需要在方法和流程上做更深入的研究.

2. 用有机溶剂萃洗纯化甲骨

虽然在纯化甲骨明胶时发现一些样品明胶溶于甲醇, 但是一般说来, 骨胶原蛋白不溶于甲醇, 溶解现象的出现可能是一些甲骨的骨胶原蛋白保存状况较差, 在经水解得到明胶时形成了许多较小的分子. 如果用甲醇直接清洗甲骨, 这一现象就会大为减轻或被避免. 出于这样的考虑, 我们于 2000 年用三氯乙烯、二甲苯、石油醚、丙酮、甲醇等有机溶剂纯化了 8 个甲骨样品. 它们是 SA00032, SA00033, SA00034, SA00035, SA00036, SA00037, SA00039, SA00040. 具体做法是: 将经过清刮, 并在蒸馏水中超声清洗干燥后的甲骨碎片放置于索氏提取器中, 依次用三氯乙烯、二甲苯、石油醚、丙酮、甲醇等 5 种有机溶剂萃洗, 每种溶剂 2 h, 明胶回收率基本正常, 2000 年经过纯化制样测量的年代数据中没有明显偏老的数据. 需要说明的是, 虽然其中的 SA00032 测出的数据显得偏老, 但是该样品只有 0.33 mgC, 说明样品保存状况很差, 残留的有机质太少, 在像甲骨测年这样高精度要求的研究工作中, 此类数据仅能作为参考.

表 2.4 不同卜骨明胶纯化方法的效果比对

实验室编号	纯化前的 ^{14}C 年龄/BP	$\delta^{13}C$ /‰	明胶回收率/%	纯化后的 ^{14}C 年龄/BP	样品年代偏老状况	备注
SA98169-1	3160±40	−8.06			偏老接近 2σ	武丁早
SA98169-2	3065±35	−7.79			基本正常	
SA98169p1		−7.89	76.5	3075±30	基本正常	
SA98234-1	3275±45	−8.20			偏老超过 3σ	历组父丁
SA98234-2	3230±30	−8.12			偏老超过 3σ	
SA98234p1		−8.20	64.6	3040±30	基本正常	
SA98234p2		−7.57	—	3055±35	基本正常	
SA98244-1	3545±40	−12.82			偏老超过 3σ	历组父乙
SA98244-2	3650±35	−12.76			偏老超过 3σ	
SA98244p1		−11.31	68.9	3065±35	基本正常	
SA98244p2		−11.31	—	3165±40	偏老接近 2σ	
SA98242	3040±30	−7.36			基本正常	历组父乙
SA98242p1		−7.29	64.4	3055±36	基本正常	
SA99097	2980±35	−10.26			偏老接近 2σ	甲骨五期
SA99097p1		−10.26	31.2	2925±35	正常	
SA98178	2990±40	−9.08			正常	武丁中晚期
SA98178p3		−10.24		3070±35	基本正常	
SA98197	3285±40	−8.49			偏老超过 3σ	甲骨二期祖甲
SA98197p1			7.1	样品量少未制样		
SA98197p3		−7.83		3095±55	基本正常	
SA98198	3375±55	−14.51			偏老超过 3σ	甲骨二期祖甲
SA98198p1			6.0	样品量少未制样		
SA98198p3		−14.23		3310±35	偏老超过 3σ	
SA98247	3215±30	−11.88			偏老超过 3σ	历组,归属不明
SA98247p3		−12.07		3040±35	基本正常	
SA98252	3065±60	−8.75			偏老接近 3σ	五期、帝乙
SA98252p1			3.1	样品量少未制样		
SA98252p3		−9.39		3195±35	偏老超过 3σ	
SA98254-1	3060±60	−10.81			偏老接近 3σ	五期
SA98254-2	3095±30	−10.78			偏老超过 3σ	
SA98254p1		−10.68	—	3145±40	偏老超过 3σ	
SA99094	3025±30	−10.25			基本正常	祖庚
SA99094p1			18	样品量少未制样		

2.3.4 甲骨纯化的进一步探索

显然萃洗纯化受污染的明胶收到了一定的效果,《夏商周断代工程1996—2000年阶段成果报告·简本》(夏商周断代工程专家组,2000) 内的表十三中的甲骨数据SA99097p 即为样品明胶萃洗纯化之后的测定结果. 试用溶剂萃洗纯化 8 个甲骨样品, 制样测量得到的年代数据正常, 可以说纯化甲骨工作取得了初步成功. 为了进一步提高纯化效果, 我们请教生物系研究蛋白质的老师, 希望能探索出更好的分离明胶流程. 从 2002 年底到 2003 年暑假, 借用本校生物系的实验室和仪器设备试用SP-琼脂糖凝胶、DEAE-琼脂糖凝胶、FF4B-琼脂糖凝胶和 AGMP-50 阴离子交换树脂等方法纯化甲骨明胶, 通过上柱、吸附分离、解析、透析袋脱盐、分析测量等一系列试验后发现, 一时难以找到理想的分离条件和回收率, 并且使用的透析袋等材料有可能引入新的杂质污染. 由于时间和人力限制, 并且北京大学新购置的 ^{14}C 测量专用小型 AMS 装置已经到货调试, 即将开始测年工作, 因此只好终止该探索, 转而面对尚未处理需要尽快纯化的剩余甲骨. 尽管如此, 为使纯化工作更加有效, 在着手处理剩余甲骨之前又进行了两项研究: 一是了解尚未处理的 62 个有字甲骨样品的污染状况和污染物; 二是对红外光谱分析时从甲骨样品上发现的两种污染物进行模拟纯化实验.

1. 了解尚未处理甲骨样品的污染状况和污染物

为了了解尚未处理的 62 个有字甲骨样品的污染状况和污染物, 我们用放大镜仔细检查每个甲骨样品, 用红外光谱仪检测由样品上刮取和剔出的 30 个可疑物质, 结果表明, 其中有 15 个甲骨样品存在各种污染物.

由 SA98199 样品表面上刮取的少许胶状物为三甲树脂, 参见图 2.3. SA98203, SA98230, SA98239 等 3 个样品表面上为硝基清漆, 参见图 2.4. SA98168, SA98179, SA98185, SA98186, SA98202, SA98208, SA98215, SA98224, SA99092, SA99093, SA98223 等 11 个样品受到含有不明链状烷烃基团类物质污染. 为鉴别四氢呋喃和三氯甲烷清洗下来的污染物和清洗效果, 我们还分别用四氢呋喃和三氯甲烷清洗SA98224, SA98168 样品表面上刮取的可疑物, 然后比对它们清洗前后的红外光谱变化. 图 2.5 显示 SA98224 样品表面上刮取的可疑物经四氢呋喃清洗前后的红外光谱与周原未处理骨样品的红外光谱的比对. 由图 2.5 上的 3 条曲线比对可见, 未清洗前的 SA98224 样品表面上的可疑物与周原未处理骨样品相比, 在 2925 cm^{-1} 波数附近出现明显的异常吸收峰, 经四氢呋喃清洗后, 该吸收峰几乎消失. 这一现象表明, 四氢呋喃对这类物质具有明显的清除作用.

我们把经四氢呋喃清洗后的粉末再用三氯甲烷清洗, 并用红外光谱仪检测经过两者清洗后的粉末, 结果显示 2925 cm^{-1} 波数附近的吸收峰几乎消失殆尽. 这一现象表明, 四氢呋喃和三氯甲烷对这类物质具有相当好的清除作用.

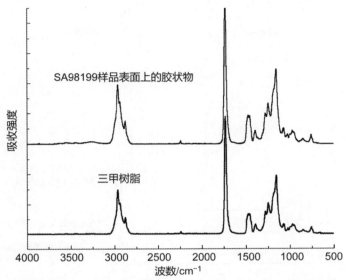

图 2.3　SA98199 样品表面上刮取的少许胶状物的红外光谱和三甲树脂的标准红外光谱的比对

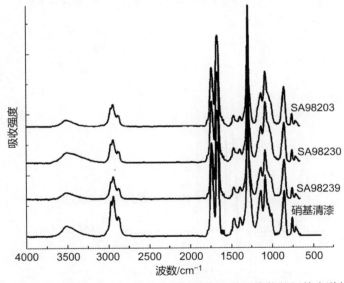

图 2.4　SA98203, SA98230, SA98239 等 3 个样品表面上的污染物的红外光谱与硝基清漆的标准红外光谱的比对

为了查明 2925 cm^{-1} 波数附近吸收峰的性质, 我们将 SA98224 样品清洗后的四氢呋喃溶液蒸发, 并检测浓集后的残留物的红外光谱. 图 2.6 为清洗 SA98224 样品的四氢呋喃蒸发后的残留物的红外光谱和液体石蜡的标准红外光谱的比对. 由

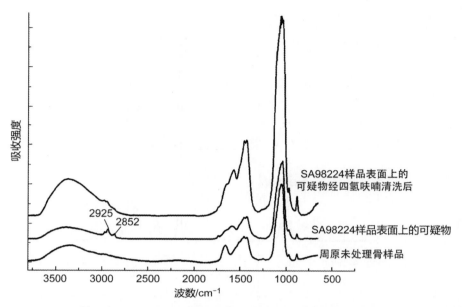

图 2.5 SA98224 样品表面上刮取的可疑物经四氢呋喃清洗前后的红外光谱与周原未处理骨样品的红外光谱的比对

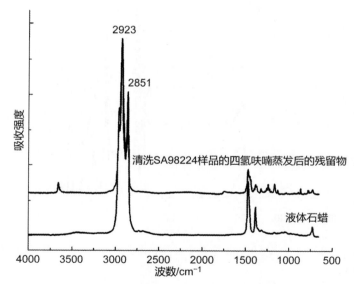

图 2.6 清洗 SA98224 样品的四氢呋喃蒸发后的残留物的红外光谱和液体石蜡的标准红外光谱的比对

图 2.6 可见, 残留物的红外光谱上除了少量其他杂质峰外, 主要谱峰和液体石蜡极为相似. 一般来说, 2925 cm^{-1} 波数附近吸收峰的出现, 说明可能存在含有链状烷烃基团的污染物. 液体石蜡是碳原子数为 10—18 左右的各种正构烷烃混合物, 它和白油、凡士林等类似, 主要来自石油产品, 它们的红外光谱也近似. 构成它们的碳原子都是年代非常久远的死碳, 实验室有时会使用这类物质对甲骨进行修复和保护. 图 2.6 显示, 液体石蜡的标准红外光谱在 2923 cm^{-1} 波数附近有很强的吸收峰. 如果甲骨被这类物质污染, 无疑在红外光谱上的 2925 cm^{-1} 波数附近会有吸收峰出现, 而且会造成样品年代偏老.

2. 模拟污染甲骨的前处理纯化实验

我们针对具体的三甲树脂和硝基清漆污染做了清除条件实验. 用山西曲沃晋侯墓地出土的 SA98093, SA98094 和 SA98096 作为实验样品, 之前, 这 3 个样品都经过多次制样测量年代. 分别用 10% 三甲树脂丙酮溶液和 1∶1 硝基清漆丙酮溶液模拟加固上述 3 个样品, 待丙酮挥发后, 将样品在烘箱中保持 50 °C, 老化 90 天. 用四氢呋喃、三氯甲烷、石油醚、丙酮和甲醇等有机溶剂在索氏提取器内萃洗, 每种溶剂处理 2 h. 完成纯化之后, 刮取骨样品做红外光谱分析, 未发现三甲树脂和硝基清漆污染残留. 再经常规前处理, 把骨样品制备成明胶, 并转化成石墨, 经北京大学的 EN-AMS 测定, 结果示于表 2.5. 表 2.5 中实验室编号中的后缀 a 和 b 分别代表实验的 2 个平行样品. 由表 2.5 可见, 除了 SA98093Xb 的年代与未加固样品的年代差距稍大以外, 其他经过萃洗处理的模拟加固样品 ^{14}C 年龄的 1σ 区间都与处理前样品

表 2.5 模拟加固与除污染实验样品的测量结果比对

模拟加固样品	加固及处理方法	实验室编号	^{14}C 年龄/BP
SA98093	未加固	SA98093	2790 ± 40
	三甲树脂加固后	SA98093Sa	2765 ± 45
	经除污染处理	SA98093Sb	2690 ± 50
	硝基清漆加固后	SA98093Xa	2680 ± 45
	经除污染处理	SA98093Xb	2650 ± 45
SA98094	未加固	SA98094	2580 ± 40
	三甲树脂加固后	SA98094Sa	2520 ± 60
	经除污染处理	SA98094Sb	2540 ± 45
	硝基清漆加固后	SA98094Xa	2610 ± 45
	经除污染处理	Sa98094Xb	2495 ± 45
SA98096	未加固	SA98096	2550 ± 40
	三甲树脂加固后	SA98096Sa	2515 ± 50
	经除污染处理	SA98096Sb	2495 ± 45
	硝基清漆加固后	SA98096Xa	2430 ± 45
	经除污染处理	SA98096Xb	2520 ± 50

^{14}C 年龄的 2σ 区间相一致, 从而说明, 处理后没有明显的三甲树脂和硝基清漆污染残留, 即除污染的方法是可行的.

在上述一系列探索实验的基础上, 我们于 2004 年用四氢呋喃、三氯甲烷、石油醚、丙酮和甲醇等系列有机溶剂纯化处理了剩余的 62 个有字甲骨样品.

纯化的具体方法是: 先将清刮干净的甲骨在蒸馏水中超声清洗, 干燥后置于 50 mL 磨口锥形瓶内, 依次用四氢呋喃、三氯甲烷、石油醚、丙酮和甲醇在振荡器上反复振荡清洗. 每次用 30 mL 有机溶剂, 中速振荡 30 min, 每种溶剂振荡清洗 3 次, 最后用水除去残留的甲醇, 再按常规流程将样品制备成明胶. 我们于 2004 年处理的 62 个样品中, 除了 8 个无碳之外, 其他都制得了石墨, 之后用 2004 年新投入使用的 NEC ^{14}C 专用小型 AMS 测量设备测定了年代, 绝大部分数据正常.

2.3.5 用系列有机溶剂纯化甲骨的效果

前面我们主要依靠红外光谱分析来检测样品的污染问题. 在根据经考古和历史文献研究所得出的甲骨样品分期做系列校正时, 考察所测定的甲骨样品年代数据能否参与到系列中来, 也可以作为样品是否受到污染及污染清除状况的判别方法. 据此, 我们来考察前处理流程中增加系列有机溶剂萃洗流程的纯化效果和作用.

考察之前, 首先需要对采用的数据做一些说明. 如前所述, 甲骨学家共提供了有字甲骨样品 107 个. 我们于 2000 年之前处理了 37 个, 其中 4 个无碳, 测定出数据的有 33 个, 排除 1 个甲骨学家认为分期存疑和 8 个历组甲骨样品数据之外, 其他 24 个均为 1—5 期甲骨样品数据. 其余 70 个甲骨样品为 2000 年之后处理的, 并且在前处理流程中增加了系列有机溶剂萃洗流程. 70 个样品中有 8 个无法提取出足够的明胶, 测定出数据的有 62 个, 排除 4 个甲骨学家认为分期存疑和样品来源不可靠的数据之外, 其他 58 个中, 47 个为 1—5 期甲骨样品数据、11个为历组甲骨样品数据.

2000 年在《夏商周断代工程 1996—2000 年阶段成果报告·简本》发表时, 我们应用 2000 年之前测定的 1—5 期有字甲骨样品数据 24 个, 以及几个无字甲骨和骨样品数据进行系列校正, 有字甲骨样品数据中能够进入系列校正的有 14 个, 和有字甲骨样品数据总数相比, 可知入列比约为 58.3% (夏商周断代工程专家组, 2000). 最近发表的《夏商周断代工程报告》(2022) 中同样用包括几个无字甲骨和骨样品的数据, 不过 2000 年之后的测量数据是增加了系列有机溶剂萃洗之后得到的, 其中增加的 1—5 期有字甲骨样品数据 47 个. 这批样品数据能够进入系列校正的有 40 个, 和 2000 年之后测定的有字甲骨样品数据总数相比, 可知入列比约增至 85.1%.

为了使应用的 1—5 期甲骨的系列校正年代数据更具说服力, 并且探讨历组父乙类和父丁类甲骨的时代归属, 我们应用测定的全部有字甲骨及两个时代十分确定的骨样品数据做系列校正, 并撰文发表于 *Radiocarbon* (Liu et al., 2021). 该文录用的数据中,使用的两种前处理方法的数据量比对如下: 2000 年之前处理的 1—5 期有字甲骨样品数据 24 个,进入系列校正的有 11 个,入列比约为 45.8%, 2000 年之后处理的 1—5 期有字甲骨样品数据 46 个,进入系列校正的有 38 个,入列比约为 82.6%. 历组甲骨样品数据的入列比情况类似, 2000 年之前和之后的入列比分别约为 50.0% 和 90.9%.

通过上述比对可以清晰地看到,在常规流程之前另外增加系列有机溶剂萃洗流程的显著效果与作用. 2000 年之后处理的样品,不仅入列比大幅提高,而且其中还包括了几乎所有红外光谱分析显示存在三甲树脂、硝基清漆和含有链状烷烃类污染的 15 个有字甲骨样品. 测量结果说明,即使原来样品中检测出有污染物,在经过系列有机溶剂萃洗处理之后,绝大部分样品的除污效果令人满意.

由上述数据和分析可以得出如下结论: 总体上看,我们在常规骨样品前处理流程之前增加系列有机溶剂萃洗流程,对于纯化受污染的甲骨来说是有效的,处理方法是成功的,提供的入列甲骨样品数据是可信的.

2.3.6 小结

现在我们简要回顾甲骨测年的历程: 一开始,我们对于测定甲骨时可能遇到的困难,特别是对于可能存在的人为污染估计不足. 甲骨成分和考古遗址中出土的骨头本质上是相同的,我们原先考虑的困难主要是甲骨样品珍贵,并且样品量有限,处理时需要特别认真细致,而对于可能存在的人为污染虽有所考虑,但是并没有特别关注. 尽管我们对于处理普通骨样品的方法做了充分的调研和检验,实践也证明所采用的流程对于考古遗址来说完全能够满足要求,但是对于像甲骨这类出土后在社会上辗转过程中可能引入的污染却缺乏深入了解. 国际上在这方面也鲜有可供借鉴的经验参考,我们事后看到的资料表明,国外在测量甲骨时也同样遇到了污染问题,例如,澳大利亚的吉莱斯皮 (Gillespie) 测定过多个甲骨样品,而其发表的文章中只公布了将同一个牛肩胛骨样品分送牛津和新西兰两个实验室的测定结果,其中一个数据合格,另一个数据显然严重偏老. 文中还提到一些样品,或是因骨胶原蛋白含量太低,或是可能受到污染,导致数据未发表 (1997).

我们没有亲自参与甲骨的考察采样,不了解甲骨修复保护的具体工艺和方法. 近来查到国内发表的两篇甲骨修复保护文章,加深了我们对于甲骨修复保护过程中用到的试剂材料和污染物的认识 (杜安等, 2007; 孙杰, 2013). 两篇文章中提到了多种保护和粘接材料,例如、环氧树脂、丙烯酸树脂、502 胶、漆片和虫胶等. 另外,我们请教过一位修复专家,当提及做甲骨红外光谱分析时发现有的甲骨受到液体石蜡污染时,他谈到在做甲骨翻模时会用到硅油或稀释的凡士林等作为隔离剂. 我们认为这些材料的使用都能够造成甲骨污染,除了虫胶会导致样品年代偏年轻之外,其他都会导致样品年代偏老,并且一些材料的红外光谱在 2925 cm^{-1} 波数附近存在吸收峰. 上述许多材料不仅本身结构复杂, 而且还是由多种材料复合而成的, 例如, 常用的 502 胶的主要成分为 α-氰基丙烯酸乙酯, 但是它同时又包含增粘剂、稳定剂、增韧剂、阻聚剂等许多复杂成分. 如果甲骨被这些材料污染, 则很难用通常的制备明胶流程清除, 这也正是我们碰到的困难所在. 而且, 在我们于 2004 年经过萃洗处理的甲骨样品里, 由于年代偏老不能参与系列校正的 SA98224 也正是由于液体石蜡类污染没能得到彻底清除所导致的 (参见图 2.6).

如果今后再测定甲骨, 建议采取如下步骤:

(1) 根据现有经验用 AMS ^{14}C 测定, 一般只需要采集 0.1—0.5 g 甲骨.

(2) 采样时要对整片标本进行仔细观察并拍照, 如果发现任何可疑污染物, 都要刮取做红外光谱分析的样品 (仅需小米粒大小的一点即可).

(3) 在放大镜下观察采集可疑污染物, 即使未发现污染物, 也要刮取外表层或挑拣夹杂于骨样品裂隙内的少许样品做红外光谱分析.

(4) 在纯净水中超声清洗.

(5) 用系列有机溶剂在索氏提取器或振荡器上萃洗. 用系列有机溶剂萃洗时, 可以根据发现的不同污染物类型调整使用更有效的溶剂, 以及调整索氏提取器或振荡器的运行时长.

(6) 用常规方法制备明胶.

(7) 用红外光谱分析方法检测所制备明胶中的污染物.

(8) 如果条件允许的话, 最好能研究出理想的纯化流程, 以确保达到更好的纯化效果.

2.4 样品的化学制备设备与制样研究

2.4.1 AMS ^{14}C 测年用 CO_2 制备系统

1992 年, 牛津大学利用 CHN 元素分析仪作为燃烧系统制备 CO_2, 在制备过程中可以同时测定 C, N 的含量及 C/N 值. 该设备还可以连续制备 CO_2, 工作效率较高 (Hedges et al., 1992a).

1. CO_2 制备系统的组成与操作

根据 "夏商周断代工程" 的需要, 通过调查比较, 我们确定采用德国艾力蒙塔 (Elementar) 公司生产的 Vario EL CHNS 元素分析仪作为燃烧装置 (实际上运行在 CHN 模式), 并配备相应的收集系统构成制备 CO_2 的装置, 如图 2.7 所示 (Yuan et al., 2000b).

图 2.7 中左半部分用来收集 CO_2, 右半部分的吸附剂用来在液氮温度下收集 N_2. Vario EL CHNS 元素分析仪为全自动分析设备, 对 C 和 N 的分析极限分别为

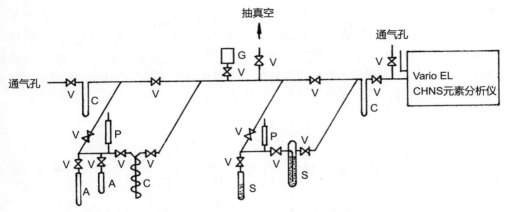

P: 压力传感器 V: 阀门 C: 冷阱 G: 真空计 S: 吸附剂 A: 安瓿瓶

图 2.7 CO_2 制备系统

0.0004 mg 和 0.001 mg, 推荐的工作范围为 C 0.03—7 mg, N 0.03—2 mg, 我们通常需要 1—3 mgC. 燃烧过程中使用的 O_2 纯度为 99.9995%, 流速为 200 mL/min. 当时燃烧制备的样品主要是一些含碳量较高的骨头明胶、木炭、种子、织物等. 包裹样品使用的锡箔购自德国艾力蒙塔公司, 每块锡箔的含碳量为 0.1 μg 左右, 不会对样品年代造成影响.

Vario EL CHNS 元素分析仪工作时燃烧炉的温度为 1200 °C, 而当锡与氧反应时温度可达 1800 °C, 它保证了各种含碳样品的充分燃烧. 燃烧产生的混合气体内的 CO_2, SO_2, H_2O 等分别被系统中的吸附剂所吸附, NO_x 在系统中被还原成 N_2, 并为元素分析仪内的热导池 (TCD) 检测, 上述过程能很好地分离燃烧得到的混合气体. 收集系统与 TCD 的出口相连接, 用于收集 ^{14}C 测年用的 CO_2 及分析稳定同位素用的 CO_2, N_2 等气体.

2. CO_2 气体制备系统的性能

CO_2 气体制备系统建立之后, 运行情况良好, 主要特点如下: 系统可以用来制备各种样品; 制备 CO_2 气体的回收率较高, 通常在 95% 左右; 制备的 CO_2 气体纯度高; 系统的功能多, 在制备 CO_2 气体的同时能检测 C, N 等的含量, 并得到 C/N 值; 可同时收集供分析稳定同位素 $\delta^{13}C$ 和 $\delta^{15}N$ 的样品; 系统的记忆效应小; 系统的工作效率高, 通常燃烧和收集一个样品只需要 15—20 min.

2.4.2 石墨制备与样品气体回收系统

图 2.8 展示了我们在 "夏商周断代工程" 期间设计和使用的石墨制备与样品气体回收系统, 由高真空阀门、压力传感器、电炉、还原反应器和回收反应管等部件

组成. 图中的还原反应器为用硬质玻璃或石英玻璃制成的石墨反应器, 其下部和系统连为一体, 上部可以拆合, 中间用真空密封圈连接, 并用夹子夹紧以保持密封. 反应器中间有一根熔接在其上的钨丝, 钨丝顶端放置一个可以更换的带凹孔的紫铜小圆柱, 小圆柱下方中间有一个比钨丝稍粗的小圆孔以便插放在钨丝上. 紫铜小圆柱的凹孔里面可放置铁粉, 反应器外置备可以开合的两片半圆形电炉.

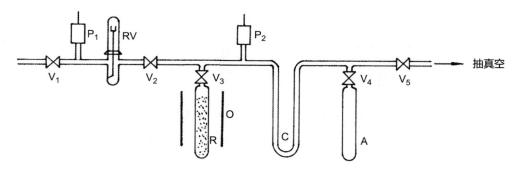

P: 压力传感器　RV: 还原反应器　V: 阀门　R: 回收反应管　C: 干冰冷阱　O: 电炉　A: 样品气体管
图 2.8　石墨制备与样品气体回收系统

1. 制备石墨

制备石墨采用成熟的氢气还原铁粉催化法, 反应的具体操作如下: 拆下还原反应器上部, 为了方便取出反应器内制备的石墨和铁粉, 我们在紫铜小圆柱的凹孔上放置一小片铝箔, 并用玻璃棒将其压入凹孔形成一个铝箔凹槽, 根据样品气体的多少称取铁粉, 样品和铁粉的比例为 1:3 左右, 然后将铁粉置于铝箔凹槽中, 将装好铁粉的紫铜小圆柱插放在反应器中间的钨丝顶端, 扣上反应器上部并用夹子夹紧, 置电炉于反应器外围. 将装有样品气体的管子 (每个样品气体管均带有自己的阀门, 图 2.8 中未显示) 接在阀门 V_4 上, 打开阀门 V_1, V_2, V_3, V_4, V_5, 开启真空泵抽空. 当真空度达到 10^{-3} Pa 时, 关闭阀门 V_1, V_3, V_4, V_5, 并将冷冻液保温杯套在冷阱 C 上. 冷冻液可以使用干冰或液氮和酒精调兑液, 我们实验室经常使用后者, 并会经常测量冷冻液的温度以确保其在正确的范围内. 开启还原反应器外围的电炉加热至 500 °C 活化铁粉 30 min, 然后移去还原反应器外围的电炉, 待还原反应器的温度降至室温后, 开启阀门 V_4 和样品气体管附带的阀门, 并用液氮冷冻还原反应器下部, 将样品气体管内的样品气体转移到还原反应器中. 关闭阀门 V_2, 移除还原反应器下部的液氮, 让还原反应器底部凝结的样品气体升华, 通过压力传感器 P_1 测量还原反应器中的样品量, 并再次用液氮冷冻样品气体. 开启阀门 V_1, 通入相当于样品 CO_2 近 3 倍量的 H_2. 关闭阀门 V_1, 还原反应器下部套上干冰冷阱, 重新套上还原反应器外围的电炉并开始升温, 随着温度升高至 540 °C 左右, 还原反应器内的压力会逐渐降低, 直至还原反应器内的压力不再变化, 反应完成, 整个反应用时约 2 h. 移开还原反应器外围的电炉, 待温度降至室温方可移去还原反应器上下连接处的夹子, 使空气慢慢进入, 取下反应器上部和带凹孔的紫铜小圆柱, 称量得到的石墨量, 包装后存放到干燥器内待用.

基本的反应过程如下:

$$CO_2 + H_2 \underset{\Delta}{=} CO + H_2O, \tag{1}$$

$$2CO \xrightarrow[\Delta]{铁粉} C + CO_2, \tag{2}$$

$$CO + H_2 \xrightarrow[\Delta]{铁粉} C + H_2O. \tag{3}$$

在加热条件下, CO_2 被 H_2 还原成 CO, 接着被热的铁粉催化发生 (2) 和 (3) 两个反应. 在足够量 H_2 存在的情况下, 相对来说, 反应 (3) 会更容易发生和进行. 由于反应体系中生成的水不断被冷冻移除, 因此反应将不断右移, 最后, 绝大部分 CO_2 在铁粉的催化作用下转化成石墨.

2. 制备石墨反应失败后的样品气体回收

在石墨制备过程中, 因为某种偶然因素 (如 CO_2 气体中含有杂质) 致使催化剂失效, 则有可能导致用 CO_2 制备石墨反应失败, 此时一个重要的问题是如何解决系统中样品气体的回收. 这个问题对于有字甲骨等珍贵而样品量又十分有限的样品来说十分重要. 以往遇到这种情况都无法将气体回收并再次合成石墨, 造成无法挽回的损失. 为了解决这一问题, 我们研制了样品气体回收系统 (Yuan et al., 2000b).

为此, 在图 2.8 中增加了一个回收反应管, 里面放有 CuO 及少量银丝. 如果因为偶然因素导致反应无法正常进行, 则合成石墨的还原反应器内存留的气体有 H_2 及 CO_2, CO 等. 回收样品气体并再次纯化的操作流程如下: 打开阀门 V_2 和 V_4, 在样品气体管外置液氮冷冻, 将还原反应器内未反应的 CO_2 回收, 其中也可能含有其他气体杂质. 关闭阀门 V_4, 开启回收反应管外围的电炉加热至 500 °C 左右, 然后开启阀门 V_4 和样品气体管本身的阀门, 以及阀门 V_3. 样品气体管及系统内残留的气体和回收反应管中加热的 CuO 及少量银丝接触, 其中的 H_2 被氧化成 H_2O, CO 和可能微量的其他种类样品气体被氧化成 CO_2, 如果气体内有杂质卤化物的话, 则会和热的银丝反应生成卤化银被清除掉. 整个过程内生成的 H_2O 冷冻于干冰冷阱内. 系统内的压力逐步降低, 整个回收反应约需 1—2 h, 回收率一般为 70% 左右. 我们用这个方法成功地回收了几个样品, 并用回收的 CO_2 顺利地合成了石墨.

2.4.3 制样系统的可靠性检验

1. 本底与记忆效应检验

本底的稳定性及高低直接影响测年的可靠性及最大可测年龄. 在制样过程中影响本底的因素很多, 造成本底污染的原因也有很多. 由于 "夏商周断代工程" 所测样品年代多集中于距今 2000—4000 a 之间，通常，本底的污染因素对这个时段的测年结果影响很小，但考虑到我们使用元素分析仪来燃烧制备 CO_2，所以系统的记忆效应就成了我们在研究过程中需要重点关注的问题．为了检验燃烧制备 CO_2 系统的记忆效应，首先要确保合成石墨过程中引入的污染降到最低．所采取的措施是提前用无烟煤在反应器内合成一个不含 ^{14}C 的本底石墨，然后再用同一个反应器来合成检验用样品的石墨，目的在于尽量减小制备石墨系统对记忆效应的影响．在检验燃烧制备 CO_2 的记忆效应时，燃烧的顺序分别是：糖碳标准、无烟煤本底；年代为 900 BP 的样品、无烟煤本底；无烟煤、无烟煤本底．这样，可以分别得到 3 个检验用本底样品的 CO_2 气体，将这 3 个 CO_2 气体分别制备成石墨后经 AMS 测量，得到的测量值都在 0.6—0.7 pMC 左右，相当于 ^{14}C 年代为 4 万年左右．虽然燃烧时检验用本底样品之前一个样品的 ^{14}C 比活度 (含量) 相差悬殊，但是 3 种情况下的本底值之间没有明显的差别．这一结果说明，燃烧系统在制备 CO_2 气体过程中，前一个样品的 ^{14}C 比活度 (含量) 对后一个样品没有明显的影响，即系统不存在明显的记忆效应．当然，为了保险起见，可以在每个样品之间插入燃烧一个空白的锡舟，以尽可能消除系统的记忆效应．由此可见，元素分析仪作为样品燃烧系统能够满足"夏商周断代工程"的要求．

2. 标准样品制备及测定结果

用该系统分别燃烧标准物质 OX-I, OX-II 和中国糖碳，制备成石墨后加以测定．所得到的 OX-II、中国糖碳与国际现代碳标准之比 (R 值而非 FM 值) 分别为 1.355 ± 0.005 和 1.367 ± 0.005，与它们的标准比值 1.360 ± 0.0048 和 1.362 ± 0.002 (仇士华等，1990: 123) 符合得很好．

3. 不同实验室之间的比对

我们将几个样品分成两份，一份本实验室留用，一份送加拿大多伦多大学，两个实验室分别做样品前处理、制样并测量，结果显示，两个实验室的数据符合良好，详见 3.4.4 小节．

第三章 AMS ^{14}C 测年的测量方法学

北京大学的早期 AMS ^{14}C 测年工作是在 EN-AMS 上进行的, 该加速器质谱计的主加速器是一台 1962 年建造的 EN 型串列加速器, 1985 年由英国牛津大学赠送给北京大学. 1996 年 "夏商周断代工程" 启动后, 我们对 EN-AMS 进行了改造 (Liu et al., 2000), 2000 年 5 月经专家组测试, 确认 EN-AMS ^{14}C 测量的精度优于 0.5%. 2004 年 10 月, 北京大学从美国购入的 NEC ^{14}C 专用小型 AMS 装置投入运行, 该装置的机器本底为 65 ka BP, 测量的可重复性达 0.3%, 样品的 δ^{13}C 值可在线测量 (2007). 此后, 北京大学的 AMS ^{14}C 测量从 EN-AMS 上转到小型 AMS 装置上进行. 部分 "夏商周断代工程" ^{14}C 样品, 包括大部分甲骨样品, 是在该装置上测量的.

20 世纪 90 年代中期, 国际上若干先进 AMS 实验室批量样品 ^{14}C 测量的精度已可以好于 0.5%, 甚至达到 0.3% 的水平. 同时, 国际上对 AMS ^{14}C 测量的误差来源也做了深入的研究 (Beukens, 1994), 建立了 AMS ^{14}C 测量性能检验的实验方法, 并在此基础上发展了 AMS ^{14}C 测量的质量控制体系. 这些都为我们的研究工作奠定了理论和技术基础.

本章讨论 AMS ^{14}C 测年的测量方法学, 包括对测量误差的研究、实验设计与测量安排、数据处理, 以及测量的质量控制. 研究测量方法学的主要目的是提高测量结果的精度并保障所测数据的可靠性. 在本章中, 我们首先对作为测量方法学基础的误差理论和数理统计方法做一介绍, 然后讨论 AMS ^{14}C 测年的测量方法与测量误差、数据处理和质量控制问题. 本章的许多讨论对于非测年应用的 AMS ^{14}C 测量也是适用的.

3.1 误差理论与数理统计基础

3.1.1 随机变量及其分布

物理量的实验测量值是随机变量, 也就是说, 在一定的实验测量条件下重复测量一个物理量的数值, 每次测量得到的结果会各不相同. 这种随机性主要有两个来源: 一个是测量的偶然误差, 来源于实验测量条件的波动. 另一个是物理现象本身的随机性质, 例如, 热力学量的涨落和放射性衰变的随机性等, 这种随机性是物理现象本身所固有的. 故研究随机变量时要用到概率论和数理统计的方法 (李惕碚, 1980).

如果我们对物理量 x 进行了 N 次测量,所得到的 N 个测量值 $(x_1, x_2, \cdots, x_N)$ 的集合称为随机变量 x 的一个样本. 样本中各个测量值出现的频率是不同的,这可以用直方图或概率密度函数来表示. 概率密度函数的定义为

$$p(x) = \frac{\mathrm{d}P(x)}{\mathrm{d}x}, \tag{3.1}$$

其中 $P(x)$ 为概率分布函数,其值为随机变量取值小于或等于 x 的概率. 概率密度函数满足归一化条件,即

$$\int_{-\infty}^{+\infty} p(x)\mathrm{d}x = 1. \tag{3.2}$$

要完全地表示一个随机变量,需要给出其概率密度函数 $p(x)$. 此时我们也可以说,该随机变量服从分布 $p(x)$. 此处要注意,随机变量并不一定取某个固定值,而是可能取多个值中的一个,且是以一定的概率密度取这些值的.

一个分布可以用其分布参数来描述. 一个重要的分布参数是随机变量的期望值

$$\langle x \rangle = \int_{-\infty}^{+\infty} x p(x)\mathrm{d}x, \tag{3.3}$$

其中尖括号表示统计平均,即无穷多个抽样值的平均,故期望值即为概率密度函数曲线重心的位置. 对于单峰对称的分布,期望值就是曲线峰值的位置. 分布参数方差和标准误差则用来表征随机变量分布的离散程度. 不同的随机变量可能有不同的概率分布,多数情况下,随机变量服从 (或近似服从) 正态分布. 正态分布的概率密度函数是

$$p(x) = \frac{1}{\sqrt{2\pi}\sigma} \exp\left[-\frac{1}{2}\left(\frac{x-\mu}{\sigma}\right)^2\right], \tag{3.4}$$

其中 $\mu = \langle x \rangle$ 为随机变量 x 的期望值,σ 为标准误差. 正态分布的方差为 $\sigma^2 = \langle (x-\mu)^2 \rangle$,通常以期望值 μ 和方差 σ^2 作为正态分布的参数. 正态分布在区间 $[\mu - \sigma, \mu + \sigma]$ 内在概率密度函数曲线下的面积为 0.6827,或者说,对于服从正态分布的随机变量,测量值落入期望值左右一倍标准误差范围内的概率约是 68%. 类似可得出,测量值落入期望值左右两倍标准误差范围内的概率约是 95%,测量值落入期望值左右三倍标准误差范围内的概率非常接近 100%,如图 3.1 所示.

3.1.2 测量误差

AMS ^{14}C 测量方法学与误差理论密切相关,研究测量方法学的主要目的是提高测量结果的精密度和准确度. 测量误差有多种分类方法,依其表现形式可分为绝对误差与相对误差,依其来源是否已知可分为内部误差与外部误差,依其基本性质和特点可分为随机误差和系统误差 (李惕碚, 1980; 张世箕, 1979; 复旦大学等, 1986).

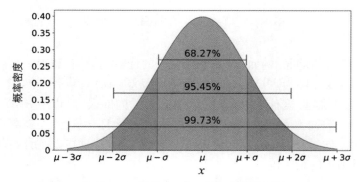

图 3.1 正态分布的概率密度函数曲线图

系统误差的值是恒定的或遵循一定规律变化的,测量的准确度由系统误差来表征,系统误差越小表明测量的准确度越高. 当我们在同一条件下对同一物理量进行反复测量时,即便系统误差很小,每次的测量结果仍会出现无规律的随机性变化,这是由随机误差的存在导致的.

1. 随机误差

对于随机误差的数学处理是在完全排除了系统误差的前提下进行的,即认为系统误差已修正或小得可以忽略不计. 此时,随机变量 x 的期望值 $\langle x \rangle$ 与其真值 μ 是一致的. 如前所述,多数情况下可以认为随机变量 x 服从 (或近似服从) 正态分布. 正态分布用随机变量 x 的期望值 μ 和标准误差 $\sigma(x)$ 描述. 此时,测量结果可报道为

$$\mu = x \pm \sigma(x), \tag{3.5}$$

其含义是对于物理量 μ 的测量值为 x,其标准误差为 $\sigma(x)$.

样品的 ^{14}C 年龄也是一个随机变量. 例如,一个样品的 ^{14}C 年龄报道为 3260 ± 40 BP,可解读为该样品的 ^{14}C 年龄有约 68% 的概率被包含在区间 [3300 BP, 3220 BP] 之内,有约 95% 的概率被包含在区间 [3340 BP, 3180 BP] 之内. 这也是我们通常所说的测年误差为 ± 40 a 的真实含义,我们切不可把 "测年误差为 ± 40 a" 理解为 "样品的 ^{14}C 年龄一定在 3300 BP 和 3220 BP 之间".

为了提高测量精度,可进行多次测量. 如果我们对物理量 x 进行了 N 次测量,所得到的 N 个测量值 $(x_1, x_2, \cdots, x_N)$ 的集合称为随机变量 x 的一个样本. 样本平均值为

$$\overline{x} = \frac{1}{N} \sum_{i=1}^{N} x_i, \tag{3.6}$$

它也服从正态分布,平均值的标准误差为

$$\sigma(\overline{x}) = \frac{1}{\sqrt{N}}\sigma(x). \tag{3.7}$$

以上是 $\sigma(x)$ 已知的情况，例如，对于 ^{14}C 粒子的计数测量，若测得 ^{14}C 粒子的计数为 n，则其标准误差即为 ^{14}C 粒子计数的泊松误差 $\sigma(n) = \sqrt{n}$。该误差来源于 ^{14}C 粒子计数的统计涨落，这种来源已知的误差也称为内部误差。以上 $\sigma(n) = \sqrt{n}$ 表示的是绝对误差，表面上看起来，似乎计数越大误差越大，但这并不能直接得出测量结果的精密度。如果我们检查相对误差 $\sigma(n)/n = 1/\sqrt{n}$，即可发现计数越大相对误差越小，测量结果的精密度越高。

在很多情况下，$\sigma(x)$ 是未知的。此时，一般把样本的标准偏差

$$s(x) = \left[\frac{1}{N-1}\sum_{i=1}^{N}(x_i - \overline{x})^2\right]^{1/2} \tag{3.8}$$

作为样本的标准误差 $\sigma(x)$ 的估计值，把样本平均值的标准偏差

$$s(\overline{x}) = \frac{s(x)}{\sqrt{N}} = \left[\frac{1}{N(N-1)}\sum_{i=1}^{N}(x_i - \overline{x})^2\right]^{1/2} \tag{3.9}$$

作为样本平均值的标准误差 $\sigma(\overline{x})$ 的估计值。这种未知来源的误差也称为外部误差。需要指出，s 只是 σ 的估计值，其本身也是随机变量，不同样本可有不同估计值，它在 σ 附近变动。其估计值的精密度与样本大小有关，对于小样本，s 只有一位有效数字，对于大样本，s 可有两位有效数字。σ 和 s 的大小表征着测量结果的离散程度，即精密度。

2. 不等精度测量结果的合并

对于不等精度的测量值样本 $(x_1, x_2, \cdots, x_N)$，各测量值 x_i 分布的方差 $\sigma^2(x_i)$ 不等。如果各次测量互相独立，则上述 $\overline{x}, \sigma(\overline{x})$ 和 $s(\overline{x})$ 均应取加权平均值，即

$$\overline{x} = \frac{\sum_{i=1}^{N}\omega_i x_i}{\sum_{i=1}^{N}\omega_i}, \tag{3.10}$$

$$\sigma(\overline{x}) = \frac{1}{\sqrt{\sum_{i=1}^{N}\omega_i}}, \tag{3.11}$$

$$s(\overline{x}) = \sqrt{\frac{\sum_{i=1}^{N}\omega_i(x_i-\overline{x})^2}{(N-1)\sum_{i=1}^{N}\omega_i}}, \tag{3.12}$$

其中权重因子

$$\omega_i = \frac{1}{\sigma^2(x_i)} \quad \text{或} \quad \omega_i = \frac{1}{s^2(x_i)}. \tag{3.13}$$

3. 误差传递

有时, 物理量的测量值并不是直接测得的, 而是由若干直接测量值利用函数关系通过计算得出的. 如何由已知的直接测量值的误差估计间接测量值的误差, 这就是误差传递要解决的问题. 在计算函数值的误差时, 除了需要知道各直接测量值的误差之外, 还必须知道它们之间的协方差 (covariance) 或相关系数.

协方差记为 $\text{Cov}(x, y)$, 表征测量中两个随机变量 x 和 y 取值的相关程度, 即

$$\text{Cov}(x, y) = \langle (x-\langle x \rangle)(y-\langle y \rangle) \rangle. \tag{3.14}$$

相关程度也可以用相关系数

$$\rho(x, y) = \frac{\text{Cov}(x, y)}{\sigma(x)\sigma(y)} \tag{3.15}$$

来描述. 如果协方差或相关系数为零, 则表明两个随机变量不相关; 如果协方差或相关系数不为零, 则表明 x 和 y 之间存在着一定程度的线性相关.

对于一般的函数 $z = z(x, y)$, 我们可将其线性化, 即在 x 和 y 的期望值 $\langle x \rangle$ 和 $\langle y \rangle$ 附近做泰勒 (Taylor) 展开, 并略去二次以上的高阶项, 如此可求得 z 的方差为

$$\sigma^2(z) = \left(\frac{\partial z}{\partial x}\right)^2 \sigma^2(x) + \left(\frac{\partial z}{\partial y}\right)^2 \sigma^2(y) + 2\frac{\partial z}{\partial x}\frac{\partial z}{\partial y}\text{Cov}(x, y), \tag{3.16}$$

这就是二元函数的误差传递公式. 如果 x 和 y 不相关, 则 (3.16) 式右边只保留前两项. 推广到多元函数 $z = z(x_1, x_2, \cdots, x_N)$ 的情况可知, 若各随机变量彼此不相关, 则误差传递公式可简化为

$$\sigma^2(z) = \sum_{i=1}^{N}\left(\frac{\partial z}{\partial x_i}\right)^2 \sigma^2(x_i). \tag{3.17}$$

4. 系统误差

实际测量中往往存在系统误差. 系统误差会导致测量值相对于真值的偏离, 即随机变量 x 的期望值 $\langle x \rangle$ 会偏离其真值 μ. 系统误差依其特征又可分为随机性系统误差与确定性系统误差两类.

随机性系统误差会引起测量值相对于真值的无规偏离. 对于多次测量结果而言, 则表现为测量值样本分布的加宽, 会影响测量的精密度. 这种误差主要来源于测量仪器的不稳定性, 亦可称为机器误差. 一般说来, 外部误差和内部误差之间存在如下关系:

$$s^2(\overline{x}) = \sigma^2(\overline{x}) + \sigma_m^2, \quad (3.18)$$

其中 σ_m 为机器误差. 对于完善的测量仪器, 其机器误差可以忽略, 此时, $s(\overline{x})$ 与 $\sigma(\overline{x})$ 大致相等. 如果 $s(\overline{x})$ 明显大于 $\sigma(\overline{x})$, 则表明测量中存在随机性系统误差, 此时, 应对仪器与测量方法进行仔细检查, 以判明随机性系统误差产生的原因并加以消除. 这也是仪器调试的主要任务之一.

确定性系统误差会引起测量值相对于真值的定向、定量偏离, 即会影响测量的准确度. 我们通常所说的精度其实包含了精密度和准确度两个不同的概念. 如果我们对确定性系统误差的规律与原因有清楚的了解, 则可按其规律加以相应的修正, 或者通过恰当的测量方法加以消除. 值得注意的是, 确定性系统误差的存在并不影响随机误差的计算, 也就是说, 并不能通过随机误差的处理来发现确定性系统误差. 如果存在很大的确定性系统误差而自己却不知道, 则可能会误认为测量结果的精度很好. 在国际 ^{14}C 样品比对活动中就发现过此类问题, 参见 3.4.5 小节.

3.1.3 参数估计

随机变量的完全描述要用到它的概率分布, 有限次的测量只能得到分布的一个随机样本. 参数估计就是由样本估计随机变量分布参数的数值和推断这种估计的误差, 这也是数理统计学的统计推断问题. 有两种基本的参数估计方法: 置信区间法与贝叶斯方法 (李惕碚, 1980).

1. 置信区间法

前面提到, 若随机变量 x 服从 (或近似服从) 正态分布, 则可用其期望值 μ 和标准误差 $\sigma(x)$ 确定其分布. 期望值 μ 可用随机变量 x 的样本平均值 $\overline{x}$ 估计, 标准误差可用 (3.7) 式或 (3.11) 式估计, 即

$$\mu = \overline{x} \pm \sigma(\overline{x}). \quad (3.19)$$

此时, 期望值 μ 被包含在区间 $[\overline{x} - \sigma(\overline{x}), \overline{x} + \sigma(\overline{x})]$ 内的概率约为 68%. 这种方法就属于置信区间法, 对应的区间称为置信区间, 相应的概率称为置信水平或置信度. 区间 $[\overline{x} - \sigma(\overline{x}), \overline{x} + \sigma(\overline{x})]$ 的置信水平约为 68%, 区间 $[\overline{x} - 2\sigma(\overline{x}), \overline{x} + 2\sigma(\overline{x})]$ 的置信水平约为 95%.

对于 $\sigma(\overline{x})$ 未知的情况, 可以用样本的标准偏差 $s(\overline{x})$ 作为标准误差 $\sigma(\overline{x})$ 的估计值, 见 (3.9) 式或 (3.12) 式. 但是 $s(\overline{x})$ 与 $\sigma(\overline{x})$ 不同, $\sigma(\overline{x})$ 是一个固定的参数

值, 而 $s(\bar{x})$ 是一个随机变量, 它的值在 $\sigma(\bar{x})$ 左右摆动, 对于不同的样本, 有不同的值. 对于正态分布而言, 统计量 $(\bar{x} - \mu)/\sigma(\bar{x})$ 服从标准正态分布. 期望值 μ 被包含在区间 $[\bar{x} - \sigma(\bar{x}), \bar{x} + \sigma(\bar{x})]$ 内的概率约为 68% 的断言即是在此基础上得出的. 但是 $(\bar{x} - \mu)/s(\bar{x})$ 并不服从标准正态分布, 而是服从 t 分布. t 分布比标准正态分布宽, 仅当样本测量次数 $N \to \infty$ 时, t 分布才趋于标准正态分布. 因此, 虽然 $s(\bar{x})$ 可以作为 $\sigma(\bar{x})$ 的估计值, 但相应于置信水平约为 68% 的置信区间应为 $[\bar{x} - t_{0.68}s(\bar{x}), \bar{x} + t_{0.68}s(\bar{x})]$, 即

$$\mu = \bar{x} \pm t_{0.68}s(\bar{x}), \tag{3.20}$$

其中 $t_{0.68}$ 的值与 t 分布的自由度 $\nu = N - 1$ 有关. 当 $\nu = 9$ 时, $t_{0.68} = 1.06$, 当 $\nu = 40$ 时, $t_{0.68} = 1.01$, 由此可知, 对于大样本, t 分布与标准正态分布的差别已不大.

2. 贝叶斯方法

随机变量取某个特定值是一个随机事件. 对于两个随机变量 x 和 y, 随机变量 x 取特定值 x 的概率为 $p(x)$, 随机变量 y 取特定值 y 的概率为 $p(y)$, 两个随机变量 x 和 y 分别取特定值 x 和 y 的联合概率为 $p(x,y)$. 记 $p(x|y)$ 为随机变量 x 对于随机变量 y 的条件概率, 即在随机变量 y 取特定值 y 的条件下随机变量 x 取特定值 x 的概率. 连续型随机变量的贝叶斯公式为

$$p(x|y) = \frac{p(y|x)p(x)}{p(y)} = \frac{p(y|x)p(x)}{\int_{-\infty}^{+\infty} p(y|x)p(x)\mathrm{d}x}, \tag{3.21}$$

其中 $p(y) = \int_{-\infty}^{+\infty} p(y|x)p(x)\mathrm{d}x$ 是随机变量 y 的全概率公式, 该项也是使 $p(x|y)$ 满足归一化条件所必需的归一化因子. 这里, $p(x)$ 称为随机变量 x 的先验概率分布 (prior), $p(x|y)$ 称为随机变量 x 的后验概率分布 (posterior). 使用贝叶斯公式时需已知随机变量 x 的先验概度分布, 若先验概率分布未知则要用到贝叶斯假设, 即假定 $p(x)$ 在全部可能取值区域上是均匀分布的. 也有人将先验概率分布称为验前概率分布, 将后验概率分布称为验后概率分布.

给定一个概率值 (如 68%), 即可在后验概率分布上找到一个区间, 使得该区间内的概率密度积分等于给定的概率值, 这样的区间称为可信区间, 相应的概率称为可信水平. 最理想的可信区间应是长度最短的区间, 这只要把具有最大后验概率密度的点都包含在区间内, 而在区间外的点上的后验概率密度值不超过区间内的后验概率密度值, 这样的区间称为最高后验概率密度 (highest posterior density, 简称 HPD) 可信区间.

我们后面讲到的系列样品 ^{14}C 年代校正就是使用的贝叶斯方法, 详见第四章.

3. 两种方法的比较

贝叶斯方法的可信区间与经典统计方法中的置信区间虽是同类概念，但两者是有本质区别的．对于可信区间，我们可以说随机变量 x 落入该区间的概率约是 68%，但对于置信区间，就不能这么说．经典统计方法认为随机变量 x 的真值 μ 是常量，它要么在置信区间内，要么在置信区间外．在大量的测量中可以得到大量的置信区间，其中约有 68% 的置信区间包含真值 μ．故我们通常所说的期望值 μ 落入区间 $[\overline{x} - \sigma(\overline{x}), \overline{x} + \sigma(\overline{x})]$ 内的概率约为 68% 这种说法其实是不准确的．

置信区间法只是相应于某个特定的置信水平求出一个置信区间，而不能像贝叶斯方法的后验概率分布那样，提供参数估计结果的一个完整的概率描述．一个置信区间并不能完全代表参数估计的精确程度，特别是在估计值服从非正态分布的情况下．

如果已知随机变量的先验概率分布，那么贝叶斯方法给出的参数估计结果比经典统计方法更精确，即对于相同的可信水平和置信水平，可信区间比置信区间短，这是使用先验概率分布带来的好处．但是在缺乏先验概率分布的准确知识时，经典统计方法的估计更可靠．随着样本测量次数 N 的增大，两种方法的结果趋于一致．

3.1.4 假设检验

假设检验是数理统计方法的重要内容．统计假设有两类：一类是关于分布函数形式的假设，另一类是关于分布参数数值的假设．第一类假设的检验称为拟合性检验，第二类假设的检验称为参数显著性检验．假设检验的方法是用所测数据构造一个统计量，则该统计量应符合相应的分布 (李惕碚，1980；复旦大学等，1986；韩旭里等，2018)．若统计量的值落入拒绝域，则假设不成立．拒绝域的大小与选定的显著水平 α 有关，一般情况下，可取 $\alpha = 0.05$．标准正态分布、χ^2 分布、t 分布、F 分布的数表在一般数理统计书籍中均可查到．

1. 拟合性检验

最常见的拟合性检验是检验一个样本是否服从正态分布．最简单的方法是做直方图，更好的方法是进行 χ^2 检验．样本 $(x_1, x_2, \cdots, x_N)$ 的 χ^2 量为

$$\chi^2 = \sum_{i=1}^{N} \frac{(x_i - \overline{x})^2}{\sigma_i^2}. \tag{3.22}$$

对于服从正态分布的样本，其 χ^2 量服从自由度为 $N-1$ 的 χ^2 分布．若选定显著水平 α，则查表可得 $\chi^2(\alpha)$，于是可确定拒绝域 (小概率区)．若样本 χ^2 量的值落入拒绝域，则该样本不服从正态分布．其原因可能是该样本服从其他分布，也可能是测量值存在系统误差．

2. 一组数据的参数显著性检验

(1) 分布的方差已知，检验平均值的 u 检验．

统计量
$$u = \frac{\overline{x} - \mu}{\sigma(x)/\sqrt{N}} \tag{3.23}$$

服从标准正态分布. 显著水平 α 相应的拒绝域为 $|u| > u_{1-\alpha}$.

(2) 分布的方差未知, 检验平均值的 t 检验.

统计量
$$t = \frac{\overline{x} - \mu}{s(\overline{x})} \tag{3.24}$$

服从自由度为 $N-1$ 的 t 分布. 由显著水平 α 可确定拒绝域为 $|t| > t_{1-\alpha}$.

(3) 检验正态分布方差的 χ^2 检验.

统计量
$$\chi^2 = (N-1)\frac{s^2(x)}{\sigma^2(x)} \tag{3.25}$$

服从自由度为 $N-1$ 的 χ^2 分布. 显著水平 α 相应的拒绝域为 $\chi^2 \geqslant \chi^2(\alpha)$. (3.25) 式中, $\sigma^2(x)$ 为方差设定值.

3. 两组数据的参数显著性检验

(1) 比较两个方差已知样本的平均值是否一致的 u 检验.

统计量
$$u = \frac{\overline{x}_1 - \overline{x}_2}{\sqrt{\sigma_1^2(\overline{x}) + \sigma_2^2(\overline{x})}} \tag{3.26}$$

服从标准正态分布. 显著水平 α 相应的拒绝域为 $|u| > u_{1-\alpha}$.

该检验常被用于判断两个 ^{14}C 年代值是否源于同一事件, 详见 3.4.3 小节.

(2) 比较两个方差未知样本的平均值是否一致的 t 检验.

若两个样本的精度相等, 则统计量为

$$t = \frac{\overline{x}_1 - \overline{x}_2}{\sqrt{\frac{(N_1-1)s^2(x_1) + (N_2-1)s^2(x_2)}{N_1+N_2-2}\left(\frac{1}{N_1} + \frac{1}{N_2}\right)}}, \tag{3.27}$$

而相应的自由度为
$$\nu = N_1 + N_2 - 2. \tag{3.28}$$

若两个样本的精度不相等, 则统计量为

$$t = \frac{\overline{x}_1 - \overline{x}_2}{\sqrt{s^2(\overline{x}_1) + s^2(\overline{x}_2)}}, \tag{3.29}$$

而相应的自由度为
$$\nu = \frac{[s^2(\overline{x}_1) + s^2(\overline{x}_2)]^2}{\frac{s^4(\overline{x}_1)}{N_1+1} + \frac{s^4(\overline{x}_2)}{N_2+1}} - 2. \tag{3.30}$$

该检验可被用于判断一个样品的双靶测量结果是否一致, 见 3.3.2 小节的数据处理及 3.4.3 小节的样品复测.

(3) 比较两个样本方差是否一致的 F 检验.

统计量

$$F = \frac{\chi_1^2/\nu_1}{\chi_2^2/\nu_2} = \frac{s_1^2/\sigma_1^2}{s_2^2/\sigma_2^2} \tag{3.31}$$

服从自由度为 (ν_1, ν_2) 的 F 分布. 若 $\sigma_1 = \sigma_2$, 则 $F = s_1^2/s_2^2$. 做 F 检验时总是把较大的方差作为 s_1^2, 即恒有 $F > 1$. 选定显著水平 α, 查表得 $F_{N_1-1,N_2-1}(\alpha)$, 则拒绝域为 $F > F_{N_1-1,N_2-1}(\alpha)$.

4. 多组数据的参数显著性检验

检验多组数据的平均值是否一致要用方差分析的 F 检验方法. 设有 M 组数据, 每组数据个数不等, 第 i 组数据有 N_i 个测量值 $(x_1, x_2, \cdots, x_{N_i})$, 构成一个随机样本. M 组数据共有 $\sum_i N_i = N$ 个测量值. 组平均值为

$$x_i = \sum_{j=1}^{N_i} \omega_{ij} x_{ij} / \sum_{j=1}^{N_i} \omega_{ij}, \tag{3.32}$$

方差

$$s^2(x_i) = \sum_{j=1}^{N_i} \omega_{ij}(x_{ij} - x_i)^2 / (N_i - 1) \sum_{j=1}^{N_i} \omega_{ij}. \tag{3.33}$$

令 $\omega_i = \sum_{j=1}^{N_i} \omega_{ij}$, 则 N 个测量值的总平均值为

$$\overline{x} = \sum_{i=1}^{M} \omega_i x_i / \sum_{i=1}^{M} \omega_i = \sum_{i=1}^{M} \sum_{j=1}^{N_i} \omega_{ij} x_{ij} / \sum_{i=1}^{M} \sum_{j=1}^{N_i} \omega_{ij}. \tag{3.34}$$

总平均值的方差可以有几种不同的算法. 一种是通过组平均值对总平均值的残差来求得, 即

$$s_1^2(\overline{x}) = \sum_{i=1}^{M} \omega_i (x_i - \overline{x})^2 / (M - 1) \sum_{i=1}^{M} \omega_i, \tag{3.35}$$

另一种是通过各组数据对组平均值的残差与误差传递公式来求得, 即

$$s_2^2(\overline{x}) = \sum_{i=1}^{M} \sum_{j=1}^{N_i} \omega_{ij}(x_{ij} - x_i)^2 / (N - M) \sum_{i=1}^{M} \omega_i. \tag{3.36}$$

构造统计量

$$F = \frac{s_1^2(\overline{x})}{s_2^2(\overline{x})}, \tag{3.37}$$

则 F 应服从自由度为 $(M-1, N-M)$ 的 F 分布. 由于组平均值 x_i 的权重因子为 ω_i, 其样本方差 $s^2(x_i)$ 可作为分布方差 σ_i^2 的估计值, 因此可得

$$\omega_i = \frac{1}{s^2(x_i)}. \tag{3.38}$$

将 (3.38) 式代入 (3.35) 式, 可得

$$s_1^2(\overline{x}) = \sum_{i=1}^{M} \frac{(x_i - \overline{x})^2}{s^2(x_i)} / (M-1) \sum_{i=1}^{M} \frac{1}{s^2(x_i)}. \tag{3.39}$$

将 (3.38) 式代入 (3.33) 式, 有 $\sum_{j=1}^{N_i} \omega_{ij}(x_{ij} - x_i)^2 = N_i - 1$, 将之代入 (3.36) 式, 可得

$$s_2^2(\overline{x}) = \sum_{i=1}^{M}(N_i - 1)/(N-M) \sum_{i=1}^{M} \frac{1}{s^2(x_i)} = 1 / \sum_{i=1}^{M} \frac{1}{s^2(x_i)}. \tag{3.40}$$

于是统计量 F 亦可表示为

$$F = \frac{s_1^2(\overline{x})}{s_2^2(\overline{x})} = \frac{1}{M-1} \sum_{i=1}^{M} \frac{(x_i - \overline{x})^2}{s^2(x_i)}, \tag{3.41}$$

且仍应服从自由度为 $(M-1, N-M)$ 的 F 分布. (3.41) 式可用以进行 F 检验, 若 F 落入拒绝域, 则表明各组数据并非源于同一分布, 测量中可能存在系统误差, 应利用 (3.35) 式计算方差. 若 F 不在拒绝域内, 则表明各组数据源于同一分布, 应利用 (3.40) 式计算方差.

该检验可被用于判断一个样品的三靶测量结果是否一致, 见 3.3.2 小节的数据处理.

3.2 AMS ^{14}C 测年的测量方法与测量误差

3.2.1 AMS ^{14}C 测年测量方法的建立

一般说来, 建立一种放射性核素的 AMS 测量方法包括: 离子源引出离子种类 (原子离子或分子离子) 和靶物质的选择、制样流程设计、本底样品和标准样品的选择及制备、同量异位素干扰抑制方法的选择、探测器设计、同位素比值测量方法、测量结果的校正、测量程序的安排等. 就 ^{14}C 而言, 其测量方法已比较成熟. 一般用石墨或 CO_2 气体作为靶物质, 离子源引出 C^- 原子离子, 由于其同量异位素 N 的负离子不稳定, 因此不需要加以抑制, 且可以使用简单的半导体探测器. 关于本底样品和标准样品的选择、同位素比值测量方法、测量结果的校正等在第一章中已有讨论, 制样在第二章中已有讨论. 本节主要讨论测量程序的安排与测量误差问题.

3.2.2 AMS ^{14}C 测年测量程序的安排

北京大学的 EN-AMS 和小型 AMS 均使用美国 NEC 公司的铯溅射负离子源. 该离子源的一个靶轮上有 40 个靶位, 即一次测量可安排 40 个样品. 样品通常分组安排, 每组包括一个标准样品 OX-I 及若干个 (如 3 个) 未知样品, 有的组还安排经过制样的本底样品供本底校正用, 或者其他标准样品 (OX-II, ANU 蔗糖等) 供测量的质量控制用. 此外, 如有必要, 靶轮上也会安排铝靶或未经制样的天然石墨靶供测量机器本底用. 天然石墨靶也可作为调试用靶供调束用.

测量过程一般采取多轮法, 即在一轮中对靶轮上的各靶位进行轮流测量. 每个靶测量一个大周期, 称为一个靶次. 一个大周期又分为若干个小周期, 每个小周期交替注入 ^{14}C 及其稳定同位素, 以测量同位素比值. 一个靶次测量完后换靶, 进行下一个靶的测量, 所有靶测量一遍称为一个轮次. 如此循环测量多个轮次, 对一个靶轮的完整测量过程称为一个批次. 北京大学对靶位依次编号作为靶的标识代码, 对靶轮依次编号作为批次的标识代码.

北京大学的 EN-AMS 采用慢交替注入, 交替注入 ^{14}C 与 ^{13}C, 不注入 ^{12}C, 以避免束载效应使加速器端电压下降, 故测量的是同位素比值 $R'(^{14}C/^{13}C)$. 每个小周期为 50 s, 其中 ^{14}C 测量 40 s, 10 个小周期为一个大周期, 然后求得各小周期 R' 的平均值作为大周期的 R' 值. 在一个轮次中, 以未知样品前后的标准样品 R'_s 的平均值作为参照, 求得未知样品 R'_x 与标准样品 R'_s 的比值, 再用 (1.14) 式和 (1.13) 式求得各未知样品在该轮次的 FM 值. 这样, 一个轮次的测量时间约 5 h, 整个测量过程进行 8—12 个轮次, 然后求出每个靶在各轮次的 FM 的平均值, 最后求得每个未知样品的 ^{14}C 年龄.

为了进一步提高测量的精度和可靠性, 还可以采用一样多靶的测量方法, 即将一个待测样品分装在 2—3 个靶中进行测量, 然后对测量数据进行分析处理. 这样既可以得到足够的 ^{14}C 计数, 又可以避免产生弹坑. 为了保证各个样品靶的测量是独立的, 同一样品的各靶必须分别用不同的标准样品靶作为参照, 以避免损失自由度. 数据处理时, 应分别求出各靶的 FM 的平均值, 然后再进行合并处理. 甲骨样品的测量一般采用一样三靶的测量方法.

北京大学的小型 AMS 采用快交替注入, 交替注入 ^{14}C 与 ^{13}C, ^{12}C, 测量的是同位素比值 $R(^{14}C/^{12}C)$. 每个小周期为 100 ms, 其中 ^{14}C 测量 90 ms、^{13}C 测量 0.9 ms、^{12}C 测量 0.15 ms, 1800 个小周期为一个大周期. 一个轮次的测量时间约 2 h, 一个批次的测量一般进行 8—10 个轮次.

3.2.3 AMS ^{14}C 测年的测量误差

如前所述, AMS ^{14}C 测年的测量误差从表现形式上可以分为内部误差与外部

误差两类 (Beukens, 1994; 郭之虞, 1998). 在 AMS ^{14}C 测量中内部误差主要来源于 ^{14}C 计数的统计误差, 外部误差则包括了内部误差和随机性系统误差 (机器误差), 参见 (3.18) 式.

一般说来, AMS 测量中的随机性系统误差依其来源又可分为三类: 时间相关的系统误差、靶位相关的系统误差, 以及流强相关的系统误差. 时间相关的系统误差表现为测量结果的时变不稳定性, 其原因可能是系统中电源输出电压或电流的漂移、剥离气体压强与探测器气体压强的漂移、数据获取系统的漂移等. 这些变化最终引起系统对离子束流的传输效率和探测效率的时变差异. 靶位相关的系统误差表现为不同靶头或同一靶头在不同状态下测量结果的差异, 这种差异实际上是离子束流的初始发射度依靶头不同而引起的. 流强相关的系统误差曾被国际上若干 AMS ^{14}C 实验室所报道, 一般认为这是强束流下空间电荷效应引起束流发射度增长所致.

AMS ^{14}C 测量的确定性系统误差有多种来源. 例如, 来源于样品本身的自然分馏效应 (可通过测量其 δ^{13}C 值进行校正), 来源于制样过程的测量本底 (可通过同时测量本底样品进行校正), 来源于制样和测量过程的仪器分馏效应 (可通过同时测量标准样品进行校正) 等. 采用相对测量方法时, 这类误差可以在一定程度上 (有时是相当大程度上) 得以消除. 合理的测量布局与程序安排也有助于消除这类误差. 样品的污染 (包括野外污染和实验室污染) 也是一种确定性系统误差, 可使样品年代偏老或偏年轻, 但这种误差很难得以有效修正, 因为一般情况下我们不知道样品是否被污染, 也不知道污染的程度. 确定性系统误差一般难以通过测量本身发现, 只能通过比对或特殊安排的实验发现. 例如, 在甲骨样品的年代测量中, 我们发现有些样品的年代明显偏老, 后来通过红外光谱分析发现这些甲骨样品受到过三甲树脂、硝基清漆等试剂的污染. 经过在制样过程中增加相应的纯化工艺, 可以在很大程度上, 甚至完全清除这些污染, 使样品年代回归正常 (参见第二章).

3.2.4 北京大学 EN-AMS 的测量方法与测量误差研究

1. EN-AMS 的装置改造与调试

"夏商周断代工程" 要求将北京大学 AMS ^{14}C 的测量精度提高到 0.3%—0.5%, 但当时 EN-AMS ^{14}C 的测量精度只能达到 1%—2%. 为此, 我们对 EN-AMS 进行了大规模改造, 包括离子源改用美国 NEC 公司的 40 靶位铯溅射负离子源, 对束流传输系统进行了重新设计加工, 改善了加速器和束线的真空, 更新了磁铁电源、高压电源、加速器控制系统和 AMS 数据获取系统.

系统的调试过程, 实际上就是发现、减小和消除系统误差的过程. 在早期的系统调试阶段, 我们先后解决了影响测量精度的几个关键问题, 例如, ^{13}C 测量法拉第杯的定位问题、^{14}C 双参数谱中的拖尾问题、探测器入口处束流截面与探测器窗口的匹配问题、系统运行参数优化与传输效率提高问题等. 在进一步的系统调试阶段，我们发现 ^{13}C 测量采用的国产束流积分仪的稳定性不够好，遂换用了吉时利 (Keithley) 6512 电流计；又发现原有的双参数数据获取系统的死时间不稳定，时有不规则跳变，故换用了橡树岭技术与工程公司 (Oak Ridge Technology & Engineering Cooperation, 简称 ORTEC) 单参数数据获取系统；此后，发现离子源存在靶头松动与靶轮偏心问题，并采取相应措施予以解决；此外，还发现用中国糖碳作为标准样品时，高精度测量的稳定性不理想，研究表明，这是中国糖碳的微观不均匀性所致（衰变计数法所用的样品量大，此问题未显示出来），于是改用 OX-I 草酸作为标准样品，使测量的稳定性得到改善。我们还研究了系统的"平顶传输"特性、离子源溅射区的几何尺寸对测量结果的影响，以及剥离气体压强、探测器气体压强、离子源流强等因素对 ^{14}C/^{13}C 值的影响，并在此基础上制定了束流调试规程 (Liu et al., 2000)。

2. 时间相关系统误差的研究

(1) 系统的短期稳定性。

对于 EN-AMS，一个靶次的测量通常被分为 10 个小周期，每个小周期交替测量 ^{13}C 电流与 ^{14}C 计数，然后得出一个 R' 值。这些值可视为等精度测量，故由 ^{14}C 计数可求得其平均值的内部误差，由样本方差可求得其平均值的外部误差。如果测量中的机器误差可以忽略，则外部误差应当与内部误差可比。但实际上，外部误差本身也是统计量，会围绕内部误差涨落。故对于某一个特定的单靶次测量，其外部误差可能大于也可能小于内部误差。对于大量的单靶次测量，如果外部误差围绕内部误差呈对称分布，则可认为单靶次测量中的机器误差可以忽略。通常，我们以内部误差为横坐标，以外部误差为纵坐标对每次测量进行标图，以检查测量的大量数据点在图上是否围绕对角线呈对称分布。

图 3.2 为 EN-AMS 对 26 号靶轮的标准样品所进行的 70 个单靶次测量中所得到的外部误差对内部误差的标图。由图 3.2 可见，误差点基本上围绕等值对角线呈对称分布，外部误差基本上在内部误差 ±0.4% 的范围内涨落，故 EN-AMS 单靶次测量中的机器误差可以忽略。由此可知，系统的短期稳定性是足够好的。

此方法具有普遍意义。对于一个未知样品最后测得的 FM 值或年代值，同样可以求得其内部误差与外部误差，具体分析参见后面的数据处理。对于一批测量数据，也可以使用上面的标图法研究外部误差与内部误差之间的关系，并对测量中的随机性系统误差做出估计。

(2) 系统的中期稳定性。

为了排除靶头相关性的影响，我们曾对一个靶连续进行多个单靶次测量而不换靶。结果表明，在 2 h 的时间尺度上系统的稳定性也是足够好的。

(3) 系统的长期稳定性。

通常情况下，一个批次的测量进行 9—12 个轮次，整个测量可持续 40—60 h。

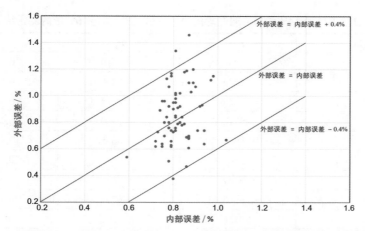

图 3.2　EN-AMS 对 26 号靶轮的标准样品所进行的 70 个单靶次测量中所得到的外部误差对内部误差的标图

由于对一个单靶的持续测量时间很难超过 3 h, 因此系统长期稳定性的研究只能通过对标准样品测量结果的分析来进行. 一般来说, 一个批次的测量中可对标准样品进行 60—90 个单靶次测量. 由该批次数十个标准样品测量值的方差可求得相应的单靶次测量的外部误差. 在测量的早期, 该外部误差大于内部误差, 这表明, 那时系统的长期稳定性还不够好. 后来经过不断改进, 系统的长期稳定性得到了大幅度改善. 尽管测量早期的长期稳定性还不够好, 但是我们可以利用 R'_x 与 R'_s 样本的相关性减小 FM 值的外部误差.

(4) 利用相关性减小随机性系统误差的影响.

对于 EN-AMS, 未知样品的 FM 值主要取决于其 R'_x 值与所参照标准样品的 R'_s 值的比值, 见 (1.14) 式和 (1.13) 式. 在 R'_x 值与 R'_s 值的外部误差大于内部误差的情况下, 合理的测量安排与数据处理方法可以利用 R'_x 与 R'_s 样本的相关性减小 FM 值的外部误差.

R'_x 值与 R'_s 值都是随机变量, 我们可以通过其相关性来检查 R'_x 值与 R'_s 值是否按同样的规律随时间变化. 对各轮次的 R'_x 值与 R'_s 值按加权平均求出 $\overline{R'_x}$ 值与 $\overline{R'_s}$ 值, 则得 R'_x 与 R'_s 样本的相关系数为

$$\rho = \frac{\sum_i (R'_{xi} - \overline{R'_x})(R'_{si} - \overline{R'_s})}{\sqrt{\sum_i (R'_{xi} - \overline{R'_x})^2 \cdot \sum_i (R'_{si} - \overline{R'_s})^2}}. \tag{3.42}$$

我们对各批次样品的相关性进行了检查, 发现其相关系数均大于 0.6, 一般在 0.8 左右. 以 17 号靶轮的 4 号靶为例, 其 R'_x 值与 R'_s 值的测量结果如表 3.1 所示.

表 3.1　EN-AMS 的 17 号靶轮的 4 号靶的 R'_x 值与 R'_s 值的测量结果

轮次	R'_x	R'_s	R'_x/R'_s
1	4.6938	9.5610	0.4909
2	4.5544	9.6200	0.4734
3	4.7522	9.9414	0.4780
4	4.8115	10.0480	0.4789
5	4.5604	9.5088	0.4796
6	4.5869	9.8012	0.4680
7	4.6942	9.7519	0.4814
8	4.6553	9.6794	0.4809
9	4.6110	9.7572	0.4726
10	4.7599	10.0308	0.4745
平均值	4.6680	9.7700	0.4778
外部误差	0.61%	0.60%	0.41%

由表 3.1 可知，R'_x 与 R'_s 各轮次测量值都有一定程度的离散，R'_x 值与 R'_s 值的外部误差分别为 0.61% 与 0.60%，但其比值的外部误差却不是按独立变量的误差传递公式所计算的 $\sqrt{(0.61\%)^2 + (0.60\%)^2} \approx 0.86\%$，而是缩小为 0.41%. 这是由于 R'_s 值与 R'_x 值实际上并非独立变量，其相关系数 $\rho = 0.77$，计算误差时应当计入协方差的影响. 数据相关性的影响可参见图 3.3，在图 3.3 中，R'_x 值与 R'_s 值的比值为相应数据点与原点连线的斜率. 由此可知，在此情况下，未知样品的 R'_x 值与所参照标准样品的 R'_s 值有很强的相关性，R'_x 值与 R'_s 值的离散对 R'_x 值与 R'_s 值的比值的影响一般不是很大. 这种相关性来自同源的系统误差，因此相对测量的方法与合理的测量安排可以对减小误差起到重要作用.

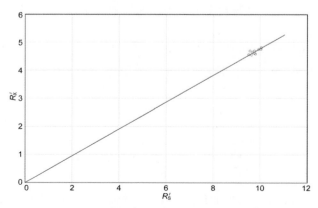

图 3.3　EN-AMS 的 17 号靶轮的 4 号靶的 R'_x 与 R'_s 样本的相关性

3. 靶位相关系统误差的研究

研究表明，EN-AMS 装置的靶位相关系统误差的产生原因主要有以下三种：

(1) 靶头松动.

这是由于靶轮上靶头固定孔和靶头本身的机械加工误差偏大，以及靶轮后盖不能将靶头压紧而引起的. 在长时间的测量过程中，换靶所引起的振动使靶头取向发生变化，从而引起测量值的变化. 这种变化具有一定的随机性，其表现结果是使测量值的离散加大. 这是 EN-AMS 前期测量中机器误差的一个重要来源.

(2) 靶头定位不良.

这是由于靶轮上靶头固定孔和靶头本身的机械加工误差偏大，而靶轮后盖将靶头压紧时使靶头的位置和取向偏离正确值而引起的. 其结果是测量值偏离正确值. 在 14—27 号靶轮的全部 88 个标准样品靶中，测量值发生明显偏离的有 11 个，概率为 12.5%. 从 31 号靶轮开始，我们采取了改进措施，上述现象也就基本上不再出现了. 这进一步证实了上述分析.

(3) 靶轮偏心.

这是由于靶轮中心孔与固定轴之间存在间隙而引起的. 靶轮偏心可使不同靶头与离子源中溅射引出区的几何轴线发生不同程度的偏离，从而影响溅射区的电场分布，并进而影响束流的发射度. 其结果表现为各标准样品靶的测量平均值呈现出类似正弦曲线的周期性，如图 3.4 所示. 从 40 号靶轮开始，此问题已得到解决. 不过在靶轮偏心的情况下，使用相邻的两个标准样品作为被测样品参照的数据处理方式仍然可以相当有效地提高测量精度.

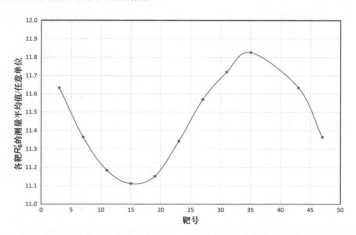

图 3.4 EN-AMS 的 35 号靶轮的各标准样品靶的测量平均值标图. 各标准样品靶的测量平均值呈正弦曲线状分布，靶轮偏心对 R'_s 值的影响可达 ±3% 左右

为了判断是否存在靶头松动或靶头定位不良的靶位相关系统误差，可以用一样

双靶的方法,即将同一个样品分别装入两个不同的靶位,用 t 检验检查其测量结果是否一致. 如果不一致, 那么有极大可能存在靶位相关的系统误差, 其中一个数据是不可靠的, 但具体是哪个数据不可靠则往往无法做出判断. 针对这种情况, 我们可以对该样品进行复测以做出判断, 剔除反常数据. 表 3.2 中给出了几个例子, 其中, 初次测量值栏中以黑体标出的靶位年代值与复测值不一致, 为反常靶.

表 3.2 EN-AMS 的 ^{14}C 样品双靶测量结果及复测结果

实验室编号	初次测量值			复测值		
	靶轮	靶号	年代值	靶轮	靶号	年代值
SA98169-1	23	**10**	**3630 ± 50**	24	16 + 36	3085 ± 55
		30	3160 ± 40			
SA98228	23	**4**	**3255 ± 45**	24	13 + 33	3465 ± 45
		24	3510 ± 50			
SA98234-1	23	6	3275 ± 45	24	14 + 34	3305 ± 55
		26	**3500 ± 70**			
SA98244-1	23	8	3545 ± 40	24	18 + 38	3560 ± 60
		28	**3730 ± 55**			

4. 流强相关系统误差的研究

一般来说, 在一个批次几十个小时的测量过程中, 各靶的流强均会有较大变化, 各靶之间也会有差异, 但在 EN-AMS 上并未观察到明显的流强相关性. 图 3.5 所示为在一个特意安排的实验中一个靶的 ^{14}C 计数和 ^{14}C/^{13}C 值随时间的变化情况.

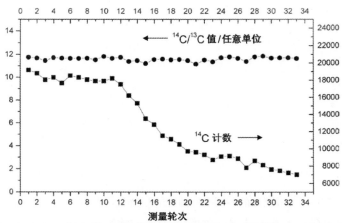

图 3.5 一个标准样品靶的 ^{14}C/^{13}C 值与流强 (^{14}C 计数) 随时间的变化. 横坐标为测量轮次, 总的测量时间超过 4 h. ^{14}C 计数与流强成正比, 测量结束时的流强约为开始时的 1/3, 但 ^{14}C/^{13}C 值无明显变化

^{14}C 计数与流强成正比, 故由图 3.5 可见, 虽然流强变化很大, 但 $^{14}C/^{13}C$ 值基本上没有明显偏移. 这是由于 EN-AMS 不测量 ^{12}C, 因此没有观察到流强相关的系统误差.

3.2.5 北京大学小型 AMS 的测量方法与测量误差研究

商品化 AMS 装置比较成熟, 调试也相对简单, 但在调试时仍需对装置进行仔细检查, 主要是检查其各项性能指标是否达到要求. 北京大学的小型 AMS 在调试过程中就发现, 剥离气体的阀门对环境温度十分敏感, 导致剥离气体的压强随温度变化. 后来, NEC 公司更换了该阀门, 使压强的稳定性得到改善. 随后又发现小型 AMS 测量的 $\delta^{13}C$ 值与常规质谱计测量的 $\delta^{13}C$ 值并不一致, 存在着 0.2% 左右的系统偏差. 进一步的研究表明, 这一偏差和未知样品与标准样品流强之差是线性相关的. 为了证实流强的影响, 我们制作了若干"稀释"的标准样品和未知样品, 即掺入更多的铁粉使其流强下降. 与正常样品的比对测量表明, "稀释"样品的流强下降、$\delta^{13}C$ 值偏负, 这表明该装置存在着流强相关的系统误差, 可引起附加的不同同位素比值的传输分馏效应 (Liu et al., 2007). 故小型 AMS 测量的 $\delta^{13}C$ 值与流强有关, 这一现象也得到了国际上其他同类设备的证实. 这样就产生了一个问题, 即计算样品 ^{14}C 年龄进行同位素分馏校正时应当使用小型 AMS 测量的 $\delta^{13}C$ 值还是常规质谱计测量的 $\delta^{13}C$ 值? 正确的做法是使用小型 AMS 测量的 $\delta^{13}C$ 值, 因为该 $\delta^{13}C$ 值包括了设备的传输分馏, 用其自身测量的 $\delta^{13}C$ 值进行分馏校正可以对该流强相关的分馏效应进行校正, 从而得到准确的测年结果. 在实际测量中, 尽管上述"稀释"样品的流强下降、$\delta^{13}C$ 值偏负, 但经过用其自身测量的 $\delta^{13}C$ 值进行分馏校正后, 其 FM 值和 ^{14}C 年龄与正常样品相比几乎没有变化. 当然, 如果某些应用欲使用该样品物质的天然 $\delta^{13}C$ 值, 则应使用常规质谱计测定值.

3.3 AMS ^{14}C 测年的数据处理

商品化 AMS 装置都带有数据处理程序, 但 EN-AMS 的数据处理程序需要自行研发. 本节以 EN-AMS 为例介绍 AMS 的数据处理, 相关内容对于理解 AMS 测量中的物理问题也是有帮助的. AMS ^{14}C 测年的数据处理分为在线数据处理与离线数据处理. 在线数据处理是在测量过程中对测量结果进行动态监测, 离线数据处理则是为了得到最终测量结果.

3.3.1 在线数据处理

EN-AMS 的自编数据获取程序具有在线数据处理功能. 在线数据处理的目的主要是监视测量的进展状况, 看测量过程是否正常进行, 数据是否基本合理, 以确定是否需要对测量过程进行一些干预. 在线数据处理假定测量值样本是等精度的, 以简化计算.

1. 单靶次大周期数据的处理

设该靶第 j 个小周期测得的 ^{14}C 计数为 n_j, ^{14}C 与 ^{13}C 比值为 R'_j, 则大周期的 ^{14}C 与 ^{13}C 比值的平均值及大周期样本的标准偏差分别为

$$\overline{R'} = \frac{1}{N} \sum_{j=1}^{N} R'_j, \tag{3.43}$$

$$s = \sqrt{\frac{1}{N-1} \sum_{j=1}^{N} (R'_j - \overline{R'})^2}, \tag{3.44}$$

单靶次测量的内部误差和外部误差分别为

$$InErr = \frac{1}{\sqrt{\sum_{j=1}^{N} n_j}} \times 100\%, \tag{3.45}$$

$$ExErr = \frac{s/\sqrt{N}}{\overline{R'}} \times 100\%, \tag{3.46}$$

一般情况下, $N = 10$.

2. 各轮数据的处理

在第 i 轮中可测得各未知样品的 R'_{xi} 值, 以及相应标准样品和本底样品的 R'_{si} 值和 R'_{bi} 值, 于是对每个未知样品可求得

$$K_{xi} = \frac{R'_{xi} - R'_{bi}}{R'_{si} - R'_{bi}} = \frac{R'_{xi}/R'_{si} - R'_{bi}/R'_{si}}{1 - R'_{bi}/R'_{si}}. \tag{3.47}$$

利用误差传递公式可求得其标准误差与标准偏差的相对误差:

$$\frac{\sigma(K_{xi})}{K_{xi}} = \sqrt{\frac{1}{n_{xi}} + \frac{1}{n_{si}}}, \tag{3.48}$$

$$\frac{s(K_{xi})}{K_{xi}} = \sqrt{\left[\frac{s(R'_{xi})}{R'_{xi}}\right]^2 + \left[\frac{s(R'_{si})}{R'_{si}}\right]^2}. \tag{3.49}$$

进而在测量 M 轮之后可求得 K_{xi} 的前 M 轮平均值:

$$\overline{K}_{xi} = \frac{1}{M} \sum_{i=1}^{M} K_{xi}. \tag{3.50}$$

将此值代入 (1.13) 式可求得 FM 值, 再代入 (1.10) 式可求得该未知样品前 M 轮的 ^{14}C 年龄值. 对于在线数据处理, 误差估计只是提供一个参考. 实际上, (3.49) 式并未考虑 R'_x 与 R'_s 样本的相关性, 求出的误差可能偏大.

数据获取程序可将所有测量数据按一定格式存入数据文件, 供离线数据处理使用.

3.3.2 离线数据处理与分析程序 OLDMAP

离线数据处理与分析程序 OLDMAP(Off Line Data Manipulation and Analysis Program) 是用 VBA (Visual Basic for Applications) 语言 Microsoft Office 编程自行开发的. 该程序以在线数据获取程序生成的 Excel 表为基础, 具有数据检查、单靶次测量结果数据处理、标准样品测量结果汇总分析、本底样品测量结果汇总分析、各轮数据处理、各靶测量结果与误差计算、一样多靶测量结果的合并处理与统计检验、样品 ^{14}C 年龄及其误差的计算等功能. 对于一样多靶的情况, 在进行数据合并前还要对结果的一致性做 t 检验 (对于一样双靶) 或方差分析 F 检验 (对于一样三靶或一样四靶). 程序运行的所有中间结果都写入 Excel 表, 可以随时查阅、分析.

1. 可疑测量值的舍弃

在一个大周期中可能会由于偶然的原因使其中一个小周期的测量值发生较大的偏离. 如果小周期的 ^{14}C 计数 n 足够大 $(n > 10)$, 测量值的分布是正态的, 则可按格拉布斯 (Grubbs, 以前有人译为戈罗贝斯) 准则将可疑测量值舍弃. 对一个大周期, 可按 (3.43) 式和 (3.44) 式求得 $\overline{R'}$ 值和大周期样本的标准偏差 s. 对每个小周期, 可计算 $|R'_j - \overline{R'}|$ 值, 若其中的最大者

$$\left|R'_j - \overline{R'}\right|_{\max} > k(N) \cdot s, \tag{3.51}$$

则该数据应予舍弃. 此处, $k(N)$ 为舍弃标准的系数, 其值随 N 而变, 参见表 3.3. 实际进行时一次只舍弃一个数据. 如果开始时 $N = 10$, 则发现有可疑测量值加以舍弃后 $N = 9$. 此时应重新计算 $\overline{R'}$ 值及 s 值, 再行检查. 如此反复直至无可疑测量值. 对于本底样品和年代特别老的样品, 若其小周期 ^{14}C 计数 n 很小, 则测量值的分布可能是非正态的, 此时不宜按此准则舍弃数据.

表 3.3　格拉布斯准则的舍弃标准系数表

N	7	8	9	10
$k(N)$	1.94	2.03	2.11	2.18

2. 标准样品测量结果汇总分析

通常, 一个靶轮上可安排 6—9 个标准样品, 测量 8—12 个轮次. 一般情况下, 一个批次的测量中可对标准样品进行 60—100 个单靶次测量. OLDMAP 程序将这些测量结果列入一个 Excel 表, 各列按不同靶号排列, 各行按不同轮次排列, 形成一个矩阵. 对各轮次求出平均值和内部误差、外部误差, 由此可看出测量值随时间

的变化情况；对各靶位也求出其平均值和内部误差、外部误差，由此可看出各靶位的测量值之间的差异. 由于标准样品的 R'_s 值有共同的期望值，因此这些数据对于分析测量过程中的机器误差是十分有帮助的.

3. 各靶测量结果的数据处理

对于第 i 轮中的未知样品，首先要求得其 R'_{xi} 值与相应标准样品 R'_{si} 值之比. 为了更好地消除时变效应的影响，R'_{si} 应取未知样品前一标准样品与后一标准样品的加权平均值. 然后按 (3.47) 式求得 K_{xi}，并代入 (1.13) 式求得其 FM_i 值，同时利用误差传递公式求出相应的标准误差 σ_i. 在本程序中，单靶次测量的外部误差仅供数据分析用，不向下传递.

对一个靶的各轮 FM_i 值进行加权平均，即可求出该靶的 $\overline{FM}$ 平均值：

$$\overline{FM} = \sum_{i=1}^{M} \omega_i \, FM_i / \sum_{i=1}^{M} \omega_i, \tag{3.52}$$

其中 M 是总轮数，权重因子

$$\omega_i = \frac{1}{\sigma_i^2}. \tag{3.53}$$

进而可求出其内部误差和外部误差. 内部误差为

$$InErr(\overline{FM}) = \left[\left(\sum_{i=1}^{M} \frac{1}{\sigma_i^2} \right)^{-1/2} / \overline{FM} \right] \times 100\%. \tag{3.54}$$

外部误差可以有两种求法：第一种是利用样本的标准偏差求，即

$$ExErr(\overline{FM}) = \left[\sqrt{\frac{1}{M(M-1)} \sum_{i=1}^{M} (FM_i - \overline{FM})^2} / \overline{FM} \right] \times 100\%. \tag{3.55}$$

第二种是对基于内部误差的 χ^2 检验进行误差放大. 构造统计量

$$\chi^2 = \sum_{i=1}^{M} \left(\frac{FM_i - \overline{FM}}{\sigma_i} \right)^2, \tag{3.56}$$

其期望值应为 $M-1$，故误差放大因子为

$$k = \sqrt{\chi^2/(M-1)}, \tag{3.57}$$

而外部误差为

$$ExErr(\overline{FM}) = k \cdot InErr(\overline{FM}). \tag{3.58}$$

对一个靶的各轮 FM_i 值，亦应按照格拉布斯准则进行取舍，舍弃可疑测量值后重新进行加权平均. 然后对每个单靶用 $\overline{FM}$ 值计算样品的 ^{14}C 年龄. 计算样品年龄误差时，在内部误差与外部误差中取值大者代入公式.

4. 一样多靶测量结果的合并处理

在对一样多靶测量结果进行合并之前, 先要检验各靶的 FM 样本平均值的一致性. 在一致的前提下才可以进行合并处理.

双靶测量结果的一致性用 t 检验判定. t 检验按不等精度情况进行, 其自由度一般在两个样本测量值的总数左右涨落, 与各靶的误差有关. 阈值按双边检验 95% 的概率选取. 若 t 检验不通过, 则两个结果中可能有一个是错的, 含有较大的系统误差, 属于反常靶位. 此时应选取正常靶位的结果作为测量值报道. 若无法做出判断, 则应安排复测 (参见 3.4.3 小节). 若 t 检验通过, 则可按加权平均对 FM 值进行合并处理, 得出平均值与误差.

三靶或四靶测量结果的一致性用方差分析 F 检验判定, 阈值亦按双边检验 95% 的概率选取. 若 F 检验不通过, 则将偏离平均值最大的一个靶位的结果舍弃, 余下的靶位再进行 F 或 t 检验. 若 F 检验通过, 则可按加权平均对 FM 值进行合并处理, 得出平均值与误差.

表 3.4 给出了一样多靶测量结果合并时进行 F 或 t 检验的几个例子, 这是 OLDMAP 程序输出页面的一部分.

表 3.4 一样多靶测量结果合并时进行 F 或 t 检验的几个例子

实验室编号	靶号	FM	$InErr$/%	$ExErr$/%	轮数	年龄/a	误差/a	F 或 t 检验		备注
SA98156	14	0.6952	0.42	0.63	9	2921	51	自由度	19	
	26	0.7075	0.42	0.67	10	2779	54	0.95 阈值	2.093	
	合并	0.7009	0.30	0.46		2855	37	t 值	1.917	
SA98178	5	0.6870	0.42	0.65	9	3016	53	自由度 1	2	
	17	0.6766	0.43	1.02	9	3138	82	自由度 2	25	
	29	0.6935	0.41	0.50	10	2940	40	0.95 阈值	3.390	
	合并	0.6891	0.24	0.37		2991	30	F 值	2.559	
SA98210	8	0.6744	0.42	0.55	9	3164	44	自由度 1	2	舍弃
	20	0.6895	0.44	0.71	9	2987	57	自由度 2	25	
	32	0.6881	0.41	0.59	10	3003	48	0.95 阈值	3.390	
		各样本一致性不好, 删样本后重新合并于下.						F 值	4.276	
SA98210	20	0.6895	0.44	0.71	9	2987	57	自由度	18	
	32	0.6881	0.41	0.59	10	3003	48	0.95 阈值	2.101	
	合并	0.6887	0.30	0.46		2996	37	t 值	0.216	

表 3.4 中, 样品 SA98156 是一组对靶, 2 个靶在靶盘上的位置分别为 14 号和 26 号. 进行 t 检验时, 根据 (3.30) 式计算得出的自由度是 19, 查表可得双边检验 95% 概率的阈值为 2.093, 而按照 (3.29) 式计算得出的 t 值为 1.917, 小于 t 检验的阈值, 故 t 检验通过, 14 号和 26 号靶的测量结果是一致的, 可以合并处理. 样品 SA98178 有 3 个靶, 分别为 5 号、17 号和 29 号, 故 $M = 3$, 将表 3.4 中各靶的轮数相加可知, 该样品测量的总轮数 $N = 28$. 进行 F 检验时, 可由 M 值和 N 值计算得出 2 个自由度分别是 2 和 25, 查表可得双边检验 95% 概率的阈值为 3.390, 而按照 (3.41) 式计算得出的 F 值为 2.559, 小于 F 检验的阈值, 表明各靶数据源于同一分布, 可以合并处理. 样品 SA98210 有 3 个靶, 分别为 8 号、20 号和 32 号, 故 $M = 3$, 由表 3.4 中各靶的轮数相加可知, 该样品测量的总轮数 $N = 28$. 进行 F 检验时, 可计算得出 2 个自由度分别是 2 和 25, 查表可得双边检验 95% 概率的阈值为 3.390, 而按照 (3.41) 式计算得出的 F 值为 4.276, 大于 F 检验的阈值, 表明各靶数据并非源于同一分布. 经检查可知, 8 号靶偏离最大, 将其舍弃, 余下的 20 号和 32 号靶再进行 t 检验. 这 2 个靶的 t 检验通过, 可以合并处理, 作为 SA98210 的测量结果.

3.3.3 测量结果的报道

对于 ^{14}C 测量结果的报道, 国际 ^{14}C 界有一些约定 (Stuiver et al., 1977), 以下为简要介绍, 详见上述参考文献.

由测量结果可分别计算 ^{14}C 年代的内部误差与外部误差, 最后报道的误差应取其大者. 若取内部误差 σ, 则测年结果可按 (3.19) 式报道; 若取外部误差 s, 按照数理统计方法, 测年结果需按 (3.20) 式报道, 不过国际 ^{14}C 界一般仍按 (3.19) 式报道.

报道的测量误差应保留 2 位非零数字. 例如, 8234 ± 256 BP 应报道为 8230 ± 260 BP, 42786 ± 2322 BP 应报道为 42800 ± 2300 BP. 如果测量误差大于 50 a 小于 100 a, 则报道的 ^{14}C 年龄应四舍五入到 10 的倍数; 如果测量误差小于 50 a, 则报道的 ^{14}C 年龄应舍入到 5 的倍数. 例如, 3246 ± 55 BP 应报道为 3250 ± 55 BP, 3246 ± 35 BP 应报道为 3245 ± 35 BP.

对于年代接近本底样品的老样品, 其结果可能会比通常用标准误差或标准偏差表示的结果有更大的不确定性, 这是由于本底样品和被测样品都会有较大的误差. 如果老样品的 R_x 值小于其标准偏差 $s(R_x)$ 的两倍, 则测量结果应报道为被测样品的年龄 $t > t_{\min}$, 其中 $t_{\min}$ 为在年龄计算公式中用 $R_x + 2s(R_x)$ 代替 R_x 计算得到的结果. 如果 $R_x - R_b < s(R_x)$ 或 $R_x - R_b < s(R_b)$, 则在报道结果时应声明"样品年龄无法与测量本底区分".

本书主要讨论 ^{14}C 测年问题，但 ^{14}C 测量也有很多非测年应用，特别是示踪研究. 对于非测年样品，例如，示踪样品或比对中使用的样品，常以 MC 或 pMC 为单位直接报道其 ^{14}C 同位素丰度 (^{14}C 比活度).

对于一些地学和环境研究的非测年样品，测量结果常报道为

$$\Delta^{14}\text{C} = [FM \cdot \text{e}^{-\lambda(y-1950)} - 1] \times 1000\text{‰}, \tag{3.59}$$

其中 y 为进行样品测量的年份, $\lambda = 1/8267$, 即半衰期取为 5730 a. 将此式与 (1.9) 式比较可知, Δ^{14}C 实际上就是被测样品在测量年份的 R 值相对于 MC (OX-I 在 1950 年的 R 值的 95%) 的相对偏离 (二者均经过自然分馏校正). 因子 $\text{e}^{\lambda(y-1950)}$ 用于将 OX-I 在测量年份的 R 值转换成 1950 年的 R 值. 对于测年的情况, 所得到的被测样品与标准样品的 R 值均为 y 年份的测量值, 若均校正到 1950 年, 则所乘因子是一样的, 故该因子不出现在公式中.

对于某些 ^{14}C 应用, 例如, 研究古树轮样品所反映的过去大气中 ^{14}C 浓度的变化, 则测量结果应报道为

$$\Delta = \left[FM \frac{\text{e}^{\lambda(y-x)}}{\text{e}^{\lambda(y-1950)}} - 1\right] \times 1000\text{‰}, \tag{3.60}$$

其中 y 为进行样品测量的年份, x 为样品生长的年代.

3.4 AMS ^{14}C 测年的质量控制

AMS ^{14}C 实验室应当对所给出的 ^{14}C 数据负责, 即要保证数据的可靠性. 为此, 实验室建立完善的测量质量控制措施是十分重要的. 一方面, 实验室应当建立严格的操作规程, 避免在各个环节引入污染, 并保障设备的正常稳定运行; 另一方面, 实验室还应当采取必要的监测与检验措施. 作为日常监测手段, 应当在每个靶轮上除了校正用的标准样品之外, 再安排额外的监测用标准样品, 看其测量值是否符合预期. 对于结果可疑的样品应安排复测. 对于用户有异议的样品数据应和用户充分交换意见, 必要时安排复测. 此外, 还应当定期安排实验室之间的比对, 并积极参加国际 ^{14}C 样品比对活动. 其中, 国际 ^{14}C 样品比对活动由 IAEA 不定期组织, 各实验室自愿参加.

3.4.1 日常质量控制措施

应定期检查AMS 装置的性能, 例如, 系统真空、离子源流强、束流传输效率、"平顶传输"特性、铝靶或天然石墨靶机器本底等, 看这些参数是否正常. 靶的压制和靶轮的安装对测量十分重要, 北京大学的 AMS 设有洁净制靶实验室, 并由专人进

行操作. 束流调试对测量的质量也有重要影响. 在日常测量中应经常关注测量本底的数值, 如果发现本底变差, 则应及时检查制样系统是否有异常. AMS ^{14}C 实验室的运行要严格遵守操作规程, 并有完善的运行记录和数据档案.

一样多靶测量是国际上先进 AMS ^{14}C 实验室的成功经验, 例如, 加拿大多伦多大学、美国亚利桑那大学等 AMS ^{14}C 实验室均采用此方法来避免高精度测量中出现偶然偏离. 对于 "夏商周断代工程" 的样品, 我们一般将其一分为二, 装入两个靶头, 作为无关样品独立测量 (分别使用不同标准样品靶进行校正). 在甲骨样品的测量中还安排了三靶、四靶的测量. 对双靶的测量结果进行 t 检验, 对三靶、四靶的测量结果进行 F 检验. 只有通过一致性检验的测量结果才可以合并处理.

3.4.2 标准样品与已知样品检测

为检验测量结果的可靠性, 北京大学的 AMS 在日常测量中一般在每个靶轮上除了校正用的标准样品 OX-I 外, 还安排数个其他标准样品, 例如, OX-II, ANU 蔗糖等, 检验其与 OX-I 的比值是否正确. 通常其测量值与标称值的偏离均在误差范围内, 如果发生较大的偏离, 则需对测量进行仔细检查. 北京大学的 AMS 在日常测量中有时也使用马王堆汉墓中的木炭作为已知样品, 检查其所测量的年代值是否正常.

目前, 国际上有一套经过很好标定的标准样品, 即 IAEA 的 C1—C6 (Rozanski et al., 1992). AMS ^{14}C 实验室应定期用这些标准样品进行比对测量. 例如, 2000 年, 北京大学的 EN-AMS 对其中的 C1, C2, C3 和 C5 进行了比对测量, 结果列于表 3.5. 除了 C1 由于当时北京大学的 EN-AMS 本底偏高使其测量值高于共识值上限外, 其他三个标准样品的比对结果都是令人满意的.

表 3.5 IAEA 标准样品比对结果 (单位: pMC)

样品	国际共识值			北京大学 EN-AMS 测量结果	
	下限	中值	上限	测量值	误差
C1	−0.016	0.06	0.34	0.50	0.04
C2	40.92	41.18	41.73	41.62	0.15
C3	128.76	129.46	130.45	130.31	0.33
C5	22.93	23.05	23.30	23.21	0.12

3.4.3 样品复测

必要时可对样品进行复测. 样品复测时遇到的一个问题是, 两次测量的结果总会有差别, 那么差多少是可以接受的? 如何判断两次测量结果是否一致? 斯科特 (Scott) 等人指出, 判断两个 ^{14}C 年代值 $x_1 \pm s_1$ 和 $x_2 \pm s_2$ 源于同一事件的判据

为 (2007a)

$$|x_1 - x_2| < 2\sqrt{s_1^2 + s_2^2}. \tag{3.61}$$

其实此式与前面提到的 u 检验 (见 (3.26) 式) 是一致的. 正态分布落入 2σ 区间的概率为 95.5%, 在 u 检验中取显著水平 $\alpha = 0.045$, 查表可得其拒绝域为

$$|u| = \frac{|x_1 - x_2|}{\sqrt{s_1^2 + s_2^2}} > u_{0.955} = 2. \tag{3.62}$$

(3.62) 式是两个 ^{14}C 年代值并非源于同一事件的判据, 由此亦可导出两个 ^{14}C 年代值源于同一事件的判据 (3.61) 式.

通常在如下三种情况下进行样品的复测:

第一种情况是有意安排对一些样品进行复测, 以检验测量结果的可重复性. 在开始进行 "夏商周断代工程" 样品测量之初, 1999 年曾对 9 个样品安排了此类复测, 其后在 2004 年开始用小型 AMS 装置测量甲骨样品时亦对 16 个样品安排了此类复测. 复测结果表明, 绝大部分样品数据的可重复性良好, 在 25 个样品中仅有 3 个样品的复测值偏老, 系由其复测时所剩石墨样品太少所致.

第二种情况是一个样品的双靶测量结果不一致且无法做出判断. 早期, 有一些对靶不能通过 t 检验, 主要原因是其中一个靶固定不良, 导致靶位偏斜或靶头松动, 从而使测量值发生偏离. 针对这种情况, 我们在靶位问题解决后对这些样品进行了复测, 根据复测结果可判断出哪个靶位是反常的, 从而剔除反常数据 (参见表 3.2).

第三种情况是对某个样品的测量结果有怀疑, 例如, 测量结果偏老、样品明显被污染或怀疑取样错误. 此时, 如有可能, 会重新制样进行复测, 我们在相应样品的实验室编号加后缀 -1 和 -2 以示区别. 例如, 晋侯墓地在测年过程中曾发现 M64 的人骨样品 SA98093-1 的年代明显偏老, 无法纳入校正系列. 重新制样后的 SA98093-2 复测的 ^{14}C 年龄也无明显变化, 由此可判断该样为错样. 后来重新从 M64 提取人骨样品 SA99043, 所测得的 ^{14}C 年龄回到了正常范围, 可纳入校正系列. 因测量结果偏老而重新制样复测的主要是甲骨样品, 有些年代偏老的甲骨样品经过重新制样复测的 ^{14}C 年龄回到正常范围内, 也有些甲骨样品复测的数据与原数据相吻合, 详见第六章.

3.4.4 实验室之间的比对

为检验测量结果的可靠性, 可以安排实验室之间的比对. 例如, 北京大学 AMS ^{14}C 实验室安排了与国际知名 AMS ^{14}C 实验室, 如加拿大多伦多大学 AMS ^{14}C 实验室的国际比对测量, 比对结果如表 3.6 所示. 7 个样品的比对结果表明, 相应年代值均符合前述判据.

表 3.6　北京大学 AMS ^{14}C 实验室与加拿大多伦多大学 AMS ^{14}C 实验室的国际比对结果

样品	北京大学 AMS ^{14}C 实验室		加拿大多伦多大学 AMS ^{14}C 实验室	
	实验室编号	年代值	实验室编号	年代值
沣西 T1④2.4 m 下层木炭	SA97004	2855 ± 55	TO7709	2800 ± 30
沣西 T1④ 木炭	SA97006	2750 ± 55	TO7710	2870 ± 30
沣西 T1H18③ 炭化黍	SA97029	2850 ± 50	TO7711	2810 ± 60
沣西 T1H18② 炭化黍	SA97030	2900 ± 50	TO7712	2890 ± 60
晋侯墓 M8 木炭	SA98155	2640 ± 50	TO7998	2630 ± 40
晋侯墓 M11马骨	SA98094-1	2560 ± 55	TO7999	2570 ± 50
	SA98094-2	2610 ± 50		
颐和园人骨	SA99014	865 ± 45	TO8001	900 ± 80

3.4.5　国际 ^{14}C 样品比对

国际 ^{14}C 样品比对活动始于 1980 年, 至今已举办 5 次, 组织者为 IAEA. 其比对程序为: 由 IAEA 在全世界范围内向相关实验室发送若干个相同的待测样品, 各实验室将测量结果报送 IAEA 后由 IAEA 对所有数据进行统计分析, 再将结果报告给各实验室. 国际 ^{14}C 样品比对活动的主要目的是通过比对不同实验室、不同测年方法 (加速器质谱法、液体闪烁计数法、气体正比计数法) 对相同样品得出的测量结果, 深入研究 ^{14}C 测年技术, 促进 ^{14}C 年代学的发展. 国际 ^{14}C 样品比对活动的另一个目的是设定一系列标准样品, 以便为国际上各 AMS ^{14}C 实验室提供检验日常测量数据准确性的标准. 在分发样品时, 各实验室并未被告知每个样品的预期 ^{14}C 年龄或 ^{14}C 含量, 故对于各实验室来说, 此国际 ^{14}C 样品比对相当于盲检. 国际 ^{14}C 样品比对活动为检验各实验室的测年水平提供了极好的机会, 同时也是难度相当大的考验.

下面介绍 2004 年 9 月到 2005 年 5 月北京大学的 AMS ^{14}C 实验室参加第 5 次国际 ^{14}C 样品比对活动第一期的情况. 该次比对共有 4 个样品, 即 VIRI A, VIRI B, VIRI C 和 VIRI D (Scott et al., 2007b). 这 4 个样品是经过 IAEA 和部分国际一流实验室严格挑选确定的. VIRI A 为来自苏格兰的一个酿酒厂的现代碎麦片, 收集于 2001 年, 制样时不需前处理. VIRI B 是以色列考古发现的一些农作物种子, 建议各实验室在制样时进行常规的样品前处理. IAEA 给每个 AMS ^{14}C 实验室发送 4 粒种子, 每个常规 ^{14}C 实验室则发送 10 g. VIRI C 也是来自苏格兰的一个酿酒厂的现代碎麦片, 收集于 1998 年, 是第 4 次国际 ^{14}C 样品比对活动中的重复样品 G 与 J, 制样时不需前处理. VIRI D 也是以色列考古发现的一些农作物种子, 建议各实验室在制样时进行常规的样品前处理. IAEA 给每个 AMS ^{14}C 实验室发送 4 粒种子, 每个常规 ^{14}C 实验室则发送 10 g.

全世界共有 70 个 ^{14}C 实验室提交了这次比对的测量结果, 其中包括 32 个 AMS ^{14}C 实验室、31 个液体闪烁计数实验室、10 个气体正比计数实验室. 有些实验室既有 AMS ^{14}C 实验室, 又有常规 ^{14}C 实验室. 部分实验室提交了用不同测年系统测量的多组测年结果, 还有部分实验室则提交了用同一种测年系统测量的多组测年结果. 在最后的统计分析中, 同一实验室的多组数据都包含在内, 总共有 100 多组数据. 这是我国 AMS ^{14}C 实验室第一次从制样到测量完整地参加国际 ^{14}C 样品比对活动, 制样由北京大学考古文博学院完成, ^{14}C 测量在北京大学重离子物理研究所的 NEC ^{14}C 专用小型 AMS 上进行.

IAEA 首先对所有提交的测量数据进行了初步分析, 大部分实验室的测量结果比较一致, 但也有一些偏离较大的数据. 如果选用全部数据, 则每个样品的算术平均值与均方根平均值有较大偏差, 这表明数据离散较大, 不能准确代表测量结果. 为了能更准确地表达测量结果, IAEA 数据统计部门按以下步骤得出样品测量结果的加权统计平均值:

(1) 不考虑每个测量数据的误差, 对每个样品的数据定义一个区间 (H_L 为区间的下限, H_U 为区间的上限), 剔除落在区间 $[H_\mathrm{L} - 3 \times (H_\mathrm{U} - H_\mathrm{L}), H_\mathrm{U} + 3 \times (H_\mathrm{U} - H_\mathrm{L})]$ 之外的测量数据, 用剩余的测量数据算出均方根平均值 m.

(2) 根据各测量值 x 及其误差 s, 对剩余的测量数据再做一次剔除, 对 $|(x-m)/s| < 2$ 的测量数据予以接受, 再用这些测量数据算出均方根平均值 m_1.

(3) 经过两次剔除后的剩余测量数据的一致性较好, 根据各测量值与 m_1 之间的偏差及其测量误差对剩余的测量数据进行加权平均, 算出最后的加权统计平均值. 这样算出的加权统计平均值与期望值符合得很好.

表 3.7 为 IAEA 公布的统计结果及北京大学 AMS ^{14}C 实验室的测量结果. 北京大学 AMS ^{14}C 实验室 4 个样品的测量结果与 IAEA 加权统计平均值都十分接近, 偏差在 1σ 之内.

在 IAEA 发布的各样品测量结果统计图中更为形象地体现了各实验室的测量结果与水平. 图 3.6—图 3.9 分别为样品 VIRI A—VIRI D 的测量结果统计图, 图中的每条横线代表一个实验室的测量结果, 横线长度代表 2σ 误差, 横线一侧的数字代表实验室编号, 竖细实线代表加权统计平均值. 图中北京大学 AMS ^{14}C 实验室 (PKUAMS) 的编号是 21, 如箭头所示. 图中顶部和底部各实验室的测量结果已明显偏离加权统计平均值, 表明这些实验室的测量存在较大的系统误差, 尽管其中有的实验室 (如图 3.8 中最下面的 18 号实验室) 给出的测量精密度很高, 但其数据的准确度很低. 显然, 在国际上参与比对的 70 个 ^{14}C 实验室中, 北京大学 AMS ^{14}C 实验室的测量结果是相当好的, 可以说处于上游水平. 此次国际 ^{14}C 样品比对活动的结果表明,北京大学 AMS ^{14}C 实验室很好地掌握了制样技术与测量技术,其 ^{14}C 测年数据是可靠的.

表 3.7 第 5 次国际 ^{14}C 样品比对活动第一期的样品统计结果和北京大学 AMS ^{14}C 实验室的测量结果

样品/单位		VIRI A/pMC	VIRI C/pMC	VIRI B/BP	VIRI D/BP
筛选后的数据	加权平均值	109.1	110.7	2820	2836
	误差	0.04	0.04	3.3	3.3
所有测量结果统计	算术平均值	108.6	109.8	2825	2859
	均方根平均值	109.1	110.6	2815	2835
	标准偏差	2.78	2.35	198.7	185.2
	最小值	92	98.6	2460	2580
	最大值	113	112.6	3979	3998
北京大学的测量结果	测量值	108.78	110.48	2834	2859
	误差	0.38	0.39	35	28

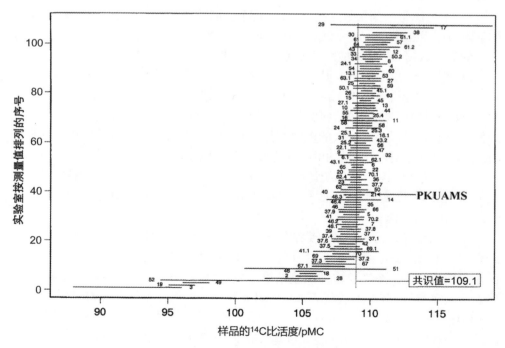

图 3.6 国际 ^{14}C 样品比对活动中样品 VIRI A 的测量结果统计图

3.4 AMS ^{14}C 测年的质量控制

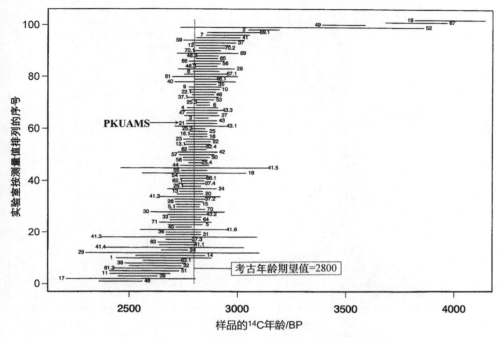

图 3.7 国际 ^{14}C 样品比对活动中样品 VIRI B 的测量结果统计图

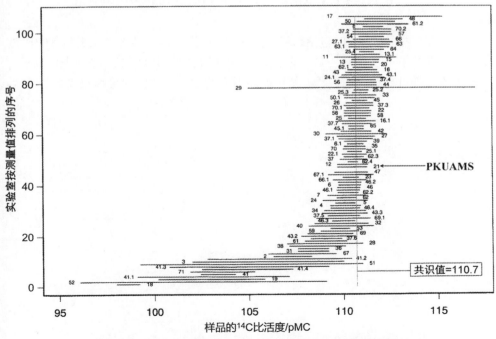

图 3.8 国际 ^{14}C 样品比对活动中样品 VIRI C 的测量结果统计图

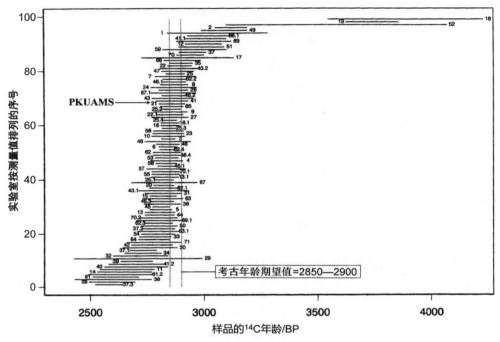

图 3.9 国际 ^{14}C 样品比对活动中样品 VIRI D 的测量结果统计图

以上大量样品的复测(包括跨年度复测)、与国际知名 AMS ^{14}C 实验室的比对, 以及所参加的第 5 次国际 ^{14}C 样品比对活动等均表明, 北京大学 AMS ^{14}C 实验室的测年数据是可靠的. 关于 ^{14}C 测年数据可靠性的进一步讨论可参见 7.2 节.

第四章 系列样品 ^{14}C 年代校正的贝叶斯方法

将样品的 ^{14}C 年龄转换为其真实年龄, 要使用 ^{14}C 校正曲线进行年代校正. 单样品年代校正所得到的日历年代区间一般会有较大的展宽, 欲得到较小的日历年代区间, 需要使用贝叶斯方法进行系列样品年代校正. 本章通过模拟实验的方法研究系列样品年代校正的贝叶斯方法. ^{14}C 校正曲线有不同版本, 本章的大部分模拟实验是使用 OxCal v4.4.2 和 IntCal20 校正曲线进行校正的, 但部分早期的模拟实验 (主要是落内比统计) 是使用 OxCal v3.9 和 IntCal98 校正曲线进行校正的. 本章中公元前都用 BC 表示, 作为单位的年都用 a 表示, 这里, a 是国际单位制中年的单位.

4.1 概 述

4.1.1 为什么要用系列样品进行 ^{14}C 年代校正

由于 ^{14}C 校正曲线的锯齿状不规则性, 单个 ^{14}C 年龄数据转换成校正后 ^{14}C 年龄后, 其概率分布的置信区间一般会有较大的展宽, 即区间宽度明显大于 ^{14}C 年龄的相应置信区间. 置信区间的大小也与置信水平有关, 常用的置信水平有 68.3% 和 95.5%, 相应地有 68.3% 置信区间和 95.5% 置信区间. 68.3% 置信区间和 95.5% 置信区间是遵循最高概率密度原则确定的, 即该区间内概率密度的积分值与整个概率密度函数的积分值之比为 68.3% 或 95.5%, 且在区间外的点上的概率密度函数值不超过区间内的点上的概率密度函数值. 对于正态分布, 68.3% 亦称为 1σ, 95.5% 亦称为 2σ, 此处, σ 相应于正态分布的标准误差. 但对于非正态分布, σ 已失去意义, 故以下我们只使用百分比来描述区间. 本书中我们将 68.3% (95.5%) 置信区间简称为 68% (95%) 区间, 参见第 13 页脚注. 如第一章所述, 即使样品 ^{14}C 年龄测量的精度达到 0.4%, 经校正转换为校正后 ^{14}C 年龄后, 其 95% 置信区间也有可能达到 200 a 以上. 尤其在 ^{14}C 校正曲线呈平台状的区间, 此现象更为严重. 对于新石器时代或者旧石器时代的考古而言, 这一年代误差一般是可以接受的. 但是, 对于历史朝代考古的研究来说, 如此大的误差将使年代值变得没有意义. 我国夏商周考古分期的时间跨度一般在 50 a 左右, 故夏商周时期样品 ^{14}C 测年所提供的日历年代值的置信区间应与此可比, 采用系列样品年代校正方法可以满足这一要求.

此外, 样品的 ^{14}C 年龄测量值有时会偏离其真值, 这可能是由于样品选择不当或者野外和制样时引入的污染所致, 也可能是由于统计性偏差. 例如, 一个样品的

^{14}C 年龄为 3000 ± 35 BP, 那么其 95% 置信区间就是 [3070 BP, 2930 BP]. 95% 置信区间的含义就是该样品 ^{14}C 年龄的真值有 95% 的可能性会被包含在该区间内, 但是也有 5% 的可能性会落在该区间外. 在 20 个样品数据中可能会有 1 个发生这样的偏差. 这就是统计性偏差, 其根源是 ^{14}C 衰变的随机性, 是无法避免的. 但是一般说来, 我们无法知道哪个数据属于这 5%, 这也是单样品年代校正的风险所在. 下面我们会看到, 采用系列样品年代校正方法可以在很大程度上避免此类风险.

4.1.2 系列样品年代校正方法的提出与发展

1. 系列样品的分类

所谓系列样品, 就是已知各样品日历年代之间相互关系的一组样品. 依具体关系的不同, 系列样品又可以分为三类, 即间隔已知的系列样品、时序已知的系列样品和分期已知的系列样品. 例如, 一组树轮样品是典型的间隔已知的系列样品, 一组野外发掘的层位叠压关系清晰的样品是时序已知的系列样品, 而在属于前后不同考古分期的遗址或若干墓葬中采集的一组样品则是分期已知的系列样品. 考古分期主要是依据地层关系和陶器、青铜器特征确定的. 在一个样品系列中, 时序和分期也可以互相嵌套, 从而构成复杂的样品系列.

2. 系列样品年代校正的曲线拟合方法

国际上从 20 世纪 80 年代开始, 有人采用系列样品年代校正方法进行 ^{14}C 年龄的校正. 初期使用的数学方法主要是将一组 ^{14}C 年龄数据依照 ^{14}C 校正曲线的形状用最小二乘法进行曲线拟合. 最初, 其应用只限于间隔已知的树轮系列样品 (Pearson, 1986). 随后, 曲线拟合方法也被用于时序已知的系列样品, 例如, 基利安 (Kilian) 等人曾将该方法用于沼泽地泥炭系列样品的年代校正, 并用最小二乘法进行曲线拟合 (1995). 在国内, 仇士华和蔡莲珍等人亦曾用曲线拟合方法进行了长白山天池炭化木 (刘若新等, 1997) 和二里头遗址 (仇士华等, 1998) 系列样品的年代校正, 并将所得到的年代称为拟合后年代.

用曲线拟合方法进行系列样品年代校正, 实际上相当于测量与一小段 ^{14}C 校正曲线对应的一系列数据点, 然后与国际通用的 ^{14}C 校正曲线进行比对, 计算以 ^{14}C 校正曲线为回归曲线的各数据点的剩余标准差, 并以各数据点偏差的平方和最小为最佳解. 其典型的程序是荷兰格罗宁根大学发展的 Cal20. 该程序可对系列样品的日历年代区间进行平移、拉伸、压缩等操作, 以使各数据点与回归曲线偏差的平方和最小. 但这种方法有一定的任意性, 各研究者可能采用不同的近似, 所得结果不便相互比对. 现在大家多用贝叶斯方法进行系列样品年代校正, 已经很少有人再用曲线拟合方法了.

3. 系列样品年代校正的贝叶斯方法

20 世纪 90 年代初, 英国数学家巴克等人将贝叶斯方法用于系列样品的 ^{14}C 年代校正,利用系列样品的相互时间关系 (即先验条件) 产生约束,从而缩小样品校正后 ^{14}C 年龄的可信区间 (1991, 1992). 我们可以用游泳池里运动员的活动范围来打个比方. 游泳池里有许多泳道,每个泳道的宽度只能容纳一个运动员. 如果有 5 个运动员分别在不同的泳道里游泳, 那么每个运动员的活动范围都是整个泳池的长度. 但是, 如果让他们在同一泳道里按 1 号到 5 号的顺序排列起来, 每个运动员可沿泳道方向随机地来回游动但互相不可超越, 那么每个运动员的活动范围将受到限制, 在随机游动的情况下每个运动员的活动范围也会是一个分布. 这里, 每个运动员的活动范围相当于可信区间, 而 5 个运动员的顺序则相当于先验条件. 先验条件的引入约束了可信区间的大小. 使用贝叶斯方法的系列样品年代校正程序主要有 3 个: 英国牛津大学开发的 OxCal (Bronk Ramsey, 1994), 英国谢菲尔德大学开发的 BCal (Buck et al., 1999), 新西兰奥克兰大学开发的 DateLab (Jones et al., 2002). 目前 OxCal 的使用较为普遍. 贝叶斯方法是基于概率的计算, 与曲线拟合方法是两种不同的方法, 所得到的年代称为校正后年代.

4.2 贝叶斯方法与 OxCal 程序

4.2.1 贝叶斯方法

贝叶斯方法是英国数学家贝叶斯于 1763 年提出的. 与传统的统计学方法不同, 该方法引入先验概率分布, 认为实验数据提供的概率分布和先验概率分布共同决定所研究事件的概率分布, 这样得到的概率分布亦称为后验概率分布. 在数理统计学中, 对于贝叶斯方法存在着长达 300 余年的争议. 就国际范围而言, 在 20 世纪 30 年代估计量理论建立之后, 统计学中的非贝叶斯观点占据了主要地位, 不少人甚至倾向于完全放弃贝叶斯方法. 但随着统计学的发展, 贝叶斯方法在一些重要的统计问题中又重新受到重视, 特别是在 20 世纪 60 年代以后得到了日益广泛的应用. 如果被测定的参数是随机变量, 且已知其先验概率分布, 那么用贝叶斯方法可以得到更为精确的结果.

4.2.2 OxCal 程序

1994 年, 英国牛津大学的布朗克-拉姆齐推出通用的 ^{14}C 年代校正计算机程序 OxCal (1994), 正式发布的第一个版本是 2.0 版. 其后布朗克-拉姆齐等人不断将其加以完善 (1995, 1998, 2001, 2008, 2009a, 2009b, 2010, 2013), 1998 年推出 3.beta 版, 2006 年推出 4.0.1 版, 目前的最新版本是 2020 年推出的 4.4.2 版. 版本 4 提供了网页运行功能, 可直接在网页上操作, 亦可下载软件后在本地计算机上操作. OxCal 的说明书可在线获取, 本书不对其具体操作方法做详细说明.

OxCal 程序是基于贝叶斯方法编写的, 在具体计算上采用了马尔可夫链蒙特卡罗 (Markov Chain Monte-Carlo, 简称 MCMC) 方法. 蒙特卡罗方法是一种采用统计抽样理论近似求解物理或数学问题的方法, 其解决问题的基本思想是, 建立与待解决问题相似或相关的概率模型或过程, 把模型的某些特征量与所求解问题的解联系起来, 然后对概率模型或过程进行随机模拟或统计抽样, 这些特征量的估计值就是问题的近似解, 估计值的标准差相当于解的误差. 马尔可夫链描述的是一个时间不连续的随机过程, 任意时间发生的事件只与它前一时间发生的事件有关, 而与更早发生的事件无关. MCMC 方法通过在马尔可夫链上不断迭代时间步以得到近似服从采样分布的随机数, 马尔可夫链的极限分布性质决定了 MCMC 是无偏估计, 即采样数趋于无穷时会得到求解目标数学期望的真实值. 这里, 贝叶斯方法是系列样品年代校正的数学理论基础, MCMC 方法是它的实现方法.

OxCal 程序可以用于单样品年代校正, 也可以用于系列样品年代校正. 使用 OxCal 程序进行系列样品年代校正时, 首先要构建一个系列样品校正模型, 来输入样品的 ^{14}C 年龄及其误差, 并描述系列中各样品的关系, 包括顺序的先后和分期的情况等, 故先验概率分布的条件信息实际上就包含在系列样品校正模型中. 使用 OxCal 程序进行样品年代校正的出发点主要是两个: 样品校正模型和校正曲线. 关于校正曲线不同版本的介绍可参见 1.1.4 小节. 目前的最新版本是 IntCal20, 其校正年代范围是 0 Cal BP—55000 Cal BP, 其中树轮可校正到 13900 Cal BP, ^{14}C 年龄较树轮更早的校正曲线是基于对湖泊层状沉积物中的植物微体化石、次生化学沉积物、珊瑚和有孔虫样品的测量.

对于我们所研究的 ^{14}C 年代校正问题, 贝叶斯公式可写为

$$P^{\text{Posterior}}(t|t_{\text{m}}^{\text{C14}}) = \frac{1}{U} P^{\text{Likelihood}}(t_{\text{m}}^{\text{C14}}|t) \cdot P^{\text{Prior}}(t), \qquad (4.1)$$

其中 t 为样品的日历年代, $t_{\text{m}}^{\text{C14}}$ 为样品的 ^{14}C 年龄测量值, $P^{\text{Posterior}}(t|t_{\text{m}}^{\text{C14}})$ 为后验概率分布, $P^{\text{Likelihood}}(t_{\text{m}}^{\text{C14}}|t)$ 为似然函数, 即日历年代 t 取各种可能值时使 ^{14}C 年龄测量值为 $t_{\text{m}}^{\text{C14}}$ 的条件概率密度函数 (依赖于 ^{14}C 校正曲线), $P^{\text{Prior}}(t)$ 为先验概率分布 (依赖于系列样品校正模型), U 为使后验概率分布归一的系数:

$$U = \int_{-\infty}^{+\infty} P^{\text{Likelihood}}(t_{\text{m}}^{\text{C14}}|t) \cdot P^{\text{Prior}}(t) \mathrm{d}t. \qquad (4.2)$$

对于单样品, 似然函数

$$P^{\text{Likelihood}}(t_{\text{m}}^{\text{C14}}|t) = \frac{1}{\sqrt{2\pi}\sigma_{\text{s}}} \exp\left\{-\frac{[t_{\text{m}}^{\text{C14}} - C(t)]^2}{2\sigma_{\text{s}}^2}\right\}, \qquad (4.3)$$

其中 $C(t)$ 为校正曲线的转换函数, $\sigma_{\text{s}}^2 = \sigma_{\text{c}}^2 + \sigma_{\text{m}}^2$, 这里, σ_{c} 为校正曲线在年代 t 处的误差, σ_{m} 为 $t_{\text{m}}^{\text{C14}}$ 的测量误差. 而单样品的先验概率分布在似然函数的非零区间为一个非零的常量.

对于系列样品 $t_1, \cdots, t_N$, 在多数情况下, 各数据是相互独立的, 此时,

$$P^{\text{Likelihood}}(t_{m1}^{C14}, \cdots, t_{mN}^{C14} | t_1, \cdots, t_N) = \prod_{i=1}^{N} P^{\text{Likelihood}}(t_{mi}^{C14} | t_i), \quad (4.4)$$

系列样品的先验概率分布满足贝叶斯假设:

$$P^{\text{Prior}}(t_1, \cdots, t_N) = \begin{cases} 常量, & t_1, \cdots, t_N \text{ 符合系列样品校正模型}, \\ 0, & \text{其他情况}. \end{cases} \quad (4.5)$$

例如, 对于时序已知的系列样品, 符合系列样品校正模型的条件为 $t_1 < t_2 < \cdots < t_N$. 这里, 贝叶斯假设认为在先验概率分布未知的情况下, 可假定其在给定范围内是均匀的.

OxCal 程序有几十条命令分别用于实现输入数据、描述样品间关系、提供附加信息、绘图控制、校正曲线选择与贮存库效应修正等功能. OxCal 版本 4 中有些命令的定义与版本 1—3 中有所不同, 命令的数量也从约 40 个增加到 70 个. OxCal 程序的使用及其命令的详细介绍请参阅 OxCal 的说明书 (https://c14.arch.ox.ac.uk/oxcalhelp/hlp_contents.html).

国内外多年来一直有人对贝叶斯方法和 OxCal 程序及其使用方法存在不同看法和争议, 例如, 施泰尔 (Steier) 等人曾认为该方法有可能导致年代值的偏移 (2000), 国内对于在校正模型中是否应当在系列两端设边界等问题也曾经存在过争议, 因此我们有必要对贝叶斯方法和 OxCal 程序进行深入研究.

4.2.3 系列样品校正模型的构建

使用 OxCal 程序进行系列样品年代校正时, 首先要构建系列样品校正模型, 一个模型称为一个方案 (Project). 如果模型构建不当, 则有可能导致错误的结果. 作为例子, 我们来看 3 个模型. 这 3 个模型都包括 4 个相同的 ^{14}C 测量数据 A, B, C, D, 模型 1 是将这 4 个数据作为并列的单个数据分别做校正, 模型 2 是将这 4 个数据作为一个有序的系列做校正, 模型 3 是将这 4 个数据纳入一个分期做校正. 这 3 个模型的构成见图 4.1 和图 4.2, 其中 R_Date (样品 ^{14}C 年龄数据) 命令是基本的年代校正命令, 用于输入样品的 ^{14}C 年龄数据及测量误差. 模型 1 中的 // 表示该行是注释行. 模型 2 和模型 3 由第一层的 Sequence (序列) 命令和第二层的两个 Boundary (边界) 命令, 以及在两个 Boundary 命令之间根据系列样品的具体情况插入的若干个 R_Date 或 Phase (分期) 命令构成, 其中 Phase 命令内又包含若干个 R_Date 命令. 在模型 2 中, Sequence 命令告诉程序, 以下的 Boundary Start (起始边界), 以及样品 A, B, C, D 和 Boundary End (终止边界) 构成一个按时间顺序排列的时序序列. 需要注意的是, 模型中的 Boundary 命令是不可缺少的. 如果不设

边界的话，程序所假定的先验概率分布将认为系列样品取自一个两端不受限制的时期，这会导致年代的偏移. 实际上系列样品是来自一个有头有尾的时间片段，我们要用 Boundary 命令告诉程序这个情况. 在模型 3 中，Sequence 命令告诉程序，以下的 Boundary Start, Phase Example (分期示例) 和 Boundary End 构成一个序列；Phase Example 命令告诉程序，其中的 4 个 ^{14}C 年龄数据处于同一个分期内. 同样地，模型中的 Boundary 命令是不可缺少的，且分期命令总是和前后两个边界命令一起使用.

OxCal 模型的输入文件有不同的界面可用. 图 4.1 是 OxCal 模型输入文件的图形界面 (Model view), 图 4.2 是 OxCal 模型输入文件的行命令界面 (Code view). 在图形界面中输入数据比较方便，在行命令界面中进行编辑修改比较方便. OxCal 模型输入文件还有列表界面 (List view), 但不常用. 不同界面可互相切换.

(a) 模型1　　　　　(b) 模型2　　　　　(c) 模型3

图 4.1　3个 OxCal 模型输入文件的图形界面

```
Plot()
{
//"Model-1"
//
R_Date("A", 3010, 40);
R_Date("B", 2980, 40);
R_Date("C", 2950, 40);
R_Date("D", 2920, 40);
};
```

```
Plot()
{
Sequence("Model-2")
{
Boundary("Start");
R_Date("A", 3010, 40);
R_Date("B", 2980, 40);
R_Date("C", 2950, 40);
R_Date("D", 2920, 40);
Boundary("End");
};
};
```

```
Plot()
{
Sequence("Model-3")
{
Boundary("Start");
Phase("Phase Example")
{
R_Date("A", 3010, 40);
R_Date("B", 2980, 40);
R_Date("C", 2950, 40);
R_Date("D", 2920, 40);
};
Boundary("End");
};
};
```

(a) 模型1　　　　　(b) 模型2　　　　　(c) 模型3

图 4.2　3个 OxCal 模型输入文件的行命令界面

使用 OxCal 程序对这 3 个模型进行年代校正得到的样品概率分布如图 4.3 所示。模型 1 是单样品年代校正，图 4.3(a) 给出了每个样品的概率分布，其置信区间延伸较宽。在每个概率分布曲线下方有 2 层年代区间标记，其中，上层标出 68% 置信区间，下层标出 95% 置信区间。模型 2 是时序已知的系列样品年代校正，在图 4.3(b) 中，4 个样品的后验概率分布按时序排列，浅灰色区域上的曲线是对应的单样品年代校正概率分布，黑色区域是每个样品的后验概率分布，同样标出了 68% 和

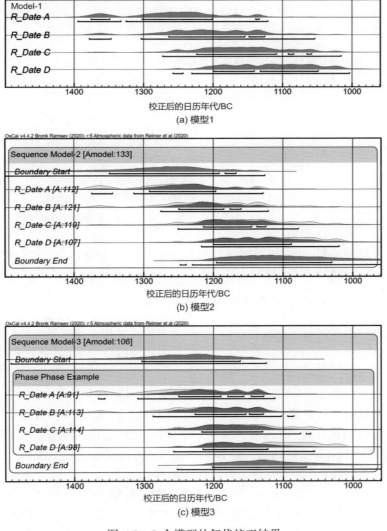

(a) 模型1

(b) 模型2

(c) 模型3

图 4.3　3 个模型的年代校正结果

95% 可信区间. 比对之下可以看出, 每个样品的后验概率分布可信区间都小于相应的单样品置信区间. 模型 3 是分期已知的系列样品年代校正, 在图 4.3(c) 中, 分期已知的系列样品的后验概率分布可信区间也小于相应的单样品置信区间, 且向中间靠拢, 分布更为集中. 比对模型 2 和模型 3 中样品 A 的 68% 可信区间可以明显看出, 不同模型 (先验条件) 对样品后验概率分布的影响. 关于置信区间与可信区间的区别请参见 3.1.3 小节的介绍. 本章中我们将统称其为 68% 区间.

表 4.1 给出了 3 个模型校正后各样品的 68% 区间. 我们在后面将会看到, 对于单样品, 应使用 95% 区间作为样品年代区间的估计, 但对于系列样品, 则可以使用 68% 区间作为样品年代区间的估计. 表 4.1 中模型 1 列出 68% 区间是为了便于与模型 2 和模型 3 进行比对.

表 4.1 3 个模型校正后各样品的 68% 区间

样品	^{14}C 年龄及误差/BP	校正后各样品的 68% 区间/BC		
		模型 1	模型 2	模型 3
Boundary Start			1350—1168	1304—1162
A	3010 ± 40	1376—1134	1292—1197	1251—1129
B	2980 ± 40	1264—1126	1250—1161	1227—1129
C	2950 ± 40	1224—1059	1215—1125	1218—1130
D	2920 ± 40	1200—1049	1201—1089	1216—1123
Boundary End			1196—1031	1203—1068

对于复杂的系列, 还可以使用嵌套的 Sequence 和 Phase 命令. 为了获得进一步的信息, 还可以在模型中插入 Span (区间)、Difference (间隔)、Order (顺序) 等命令.

4.2.4 先验条件对校正结果的影响

在系列样品年代校正方法提出后, 有些考古工作者担心使用先验条件会破坏年代校正的客观性. 他们的疑问是: 你应当通过测年告诉我哪个样品早、哪个样品晚, 怎么你先反过来问我呢?

首先应当说, 在很多情况下, 特别是对于时间间隔不大的两个样品, ^{14}C 测年并不能绝对准确地告诉你哪个样品早、哪个样品晚. 当然, 这也和样品年代对应区段的校正曲线形状有关. 作为例子, 我们来对两个年代已知的样品进行模拟 ^{14}C 测年. 假定样品 Z 的真实年代是 340 BC, 样品 W 的真实年代是 240 BC, 二者相差 100 a. 由校正曲线推测测年结果, 有可能得出样品 Z 的 ^{14}C 年龄为 2160 ± 35 BP, 而样品 W 的 ^{14}C 年龄为 2250 ± 40 BP. 按此结果进行年代校正, 可以得到两个样品的校正后的日历年代的概率分布如图 4.4(a) 和图 4.4(b) 所示. 我们看到, 两个样品的真实年代确实都落在其 68% 区间内, 但如果单纯从两个样品的概率分布和 68%

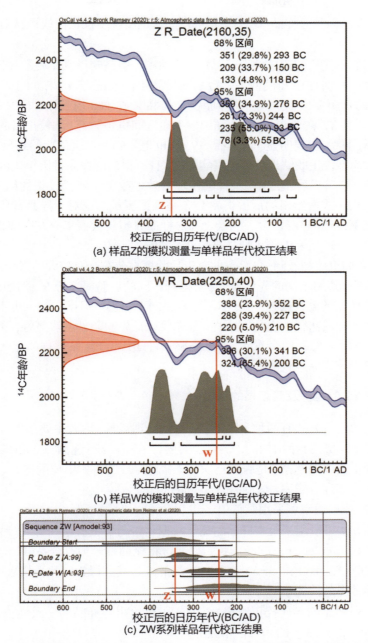

图 4.4 样品 Z 与样品 W 的模拟测量与年代校正结果 (图中的竖红线为样品的真实年代)

区间看, 给人的印象是样品 W 要更早一些. 这也反映出校正曲线形状对校正结果的影响.

如果我们事先不知道这两个样品的真实年代, 但是知道其早晚顺序, 那么我们就可以构建一个时序已知模型来进行系列样品年代校正, 其结果如图 4.4(c) 所示. 此时, 样品的日历年代 68% 区间得到减小, 样品 Z 在 200 BC 到 100 BC 那段区间已被舍弃, 样品 W 在 400 BC 到 350 BC 那段区间也被舍弃, 从校正后的日历年代 68% 区间看, 样品 Z 要明显早于样品 W, 这也是先验条件所预期的结果. 因此, 使用时序已知模型校正的结果更接近真实情况, 且所得到的样品日历年代区间也更精确. 从这个例子可以看出, 先验条件的使用有效地改进了年代校正的结果. 用数学语言来说, (4.1) 式所给出的后验概率分布是根据测量结果对于样品日历年代的一个完全的概率描述, 它既包含了测量之前对样品日历年代概率分布的知识 (先验条件), 又包含了测量结果中关于样品日历年代的全部信息.

当然, 我们也应当看到, 先验条件对于后验概率分布会较大的影响. 对于同样一组测量数据, 使用不同的先验条件, 会得到不同的后验概率分布. 例如, 图 4.3(b) 和图 4.3(c) 使用的就是同样一组测量数据, 由于校正模型不同, 结果也不同. 因此, 为了保证系列样品年代校正的客观性, 首先要保证先验条件的客观性, 建立客观合理的校正模型. 后面我们会看到, 如果先验条件运用合理, 系列样品年代校正的客观性可以好于单样品年代校正.

4.2.5 OxCal 的运行及其结果的输出

OxCal 的运行方式有两种: 单次运行与批处理运行. 后者主要用于计算机模拟研究, 是从版本 3.8 开始增加的. OxCal 的运行条件有若干选项 (analysis options), 主要包括校正曲线的选择、是否做三次样条插值、日历年代单位的选择、校正曲线和概率分布的储存分辨率、区间处理 (是否进行舍入等)、输入形式, 以及若干项高级设置. 这些选项通常可采用默认值.

有两种方法可以用来检查样品的测量数据是否与校正模型相符: 一种是用样品的一致性指数 (agreement index), 我们以前曾将该词翻译为符合系数, 但符合系数对应的英文应当是 coincidence coefficient, 故此处将其翻译为一致性指数更确切. 另一种是用异常样品检测.

作为系列样品的年代校正结果, OxCal 可以给出各样品的一致性指数 (Bronk Ramsey, 2009a). 样品 j 的一致性指数为

$$A_j = \frac{\int P(t_j)P'(t_j)\mathrm{d}t}{\int P(t_j)P(t_j)\mathrm{d}t} \times 100\%, \tag{4.6}$$

其中 $P(t_j)$ 是样品 j 作为单样品年代校正所得到的概率分布, $P'(t_j)$ 是样品 j 作为系列样品年代校正所得到的后验概率分布. 样品的一致性指数是该样品的后验概率分布与单样品概率分布一致性程度的度量, 以百分数衡量. 如果样品作为系列样品年代校正所得到的后验概率分布与作为单样品年代校正所得到的概率分布完全一致, 则其一致性指数为 100%. 如果样品作为系列样品年代校正所得到的后验概率分布与作为单样品年代校正所得到的概率分布的概率最高的部分交叠, 则其一致性指数可大于 100%. 通常, 该指数应大于 60%, 如果一致性指数很小, 则表明该样品的测量结果与其在样品系列中的位置不符, 其原因可能是测量结果不正确 (例如, 制样过程中的污染、测量值的统计性偏离等), 也可能是该样品在系列样品校正模型中的位置不当 (例如, 层位扰动、野外污染等). 平均说来, 在 20 个样品中如果有 1 个样品的一致性指数低于 60% 是正常的, 但是, 如果有大比例样品的一致性指数低于 60%, 那就说明所构建的系列样品校正模型与测量结果不一致.

总体一致性指数 (overall agreement index) A_overall 和模型一致性指数 (model agreement index) A_model 可以看作整个系列样品校正模型是否恰当的度量 (Bronk Ramsey, 2009a). 如果这两个指数低于 60%, 则应当认为所构建的系列样品校正模型是有问题的. 其中, 总体一致性指数是将各样品的一致性指数相乘后再取其 $1/\sqrt{N}$ 次方, 而模型一致性指数为

$$A_\text{model} = \left[\frac{\int P(\boldsymbol{t_m^{C14}}|\boldsymbol{t})P'(\boldsymbol{t}|\boldsymbol{t_m^{C14}})\text{d}\boldsymbol{t}}{\int P(\boldsymbol{t_m^{C14}}|\boldsymbol{t})P(\boldsymbol{t}|\boldsymbol{t_m^{C14}})\text{d}\boldsymbol{t}}\right]^{1/\sqrt{N}} \times 100\%, \qquad (4.7)$$

其中黑体表示变量的集合, $P(\boldsymbol{t_m^{C14}}|\boldsymbol{t})$ 为似然函数, $P(\boldsymbol{t}|\boldsymbol{t_m^{C14}})$ 为单样品校正结果, $P'(\boldsymbol{t}|\boldsymbol{t_m^{C14}})$ 为系列样品校正结果. 在 OxCal v2 与 v3 中只计算 A_overall, 而在 OxCal v4 中也计算 A_model. 使用 A_model 更合理一些, 因为其计入了各参数之间的相互关系.

此外, OxCal v4 也提供了对样品测量结果的异常样品检测. 该方法在模型中给每个测量值一个异常的先验概率 (通常为 0.05), 此概率在 MCMC 的迭代过程中随着该样品与其余信息的一致性而变动, 最后得到一个该样品为异常样品的后验概率. 如果后验概率变得很大, 远大于 0.05, 则可判断该样品为异常样品, 应予舍弃. 关于异常样品检测的更多细节可参见文献 (Bronk Ramsey, 2009b) 及 OxCal 说明书.

OxCal 的运行将产生若干输出文件, 主要分为表文件 (Table) 和绘图文件 (Plot) 两类, 可在输出窗口的下拉菜单中进行选择. 表文件中列出了单样品校正结果 (表文件中标为 Unmodelled) 与系列样品校正结果 (表文件中标为 Modelled), 以及各样品与全系列样品的一致性指数. 但表文件中的校正结果只给出各样品所有子区间的合并结果, 并没有给出各子区间的细节.

OxCal 输出的绘图文件主要有单样品的后验概率分布图 (Single plot, 参见图 4.4(a) 和图 4.4(b))、整个系列样品的后验概率分布图 (Multiple plot, 参见图 4.4(c)) 和标在校正曲线上的各样品的后验概率分布图 (Curve plot). 图 4.5 是标在校正曲线上的各样品后验概率分布图的示例. 在单样品的后验概率分布图中会注明各子区间的分布及其可信度. 所有这些图均可以保存为 SVG 格式的图形文件 (矢量图), 并可在大多数浏览器中打开.

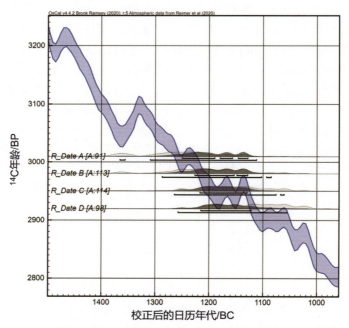

图 4.5 标在校正曲线上的各样品后验概率分布图的示例, 与图 4.3(c) 中的各样品日历年代概率分布相对应, 但可以更清楚地看出日历年代概率分布与校正曲线的关系

OxCal 输出的文件还有文本格式的 Table.txt 文件和 Log.txt 文件, 其中, Log 文件是完整的运行记录, 包括各样品作为单样品的年代校正结果和作为系列样品的年代校正结果, 以及一致性指数. 日历年代的可信区间有时会分裂为若干个子区间, 此时, Log 文件中会列出各子区间及其可信度. 这两个文件和 Project 的输入文件窗口、输出文件窗口均可在 OxCal 的文件管理器 (File-Manager) 中选择打开. OxCal 文件管理器的界面如图 4.6 所示.

在整个系列样品的后验概率分布图 (见图 4.3(b)、图 4.3(c) 和图 4.4 (c)) 中, 在首行的系列名称后给出系列样品校正模型的一致性指数, 首行以下图中左侧文字与系列样品校正模型相对应, 样品名称后为该样品的一致性指数. 右侧曲线为对应样品的后验概率分布, 浅灰色区域上的曲线是对应的单样品年代校正概率分布, 深色

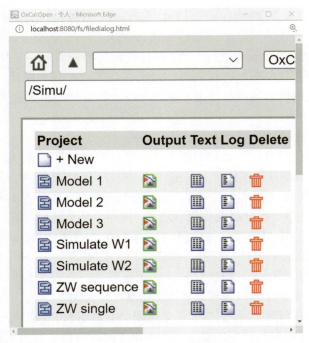

图 4.6　OxCal 文件管理器的界面

区域上的曲线是对应的系列样品年代校正概率分布. 系列样品年代校正概率分布曲线下方有两层年代区间标记, 上层标出 68% 区间, 下层标出 95% 区间. 作为系列样品校正结果的一部分, 程序亦给出系列两端边界的日历年代概率分布曲线及其 68% 区间和 95% 区间.

需要指出的是, 如果对一个模型重复运行, 那么一般情况下各次运行结果的年代数据可能会有 1—2 a 的微小差别, 这是由计算过程的随机性所产生的正常结果.

4.3　^{14}C 年代校正模拟研究的基本方法与单样品模拟

4.3.1　模拟研究的基本方法

为了深入了解贝叶斯方法和 OxCal 程序、研究各种因素对校正结果的影响、掌握正确的程序使用方法, 我们从 2000 年开始利用 OxCal 程序提供的 R_Simulate 命令对 ^{14}C 年代校正过程进行模拟研究的探索. 自 2002 年以来, 我们构造了大量模拟的系列样品校正模型, 并进行了系统的计算机模拟实验. 在此期间, OxCal 程序的编写者布朗克-拉姆齐在发布 OxCal v3.8 (2002 年 7 月) 时应我们的要求增加了批处理功能，在发布 OxCal v3.9 (2003 年 6 月) 时应我们的要求使 R_Simulate 命令计入了校正曲线的误差，并提高了随机数发生器种子的更新速率，从而使我们的计算机模拟实验得以顺利进行。^{14}C 年代校正的模拟研究主要是在 2002—2007 年进行的，当时使用的是 OxCal v3.9/v3.10 和 IntCal98 校正曲线。本书中 ^{14}C 年代校正模拟研究的所有插图已使用 OxCal v4.4.2 和 IntCal20 校正曲线进行了重新计算。

1. 模拟研究的目的

取得可供年代学研究使用的 ^{14}C 年代数据有四个主要环节。第一个环节，样品的采集。这里应当是具有年代学意义的样品。在取得样品的同时，我们也得到了样品的相关信息，例如，遗址、层位、保存状况、与同系列其他样品的关系等。第二个环节，样品的前处理、组分提取与化学制备。这一个环节我们得到经化学制备、可直接测量的样品，在 AMS 测年的情况下一般制备成石墨样品。第三个环节，样品的 ^{14}C 年龄测定。这一个环节我们得到样品的 ^{14}C 年龄及其误差。第四个环节，样品的年代校正。如果使用贝叶斯方法，这一个环节我们得到样品校正后 ^{14}C 年龄或日历年代的后验概率分布曲线和最高概率密度可信区间。

在实际的考古与地学研究中，如果上述四个主要环节中的任何一个环节存在着较大的系统误差，则最后得到的日历年代可信区间即有可能发生偏移，而使样品的真实年代落到该可信区间之外。当然，若第一个环节采集到的样品不具有我们期望的年代学意义，例如采集到年代偏老的木炭样品，那么即便其他各个环节都不存在系统误差，所测数据也无法使用。此处作为模拟实验，我们假定在前三个环节中不存在系统误差及上述情况，故本章中的模拟研究主要是针对年代校正这一个环节进行的。我们希望通过模拟研究了解使用边界命令的必要性、校正曲线不同区段形状对校正结果的影响、构建校正模型时需要注意的问题，以及如何对校正结果进行正确解读。

2. R_Simulate 命令

OxCal 程序中的 R_Simulate 命令可定义一个样品的真实年代 t^{true}。利用无误差校正曲线，该真实年代可对应于一个理想的样品 ^{14}C 年龄，即

$$t_{\text{ideal}}^{\text{C14}} = C(t^{\text{true}}), \tag{4.8}$$

其中 $C(t)$ 为校正曲线的转换函数。但实际的校正曲线是有误差 σ_c 的，故真实年代对应的样品 ^{14}C 年龄实际上有一个概率分布。在 OxCal 程序提供的校正曲线数据文件中，第一列为日历年代，第四列为按 (4.8) 式转换的理想的样品 ^{14}C 年龄，第五列为该处校正曲线的误差 σ_c。由于统计学上的随机性，实际测量得到的样品 ^{14}C 年龄通常会相对于理想的样品 ^{14}C 年龄有一个或大或小的偏移。在实际执行时，R_Simulate 命令可给定一个模拟的样品 ^{14}C 年龄测量误差 σ_m，从真实年代对

应的样品 ^{14}C 年龄和给定的 ^{14}C 年龄测量误差即可产生一个对应的 ^{14}C 年龄 t^{C14} 的概率分布:

$$P(t^{\text{C14}}) = \frac{1}{\sqrt{2\pi}\sigma_{\text{s}}} \exp\left[-\frac{(t^{\text{C14}} - t^{\text{C14}}_{\text{ideal}})^2}{2\sigma_{\text{s}}^2}\right], \tag{4.9}$$

其中 $\sigma_{\text{s}}^2 = \sigma_{\text{c}}^2 + \sigma_{\text{m}}^2$. 每次执行 R_Simulate 命令, 程序都会根据该分布随机地产生一个模拟的样品 ^{14}C 年龄测量值 $t_{\text{m}}^{\text{C14}}$. 然后根据模拟的样品 ^{14}C 年龄测量值 $t_{\text{m}}^{\text{C14}}$ 和模拟的样品 ^{14}C 年龄测量误差 σ_{m} 进行样品的年代校正, 就可以得到一个模拟的样品日历年代可信区间.

图 4.7 给出了一个 R_Simulate 命令执行过程的例子. 此例中设定的真实年代 t^{true} 为 1430 BC, 其对应的 $t^{\text{C14}}_{\text{ideal}} = 3160$ BP, 校正曲线的误差为 $\sigma_{\text{c}} = 15$ a, 此时真实年代对应的样品 ^{14}C 年龄分布如图 4.7(a) 所示. 给定的 ^{14}C 年龄测量误差为 $\sigma_{\text{m}} = 40$ a, 故 $\sigma_{\text{s}} = 42.72$ a, 此时, (4.9) 式给出的概率分布 $P(t^{\text{C14}})$ 如图 4.7(b) 所示. 此例中假定根据该分布随机产生的一个模拟的样品 ^{14}C 年龄测量值 $t_{\text{m}}^{\text{C14}} = 3130$ BP, 则利用中心值为 3130 BP, $\sigma_{\text{m}} = 40$ a 的模拟样品 ^{14}C 年龄分布进行年代校正, 即可得到日历年代后验概率分布, 如图 4.7(c) 所示. 此例中给定的真实年代落在 68% 区间内, 但如果随机产生的 $t_{\text{m}}^{\text{C14}}$ 较 $t^{\text{C14}}_{\text{ideal}}$ 有较大的偏移, 则真实年代有可能落在 68% 区间之外, 甚至 95% 区间之外.

3. 批处理运行

当我们重复运行同一个 R_Simulate 命令时, 可以得到新的模拟样品 ^{14}C 年龄测量值和新的样品日历年代可信区间, 就像我们对同一个样品进行重复测量一样. 这样得到的结果也具有随机性. 为了发现其统计规律, 我们需要进行大量的重复运行, 这可以通过批处理功能实现.

OxCal 程序提供了一个命令行批处理程序接口 OxCalC.exe, 该程序可被 DOS[①] 命令行调用, 用以对样品校正模型进行年代校正, 并将各样品的校正结果写入 Table.txt 和 Log.txt 文件. 通过编写 DOS 批处理文件, 可以对 OxCalC.exe 反复调用, 从而实现对一个或一组 R_Simulate 命令的数百次乃至数千次重复运行. 例如, 我们有一个模拟的系列样品校正模型 A_seq.14i:

{
　Sequence ("A_seq")
　{
　　Boundary ("Start");
　　R_Simulate ("A1", 1430, 30);

[①] DOS 是 Disk Operating System (磁盘操作系统) 的缩写, 是微软公司早期为 IBM PC 兼容机开发的单用户单任务操作系统, 可以直接操纵管理硬盘的文件. 它使用黑底白色文字的命令行界面而非图形界面, 在 Windows 系统中 DOS 的核心依然存在.

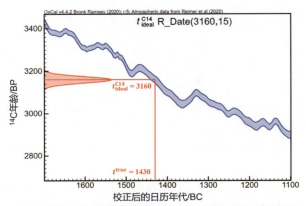

(a) 真实年代1430 BC对应的样品 ^{14}C年龄分布(对应于校正曲线的误差)

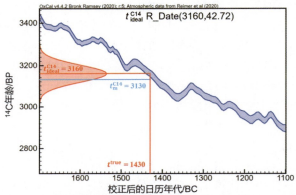

(b) 考虑模拟测量误差后真实年代1430 BC对应的样品 ^{14}C年龄分布及模拟样品 ^{14}C年龄测量值3130 BP(蓝色横线)的产生

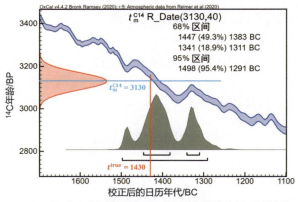

(c) R_Simulate命令得到的模拟日历年代后验概率分布，此例中给定的真实年代(红色竖线)落在68%区间内

图 4.7 R_Simulate 命令执行过程示意图

```
        R_Simulate ("A2", 1390, 30);
        R_Simulate ("A3", 1350, 30);
        Boundary ("End");
    };
};
```
如果我们想重复运行 100 次, 那么我们可以编写如下批命令:

    File A_seq.bat
        @CALL SM_100.bat A_seq.14i A_seq.txt
        @RENAME Log.txt Log_A_seq.txt
        @ECHO A_seq finished
    File SM_100.bat
        @ECHO off
        FOR %%A IN (1 2 3 4 5 6 7 8 9 10) DO CALL SM_10.bat %1 %2
        @ECHO Run 10
    File SM_10.bat
        @ECHO off
        FOR %%A IN (1 2 3 4 5 6 7 8 9 10) DO CALL SM_1.bat %1 %2
        @ECHO Run 10
    File SM_1.bat
        @OxCalC.exe <%1 >>%2 -aLog.txt -d1 -m1 -t1

类似地, 我们也可以让其运行 1000 次, 只需在批命令文件 File SM_100.bat 之前再加一个类似的批命令文件 File SM_1000.bat, 把其循环语句中的调用命令改为 CALL SM_100.bat %1 %2, 然后把主程序第二行的调用文件改为 SM_1000.bat 即可.

4. 落内比

当我们重复运行同一个 R_Simulate 命令时, 可以得到新的模拟样品 ^{14}C 年龄测量值和新的样品日历年代可信区间, 就像我们对同一个样品进行重复测量一样. 但是, 在实际测量时, 我们并不知道样品的真实年代, 只能通过 t/F 检验的方法检查重复测量的一致性. 而对于模拟实验, 我们可以检查所定义的样品真实年代是否落在相应的 68% 区间或 95% 区间内. 如果我们多次重复运行同一个 R_Simulate 命令, 就可以求出一个落内比, 即样品的真实年代落入可信区间内的次数与总实验次数的比值. 为了得到好的统计性, 实验通常要重复上千次, 这可以借助上述 OxCal 程序的批处理功能实现. 在数学上, 这一落内比应当与该区间的可信度相对应. 类似地, 我们也可以定义落外比.

在我们的模拟实验中, 大量重复运行的结果被写入 Excel 表, 通过数据处理统计出落内比. 数据处理是利用在 Excel 文件的宏中编写的 Microsoft Visual Basic®

程序进行的. 该程序可将 txt 文件转换成 xls 文件, 检查每个 R_Simulate 命令设定的样品真实年代是否落入相应的 68% 区间或 95% 区间内, 并统计出每个样品在 68% 区间或 95% 区间的落内比.

5. 直线校正曲线

研究表明, 当我们使用实际的校正曲线进行模拟实验时, 落内比总是高于标称的可信度. 为了检验该数学方法, 我们可以用直线校正曲线 (straight line calibration curve) 代替实际的校正曲线进行年代校正, 此时, 校正得到的日历年代概率分布也都是正态分布. 该直线校正曲线是用如下公式定义的:

$$t^{C14} = 2000 - 0.8t, \tag{4.10}$$

其中校正后 ^{14}C 年龄 t 在 AD 段为正值, 在 BC 段为负值. 此曲线在 5500 BC—600 AD 年代区段与实际的校正曲线十分接近. 为了使用该曲线进行年代校正, 我们创建了文件 SLCal.14c. 该文件与 OxCal 程序的校正曲线数据文件具有相同的结构, 但其第四列和第五列的值被改写. 第四列为按 (4.10) 式计算的对应 ^{14}C 年龄, 第五列的校正曲线的误差 σ_c 统一取为 15 a. 在用直线校正曲线进行模拟实验之前, 必须将文件 SLCal.14c 拷入 OxCal 程序存放校正曲线的子目录 >bin, 并在 OxCal 程序的分析选项中选择 SLCal.14c 作为校正曲线.

6. 舍入功能

OxCal 程序通常对年代校正结果进行四舍五入, 以使结果较简单且更接近我们的习惯. OxCal 程序可选择将校正后的日历年代舍入到 1 a 或 5 a 等. 我们的模拟实验表明, 舍入会导致校正后的年代区间有少许展宽, 从而使落内比变高. 故在进行高精度模拟实验时应将舍入功能关闭. 在 OxCal v3 中, 这可以通过将 CAL.OPT 文件中的选项 "-n1" 改为 "-n0" 来实现. 而 OxCal v4 的初始设置中已关闭舍入功能, 故不再需要特别设置.

4.3.2 单样品模拟实验

单样品模拟实验有两个目的: 一是检验方法的可行性, 二是研究校正曲线形状对落内比的影响. 校正曲线的形状大体上可以分为 3 类: 斜坡区、扭摆区和平台区, 其中, 平台区又可以分为短平台区和长平台区. 故本实验使用了 4 个模拟样品, 分别对应于斜坡区、扭摆区、短平台区和长平台区, 模拟的测量误差均取为 40 a. 首先使用实际的 IntCal98 校正曲线, 每个样品用 R_Simulate 命令校正, 重复运行 5000 次, 所得到的 68% 区间和 95% 区间的落内比列于表 4.2. 此结果表明, 在使用实际的 IntCal98 校正曲线时, 落内比明显高于标称的可信度, 且强烈依赖于样品真实年代附近的校正曲线形状. 在斜坡区的落内比略高于标称的可信度, 在扭摆区高出较多, 而在平台区则明显高于标称的可信度, 长平台区尤甚. 然后使用直线校正曲线做相同的实验, 结果亦列于表 4.2. 由此可知, 使用直线校正曲线时, 落内比与标称的可信度符合良好. 这也说明, 利用模拟实验求落内比的方法是可靠的.

表 4.2 不同校正曲线与不同区的 68% 区间和 95% 区间的单样品年代校正的落内比/%

模拟样品			IntCal98 校正曲线		直线校正曲线	
真实年代/BC	测量误差/a	曲线形状	68% 区间	95% 区间	68% 区间	95% 区间
1424	40	斜坡区	70.6	95.9	68.9	95.9
1225	40	扭摆区	77.9	97.6	68.7	95.9
1563	40	短平台区	83.6	98.4	68.2	95.6
600	40	长平台区	97.0	99.8	68.2	95.8

实际校正曲线导致落内比变高的主要原因是: 在扭摆区和平台区, 样品的可信区间被展宽, 特别是在长平台区, 如图 4.8 所示. 在 $t_{\mathrm{m}}^{\mathrm{C14}}$ 对 $t_{\mathrm{ideal}}^{\mathrm{C14}}$ 有较大偏移的情

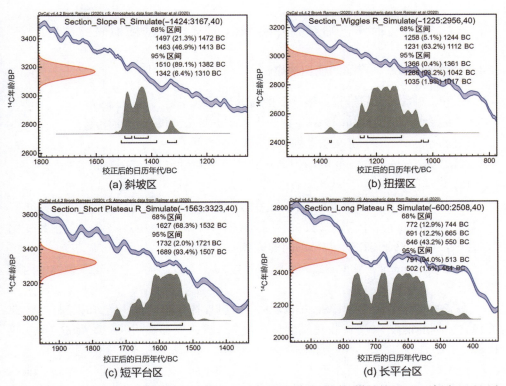

图 4.8 用 R_Simulate 命令模拟得到的 IntCal98 校正曲线不同区样品的 68% 区间和 95% 区间, 由此可知, 长平台区的可信区间被明显展宽. 图中首行在样品名称后的括号中的冒号前为 t^{true} (负值表示 BC), 冒号后为 $t_{\mathrm{m}}^{\mathrm{C14}}$ 和 σ_{m}

况下，斜坡区的 68% 区间可能移到使 t^{true} 落到 68% 区间之外的位置，而同样的移动量情况下，平台区的 68% 区间可能不足以使 t^{true} 落到 68% 区间之外的位置，这是落内比不同的根本原因. 而使用直线校正曲线时，任何 ^{14}C 年龄对应的日历年代 68% (或 95%) 区间的宽度都是相同的，故落内比也是相同的.

落内比变高的另一个原因是：在某些情况下 (特别是在扭摆区)，样品的可信区间会分裂成几个子区间，但是在 OxCal 程序的表文件中，这些子区间被合并成一个大区间. 因此，在我们的模拟实验中，如果设定的样品真实年代恰好落在相邻的两个子区间之间，则仍将被计入落内比. 这使落内比的值被高估，特别是对于 68% 区间，但这个影响是有限的.

表 4.2 中的模拟实验结果是在关闭舍入功能的情况下取得的. 如果不关闭舍入功能，使用直线校正曲线时的 68% 区间的落内比可以增大到 72%—77%，明显高于表 4.2 中的 68%—69%. 因此表 4.2 也表明，在关闭舍入功能后模拟实验的方法是可靠的.

4.4 时序已知系列样品 ^{14}C 年代校正的模拟研究

4.4.1 时序已知系列样品的模型构建

时序已知系列样品是指一组样品的时间先后顺序是明确的，例如，从一个地质剖面的各层中采集的样品. OxCal 程序提供了五种不同的时序命令:

(1) Sequence，用于定义一系列事件的顺序；

(2) D_Sequence，用于间隔精确已知的样品系列，例如，树轮样品；

(3) V_Sequence，用于间隔近似已知 (其误差为正态分布) 的样品系列；

(4) P_Sequence，用于定义一个深度模型，假定沉积速率为泊松分布；

(5) U_Sequence，用于定义具有不同沉积速率的模型，例如，均匀的、指数变化的或线性变化的沉积速率，需与不同的边界命令相配合.

以上 P_Sequence 与 U_Sequence 命令主要用于地学研究中构建沉积物的时序模型.

本节的模拟实验只使用 Sequence 命令，且只讨论简单的时序已知系列样品，即不包含分期的情况. 此时，校正模型包含两个边界命令和其间的一系列 R_Date 或 R_Simulate 命令，如图 4.1(b) 和图 4.2(b) 所示.

在用贝叶斯方法进行系列样品 ^{14}C 年代校正时，位于系列中部的样品在前后样品年代的约束下，其日历年代的可信区间一般可以得到很好的限制. 但首样品和末样品则只受到单侧约束，故其日历年代的可信区间会向未受到约束的外端延伸，即产生终端延伸效应. OxCal 程序提供了 Boundary 命令，可用以实现对系列两端样品的约束, 以抑制终端延伸效应. 如果不设边界的话, OxCal 程序所假定的先验概率分布将认为系列样品取自一个两端不受约束的时期, 而实际上系列样品是来自一个有头有尾的时间片段, 故我们在构建模型时要用边界命令告诉程序这个情况.

4.4.2 使用直线校正曲线的模拟研究: 边界命令的必要性

施泰尔等曾使用 $\sigma_c = 0$ 的直线校正曲线设计了三组计算机模拟实验: 实验 A、实验 B 和实验 C, 并在这些实验中观察到了终端延伸效应, 该效应使样品的真实年代落到了 95% 区间之外. 他们得出结论: 贝叶斯方法在提高精密度的同时降低了准确度 (2000). 实际上, 施泰尔等的计算机模拟实验产生终端事件年代偏移的原因是他们没有在样品系列的两端设边界 (Bronk Ramsey, 2000). 我们用 OxCal 程序重复了他们的模拟实验, 用不设边界的模型得到了与他们同样的结果. 但是在模型中加入边界后, 终端事件的年代偏移大为减小, 其偏移程度可以忽略.

1. 实验 A1 与 A2

施泰尔等的实验 A 是取 6 个样品 (t^{true} 的时间分布以 1000 BC 为中心, 测量误差为 100 a) 构成一个时序已知样品系列, 并讨论了两种情况. 第一种情况 (A1) 是 t_m^{C14} 相对于 $t_{\text{ideal}}^{\text{C14}}$ 没有随机偏移 (相当于 R_Date 命令), 各样品 t^{true} 的时间间隔在 0—1000 a 之间变化. 第二种情况 (A2) 是 ^{14}C 年龄有随机偏移 (相当于 R_Simulate 命令), 各样品 t^{true} 的时间间隔为 0. 相应地, 我们做了如下类似的模拟研究:

(1) 实验 A1.

在实验 A1 中, 6 个样品的真实年代 (单位为 BC) 为

$$t_i^{\text{true}} = 1000 + (3.5 - i)\Delta t, \tag{4.11}$$

其中样品的时间间隔 Δt 分别取为 0 a, 10 a, 20 a, 50 a, 100 a 和 200 a. 校正模型中使用 R_Date 命令, 相应的 $t_m^{\text{C14}} = t_{\text{ideal}}^{\text{C14}}$ 按 (4.10) 式计算, 测量误差取为 80 a, 用直线校正曲线进行校正后日历年代 t_i^{cal} 的高斯 (Gauss) 分布标准偏差为 $\sigma = 100$ a. 为了便于与施泰尔等的结果进行比对, 我们也重点关注 6 号样品. 图 4.9 给出了分别按不使用边界命令和使用边界命令进行校正的结果. 图 4.9(a) 与施泰尔等的文章中的图 2 对应, 二者的结果十分吻合. 在 Δt 较短时, 系列样品的终端事件年代发生较大的偏移. 在 $\Delta t = 0$ 时, t_6^{true} 已落到 t_6^{cal} 的 95% 区间之外. 但是, 由图 4.9(b) 可知, 在使用边界命令之后, 这种偏移明显减小. 在 $\Delta t = 0$ 时, t_6^{true} 在 t_6^{cal} 的 95% 区间之内. 实际上, 此时, t_6^{true} (1000 BC) 已落到 t_6^{cal} 的 68% 区间 (1012 BC—908 BC) 之内.

(2) 实验 A2.

施泰尔等的实验 A2 也采用 6 个样品构成的系列, 且设定 $\Delta t = 0$, 即 6 个样品的 t^{true} 均为 1000 BC. 但 t_m^{C14} 相对于 $t_{\text{ideal}}^{\text{C14}}$ 有随机偏移, 每次校正的 t_m^{C14} 偏移量

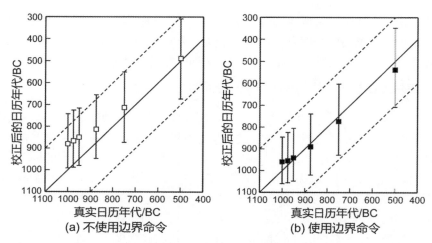

图 4.9 实验 A1 的模拟结果,方块数据点与误差棒分别对应于系列中 6 号样品的校正后的日历年代 $t_6^{\rm cal}$ 及其 95% 区间,不同数据点对应于不同的 Δt. 图中实线与虚线分别对应于单样品校正后的日历年代及其 95% 区间. 由于 $t_{\rm m}^{\rm C14}$ 相对于 $t_{\rm ideal}^{\rm C14}$ 没有随机偏移,因此单样品校正后的日历年代 $t^{\rm cal} = t^{\rm true}$.

按 $t_{\rm ideal}^{\rm C14}$ 的分布随机产生. 如此重复运行 20 次,并对每个样品的结果进行平均,发现终端事件的年代偏移量比实验 A1 更大.

实际上,这个实验可以用 OxCal 程序的 R_Simulate 命令完成. 我们设计的实验 A2 与施泰尔等的略有不同. 我们设定 $\Delta t = 10$ a,即假定样品的真实年代从 1025 BC 到 975 BC 之间变化. 分别按不使用边界命令和使用边界命令构建校正模型,各重复运行 500 次,并统计 68% 区间和 95% 区间的落内比,结果列于表 4.3. 我们也对每个样品的 500 次校正结果 ($t_i^{\rm cal}$ 值及其 95% 区间) 进行了平均,结果示于图 4.10.

表 4.3 实验 A2 样品系列在使用边界命令和不使用边界命令时各样品的落内比 /%

样品编号	真实年代/BC	不使用边界命令时的落内比		使用边界命令时的落内比	
		68% 区间	95% 区间	68% 区间	95% 区间
1	1025	19.2	55.6	69.2	96.0
2	1015	48.8	87.2	70.8	96.6
3	1005	70.0	98.4	72.0	97.2
4	995	71.8	97.0	70.4	97.0
5	985	50.0	86.0	70.4	95.2
6	975	18.0	56.8	68.8	95.6
平均值		46.3	80.2	70.3	96.3

由表 4.3 可知, 不使用边界命令时终端样品 1 号和 6 号的落内比会大幅度下降, 特别是 68% 区间的落内比可下降到 20% 以下; 而使用边界命令时各样品的落内比可略高于标称的可信度, 且各样品没有显著差别. 故边界命令在构建系列样品校正模型时是必不可少的.

在图 4.10(a) 中我们可以看到终端样品的 t_i^{cal} 值和可信区间向两端有较大的偏移, 即明显偏离单样品校正结果; 而在图 4.10(b) 中使用边界命令时各样品的 t_i^{cal} 值相对于 t_i^{true} 值的偏移很小. 无论是否使用边界命令, 系列样品的可信区间都较单样品变窄, 这是系列样品先验条件约束的结果.

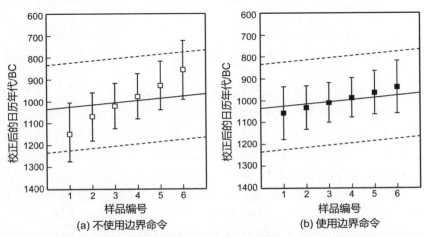

图 4.10 实验 A2 的模拟结果, 实线与虚线分别对应于单样品校正后的日历年代及其 95% 区间

2. 实验 B

实验 B 考察样品数量增加的影响, 分别取系列中样品数量 $N = 1, 2, 5, 10, 20, 50$. 参照施泰尔等的做法, 假定 $\Delta t = 0$, 即所有样品的 t^{true} 均为 1000 BC, ^{14}C 年龄没有随机偏移, 校正模型中使用 R_Date 命令, 测量误差取为 80 a. 为了便于与施泰尔等的结果进行比较, 我们也重点关注最后一个样品. 图 4.11 给出了分别按不使用边界命令和使用边界命令进行校正的结果, t_N^{cal} 值及其 95% 区间作为 N 的函数标于图中. 图 4.11(a) 与施泰尔等的文章中的图 7 对应, 二者的结果十分吻合. 但是, 在图 4.11(b) 中使用边界命令时, 各样品的 t_N^{cal} 值相对于 t_N^{true} 值的偏离很小, 且其 95% 区间明显收缩. 我们也模拟了 $\Delta t = 10$ a 的情况, 基本趋势是相同的, 只是 95% 区间略有展宽.

3. 实验 C

施泰尔等的实验 C 用中心年龄为 1000 BC 的两个样品进行模拟, 在 t_m^{C14} 相对于 $t_{\text{ideal}}^{\text{C14}}$ 有随机偏移的情况下考察不同 Δt 的影响. 我们设计的实验 C 分别取

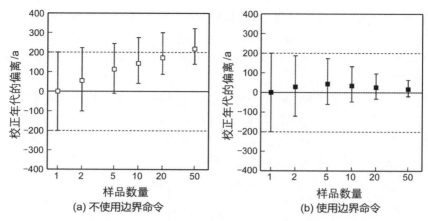

图 4.11 实验 B 的模拟结果,实线与虚线分别对应于单样品校正后的日历年代及其 95% 区间

$\Delta t = 0\ \text{a}, 10\ \text{a}, 20\ \text{a}, 50\ \text{a}, 100\ \text{a}, 200\ \text{a}$,实验用 R_Simulate 命令完成 (计入 t_m^{C14} 的随机偏移),分别按不使用边界命令和使用边界命令构建校正模型,各重复运行 5000 次,并统计 95% 区间的落外比,结果列于图 4.12. 95% 区间的可信度为 95.4%,故落外比的期望值应为 4.6%. 图中给出三组数据,第一组中的两个样品做单样品年代校正,不同 Δt 的落外比与落外比的期望值十分接近. 第二组中的两个样品做不使用边界命令的系列样品年代校正,在 $\Delta t < 50$ a 时,落外比明显高于落外比的期望值,这与施泰尔等的文章中的图 10 对应,二者的结果是一致的. 第三组中的两个样品做使用边界命令的系列样品年代校正,不同 Δt 的落外比与落外比的期望值也比较接近,但是在 Δt 等于 t_i^{cal} 的高斯分布标准偏差 (100 a) 时落外比特别低.

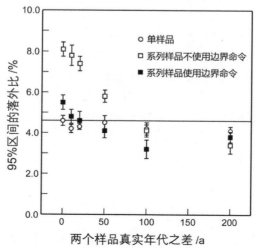

图 4.12 实验 C 的模拟结果,实线为理想落外比 4.6%

以上几个模拟实验表明，使用边界命令可有效消除终端延伸效应，故在后面的模拟实验中我们总是使用边界命令．施泰尔等的实验使用的是无误差的直线校正曲线，为了便于与其结果进行定量比对，我们在本小节的实验 A1, A2, B 和 C 中使用的也是无误差的直线校正曲线．

4.4.3 使用直线校正曲线的进一步模拟研究

在本小节中我们将使用 $\sigma_c = 15$ a 的直线校正曲线对时序已知系列样品做进一步的模拟研究.

1. 实验 D1：样品随机分布的时序已知系列样品

在 4.4.2 小节研究的时序已知系列样品中，样品在系列中都是呈均匀分布的，即各相邻样品的时间间隔都相等，但实际情况并不总是这样．下面我们研究系列中样品呈随机分布的情况．为此，我们构建样品系列 D1，其时间跨度为 200 a，包含 10 个时间间隔随机分布的样品．在使用直线校正曲线时，具体的年代区段并不重要，这里，我们取为 1550 BC—1350 BC.

在随机分布的情况下，各相邻样品的时间间隔是变化的，但我们又不希望该间隔太大或太小，故我们采用如下的随机序列产生方式：(1) 将 200 a 分为 10 个子区间，每个子区间的时间跨度在 10—30 a 之间随机产生；(2) 将所有子区间的时间跨度均乘以一个归一化因子，使总的时间跨度等于 200 a；(3) 在每个子区间内随机产生一个模拟的样品真实年代．用这样的方法可以产生许多不同的样本，我们任取其中一个．该系列 10 个样品的真实年代如表 4.4 所示，各相邻样品的最小时间间隔为 2 a (8 号与 9 号)，最大时间间隔为 34 a (4 号与 5 号).

表 4.4 实验 D1 系列各样品的落内比/%

样品编号	样品系列 D1		
	真实年代/BC	68% 区间	95% 区间
1	1549	70.7	97.3
2	1517	73.2	97.1
3	1499	75.6	97.4
4	1493	65.4	95.8
5	1459	81.6	98.2
6	1440	84.1	98.6
7	1407	72.8	96.7
8	1383	66.5	95.7
9	1381	75.3	96.9
10	1352	75.1	97.8
平均值		74.0	97.2

模型中采用 R_Simulate 命令，取各样品的 $\sigma_m = 40$ a，重复运行 1000 次，并统计落内比，结果如表 4.4 所示．总体来看，系列中部样品的落内比较高，两端较低，且普遍高于标称的可信度，这与实验 A2(样品均匀分布) 的情况类似．但是个别样品 (如 4 号与 8 号) 的落内比较低，其 68% 区间的落内比甚至低于标称的可信度．这是因为其真实年代较其在相应均匀分布系列中的位置有较大的偏移．当我们一遍遍地重复运行实验 D1 时，各样品的落内比会有一定程度的涨落，最大可到 3%，但通常小于 1%．

如果把实验 A2 (见表 4.3 中的使用边界命令部分) 及实验 D1 (见表 4.4) 与单样品校正结果 (见表 4.2 中的直线校正曲线部分) 进行比较，我们会发现无论均匀分布还是随机分布的系列样品年代校正得到的落内比都要高于单样品年代校正得到的落内比．故使用贝叶斯方法不仅可以减小样品年代的可信区间，而且可以提高样品真实年代的落内比．

2. 实验 E: 个别样品错位的模拟研究

在实验 D1 的基础上，我们进一步对系列中个别样品错位进行了模拟研究．所谓样品错位，实际上有两种情况：一种是 t_m^{C14} 相对于 t_{ideal}^{C14} 有较大的偏移，其原因可能是样品被污染、测量存在较大的系统误差或偶发的较大随机误差．另一种是 t_m^{C14} 与 t_{ideal}^{C14} 相符 (偏移在合理范围内)，但该样品在系列中的位置不对，其原因可能是层位扰动或人为判断错误，此时也可以说先验条件有错误．从模拟的观点看，这两种情况的效果是类似的，都可以通过移动该样品的 t^{true} 来模拟．在实验 E 中，我们在系列 D1 的基础上构建了两个模型 E1 和 E2，在这两个模型中，3 号样品被赋予"错误的" t^{true}，其中，在 E1 中 t_3^{true} 被后移 20 a，在 E2 中 t_3^{true} 被后移 50 a．之所以选择 3 号样品，是因为其在系列中的位置不靠中间也不靠两端，且其在随机分布系列 D1 中的真实年代 (1499 BC) 比较接近对应均匀分布系列中该位置的真实年代 (1500 BC)．

实验中 E1 和 E2 被分别重复运行 1000 次，并统计落内比，结果如表 4.5 所示．比较表 4.5 与表 4.4 可知，E1 和 E2 的 3 号样品的落内比较 D1 有较大下降，E2 的 68% 区间的落内比更是下降到只有 25.0%．除了 E1 和 E2 的 4 号样品受 3 号样品挤压，落内比有明显下降以外，其他样品的落内比与 D1 比较没有太明显的变化．

我们也检查了 3 号样品的一致性指数．对于 E2 系列，在 1000 次运行中，3 号样品一致性指数小于 60% 的比例接近 30%．而对于 D1 系列，该比例仅为 7%．但以上是多次运行的统计结果，对于某一个单次运行，3 号样品的一致性指数也可能很高，图 4.13 就是这样的一个单次运行的例子．在这个例子中，3 号样品的真实年代 t_3^{true} 已落到 95% 区间之外，不过该次运行的 3 号样品一致性指数仍达到 112%，故在这种情况下仅凭一个单次运行的校正结果我们是无法发现该样品是错位的．一致性指数衡量的是一个样品 t_m^{C14} 的单样品年代校正概率分布与该样品在系列样品年代校正中的后验概率分布的一致性. $t_\mathrm{m}^\mathrm{C14}$ 是相对于 $t_\mathrm{ideal}^\mathrm{C14}$ 随机偏移产生的. 一致性指数低可能是样品错位使 $t_\mathrm{ideal}^\mathrm{C14}$ 有较大偏移产生的, 也可能是非错位样品 $t_\mathrm{m}^\mathrm{C14}$ 相对于 $t_\mathrm{ideal}^\mathrm{C14}$ 的较大偏移产生的. 另一方面, 错位样品 $t_\mathrm{m}^\mathrm{C14}$ 相对于 $t_\mathrm{ideal}^\mathrm{C14}$ 的反向偏移也可能产生较高的一致性指数. 故一致性指数的高低与样品是否错位没有必然联系.

表 4.5　实验 E: E1 与 E2 系列各样品的落内比/%

样品编号	样品系列 E1			样品系列 E2		
	真实年代/BC	68% 区间	95% 区间	真实年代/BC	68% 区间	95% 区间
1	1549	70.2	96.3	1549	66.5	94.6
2	1517	74.9	97.6	1517	71.2	97.2
3	1479	64.4	95.4	1449	25.0	65.1
4	1493	61.9	93.5	1493	51.9	88.0
5	1459	80.3	98.6	1459	76.8	98.4
6	1440	79.8	98.8	1440	78.4	98.7
7	1407	73.0	97.1	1407	74.2	98.4
8	1383	67.5	95.7	1383	67.9	96.3
9	1381	73.5	96.6	1381	74.2	98.3
10	1352	73.7	96.5	1352	73.9	98.0
平均值		71.9	96.6		66.0	93.3

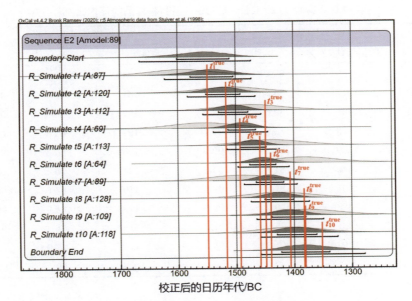

图 4.13　E2 系列的一个单次运行结果

以上模拟实验表明，在用贝叶斯方法对系列样品进行年代校正时，个别样品的错位 (可以是所测量 ^{14}C 年代的偏移引起的，也可以是模型的错位引起的) 有可能不易被发现. 随机现象造成的小概率 $t_\mathrm{m}^\mathrm{C14}$ 大幅度偏移有可能掩盖错位现象，也有可能降低非错位样品的一致性指数，不过在这两种情况下，我们都可以得到正确的系列样品校正结果. 此时，仅凭测量本身无法对样品一致性指数偏低的原因做出判断，较可靠的方法是对样品进行复测. 这也是个别样品 (小于 1/20) 一致性指数低于 60% 时不宜轻易舍弃的原因.

4.4.4 使用实际校正曲线的模拟研究

4.4.2 和 4.4.3 小节都是使用直线校正曲线进行模拟研究，本小节将使用实际校正曲线以研究不同区段形状对校正结果的影响. 我们不考虑具有已知时间间隔的树轮样品，故模拟实验将使用随机分布的系列样品.

1. 实验 D2：斜坡区与扭摆区

在实验 D2 中，我们在 D1 系列的基础上构建了两个模型 D2s 和 D2w. 为便于与 D1 做比较，这两个系列的时间跨度均为 200 a，各包括 10 个样品，^{14}C 测量误差设为 40 a. 对于具体的年代区间，D2s 取为斜坡区 1550 BC—1350 BC，D2w 取为扭摆区 1350 BC—1150 BC，各相邻样品的时间间隔与 D1 的相应样品相同. 实际上，模型 D2s 与 D1 完全相同，只是使用不同的校正曲线. 这两个模型分别运行 1000 次，各样品的落内比列于表 4.6.

表 4.6 实验 D2：D2s 与 D2w 系列各样品的落内比/%

样品编号	样品系列 D2s			样品系列 D2w		
	真实年代/BC	68% 区间	95% 区间	真实年代/BC	68% 区间	95%区间
1	1549	87.4	98.0	1349	89.9	99.3
2	1517	84.8	97.4	1317	78.7	98.5
3	1499	88.6	98.2	1299	80.0	97.6
4	1493	66.0	97.7	1293	64.3	94.7
5	1459	88.3	99.7	1259	80.3	98.0
6	1440	81.3	99.4	1240	76.4	98.6
7	1407	81.7	98.5	1207	85.6	99.4
8	1383	79.2	98.5	1183	88.0	99.7
9	1381	77.8	97.8	1181	75.4	95.7
10	1352	91.3	99.3	1152	73.0	95.6
平均值		82.6	98.5		79.2	97.7

比较表 4.6 与表 4.4 可知, 使用实际校正曲线的落内比要高于使用直线校正曲线时的值. 除了 4 号样品的落内比仍旧较低以外, D2s 与 D2w 系列其余样品的落内比与 D1 系列相比均有较大的提高, 68% 区间的落内比一般在 80% 左右, 95% 区间的落内比可达 98% 左右.

2. 实验 A3 与 D3: 长平台区

施泰尔等曾设计了一个使用实际校正曲线的实验 A3, 以考察曲线平台区 (750 BC—400 BC) 的影响, 构建的模型也包括 6 个样品, 其 t^{true} 的时间间隔 $\Delta t = 5 \text{ a}$, 分别为 750 BC, 745 BC, 740 BC, 735 BC, 730 BC 和 725 BC. 其 $t^{\text{C14}}_{\text{ideal}}$ 均为 2455 BP, 取测量误差 $\sigma_{\text{m}} = 40 \text{ a}$, 考虑到 $t^{\text{C14}}_{\text{m}}$ 的随机偏移后, 6 个样品的 $t^{\text{C14}}_{\text{m}}$ 分别为 2546 BP, 2490 BP, 2402 BP, 2446 BP, 2386 BP, 2491 BP. 施泰尔等按时序已知系列用贝叶斯方法进行年代校正, 但不使用边界命令, 结果表明, 后 3 个样品的 t^{true} 均未落入 95% 区间内.

我们用 R_Date 命令以两种方式重复了施泰尔等的实验 A3: 一种不使用边界命令, 另一种使用边界命令, 所得结果示于图 4.14. 其中, 不使用边界命令的结果与

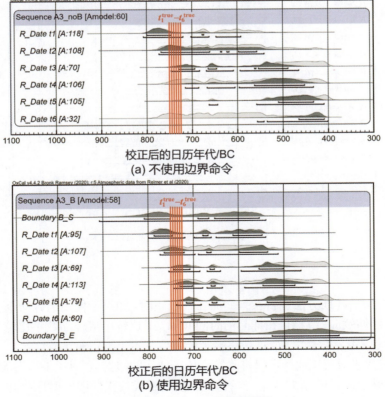

图 4.14 实验 A3 的模拟结果

施泰尔等的文章中的图 5 相同,而使用边界命令时 6 个样品的 t^{true} 均落在 95% 区间内.

但是图 4.14(b) 中的结果仅在数学上有意义,其中,所有样品的 95% 区间都大于 300 a, 68% 区间的时间跨度也在 250—300 a 之间,据此无法得出有年代学意义的结果. 此外,实验 A3 设定的 Δt 也太小,考古学与地学无法提供时间分辨率如此之高的先验条件. 因此我们设计了更接近实际情况的实验 D3,用于研究校正曲线平台区的影响. 该系列的时间跨度亦为 200 a,年代区间取为 750 BC—550 BC,包括 10 个样品,各相邻样品的时间间隔与 D1 的相应样品相同. 模型中用 R_Simulate 命令,^{14}C 测量误差设为 40 a. 图 4.15 是该模型一个单次运行的结果,各样品 68% 区间的时间跨度在 100 a 左右,所有的 t^{true} 均落在 68% 区间内. 当然,不同的单次运行会给出不同的结果,有时 t^{true} 会落在 68% 区间外,但上千次运行给出的 68% 区间的落内比在 95% 以上.

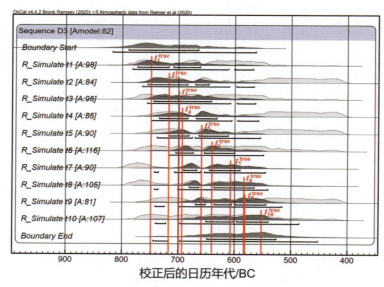

图 4.15　实验 D3 的一个单次运行结果

4.4.5　小结

(1) 在用贝叶斯方法进行系列样品年代校正时,如果不使用边界命令会产生明显的终端延伸效应,特别是在样品的时间间隔 Δt 比较小或样品数量比较多的情况下. 但是使用边界命令之后,这一终端延伸效应基本上可以被消除.

(2) 使用直线校正曲线可以排除实际校正曲线的扭摆区、平台区等形状的影响,从而更好地反映贝叶斯方法本身的性质. 使用直线校正曲线对时序已知系列样品进行年代校正时,每一个样品的落内比均会高于相应的标称可信度.一般说来,系列中部样品的落内比高于系列两端的值,系列中样品时间间隔随机分布时样品的落内比高于样品时间间隔均匀分布的情况.故使用贝叶斯方法进行系列样品年代校正不仅可以减小样品年代的可信区间,还可以增大落内比,即实际的可信度.

(3) 使用实际校正曲线对系列样品进行年代校正时,样品的落内比明显高于使用直线校正曲线时的值,且与曲线的形状密切相关.通常情况下,实际校正曲线给出的系列样品 68% 区间的落内比可达 80% 左右,因此,对于时序已知系列样品,我们可以用样品的 68% 区间作为其日历年代范围.

(4) 由于自然或人为因素,样品在系列模型中的位置有可能相对于其真实年代发生偏移.这里可能有两种情况:一种是测量结果正确但先验信息错误使样品真实年代偏离模型,另一种是先验信息正确但由于污染等原因使测量结果偏离模型,此时,相当于与测量结果对应的表观真实年代偏离模型.如果偏离较大,就会导致落内比的较大下降,以及多次运行时样品一致性指数平均值的小幅度下降.但是,对于单次运行 (实际上,多数情况下我们对样品只进行单次测量),由于统计规律的随机性,这种现象可能并不明显,除非偏移量大于 2—3 倍测量误差.另一方面,由于统计规律的随机性,"正确"样品的一致性指数也可能低于 60%.因此我们不能期望通过年代测量与校正来检验先验信息.

(5) 一般说来,一个系列中个别样品的一致性指数低于 60% 的原因可能有以下几种:样品层位错误、采样或制样过程中引入了污染、测量过程中的错误、测量中符合统计规律的随机性偏移.作为前三种原因,该数据应当被舍弃,但实际上很难排除最后一种原因.因此,对于一致性指数低的样品应首先对样品本身、制样和测量过程、数据处理过程进行复查.若没有发现错误,则应谨慎处理,最好安排复测.在无法复测的情况下,若一致性指数过低 (如低于 30%),则该数据可以被舍弃,而对于一致性指数略低于 60% 的数据则可予以保留.

4.5 分期系列样品 ^{14}C 年代校正的模拟研究

本节中,我们将分期已知系列样品简称为分期系列样品,系列的起始边界记为 S (Start),终止边界记为 E (End).

4.5.1 分期系列样品的模型构建

从考古遗址采集的样品可以组成有多个考古文化分期的样品系列,每个分期有若干个样品,各分期按时间顺序形成一个序列.在构建模型时,序列两端也必须加边界,如图 4.1(c) 和图 4.2(c) 所示,在起始边界和终止边界之间可能有多个分期形成的序列."夏商周断代工程"内部对校正模型中是否应当加边界曾经存在争议,特别是在两个分期之间是否加中间边界，这主要是由于边界的数学定义意味着前后两个分期之间不发生交叠，而实际上考古分期之间有可能发生交叠. 我们的模拟实验表明，由于年代校正的贝叶斯方法是基于抽样统计计算，因此所得到的相邻分期的 68% 区间在通常情况下是有交叠的. 模拟实验也证实，如果序列两端不加边界，则首期和末期也会受到终端延伸效应的影响而发生偏离.

在模拟实验的模型构建时，我们需要选择分期的数量、样品的数量、样品的测量精度、整个序列及各个分期的延续时间、具体的校正曲线区段等，其中，有些因素会对校正结果有显著影响. 因此我们首先对典型情况进行模拟研究，然后再对一些重要的影响因素进行模拟研究. 此外，在模型构建时我们有一些选项：一是毗连分期的年代可以是有交叠的，也可以是无交叠的；二是样品在分期内的分布可以是均匀的，也可以是随机的. 我们在模拟研究中会对这些选项分别进行实验研究，然后加以比对.

4.5.2 典型分期系列样品的模拟研究

本小节中使用的典型分期系列样品校正模型包括 30 个样品，分成 5 个分期，每个分期有 6 个样品. 整个序列延续 200 a，从 1600 BC—1400 BC，每个分期延续 40 a. 选择这一年代区段是因为其涵盖了校正曲线的斜坡区、扭摆区和短平台区，比较有代表性. 样品编号为三位数，首位为分期序号，末位为各分期内的样品序号.

1. 实验 PHB: 边界命令的必要性

实验 PHB 考察三种边界设置：(a) 不使用任何边界命令 (模型 B0)；(b) 只在序列首尾使用边界命令，各分期之间不使用中间边界命令 (模型 B1)；(c) 在序列首尾使用边界命令，在各分期之间也使用中间边界命令 (模型 B2). 这里，我们考虑各分期的年代无交叠、分期内样品均匀分布的情况，样品的测量误差设为 40 a. 此时，各样品的真实年代设为

$$t^{\text{true}}(i,j) = -1600 + 40(i-1) + 7(j-1) + 2, \tag{4.12}$$

其中 i 为分期序号，j 为各分期内的样品序号. 为比较三种边界设置的结果，首先用 R_Simulate 命令根据 $t^{\text{true}}(i,j)$ 产生一组 $t_{\text{m}}^{\text{C14}}(i,j)$，然后在三个模型中使用 R_Date $(t_{\text{m}}^{\text{C14}}(i,j), \sigma_{\text{m}})$ 命令进行系列样品年代校正，结果如图 4.16 所示. 比较图 4.16(a)、图 4.16(b) 与图 4.16(c) 可知，不使用边界命令时一期和五期的可信区间会向两端延伸，直到单样品年代校正概率分布的远端；而在序列首尾使用边界命令可对一期和五期的可信区间产生有效的约束. 比较图 4.16(b) 与图 4.16(c) 可知，是否使用中间边界命令对本例的校正结果并无显著影响.

这里，值得关注的是模型 B2. 该模型在各分期之间使用了中间边界命令. 从数学上讲，该边界把前后两个分期隔开，那么前后两个分期应当是无交叠的. 但从图

4.16(c) 来看, 实际上前后两个分期的可信区间是有交叠的. 这是由于中间边界并不是一个数据点, 而是一个概率分布, 样品的年代也是概率分布, 因此, 虽然在 MCMC 计算过程中的每一步分期无交叠的先验条件可以保持, 但是最后得到的前后两个分期样品的后验概率分布还是会有交叠. 如果每个分期中的样品数量相差不多, 且各分期的时间跨度也差不多, 即样品分布频率 (疏密度) 相近时, 使用与不使用中间边界命令所得到的校正结果不会有大的差别. 但是, 如果某些分期的样品数量比另一些分期多很多, 或者各分期的时间跨度差别很大, 那么使用中间边界命令就是十分必要的了.

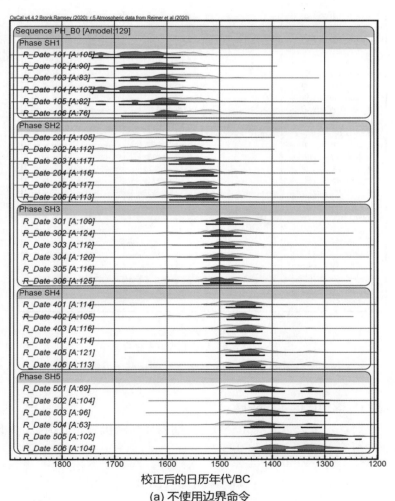

图 4.16 三种边界设置的典型分期系列样品的年代校正结果

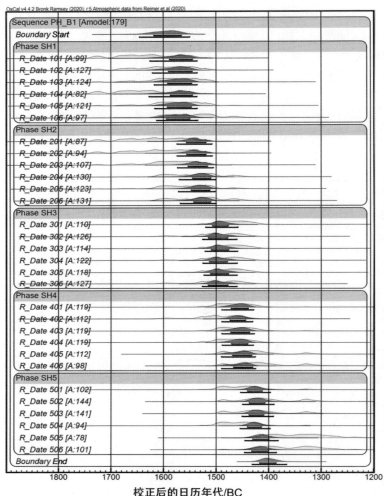

图 4.16 三种边界设置的典型分期系列样品的年代校正结果 (续)

2. 实验 F: 落内比的实验研究

这里, 我们首先考虑各分期无交叠、分期内样品随机分布的情况. 此时, 模型中各样品的真实年代为

$$t^{\text{true}}(i, j) = -1600 + 40(i - 1) + 40 \cdot \text{RAND}(), \quad (4.13)$$

其中 RAND() 为产生伪随机数的函数, 所产生的伪随机数在 0—1 之间. 由于每次产生的伪随机数都不一样, 因此重复产生的样品随机分布也会有较大差别. 为了

4.5 分期系列样品 ^{14}C 年代校正的模拟研究

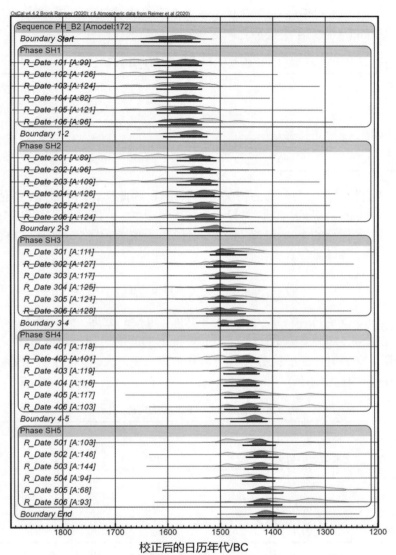

(c) 在系列首尾使用边界命令, 在各分期之间也使用中间边界命令

图 4.16 三种边界设置的典型分期系列样品的年代校正结果 (续)

保证实验结果具有普遍性, 我们用 (4.13) 式产生了 4 套 $t^{\text{true}}(i,j)$ 数据, 然后使用 R_Simulate $(t^{\text{true}}(i,j), \sigma_{\text{m}})$ 命令构建了 4 个样品随机分布的模型 F1—F4, 各包含 5 个分期、30 个样品, 样品的测量误差设为 40 a. 每个模型用批处理命令运行 100 次, 分别得到 3000 组日历年代 68% 和 95% 区间的数据, 并统计每个样品的落内比, 结

果见表 4.7. 由表 4.7 可见, 4 个模型的 68% 区间的落内比均大于 80%, 而 95% 区间的落内比接近 100%, 4 个模型之间的涨落并不是很大.

表 4.7 模型 F1—F4 的落内比/%

模型	F1	F2	F3	F4
数据量	3000	3000	3000	3000
68% 区间	82.1	86.0	85.7	80.2
95% 区间	99.8	99.6	99.5	98.6

下面我们与样品均匀分布的情况做一下比对, 为此构建两个模型, 各包含 5 个分期、30 个样品, 样品的测量误差设为 40 a. 模型 F5 中各分期无交叠、分期内样品均匀分布, 各样品的 t^{true} 可按 (4.12) 式计算. 模型 F6 中各分期有交叠、分期内样品均匀分布, 各样品的真实年代为

$$t^{\text{true}}(i,j) = -1600 + 40(i-1) + 10(j-1) - 5. \tag{4.14}$$

模型 F5 和 F6 各运行 400 次, 分别得到 12000 组样品数据. 将模型 F1—F4 的数据合并, 也得到 12000 组样品数据. 不同情况下的落内比列于表 4.8. 由表 4.8 可知, 各分期无交叠时样品随机分布与均匀分布的差别不大, 但各分期有交叠时样品均匀分布的落内比会略低.

表 4.8 模型 F1—F6 的落内比/%

模型	F1—F4 (无交叠随机分布)	F5 (无交叠均匀分布)	F6 (有交叠均匀分布)
数据量	12000	12000	12000
68% 区间	83.5	82.0	71.6
95% 区间	99.4	99.6	98.7

进一步的分析表明, 落内比的高低与样品在分期中的位置有关. 表 4.9 列出了按分期内样品编号统计的落内比数据, 编号 X01 表示对该模型 5 个分期中 $j=1$ 的 5 个样品 101, 201, 301, 401, 501 的合并统计, 其他编号可类推. 表 4.9 显示, 在分期中部的样品有很高的落内比, 68% 区间的落内比甚至高于 95%; 而两端样品的落内比较低, 在分期有交叠的情况下, 两端样品的 68% 区间的落内比甚至有可能低于 50%.

表 4.9　模型 F5 和 F6 的落内比随样品在分期中位置的变化/%

	样品编号	X01	X02	X03	X04	X05	X06
F5 无交叠	数据量	2000	2000	2000	2000	2000	2000
	68% 区间	61.3	88.4	96.0	95.3	86.0	65.1
	95% 区间	99.7	100	100	99.9	99.8	98.6
F6 有交叠	数据量	2000	2000	2000	2000	2000	2000
	68% 区间	41.7	72.3	93.0	92.7	77.7	52.2
	95% 区间	96.5	99.9	100	100	99.8	96.4

3. 实验 N6rn: 分期的日历年代区间的估计

分期系列样品主要用于考古学, 样品的分期就对应于考古遗址的文化分期. 地球科学则多用层位相关的时序已知系列样品. 我们构建分期系列样品的主要目的是通过校正得到各个考古遗址的文化分期的年代区间, 除了少数情况外, 每个样品的年代往往并非我们关注的重点, 所以分期系列样品模拟实验的重点是研究如何对各分期的日历年代区间做出尽量合理的估计.

我们在 "夏商周断代工程" 中对分期系列样品的年代校正结果只给出日历年代 68% 区间, 并以每个分期内各样品日历年代 68% 区间的叠加作为该分期的年代区间. 有人曾对此提出异议, 认为应当取日历年代 95% 区间. 对于单样品, 确实应当取日历年代 95% 区间, 但是我们的模拟研究表明, 对于分期系列样品的年代校正结果, 取日历年代 68% 区间更为合理. 下面的模拟实验即可说明此问题.

本实验构建了一个典型的分期系列样品模型 N6rn, 其中, r 代表随机分布, n 代表样品的真实年代区间无交叠. 该系列设定真实年代区间为 1600 BC—1400 BC, 包含 5 个分期, 各分期 40 a, 含 6 个样品, 样品的真实年代在分期内为随机分布, 样品的测量误差设为 30 a. 实验时首先用 (4.13) 式产生一套 $t^{\text{true}}(i,j)$ 数据, 然后使用 R_Simulate $(t^{\text{true}}(i,j), \sigma_{\text{m}})$ 命令构建样品随机分布的模型 N6rn. 对该模型可重复运行多次, 每次运行中各样品的真实年代 $t^{\text{true}}(i,j)$ 是一样的, 但各样品的模拟 ^{14}C 年龄 $t_{\text{m}}^{\text{C14}}(i,j)$ 由 R_Simulate 命令随机产生, 因此每次运行结果是不同的, 有时相对于其理想 ^{14}C 年龄 $t_{\text{ideal}}^{\text{C14}}(i,j)$ 会有较大偏离. 表 4.10 和表 4.11 给出了对该模型的两个不同的单次运行结果, 表中给出了各样品的真实年代、模拟 ^{14}C 年龄、校正后的日历年代 68% 和 95% 区间, 以及一致性指数. 我们将每个分期中各样品的校正后的日历年代 68% (或 95%) 区间进行叠加, 就可以得到该分期的校正后的日历年代 68% (或 95%) 区间. 这两个不同的单次运行结果的各分期校正后的日历年代 68% 和 95% 区间如表 4.12 所示, 表中还列出了我们设定的真实年代区间. 图 4.17 给出了模型 N6rn 第一次运行 (对应于表 4.10) 的年代校正结果标图, 图中还用不同颜色的矩形方框标出了各分期的真实年代区间, 以及通过叠加产生的校正后的日历年代 68%

表 4.10 模型 N6rn 单次运行的结果 (之一)

样品与分期	真实年代/BC	模拟 ^{14}C 年龄/BP	校正后的日历年代 68% 区间/BC	校正后的日历年代 95% 区间/BC	一致性指数
B_S	1600		1621—1571	1636—1546	
101	1585	3279	1606—1556	1614—1545	84.7%
102	1568	3349	1605—1558	1621—1544	96.5%
103	1564	3298	1606—1559	1615—1545	109.8%
104	1590	3301	1605—1559	1615—1545	111.9%
105	1592	3344	1605—1558	1620—1544	108.6%
106	1561	3289	1606—1557	1615—1545	100.5%
B_1-2	1560		1587—1548	1605—1538	
201	1545	3327	1568—1532	1586—1516	107.4%
202	1537	3318	1566—1531	1587—1513	105.6%
203	1552	3376	1568—1538	1587—1529	21.4%
204	1540	3267	1549—1511	1584—1502	113.2%
205	1540	3299	1561—1521	1585—1509	105.6%
206	1557	3282	1557—1517	1583—1506	111.6%
B_2-3	1520		1529—1495	1551—1481	
301	1504	3222	1506—1476	1519—1459	110.9%
302	1484	3157	1497—1480	1505—1462	78.5%
303	1485	3201	1502—1478	1511—1458	108.4%
304	1515	3269	1521—1473	1532—1463	88.5%
305	1493	3145	1496—1479	1504—1463	56.0%
306	1491	3179	1499—1478	1506—1461	102.8%
B_3-4	1480		1486—1461	1494—1449	
401	1462	3204	1475—1450	1486—1440	115.3%
402	1462	3198	1476—1449	1487—1440	113.0%
403	1471	3259	1476—1451	1486—1441	49.8%
404	1447	3192	1476—1449	1487—1439	110.1%
405	1455	3182	1477—1448	1488—1438	103.4%
406	1446	3192	1476—1449	1487—1439	110.1%
B_4-5	1440		1466—1438	1481—1427	
501	1407	3033	1418—1377	1432—1351	42.7%
502	1401	3111	1430—1395	1450—1369	108.3%
503	1401	3154	1443—1412	1458—1392	126.5%
504	1431	3189	1450—1421	1467—1407	90.1%
505	1411	3177	1447—1419	1464—1403	102.7%
506	1432	3190	1450—1421	1466—1407	88.9%
B_E	1400		1413—1365	1431—1318	
				模型一致性指数	59.8%

表 4.11　模型 N6rn 单次运行的结果 (之二)

样品与分期	真实年代/BC	模拟 ^{14}C 年龄/BP	校正后的日历年代 68% 区间/BC	校正后的日历年代 95% 区间/BC	一致性指数
B_S	1600		1624—1546	1651—1541	
101	1585	3300	1581—1541	1617—1537	107.6%
102	1568	3332	1582—1541	1621—1537	124.6%
103	1564	3333	1582—1541	1621—1537	124.6%
104	1590	3346	1581—1541	1625—1537	110.3%
105	1592	3303	1581—1541	1617—1537	110.0%
106	1561	3369	1581—1541	1631—1537	47.1%
B_1-2	1560		1565—1534	1606—1523	
201	1545	3286	1546—1518	1571—1506	118.7%
202	1537	3262	1542—1517	1569—1502	123.4%
203	1552	3339	1555—1521	1577—1512	81.0%
204	1540	3292	1546—1519	1576—1507	112.8%
205	1540	3301	1547—1520	1575—1508	103.8%
206	1557	3260	1542—1517	1569—1502	121.6%
B_2-3	1520		1531—1506	1547—1490	
301	1504	3302	1522—1501	1537—1460	48.7%
302	1484	3219	1509—1476	1519—1456	110.4%
303	1485	3168	1501—1478	1507—1456	87.6%
304	1515	3217	1509—1476	1519—1456	109.6%
305	1493	3186	1503—1478	1510—1454	100.5%
306	1491	3233	1515—1471	1526—1456	119.0%
B_3-4	1480		1489—1452	1499—1444	
401	1462	3188	1470—1437	1490—1431	111.2%
402	1462	3203	1469—1440	1490—1432	110.6%
403	1471	3171	1466—1436	1490—1430	106.5%
404	1447	3165	1466—1435	1490—1430	102.4%
405	1455	3216	1471—1441	1489—1433	108.0%
406	1446	3227	1472—1442	1488—1434	102.1%
B_4-5	1440		1454—1427	1477—1418	
501	1407	3083	1432—1405	1444—1385	54.4%
502	1401	3158	1439—1416	1453—1402	133.8%
503	1401	3109	1435—1407	1446—1388	92.2%
504	1431	3190	1442—1419	1459—1408	81.2%
505	1411	3146	1438—1414	1451—1397	143.8%
506	1432	3184	1442—1418	1458—1407	90.6%
B_E	1400		1427—1395	1440—1364	
				模型一致性指数	96.2%

表 4.12　模型 N6rn 两个不同的单次运行结果的各分期校正后的日历年代 68% 和 95% 区间

分期	真实年代区间/BC	单次运行之一		单次运行之二	
		校正后的日历年代 68% 区间/BC	校正后的日历年代 95% 区间/BC	校正后的日历年代 68% 区间/BC	校正后的日历年代 95% 区间/BC
1	1600—1560	1606—1556	1621—1544	1582—1541	1631—1537
2	1560—1520	1568—1511	1587—1502	1555—1517	1577—1502
3	1520—1480	1521—1473	1532—1458	1522—1471	1537—1454
4	1480—1440	1477—1448	1488—1438	1472—1435	1490—1430
5	1440—1400	1450—1377	1467—1351	1442—1405	1459—1385

和 95% 区间 (对应于表 4.12). 图 4.18 则给出了模型 N6rn 第一次运行时各样品的真实年代 $t^{\text{true}}(i,j)$ 与模拟 ^{14}C 年龄 $t_{\text{m}}^{\text{C14}}(i,j)$ 对应的数据点在校正曲线上的标图. 图中各数据点的横坐标对应于样品的真实年代, 纵坐标对应于样品的模拟 ^{14}C 年龄, 误差棒代表模拟的样品测量误差, 样品编号与表 4.10 对应. 图中数据点在水平方向是疏密不匀的, 且编号顺序也有颠倒, 这是由于样品的真实年代在分期内是随机产生的. 在垂直方向, 数据点有的在校正曲线之上, 有的在校正曲线之下, 且与校正曲线的距离各不相同, 这是由于样品的模拟 ^{14}C 年龄是由 R_Simulate 命令随机产生的.

比较表 4.12 中单次运行得到的校正后的日历年代 68% 和 95% 区间与设定的真实年代区间, 我们可以发现 68% 区间比 95% 区间更接近真实年代区间. 68% 区间的两个端点与真实年代区间两个端点的差别一般在 10 a 之内, 两个不同的单次运行的 20 个端点中只有 3 个的差别在 20 a 左右. 而 95% 区间的差别则要大得多, 多数在 20 a 左右, 个别相差接近 50 a. 此外, 我们设定的真实年代区间是无交叠的, 模拟实验各单次运行中相邻分期的日历年代 68% 区间的交叠量不大, 一般在 10 a 之内; 而日历年代 95% 区间则明显比设定的真实年代区间宽很多, 交叠量也大幅度增加, 有的甚至交叠达 30—40 a. 因此在进行分期系列样品的年代校正时, 应当取日历年代 68% 区间 (分期内各样品日历年代 68% 区间的叠加) 作为各分期的年代区间. 以上模拟实验表明, 这是一个比较合理的选择.

由图 4.17 可知, 代表日历年代 68% 区间的绿色方框与各分期设定的真实年代区间的红色方框差别较小, 而代表日历年代 95% 区间的蓝色方框与各分期设定的真实年代区间的红色方框差别较大. 这也说明, 选择日历年代 68% 区间作为各分期的年代区间是合理的.

从表 4.10 和表 4.11 我们还可以看出, 有些样品的校正后的日历年代 68% 区间并没有包含其真实年代, 这是由于随机产生的样品模拟 ^{14}C 年龄 $t_{\text{m}}^{\text{C14}}$ 相对于其

4.5 分期系列样品 ^{14}C 年代校正的模拟研究

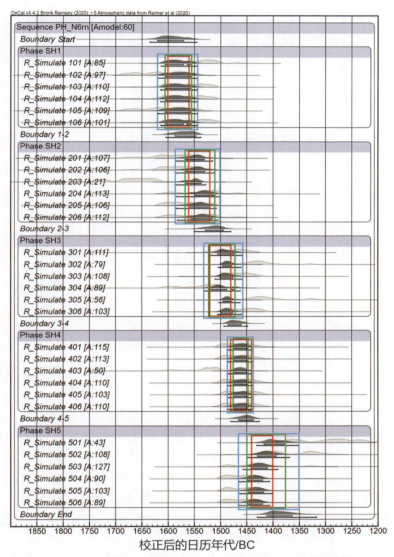

图 4.17 模型 N6rn 第一次运行的年代校正结果标图. 图中红色方框为各分期设定的真实年代区间, 绿色方框为各分期的校正后的日历年代 68% 区间, 蓝色方框为各分期的校正后的日历年代 95% 区间

理想 ^{14}C 年龄 t_{ideal}^{C14} 有较大偏差. 这种样品模拟 ^{14}C 年龄的偏差有时还会导致一个分期的日历年代 68% 区间相对于其真实年代区间发生整体偏移, 如表 4.11 中的一期向年轻方向偏移了近 20 a. 但这种情况较少发生, 属于随机现象中的小概率事件. 另外, 模拟实验中有些样品的一致性指数会偏低, 可降至 40%—50%, 甚至更低.

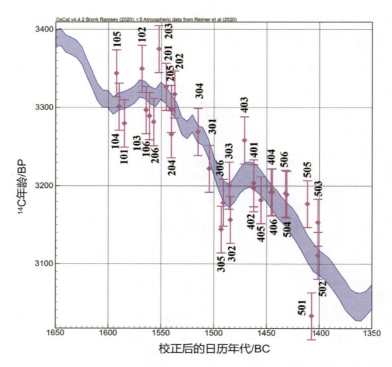

图 4.18 模型 N6rn 第一次运行时各样品的 t^{true} 与 $t_{\text{m}}^{\text{C14}}$ 对应的数据点在校正曲线上的标图

这也是由于随机产生的样品模拟 ^{14}C 年龄相对于其理想 ^{14}C 年龄有较大偏离,参见图 4.17 中的样品 203 与 501. 从图 4.18 中也可以看出, 这两个样品的数据点相对于校正曲线有较大偏离. 关于样品的一致性指数问题我们后面还要讨论.

这里, 我们只给出了两次具有典型意义的运行结果. 我们还可以进行多次运行, 但总体趋势是一致的. 我们也可以用 (4.13) 式产生多套 $t^{\text{true}}(i,j)$ 数据, 构建不同的模型进行实验, 具体结果是不同的, 但基本结论也是与此一致的. 对于校正曲线的某些区段, 特别是有较大波动的扭摆区和较长的平台区, 分期的日历年代 68% 区间也会有较大的展宽, 此时, 真实的年代区间可能会被估计得过长, 参见后面的实验 V 与 W. 但是, 即便在这种情况下, 日历年代 68% 区间也比日历年代 95% 区间更接近真实情况.

由于 R_Simulate 命令产生 $t_{\text{m}}^{\text{C14}}$ 的随机性, 理论上全系列有可能发生整体性向偏老或偏年轻方向的偏移, 虽然概率非常小. 为了研究这一现象, 我们可以通过大量运行来考察起始边界 S 和终止边界 E 的日历年代 68% 区间的变化. 图 4.19 给出了模型 N6rn 的 100 次运行的统计结果. 图 4.19 显示, 起始边界 S 和终止边界 E 在反复运行过程中十分稳定, S 和 E 设定值的 68% 区间的落内比均接近 100%. 进一步的考察发现,个别边界设定值落在 68% 区间之外,如第一百次运行的终止边界 E,这并非系列的整体偏移,而是由于五期的扩展引起的.

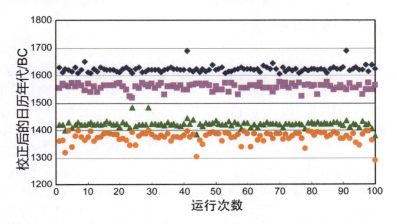

图 4.19 模型 N6rn 在 100 次运行中起始边界 S 和终止边界 E 的日历年代 68% 区间的涨落情况,其中,◆表示 S 的 68% 区间起点,■表示 S 的 68% 区间终点,▲表示 E 的 68% 区间起点,●表示 E 的 68% 区间终点

4. 样品一致性指数低的处理

我们在 4.4 节已指出,个别样品的一致性指数低于 60% 是正常的.通过检查以上几个分期系列样品模拟实验的结果可以发现,有些样品后验概率分布的一致性指数很低,例如,表 4.10 中的样品 203,其一致性指数只有 21.4%,但是其 t^{true} 仍然落在 68% 区间内. 这是由于 t_m^{C14} 是 R_Simulate 命令随机产生的,在某次运行中某个样品的 t_m^{C14} 有可能随机性地大幅度偏离 t_{ideal}^{C14},导致其单样品年代校正区间的较大偏移.但是,受到先验条件的约束,在其他同期样品的拉动下,该样品的后验概率分布被拉回到与其他样品相近的位置.由于后验概率分布与单样品概率分布有较大差别,因此其一致性指数很低.但是,由于后验概率分布被拉回,因此样品的 t^{true} 仍然可以落在 68% 区间内.这个例子说明,只要系列和各分期的样品数量足够多,分期系列样品各分期的年代框架就是足够稳定的.个别样品 (少于 5%) 测量结果的较大偏离 (无论是什么原因导致的) 并不会撼动这一年代框架,故个别样品的一致性指数低于 60% 也是可以接受的,对于各分期日历年代区间的估计不会有大的影响.但是,如果有较多样品的一致性指数低于 60%,则应当谨慎处理,此时可能有取样不当、样品污染、分期错误等情况发生,建议对样品进行复测.如果复测后一致性指数恢复正常,那么原先的低值很可能是随机性大幅度偏离造成的.如果复测后一致性指数仍然很低,则样品很可能有问题,可将其舍弃.

如果只进行单样品年代校正,我们很难对样品的可靠性做出判断,故使用贝叶斯方法对系列样品进行年代校正可以提高数据的可靠性.

4.5.3 分期系列样品非理想情况的模拟研究

1. 实验 T: 分期样品空缺的处理

在构建分期系列样品校正模型时, 由于采样时的限制或制样的失败等原因, 可能会出现个别分期样品空缺的情况. 此时, 我们在构建模型时可以使用 Date (日期) 命令 (对于 OxCal v3 则使用 Event (事件) 命令) 在该分期中插入无测量数据的空事件, 从而得到该分期的年代. 下面我们通过模拟实验来检验这种做法的有效性. 为此, 我们构建两个模型 T1 和 T2, 对应的日历年代区段为 1650 BC—1450 BC, 其中, T1 包括 4 个分期, 每个分期 50 a, 内含 5 个样品, 分期内样品的真实年代为均匀分布, 样品真实年代的间隔为 10 a, 各分期无交叠, 相邻分期之间使用中间边界命令, 所有样品的测量误差均设为 40 a. 模型 T2 与 T1 基本相同, 但假定 3 期样品空缺, 在其中插入 Date 命令. 为了便于比较, 我们仍使用在实验 PHB 中用过的方法, 即首先用 R_Simulate 命令根据 $t^{\text{true}}(i,j)$ 产生一组 $t_{\text{m}}^{\text{C14}}(i,j)$, 然后在两个模型中使用 R_Date $(t_{\text{m}}^{\text{C14}}(i,j), \sigma_{\text{m}})$ 命令进行系列样品年代校正.

两个模型的年代校正结果见表 4.13. 比较模型 T1 和 T2 各样品的 68% 区间可知, 虽然 T2 的 3 期无样品, 但使用 Date 命令代替后, 两个模型的校正结果大体上相互吻合, 各边界的概率分布也没有很大差别. 由此可知, 这种分期样品空缺的处理方法是合理可行的.

2. 实验 Tx: 样品错位的模拟研究

如前所述, 在分期系列模型中一个 "正确" 样品的一致性指数可能很低, 一个 "错误" 样品的一致性指数却不一定低. 在前面的模拟实验 T1 中, 我们可以故意将 1 期的样品 103 移入 2 期. 这样, 在新的模型 Tx 中, 这个样品就处于 "错误" 的分期中, 参见表 4.14. 由表 4.14 可见, 样品 103 的模拟 ^{14}C 年龄 3375 BP 比 2 期的样品都要老. 但是年代校正结果表明, 这个样品的校正后的日历年代 68% 区间已经从模型 T1 中的 1663 BC—1614 BC 变为模型 Tx 中的 1619 BC—1545 BC, 与 2 期的其他样品一致, 且其一致性指数仍可达到 61%. 同时, 两个模型中各对应分期的年代区间变化也很小. 这个实验表明, 只要系列和各分期的样品数量足够多, 个别样品的错位对于各分期日历年代区间不会有太大影响, 各分期的年代框架是足够稳定的. 这说明一个分期中各样品的 68% 区间主要反映的是该分期的年代区间, 即校正得到的样品日历年代区间极大地取决于先验条件. 这个实验也表明, 分期系列样品结构具有很好的容错能力. 实际上, 我们进行考古分期系列样品的测年时, 主要关心的是分期的年代, 而不是个别样品的年代. 故一般情况下个别样品的错位对分期系列样品的年代校正结果并没有太大影响. 当然, 如果错位的幅度很大, 例如, 把样品 103 移入 3 期, 则其一致性指数会大幅度下降, 对各分期的年代区间也会有一定的拉动作用.

表 4.13 模型 T1 与 T2 的年代校正结果

	模型 T1				模型 T2		
样品与分期	真实年代/BC	模拟 ^{14}C 年龄/BP	校正后的日历年代 68% 区间/BC	样品与分期	真实年代/BC	模拟 ^{14}C 年龄/BP	校正后的日历年代 68% 区间/BC
B_S	1650		1690—1625	B_S	1650		1692—1624
101	1645	3357	1666—1612	101	1645	3357	1665—1612
102	1635	3406	1665—1616	102	1635	3406	1664—1616
103	1625	3375	1663—1614	103	1625	3375	1663—1614
104	1615	3368	1664—1613	104	1615	3368	1664—1613
105	1605	3329	1665—1607	105	1605	3329	1665—1607
B_1-2	1600		1637—1588	B_1-2	1600		1638—1588
201	1595	3264	1612—1554	201	1595	3264	1613—1554
202	1585	3329	1613—1558	202	1585	3329	1614—1555
203	1575	3284	1612—1555	203	1575	3284	1613—1554
204	1565	3346	1615—1558	204	1565	3346	1615—1550
205	1555	3312	1612—1558	205	1555	3312	1613—1556
B_2-3	1550		1576—1521	B_2-3	1550		1582—1514
301	1545	3270	1538—1505				
302	1535	3345	1551—1511				
303	1525	3265	1537—1504	Date (3 期)	无	无	1546—1491
304	1515	3290	1542—1506				
305	1505	3200	1531—1496				
B_3-4	1500		1517—1483	B_3-4	1500		1516—1470
401	1495	3209	1504—1466	401	1495	3209	1501—1459
402	1485	3184	1503—1466	402	1485	3184	1501—1457
403	1475	3205	1504—1466	403	1475	3205	1501—1459
404	1465	3234	1505—1464	404	1465	3234	1503—1456
405	1455	3219	1504—1465	405	1455	3219	1501—1460
B_E	1450		1496—1445	B_E	1450		1490—1437

表 4.14 模型 T1 与 Tx 的年代校正结果

\multicolumn{4}{c}{模型 T1}	\multicolumn{4}{c}{模型 Tx}

样品与分期	真实年代/BC	模拟 ^{14}C 年龄/BP	校正后的日历年代 68% 区间/BC	样品与分期	真实年代/BC	模拟 ^{14}C 年龄/BP	校正后的日历年代 68% 区间/BC
B_S	1650		1690—1625	B_S	1650		1696—1621
101	1645	3357	1666—1612	101	1645	3357	1668—1611
102	1635	3406	1665—1616	102	1635	3406	1669—1615
103	1625	3375	1663—1614	104	1615	3368	1671—1611
104	1615	3368	1664—1613	105	1605	3329	1667—1606
105	1605	3329	1665—1607	B_1-2	1600		1638—1565
B_1-2	1600		1637—1588	103	1625	3375	1619—1545
201	1595	3264	1612—1554	201	1595	3264	1612—1553
202	1585	3329	1613—1558	202	1585	3329	1611—1550
203	1575	3284	1612—1555	203	1575	3284	1611—1553
204	1565	3346	1615—1558	204	1565	3346	1613—1547
205	1555	3312	1612—1558	205	1555	3312	1611—1554
B_2-3	1550		1576—1521	B_2-3	1550		1574—1525
301	1545	3270	1538—1505	301	1545	3270	1538—1505
302	1535	3345	1551—1511	302	1535	3345	1552—1513
303	1525	3265	1537—1504	303	1525	3265	1538—1505
304	1515	3290	1542—1506	304	1515	3290	1543—1507
305	1505	3200	1531—1496	305	1505	3200	1531—1497
B_3-4	1500		1517—1483	B_3-4	1500		1517—1483
401	1495	3209	1504—1466	401	1495	3209	1504—1465
402	1485	3184	1503—1466	402	1485	3184	1503—1466
403	1475	3205	1504—1466	403	1475	3205	1504—1465
404	1465	3234	1505—1464	404	1465	3234	1505—1464
405	1455	3219	1504—1465	405	1455	3219	1504—1465
B_E	1450		1496—1445	B_E	1450		1496—1445

4.5.4 各种因素对分期系列样品校正结果的影响

1. 实验 Ne：各分期内样品数量的影响

为了研究各分期内样品数量对分期系列样品校正结果的影响，我们构建了模型 N2e、N3e、N4e、N6e、N8e 和 N11e，这里，e 代表样品真实年代为均匀分布。整个系列的年代从 1600 BC 延续到 1400 BC，包括 5 个分期，每个分期内的样品数量 N 分别为 2, 3, 4, 6, 8 和 11, 所有样品的测量误差均设为 40 a. 分别对各分期无交叠和有交叠的情况进行模拟实验 100 次, 然后统计每个模型中所有样品的 68% 区间的落内比, 结果示于图 4.20. 图 4.20 也标出了 N6rn (样品随机分布) 各分期无交叠和有交叠情况下的实验结果. 由图 4.20 可见, 落内比对各分期内的样品数量和分布类型并不敏感, 无交叠情况下 68% 区间的落内比在 85% 上下, 而有交叠时在 75% 上下.

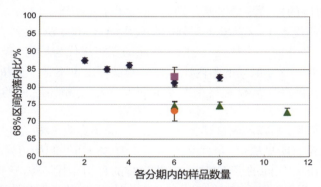

图 4.20 各分期内的样品数量对日历年代 68% 区间的落内比的影响, 其中, ◆表示各分期无交叠、样品均匀分布, ■表示各分期无交叠、样品随机分布, ▲表示各分期有交叠、样品均匀分布, ●表示各分期有交叠、样品随机分布

各分期内的样品数量对各分期校正后日历年代区间偏移的影响更为显著. 如果各分期内的样品数量太少, 例如, 只有 2 个或 3 个, 那么起始边界 S 和终止边界 E 的日历年代 68% 区间会有较大的涨落. 图 4.21 给出了模型 N2en 在 100 次运行中起始边界 S 和终止边界 E 的日历年代 68% 区间的涨落情况. 与图 4.19 中各分期

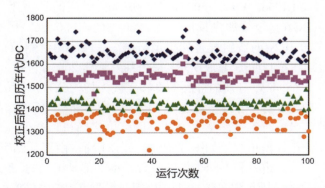

图 4.21 模型 N2en 在 100 次运行中起始边界 S 和终止边界 E 的日历年代 68% 区间的涨落情况, 其中, ◆表示 S 的 68% 区间起点, ■表示 S 的 68% 区间终点, ▲表示 E 的 68% 区间起点, ●表示 E 的 68% 区间终点

内有 6 个样品的模型 N6rn 相比较可知, 其起始边界 S 和终止边界 E 的日历年代 68% 区间明显变宽, 且涨落幅度也明显变大. 但是, 当各分期内的样品数量增加到 8—11 个时, 模拟结果与各分期内有 6 个样品相比并没有显著改善. 故我们在构建系列样品校正模型时, 最好使每个分期内有 4—6 个样品.

2. 实验 P: 样品测量精度的影响

为了研究样品测量精度对分期系列样品校正结果的影响, 我们构建了模型 P30, P55 和 P80, 对应的样品测量误差分别为 30 a (约相当于 0.4%)、55 a (约相当于 0.7%) 和 80 a (相当于 1.0%). 整个系列的年代仍旧从 1600 BC 延续到 1400 BC, 包括 5 个分期, 每个分期 6 个样品, 分期内样品的真实年代为均匀分布, 各分期无交叠. 模拟实验表明, 68% 区间的落内比对样品测量精度也不是十分敏感. 这些模型在 100 次运行中起始边界 S 和终止边界 E 的日历年代 68% 区间的涨落情况示于图 4.22.

由图 4.22 可见, 当样品测量误差为 30 a 时, 起始边界 S 和终止边界 E 的日历年代 68% 区间没有明显涨落; 当样品测量误差为 55 a 时, 起始边界 S 和终止边界 E 的日历年代 68% 区间的涨落变大, 有些运行的日历年代 68% 区间有明显偏移; 当样品测量误差为 80 a 时, 起始边界 S 和终止边界 E 的日历年代 68% 区间的涨落明显变大, 有些运行的日历年代 68% 区间有大幅度偏移. 因此, 在用贝叶斯方法对分期系列样品进行年代校正时, 样品的测量误差最好控制在 30—50 a.

3. 实验 V: 校正曲线形状的影响

^{14}C 校正曲线的不规则形状以斜坡叠加扭摆为主, 在局部区段则是平台叠加扭摆. 最长的平台区为 760 BC—410 BC. 这段时间在西方被称为哈尔斯塔特 (Hallstatt) 时期, 在中国则相当于西周的春秋时期. 为了研究校正曲线形状对分期系列样品校正结果的影响, 我们用 R_Simulate 命令构建了 4 个系列样品校正模型 V1650_1450, V1250_1050, V950_750 和 V750_550, 对应的日历年代区段分别为 1650 BC—1450 BC (斜坡叠加少量扭摆)、1250 BC—1050 BC (斜坡叠加较多扭摆)、950 BC—750 BC (前段斜坡叠加少量扭摆、后段为单纯斜坡) 和 750 BC—550 BC (平台叠加扭摆), 如图 4.23 所示. 每个系列延续 200 a, 包括 4 个分期, 每个分期 50 a, 内含 5 个样品, 分期内样品的真实年代为均匀分布, 样品真实年代的间隔为 10 a, 各分期无交叠, 相邻分期之间使用中间边界命令, 所有样品的测量误差均设为 40 a. 模型运行时每个样品由 R_Simulate 命令随机地产生一个模拟 ^{14}C 年龄. 这 4 个模型的年代校正结果如图 4.24 (a)—(d) 所示. 由图 4.24 可见, 4 个模型所有的起始边界、终止边界和中间边界的位置基本上都是正确的, 各边界的设定真实年代都在校正后的日历年代 68% 区间内. 但是模型 V1250_1050 和 V750_550 的日历年代 68% 区间明显比模型 V1650_1450 和 V950_750 的日历年代 68% 区间更宽. 模型 V1650_1450 和 V950_750 的日历年代 68% 区间大多比较接近设定的 50 a,

而模型 V1250_1050 和 V750_550 有些分期的日历年代 68% 区间可达 100 a 以上.

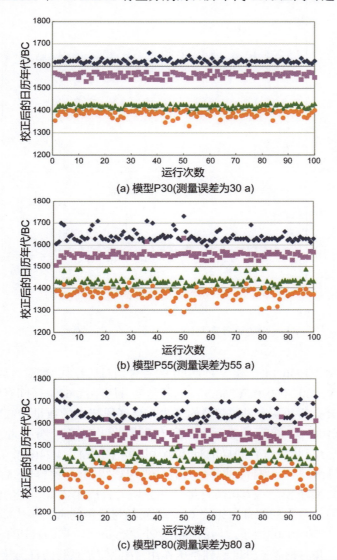

图 4.22 不同样品测量精度下 100 次运行中起始边界 S 和终止边界 E 的日历年代 68% 区间的涨落情况, 其中, ◆表示 S 的 68% 区间起点, ■表示 S 的 68% 区间终点, ▲表示 E 的 68% 区间起点, ●表示 E 的 68% 区间终点

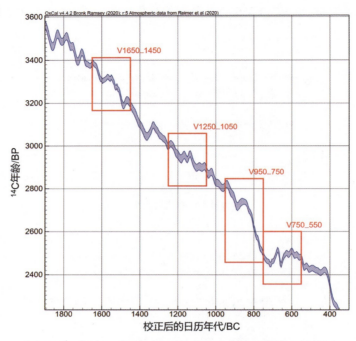

图 4.23 实验 V 各系列日历年代区段在校正曲线上的位置

此外, 模型 V1650_1450 和 V950_750 的各分期日历年代 68% 区间基本上没有交叠, 而模型 V1250_1050 和 V750_550 的各分期日历年代 68% 区间有较多交叠, 模型 V750_550 交叠得更多一些. 交叠的多少与该区段扭摆的数量和幅度, 以及样品的测量精度密切相关. 实际上在平台区所有样品的 t_m^{C14} 都十分接近, 且其单样品年代校正概率分布几乎占有同样的日历年代区间 (参见图 4.24(d)). 尽管如此, 用贝叶斯方法进行分期系列样品的年代校正仍然可以得出较为合理的后验概率分布. 我们可以看到, 对于模型 V750_550, 虽然各分期的日历年代 68% 区间都有较大的展宽和交叠, 但是全系列的日历年代 68% 区间却与设定的真实年代区间基本相符. 而对于模型 V1250_1050, 由于二期的多扭摆小平台造成二期的日历年代 68% 区间有较大的展宽, 并对相邻各分期起到挤压作用, 因此使全系列的日历年代 68% 区间都有较大的展宽, 所以校正曲线对校正结果的影响取决于样品系列所在曲线区段的具体形状, 不能一概而论.

4.5 分期系列样品 ^{14}C 年代校正的模拟研究

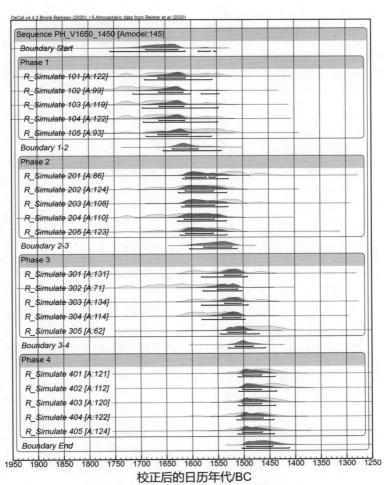

(a) 模型V1650_1450(1650 BC—1450 BC)

图 4.24 实验 V 年代校正结果的标图

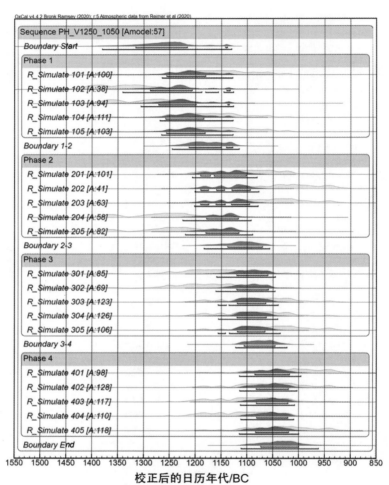

(b) 模型V1250_1050(1250 BC—1050 BC)

图 4.24 实验 V 年代校正结果的标图 (续)

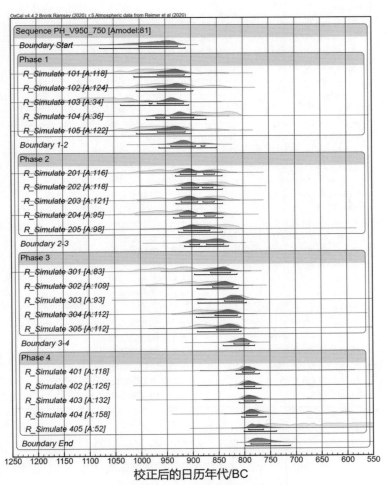

(c) 模型V950_750(950 BC—750 BC)

图 4.24 实验 V 年代校正结果的标图 (续)

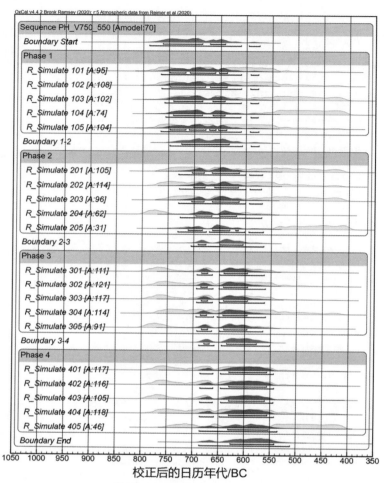

(d) 模型V750_550(750 BC—550 BC)

图 4.24　实验 V 年代校正结果的标图 (续)

4. 实验 W: 校正曲线上的扭摆区与平台区造成的日历年代区间展宽

我们以校正曲线在 1420 BC—1260 BC 之间的一个之字形曲折起伏段 (参见图 4.25) 的单期系列样品年代校正为例来说明此问题. 利用 OxCal 程序的 R_Simulate 命令构造两个假想的单期系列样品校正模型, 每个系列包含 5 个样品, 各样品真实年代的间隔为 10 a. 设定系列 W1 的年代区间为 1400 BC—1360 BC, 即样品的真实年代 t^{true} 分别为 1400 BC, 1390 BC, 1380 BC, 1370 BC, 1360 BC, 系列 W2 的年代区间为 1330 BC—1290 BC, 即样品的真实年代 t^{true} 分别为 1330 BC, 1320 BC, 1310 BC, 1300 BC, 1290 BC. 各样品的真实年代与模拟 ^{14}C 年龄对应的数据点如图

4.25 所示. 两个单期模拟系列设定的样品年代区间都是 40 a, 且相差了 70 a. 系列 W1 的一个单次运行的年代校正结果如图 4.26(a) 所示, 系列 W2 的一个单次运行的年代校正结果如图 4.26(b) 所示, 其中, 样品的真实年代区间用红色方框标出, 校正后的日历年代 68% 区间用绿色方框标出.

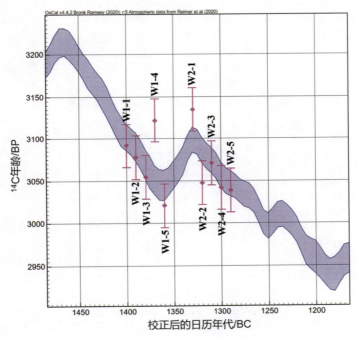

图 4.25　校正曲线在 1420 BC—1260 BC 之间的一个之字形曲折起伏段, 以及 W1 和 W2 系列样品数据点在校正曲线上的标图

系列 W1 的单期日历年代区间为 1404 BC—1282 BC, 系列 W2 的单期日历年代区间为 1415 BC—1285 BC, 两者所得到的校正后的日历年代 68% 区间 (见图 4.26 中的绿色方框) 差别很小, 尽管两个模型单期的真实年代区间相差了 70 a. 当然, 如果我们重复进行年代校正的运行, 由于 R_Simulate 命令产生样品模拟 ^{14}C 年龄的随机性, 因此每次得到的年代区间会有所不同, 可能更宽一些, 或者更窄一些; 年代区间的起始年代也可能更早一些, 或者更晚一些. 但是区间长度都被展宽到 100 a 以上. 此时, 校正结果看起来都很正常, 样品的一致性指数也都很高, 样品的真实年代区间也都在单期日历年代区间之内, 这种年代区间的展宽就是校正曲线的形状导致的结果. 在这种情况下, 如果我们事先不知道样品的真实年代, 则无法从校正结果推知被展宽之前的样品真实年代区间. 这是 ^{14}C 年代校正的固有局限之一.

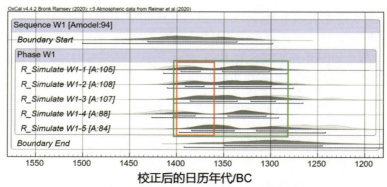

(a) 系列W1的一个单次运行的年代校正结果

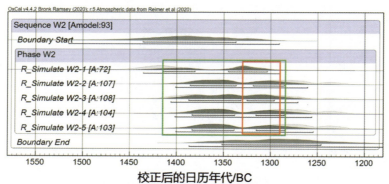

(b) 系列W2的一个单次运行的年代校正结果

图 4.26　实验 W 的年代校正结果. 图中红色方框为样品的真实年代区间, 绿色方框为校正后的日历年代 68% 区间

4.5.5　小结

(1) 构建分期系列样品校正模型时也必须使用起始边界和终止边界命令. 不使用起始边界和终止边界命令时首期和末期的校正后的日历年代区间会向两端延伸, 直到单样品年代校正概率分布的远端; 而使用起始边界和终止边界命令对首期和末期的校正后的日历年代区间可产生有效的约束. "夏商周断代工程" 曾经采用过的一种对加边界约束的替代方法是, 在首期之前和末期之后再各加上一个分期的样品进行约束. 这种加分期约束的方法与加边界约束的方法所得到的结果多数情况下基本一致. 但是, 加分期约束的方法有几个缺点: ① 其应用受到客观条件的限制, 对不同遗址并不总能找到这样的附加分期. ② 附加分期本身仍存在终端延伸效应. ③ 附加分期的样品选择会对校正结果产生影响, 而使用边界命令则更为客观.

(2) 模拟研究表明, 一般情况下各分期之间是否插入中间边界对校正结果的影响不大. 但是, 如果同一系列中不同分期的长短相差很大 (如新砦遗址), 或者不同分期中的样品数量相差很大 (如殷墟甲骨系列), 则在各分期之间插入中间边界可以得到较为合理的结果.

(3) 模拟研究表明, 即便先验条件设定前后分期的年代是无交叠的, 在系列样品年代校正后得到的前后分期样品的后验概率分布还是会有交叠. 这是由于在校正后中间边界并不是一个数据点, 而是一个概率分布.

(4) 模拟研究表明, 分期系列样品年代校正中各分期样品的日历年代 68% 区间的落内比一般均在 80% 以上, 而 95% 区间的落内比接近 100%. 在校正曲线的平台区, 样品日历年代的 68% 区间会被展宽, 从而使相邻分期的时段有过多的交叠, 此时, 样品日历年代 68% 区间的落内比可达 90% 以上.

(5) 模拟研究表明, 在进行分期系列样品年代校正时, 可以取各分期内所有样品的日历年代 68% 区间的叠加作为该分期的日历年代 68% 区间, 这个年代区间比较接近设定的真实年代区间, 而日历年代 95% 区间则明显比设定的真实年代区间宽很多. 因此, 可以将各分期的日历年代 68% 区间作为各分期的校正后年代区间使用.

(6) 模拟研究表明, 只要系列和各分期的样品数量足够多, 那么分期系列样品各分期的年代框架就是足够稳定的. 个别样品 (少于 5%) 测量结果的较大偏离 (无论是什么原因导致的) 并不会撼动这一年代框架, 故个别样品的一致性指数低于 60% 也是可以接受的, 对于各分期日历年代区间的估计不会有大的影响. 与单样品年代校正相比, 使用贝叶斯方法对系列样品进行年代校正不仅可以减小样品的年代区间, 而且可以提高数据的可靠性. 个别样品的错位对于各分期日历年代区间的估计也不会有大的影响, 这说明分期系列样品结构具有很好的容错能力, 故使用贝叶斯方法对系列样品进行年代校正是足够可靠的. 当然, 在错位较大的情况下, 个别样品的错位和取舍也会引起分期系列样品年代区间的明显变动, 参见 7.3.5 小节的讨论.

(7) 模拟研究表明, 在各分期的样品数量均较少的情况下, 起始边界和终止边界的值随各次运行可能会有较大幅度的摆动, 且随机抽样有可能出现整体性偏移, 即在整体上偏老或偏年轻. 而在样品数量较多的情况下, 边界值较为稳定. 因此, 在安排采样和测量时, 最好使每个考古分期中的样品数量不少于 4—6 个. 此外, 在进行系列样品年代校正时舍弃一致性指数过低的样品, 有利于消除偶然的统计性偏移, 可以提高结果的可靠性.

(8) 模拟研究表明, 若样品测量精度高 (好于 0.5%), 则样品日历年代的 68% 区间较小且稳定, 边界值也较为稳定. 若多数样品的 ^{14}C 测量误差在 0.7% 左右, 则样品日历年代的 68% 区间会被展宽, 在各分期之间会产生较多交叠, 整个系列的起始边界和终止边界也可能发生较大的偏移. 若所有样品的 ^{14}C 测量误差都在 1% 左右，则系列样品的校正结果基本上不可信.

(9) 受样品采集和测量的限制，在系列样品校正模型中可能会出现样品空缺的分期. 在构建样品校正模型时，我们不能简单地将该分期删去，而应在该分期中插入 Date 命令. 该命令代表没有测年数据的事件，OxCal 程序可以计算出该事件的年代概率分布. 模拟研究表明，与实际测年数据相比，其后验概率分布可以很好地再现.

(10) 模拟研究表明，校正曲线的形状对于各分期的日历年代 68% 区间的宽度有很大影响，曲线的扭摆区和平台区都会使相应分期的日历年代 68% 区间展宽并产生较多的交叠.

(11) 综合考虑上述各种因素的影响，并考虑到实际样品系列可能会存在非理想情况，每个分期的校正区间有可能存在大小不等的不确定度. 模拟研究表明，在一般情况下此不确定度不大于 10 a. 实际上，即便是在理想情况下，如果我们对同一个校正模型进行多次重复运行，由于计算过程抽样的统计性，各样品的日历年代 68% 区间也有可能出现 1—2 a 的小幅度涨落，因此，对于分期系列样品年代校正所给出的各分期日历年代区间不应当看得太绝对. 对此问题的进一步讨论可参见 7.3.4 小节.

第五章 夏商周时期遗址的 AMS ^{14}C 年代测定

在"夏商周断代工程"中,北京大学的 AMS 测量了王城岗、偃师商城、郑州商城、洹北花园庄、东先贤、沣西马王村、琉璃河、天马 - 曲村、晋侯墓地等 9 个遗址的样品. 项目结题验收后,北京大学的 AMS 又测量了新砦、禹州瓦店遗址的样品,并对郑州商城遗址新采集的样品进行了测年 (夏商周断代工程专家组, 2022: 451—475). 在"中华文明探源工程"中,北京大学的 AMS 还测量了王城岗大城和古城寨遗址的样品. 近年来又新采集了小双桥遗址的样品,并进行了测年. 本章将介绍以上 13 个遗址样品的 ^{14}C 年龄测量与系列样品校正结果.

5.1 概 述

5.1.1 夏商周时期遗址测年概况

我们进行遗址测年,主要是为了得出遗址各个分期的年代区间,以及整个遗址的年代区间. 有时我们更关注某一个事件 (如武王克商、城址始建) 的年代. 对于每个遗址,我们需要构建一个由顺序的系列分期样品构成的校正模型,并在系列首尾设置边界,必要时也在各分期之间设置中间边界 (详见第四章). 采集测年样品的地层、探方、灰坑和墓葬的分期主要依据考古学家的判断. 在有些情况下,一个分期内部的不同样品也可以排出先后顺序. 但是,对于考古遗址测年,我们主要关心的是各分期的年代,而不是各个样品的年代,因此在分期内部一般不再构建时序序列. 例如,沣西马王村遗址的 H18 灰坑在取样时曾进一步分为三个小层,但在构建系列样品校正模型时则作为一个分期进行年代校正.

样品的类型主要为木炭和骨头,此外也有少量竹炭和炭化粟. 在样品种类的选择上,条件允许时尽量选用骨样品. 一般说来,骨样品与层位、分期的同时性要好于木炭. 骨样品的化学制备曾是 ^{14}C 测年的一个难题,但通过选用保存状况良好的骨头和提取明胶组分,骨样品测年的可靠性问题已得到较为圆满的解决 (参见 2.2 节). 众所周知,木炭样品的测年结果存在着偏老或偏年轻的可能性. 木炭样品偏老的原因主要有两个方面:一是木炭样品来自粗大树木的心材. 二是木炭样品由于各种原因被搬运到较晚的地层中. 搬运过程可能是人类活动引起的,如从较老的地层中取土构筑夯土墙时夹带了木炭,也有可能是水流或动物活动造成的. 木炭样品偏年轻的原因主要也是地层间的搬运,例如,动物打洞、水流、土层干裂、地层扰动等导致上层木炭进入较早的文化层中. 此外, 后代生长的草木毛细根丝和出土后样品霉变污染物等在前处理过程中没有被清除干净等也可造成样品偏年轻, 不过通常在制样前处理过程中这类污染物应当可以被清除. 因此, 当我们必须使用木炭样品时, 要极力避免可能导致测年结果偏老或偏年轻的情况, 例如, 尽量选用细树枝烧成的木炭和大块木炭的近树皮部分.

我们对于样品的舍弃需持慎重的态度, 尽量把有测年结果的样品纳入系列样品校正模型中去. 在有些情况下测年数据明显不合理, 例如, AMS 所测的一个二里头一期的骨样品的 ^{14}C 年龄为 885 BP. 后经查证, 该骨样品为老鼠骨头, 可以判定该样品属于后期侵入. 在更多的情况下, 测年数据的不合理并非如此明显, 但在进行系列样品年代校正时其一致性指数偏低. 对于重要样品, 我们一般安排重新制样, 甚至重新取样, 例如, 晋侯墓 M64 的人骨样品就进行了重新取样, 参见 5.4.4 小节. 这里需要特别指出, 借助系列分期样品的年代校正, 我们可以在一定程度上排除偏老的木炭样品. 这些样品的 ^{14}C 年龄与同一分期的其他样品相比会明显偏老, 且其一致性指数明显偏低. 这类不能纳入系列样品校正模型中去的样品在国际上通常称为异常样品. 在北京大学 AMS 所测量的木炭样品中, 因明显偏老而舍弃的约占木炭样品总数的 20%. 这也是系列样品测年的一个优势, 即可以有效地排除少数异常样品的干扰. 本书的附录 A 中列出了 13 个遗址的全部 AMS ^{14}C 测量数据, 包括在系列样品年代校正中舍弃的数据.

晋侯墓地系列是北京大学 AMS 设备进行技术改造后最初测量的一个系列样品. 由于《史记·晋世家》中记载了厉侯之后诸侯的卒年, 因此可以将测年结果与历史记载比对. 经过对测年数据进行系列样品年代校正,《史记·晋世家》中记载的厉侯之后诸侯的卒年基本上都落在校正结果所得到的年代区间之内. 这是北京大学 AMS 首次使用 OxCal 程序对分期样品进行贝叶斯校正的结果. 晋侯墓地系列样品测年结果与历史记载相符, 为北京大学 AMS 测年的可靠性, 以及用 OxCal 程序对分期样品进行贝叶斯校正的可行性提供了依据.

5.1.2 系列样品校正模型的构建

对系列样品进行校正首先要构建校正模型, 贝叶斯校正的先验条件就体现在校正模型中. 在第四章中, 我们已经对系列样品校正模型的构建做了初步介绍. 对于考古遗址而言, 除了树轮样品是间隔已知的系列样品之外, 大多是分期已知的系列样品. 目前, 夏商周时期遗址主要是依据所出土陶器等的类型和制作工艺水平等对发掘单位进行文化分期. 有时在一个分期之内还可以再分段, 例如, 偃师商城和天马-曲村遗址都可以分为三期 6 段, 即每期可分为 2 段. 遗址内发掘的每个单位, 例如, 地层、灰坑、墓葬等都被归入某一个分期或分段.

在使用 OxCal 程序时, 一个遗址的系列样品校正模型一般包括三层命令. 第一层为 Sequence 命令, 表明下面第二层的诸命令是按时间先后顺序排列的. 第二层为 Boundary Start 和 Boundary End 命令, 以及其间的一系列 Phase 命令. 第三层为各分期内的若干个 R_Date 命令, 给出各样品的 ^{14}C 测年数据, 这些数据同属于一个分期, 不分先后顺序. 如第四章所指出的, 如果同一系列中不同分期的长短相差很多, 或者不同分期中的样品数量相差很多, 则在各分期之间插入中间边界可以得到较为合理的结果.

除了以上基本命令之外, OxCal 程序在系列样品校正模型中有时还使用下列命令: R_Combine 命令用于对源于同一事件 (如同一发掘单位) 的不同测年数据进行合并处理. Date 命令 (即 OxCal v3 中的 Event 命令) 用于在一个无测量数据的分期中插入无数据的空事件. Interval 命令用于在某个分期的年代区间长度已知的情况下, 设置该分期的年代区间长度.

5.1.3　OxCal 程序不同版本及不同校正曲线校正结果的比对

对系列样品进行年代校正要用到 OxCal 程序和 ^{14}C 校正曲线.《夏商周断代工程 1996—2000 年阶段成果报告·简本》中的年代校正结果是使用 OxCal v3.3 和 IntCal98 校正曲线计算的.《夏商周断代工程报告》中的年代校正结果是使用 OxCal v3.9 和 IntCal98 校正曲线计算的. 那么, 用最新的 OxCal v4.4.2 和 IntCal20 校正曲线计算的结果与之前的校正结果是否会有很大的不同呢? 我们对新砦和天马-曲村两个系列进行了检验. 表 5.1 和表 5.2 分别给出了两个遗址各分期年代区间用 OxCal 程序不同版本和不同校正曲线的组合所得到的校正结果的比对. 结果表明, 各样品 68% 区间的差异在一般情况下不超过 10 a. 本章中各遗址的年代将使用 OxCal v4.4.2 和 IntCal20 校正曲线的校正结果, 故与《夏商周断代工程报告》中的结果会略有不同. OxCal 程序不同版本和不同校正曲线有时也会带来较大的差别, 关于此问题的进一步讨论请参见 7.3.3 小节.

表 5.1　新砦遗址各分期年代区间用 OxCal 程序不同版本和不同校正曲线的组合所得到的校正结果的比对

分期	校正后的日历年代 68% 区间/BC		
	OxCal v3.9+IntCal98	OxCal v4.4.2+IntCal98	OxCal v4.4.2+IntCal20
河南龙山文化晚期	2110—1842	2095—1841	2096—1840
新砦期早段	1820—1755	1819—1760	1824—1768
新砦期晚段	1775—1695	1773—1703	1776—1701

表 5.2　天马-曲村遗址各分期年代区间用 OxCal 程序不同版本和不同校正曲线的组合所得到的校正结果的比对

分期	校正后的日历年代 68% 区间/BC		
	OxCal v3.9+IntCal98	OxCal v4.4.2+IntCal98	OxCal v4.4.2+IntCal20
西周早期 1 段	995—915	987—915	993—921
西周早期 2 段	948—875	946—881	951—876
西周中期 3 段	905—840	905—841	885—833
西周中期 4 段	855—815	855—816	844—814
西周晚期 5 段	818—786	821—787	814—784
西周晚期 6 段	801—772	803—775	798—772

5.1.4　年代校正结果的解读

以上 13 个考古遗址的样品均用贝叶斯方法进行了系列样品年代校正，其结果分别列于本章以下各节中的遗址系列样品 ^{14}C 测年数据表、系列样品校正结果数据表、系列样品年代校正图 (即后验概率分布图)、样品年代区间在校正曲线上的标图等图表中. 其中, 校正结果数据表是基于 OxCal 程序输出的表文件和单样品年代校正图制作的, 系列样品年代校正图是 OxCal 程序输出的多样品年代校正图, 样品年代区间在校正曲线上的标图是 OxCal 程序输出的曲线标图. OxCal 程序输出的表文件并不能看出年代区间分裂为子区间的具体情况, 各子区间的年代区间及对应的概率可在 OxCal 程序输出的每个样品的单样品年代校正图中查阅.

在各遗址的系列样品 ^{14}C 测年与年代校正结果数据表中列出了各样品的分期、发掘编号、样品类型、实验室编号、^{14}C 年龄及误差、δ^{13}C 值、校正后的日历年代 68% 区间, 以及一致性指数. 每个样品有两个编号, 一个是发掘编号, 一个是实验室编号. 完整的发掘编号由四部分组成, 其典型格式为

$$nnyyqqdd,$$

其中, nn 为发掘年份的末 2 位或 4 位, yy 为遗址代码, qq 为遗址内分区的代码, dd 为出土单位的代码. 出土单位有时为复合代码, 其中, T 代表探方, G 代表沟, H 代表灰坑, M 代表墓葬, F 代表房基. 本书的发掘编号有时还带有英文小写字母后缀, 代表同一发掘单位中的不同样品. 实验室编号由实验室代码和序号组成, 各表中夏商周时期各遗址样品的实验室编号冠以 SA 者是在 EN-AMS 装置上测量的, 冠以 BA 者是在小型 AMS 装置上测量的, 后者不需要用常规质谱计测量其 δ^{13}C 值, 故表中未列出 δ^{13}C 值. 新砦遗址的样品中实验室编号冠以 VERA 的样品是在奥地利维也纳大学 AMS ^{14}C 实验室测量的. 沣西马王村遗址和晋侯墓地的样品中实验室编号冠以 TO 的样品是在加拿大多伦多大学 AMS ^{14}C 实验室测量的. 这些是国外

比对样品. 琉璃河遗址居址区的样品中实验室编号冠以 XSZ 的样品是在北京大学常规 ^{14}C 实验室测量的, 由于 "夏商周断代工程" 常规法琉璃河遗址系列样品只收入了墓葬区的样品, 因此这些居址区的样品未能纳入已发表的常规法 ^{14}C 年代测定的系列之中. 本书的实验室编号有时还带有后缀, 其中, –1 和 –2 分别表示样品第一次和第二次制备石墨的测量数据, A 和 SA 是骨样品制备方法的代码.

OxCal v4 的表文件中给出两种整个系列的一致性指数: 模型一致性指数和总体一致性指数, 二者的计算方法是不同的 (参见 4.2.5 小节). OxCal 程序的编写者认为, 使用模型一致性指数更合理一些, 因其计入了各参数之间的相互关系, 故本章中我们都使用模型一致性指数.

对于年代校正结果的后验概率分布图, 我们在第四章中已有所介绍, 从中亦可看出系列中各样品的 68% 与 95% 区间 (参见第 13 页脚注)、每个样品的一致性指数, 以及全系列的模型一致性指数.

样品年代区间在校正曲线上的标图来源于 OxCal 程序输出的曲线标图. 这是将一个系列中各个样品的后验概率分布曲线直接标到校正曲线上, 纵坐标为样品的 ^{14}C 年龄, 横坐标为校正后的日历年代, 相当于将每个样品的单样品年代校正图中的后验概率分布移到其相应的 ^{14}C 年龄处. 这种图可以形象地显示校正结果与校正曲线的关系, 对我们分析校正结果十分有用.

第四章的模拟实验结果表明, 对于分期系列样品, 可以取各分期内所有样品的日历年代 68% 区间的叠加作为该分期的日历年代 68% 区间, 这个年代区间比日历年代 95% 区间更接近该分期的真实年代区间 (参见 4.5.2 小节中的实验 N6rn), 故在本章的校正结果数据表中不再给出 95% 区间. 校正后的日历年代 68% 区间在有些情况下会分裂为若干个子区间, 此时, 我们将在各遗址的数据表中给出每个子区间的可信度.

受时间和采样的限制, 有些分期的样品数量偏少. 在这种情况下, 所给出年代区间的精度会受到一定程度的影响, 具体影响的大小与样品真实年代在区间中的分布, 以及所对应校正曲线区段的形状有关. 每个分期的校正年代区间有可能存在大小不等的不确定度, 有时此不确定度可达 10 a 左右, 详见 7.3.4 小节的讨论. 实际上, 如果我们对同一个校正模型进行多次重复运行, 由于计算过程抽样的统计性, 各样品 68% 区间的日历年代范围也有可能出现小幅度涨落 (通常为 1—2 a), 因此, 对于所给出的各分期的日历年代范围不应该看得太绝对.

第四章的模拟实验结果亦表明 (参见 4.5.5 小节), 一般情况下分期系列样品各分期的年代框架是足够稳定的, 个别样品 (少于 5%) 测量结果的小幅度错位并不会撼动这一年代框架, 故个别样品的一致性指数低于 60% 也是可以接受的, 而样品的大幅度错位 (如偏老的木炭) 可以通过对一致性指数过低的样品进行删除来消除其影响. 此外, 在系列样品校正模型中可能会出现样品空缺的分期, 例如, 东先贤和沣西马王村. 在构建系列样品校正模型时, 可在出现样品空缺的分期中插入无年代数据的 Date 命令. 该命令代表没有测年数据的事件, OxCal 程序可以计算出该事件的年代概率分布. 第四章的模拟研究表明 (参见 4.5.3 小节), 在系列样品中将 R_Date 命令更换为 Date 或 Event 命令后, 其后验概率分布可以很好地再现.

在一个大的校正模型中, 个别样品的位置调整 (如从某一个分期移到另一个分期) 对于分期的总体年代框架并不会产生大的影响. 在晋侯墓地系列样品的年代校正中, 曾有人对 M8 和 M64 哪一个是献侯墓、哪一个是穆侯墓产生争论, 这涉及在校正模型中 M8 和 M64 哪一个在前、哪一个在后. 我们在构建校正模型时也对相应的两种情况分别进行了实验, 将两组墓 ^{14}C 测年数据的分期对调, 结果是每一组墓的年代都变了, 但各晋侯的年代范围并没有明显变化. 因此, 只要大的分期框架是客观的, 且全系列的时间跨度足够大、样品数量足够多, 那么系列样品年代校正的总体结果就是可信的, 但这并不能保证系列中每个样品的校正结果都是正确的. 同时, 这也说明, 并不能单纯依靠 ^{14}C 测年数据判定 M8 和 M64 哪一个是献侯墓、哪一个是穆侯墓. 系列样品年代校正的结果取决于先验条件, 一般不能根据 ^{14}C 测年数据判断先验条件的对错, 除非先验条件与实际情况相去甚远.

5.2 夏代若干重要遗址的 AMS ^{14}C 年代测定

对于夏文化的寻找、确认和争论经历了一个很长的时期, 至今, 中国考古界对夏文化仍有不同的看法. 1959 年发现二里头遗址和 1977 年发现登封王城岗遗址后, 许多人认为夏文化体现在河南龙山文化晚期和二里头文化中. 河南龙山文化是分布在豫西和豫中地区的新石器晚期文化, 亦称为王湾三期文化, 以表面饰有绳纹与篮纹的灰陶为突出特征. 河南龙山文化向上承接仰韶文化和庙底沟二期文化, 向下延续到二里头文化. 考古界对于二里头文化的属性主要有三种观点: 一种比较早期的观点认为二里头一至四期都是商文化; 另一种观点认为二里头一至二期是夏文化, 三至四期是早商文化; 还有一种观点认为二里头一至四期都是夏文化. 但夏代积年大约有 470 a, 而经 ^{14}C 测年得出的二里头遗址的时间跨度只有 200 a 左右, 故有学者认为二里头文化的主体是晚期的夏文化, 早期的夏文化要在河南龙山文化晚期中寻找 (李伯谦, 1986). "夏商周断代工程" 也持此观点, 认为早期的夏文化在王城岗以来的河南龙山文化晚期中, 晚期的夏文化在二里头一至四期的文化中 (夏商周断代工程专家组, 2022: 338—339). 也有学者认为夏代最早的都城可能在王城岗 (北京大学考古文博学院等, 2007: 789—791; 方燕明, 2009). "中华文明探源工程" 认为, 公元前 3000 年左右在黄河流域、长江流域和西辽河流域的广大地区已进入古国时代, 建立了多个区域性王权政体; 而到二里头文化时已进入王朝文明阶段, 建立了广域王权国家, 且其文化有很强的辐射能力 (赵海涛等, 2019).

但是, 对于二里头文化是不是夏文化, "中华文明探源工程" 并未给出明确结论, 对此, 不同专家仍有不同看法. 曾主持二里头遗址发掘工作的许宏认为, 二里头遗址地处古代文献所记载的夏王朝的中心区域, 二里头文化的年代也大体上在夏王朝的纪年范围内, 但由于出土文字材料的匮乏和传世文献的不确定性, 二里头的王朝归属问题至今应该还是一个待解之谜 (2009). 此外还有人认为从古人的平均寿命和成婚年龄看, 当时每世应该约为 20 a, 最多不会超过 30 a, 故夏代 14 世不可能有 471 a 那么长 (刘绪, 2018). 由此可见, 对于夏文化及相应遗址, 目前考古界仍有很多争议.

在本节中我们给出了王城岗、古城寨、禹州瓦店、新砦、二里头等遗址的测年数据和年代校正结果. 这些遗址都在河南中部, 见图 5.1, 将这些遗址归入夏代是参照了 "夏商周断代工程" 的观点. 北京大学 AMS ^{14}C 实验室只测量了二里头遗址

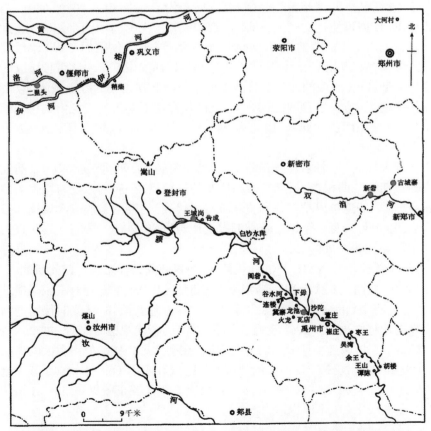

图 5.1 王城岗、古城寨、禹州瓦店、新砦、二里头等遗址的分布图 (图片取自文献 (北京大学考古文博学院等, 2007))

的个别样品, 二里头遗址的系列样品 ^{14}C 测年是由中国社会科学院考古研究所常规 ^{14}C 实验室和北京大学常规 ^{14}C 实验室进行的. 我们在本节中将常规法测量的二里头遗址的 ^{14}C 测年结果, 以及我们用 OxCal v4.4.2 和 IntCal20 校正曲线对二里头遗址测年数据所做的校正结果作为附录列出, 供大家参考.

5.2.1 王城岗遗址

1. 遗址概况

王城岗遗址位于河南省登封市告成镇西部约 1 千米处颍河与五渡河交汇的台地上, 北依嵩山, 南望箕山, 地理位置十分重要. 王城岗遗址发现于 1977 年, 经过考古发掘发现了东西并列的两座龙山文化晚期小城遗址, 其中西城保存尚好, 面积近 1 万平方米. 发掘者将该遗址的龙山时期遗存分为五期, 其中, 一期是小城始建期, 二期是王城岗小城与城内的奠基坑和夯土建筑等遗存的使用期, 三期是小城废弃期, 四、五期是小城废弃后的遗存 (夏商周断代工程专家组, 2022: 340). 当时的发掘者提出, 该城可能是文献记载的 "禹都阳城" 之所在, 但由于面积过小, 此说在当时并未得到学术界的普遍认可. 2002—2005 年 "中华文明探源工程" 继续在王城岗遗址开展调查和发掘工作, 在原来发现的小城以西又发现了一座带护城壕的龙山文化晚期大型城址, 大城的北城壕打破了西小城西北拐角处的夯土城墙, 据此可知, 大城的年代晚于小城 (方燕明, 2009). 发现的遗存主要属于河南龙山文化晚期和二里头文化. 该城东西长 600 米, 南北宽 580 米, 复原后的大城总面积达 34.8 万平方米 (见图 5.2).

在发现大城后, 发掘者将该遗址的分期调整为前后两期三段, 其中, 前期一段与原来的一期和二期相当, 后期二段与原来的三期相当, 后期三段与原来的四期和五期相当. 前期的遗迹以小城址和奠基坑等为代表, 后期的遗迹以大城址和祭祀坑等为代表. 以上可参见《登封王城岗考古发现与研究 (2002～2005)》(北京大学考古文博学院等, 2007: 209—225).

2. 王城岗遗址的 AMS ^{14}C 年代测定: "夏商周断代工程" 期间所测

1996 年 "夏商周断代工程" 启动后, "早期夏文化研究" 专题对王城岗遗址进行了新的发掘, 将 20 世纪 70 年代末发掘的一些探方重新挖开, 从当时保留的河南龙山文化晚期遗存中采集了人骨等测年样品 (夏商周断代工程专家组, 2022: 341). 这些样品涵盖了王城岗遗址原分期的一至五期, 在剔除 ^{14}C 年龄偏离太大的样品后共有 11 个测量数据. 仍按 "夏商周断代工程" 所分五期用 OxCal v4.4.2 和 IntCal20 校正曲线进行年代校正, 结果列于表 5.3, 相应的年代校正图见图 5.3, 各样品年代区间在校正曲线上的标图见图 5.4.

5.2 夏代若干重要遗址的 AMS ^{14}C 年代测定

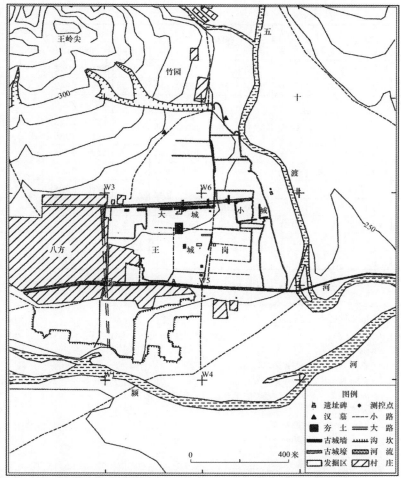

图 5.2 王城岗遗址平面图 (图片取自文献 (北京大学考古文博学院等, 2007))

表 5.3 王城岗遗址系列样品 ^{14}C 测年数据与年代校正结果 ("夏商周断代工程")

分期	发掘编号	样品类型	实验室编号	^{14}C 年龄 /BP	δ^{13}C /‰	校正后的日历年代 68% 区间/BC	一致性指数
边界 Start						2317—2131	
一期	WT130H340	骨头	SA98100	3740±45	-11.48	2198—2130	112.6%
	WT153H402	骨头	SA98101	3730±45	-19.90	2196—2130	106.8%
边界 1-2						2147—2101	
二期	WT157奠6	木炭	SA98102	3635±50	-25.33	2128—2092	87.2%
	WT179奠8	骨头	SA98104	3625±35	-16.91	2125—2094	46.0%
边界 2-3						2116—2067	

续表

分期	发掘编号	样品类型	实验室编号	^{14}C 年龄/BP	$\delta^{13}C$ /‰	校正后的日历年代 68% 区间/BC	一致性指数
三期	WT31H92	骨头	SA98108	3705±55	-9.38	2091—2041	128.2%
	WT179H470	骨头	SA98110	3730±45	-17.84	2090—2042	112.2%
边界 3-4						2071—2020	
四期	WT92H192	骨头	SA98116	3695±40	-12.74	2054—2012 (61.4%) 1997—1988 (6.8%)	89.7%
	WT242H536	骨头	SA98117	3610±40	-10.38	2039—1998	93.1%
	WT157H418	骨头	SA98120	3650±35	-15.95	2044—1995	117.3%
边界 4-5						2031—1981	
五期	WT107H233	骨头	SA98122	3670±35	-11.38	2003—1954	82.2%
	WT51②	骨头	SA98123	3655±35	-8.67	2005—1952	107.0%
边界 End						2014—1902	
						模型一致性指数	85.6%

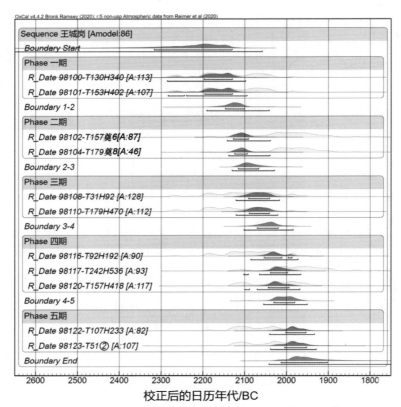

图 5.3 王城岗遗址系列样品 ^{14}C 测年的年代校正图（"夏商周断代工程"）

在图 5.4 中用红色方框标出了各分期的年代区间,其中,左右边框分别对应于各分期年代区间的上界和下界,上下边框表示该分期各样品的 ^{14}C 年龄在此范围内,但并不与该分期样品 ^{14}C 年龄的上界和下界对应,只是为了保持图中各分期的连续性以便于比较而已. 由图 5.4 可见,二期两个样品的 ^{14}C 年龄比三期两个样品的 ^{14}C 年龄更年轻是合理的,恰好可以与校正曲线的形状相匹配,二期落在曲线的谷里,而三期落在曲线的峰上. 四期的三个样品沿曲线的下降沿分布,而五期的两个样品又在曲线的一个小峰上. 图中浅色阴影是单样品年代校正的概率分布,深色阴影则是系列样品年代校正的概率分布. 进行系列样品年代校正就是要从单样品年代校正的概率分布中选出符合先验条件 (分期顺序) 的概率分布片段进行排序,而这种排序必须与校正曲线的形状相匹配. 为此,贝叶斯方法和 OxCal 程序提供了一种严格有效的数学工具,使我们可以得到最优解.

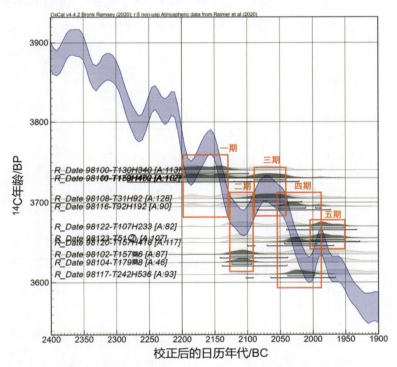

图 5.4　王城岗遗址系列样品年代区间在校正曲线上的标图 ("夏商周断代工程")

3. 王城岗遗址的 AMS ^{14}C 年代测定:"中华文明探源工程" 期间所测

在 "中华文明探源工程" 预研究项目的支持下, 2002—2005 年北京大学考古文博学院和河南省文物考古研究所对王城岗遗址进行了新的调查、钻探和发掘,此次发掘采集了与大城的城墙和城壕系列地层相关的样品,其中属于龙山文化晚期的样品有 19 个，分为三个系列，分别取自探方 T0670、T0671 和 T0672. 实际上，这三个探方是依次连续排列的，其中的地层也是连续的，例如，T0670⑧ 和 T0671⑧ 实际上是一个层位. 各样品的 ^{14}C 测年数据见表 5.4.

系列一位于大城北城墙和城壕中部，Q1 为北城墙代码，其中夯土城墙叠压在 W5T0670⑧ 之上，W5T0670⑤ 又叠压在夯土城墙之上，为城墙废弃以后的堆积，三个灰坑 H72、H73、H74 开口于 W5T0670⑧ 之下．

系列二位于系列一北面，其中夯土城墙被 W5T0671⑧ 所叠压，W5T0671⑤ 又叠压在夯土城墙之上，样品分别属于王城岗文化前后期遗存．

系列三位于系列二北面，其中 H76 是被城壕打破的灰坑，HG1 为城壕内龙山文化晚期堆积．壕沟内还有二里头文化堆积 HG2 和春秋文化堆积 HG4，此处从略．

表 5.4　王城岗遗址系列样品 AMS ^{14}C 测年数据（"中华文明探源工程"）

分期		发掘编号	样品类型	实验室编号	^{14}C 年龄/BP	备注
系列一						
前期	一段	04W5T0670H72	木炭	BA05243	3720±35	
		04W5T0670H73	木炭	BA05246	3680±35	
		04W5T0670H74	木炭	BA05249	3700±35	
后期	二段	04W5T0670⑧	木炭	BA05239	3750±40	
		04W5T0670Q1②	木炭	BA05238	3745±35	Q1 为城墙夯土
		04W5T0670Q1①	木炭	BA05237	3730±40	
		04W5T0670Q1	骨头	BA05236	3725±35	
	三段	04W5T0670⑤	骨头	BA05235	3710±40	
系列二						
前期	一段	04W5T0671⑨	木炭	BA05252	3750±35	
		04W5T0671H77	木炭	BA05253	3725±35	
		04W5T0671H79	木炭	BA05254	3585±35	
后期	二段	04W5T0671⑧	木炭	BA05251	3720±35	
	三段	04W5T0671⑤	木炭	BA05250	3700±35	
系列三						
前期	一段	04W5T0672H76	木炭	BA05266	3745±40	
后期		04W5T0672HG1⑩	木炭	BA05261	3730±60	HG1 为城墙壕沟
		04W5T0672HG1⑨	木炭	BA05260	3700±40	
		04W5T0672HG1⑧	木炭	BA05259	3560±40	
		04W5T0672HG1⑥	木炭	BA05258	3475±30	
		04W5T0672HG1②	木炭	BA05257	3515±35	

鉴于发现大城后发掘者已将原来的五期调整为两期三段，故这批样品的校正模

型按后来两期三段的分期构建, 见图 5.5. 此校正模型将三个系列的样品合并到一个校正模型中, 加强了各系列不同分期之间的横向联系. 如前所述, 其实 W5T0670⑧ 与 W5T0671⑧ 本来就是同一个层位, W5T0670⑤ 和 W5T0671⑤ 也是同一个层位.

```
Options()
{
 UniformSpanPrior=FALSE;
};
Plot()
{
 Sequence( "王城岗")
 {
  Boundary( "Start");
  Phase( "一段")
  {
   R_Date("05243-W5T0670H72", 3720, 35);
   R_Date("05246-W5T0670H73", 3680, 35);
   R_Date("05249-W5T0670H74", 3700, 35);
   R_Date("05252-W5T0671⑨", 3750, 35);
   R_Date("05253-W5T0671H77", 3725, 35);
   R_Date("05266-W5T0672H76", 3745, 40);
   Interval("一段", 100+T(10));
  };
  Boundary( "1-2");
  Phase( "二段")
  {
   R_Date("05239-W5T0670⑧", 3750, 40);
   R_Date("05238-W5T0670Q1②", 3745, 35);
   R_Date("05237-W5T0670Q1①", 3730, 40);
   R_Date("05236-W5T0670Q1", 3725, 35);
   R_Date("05251-W5T0671⑧", 3720, 35);
  };
  Boundary( "2-3");
  Phase( "三段")
  {
   R_Date("05235-W5T0670⑤", 3710, 40);
   R_Date("05250-W5T0671⑤", 3700, 35);
  };
  Boundary( "End");
 };
 Sequence( "王城岗城壕")
 {
  Boundary( "=1-2");
  Phase( "城壕")
  {
   R_Date("05261-W5T0672HG1⑩", 3730, 60);
   R_Date("05260-W5T0672HG1⑨", 3700, 40);
   R_Date("05259-W5T0672HG1⑧", 3560, 40);
   R_Date("05258-W5T0672HG1⑥", 3475, 30);
   R_Date("05257-W5T0672HG1②", 3515, 35);
  };
  Boundary( "=End");
 };
};
```

图 5.5 王城岗遗址系列样品校正模型 ("中华文明探源工程")

系列三中城壕的样品属于后期, 但难以再区分二段和三段, 故在校正模型中将其设置为跨二段和三段. 为此, 在校正模型中为城壕单独设立了一个序列 (Sequence "王城岗城壕"), 其起始边界 (Boundary "=1-2") 表示该边界与主序列中的边界 (Boundary "1-2") 等同, 终止边界 (Boundary "=End") 表示该边界与主序列中的边界 (Boundary "End") 等同. 这样就定义了分期 (Phase "城壕") 是跨分期 (Phase "二段") 和 (Phase "三段") 的.

经初步校正, 样品 BA05254 的一致性指数太低, 予以剔除. 最后的系列样品校正模型含 18 个样品. 校正模型前端加了一个任选项 UniformSpanPrior=FALSE, 这里, UniformSpan (假定各分期的长度在全系列时间跨度内是均匀的) 是在 OxCal v4

中采用的一个假设，由于本校正模型中使用了较多的中间边界命令，该假设会导致各分期的年代区间交叠，因此需要将该假设 UniformSpan 撤销，详见 7.3.3 小节的相关讨论. 我们在前面 "夏商周断代工程" 五期的校正模型中也使用了这个任选项. 两期三段校正模型的分期 "一段" 中还使用了 Interval （"一段"，100+T(10)）命令，该命令对一段的年代区间长度参照前面五期模型的校正结果设置了 100 a 的限制，这样可以抑制年代区间的过度延伸，并消除多余的子区间.

年代校正是用 OxCal v4.4.2 和 IntCal20 校正曲线进行的，年代校正结果列于表 5.5，相应的年代校正图见图 5.6. 由表 5.5 和图 5.6 可知，有些样品的 68% 区间分裂成 2—3 个子区间，出现这种情况与校正曲线在相应区段的形状密切相关. 表 5.5 中给出了各子区间的概率. 从图 5.6 中可以看出，5 个城壕样品中有 2 个 (BA05261 和 BA05260) 的年代区间与二段和三段样品的年代区间可以很好地对应，但其余 3 个样品的年代区间要明显偏年轻，说明城壕的使用年代要更长.

表 5.5 王城岗遗址系列样品 ^{14}C 测年年代校正结果（"中华文明探源工程"）

分期	发掘编号	样品类型	实验室编号	^{14}C 年龄 /BP	校正后的日历年代 68% 区间/BC	一致性指数
边界 Start					2202—2167	
前期一段	04W5T0670H72	木炭	BA05243	3720±35	2188—2166 (18.0%) 2151—2110 (41.5%) 2099—2087 (8.7%)	99.2%
	04W5T0670H73	木炭	BA05246	3680±35	2138—2091	108.1%
	04W5T0670H74	木炭	BA05249	3700±35	2145—2086	100.9%
	04W5T0671⑨	木炭	BA05252	3750±35	2186—2131	116.3%
	04W5T0671H77	木炭	BA05253	3725±35	2189—2114 (65.6%) 2093—2089 (2.6%)	100.8%
	04W5T0672H76	木炭	BA05266	3745±40	2189—2124	114.6%
边界 1-2					2102—2067	
后期二段	04W5T0670⑧	木炭	BA05239	3750±40	2087—2060	97.1%
	04W5T0670Q1②	木炭	BA05238	3745±35	2087—2060	98.3%
	04W5T0670Q1①	木炭	BA05237	3730±40	2089—2059	123.0%
	04W5T0670Q1	骨头	BA05236	3725±35	2089—2059	124.0%
	04W5T0671⑧	木炭	BA05251	3720±35	2089—2058	126.4%
边界 2-3					2080—2047	
后期三段	04W5T0670⑤	骨头	BA05235	3710±40	2068—2023 (59.1%) 1994—1982 (9.2%)	87.6%
	04W5T0671⑤	木炭	BA05250	3700±35	2066—2022 (57.7%) 1995—1982 (10.5%)	88.2%
边界 End					1861—1736	

续表

分期	发掘编号	样品类型	实验室编号	^{14}C 年龄 /BP	校正后的日历年代 68% 区间/BC	一致性指数
边界 =1-2					2102—2067	
后期(城壕)	04W5T0672HG1①	木炭	BA05261	3730±60	2087—2023 (62.5%) 1993—1983 (5.7%)	96.5%
	04W5T0672HG1⑨	木炭	BA05260	3700±40	2084—2025 (64.6%) 1991—1985 (3.6%)	99.9%
	04W5T0672HG1⑧	木炭	BA05259	3560±40	1968—1877 (63.7%) 1839—1828 (4.6%)	105.0%
	04W5T0672HG1⑥	木炭	BA05258	3475±30	1885—1837 (52.4%) 1826—1800 (15.8%)	101.0%
	04W5T0672HG1②	木炭	BA05257	3515±35	1922—1861 (40.8%) 1856—1812 (27.5%)	96.7%
边界 =End					1861—1736	
					模型一致性指数	121.6%

表 5.3 给出分为五期的各分期年代区间分别为: 一期约公元前 2200—前 2130 年, 二期约公元前 2130—前 2090 年, 三期约公元前 2090—前 2050 年, 四期约公元前 2050—前 2000 年, 五期约公元前 2000—前 1950 年. 表 5.5 给出分为两期三段的各分期年代区间分别为: 前期一段约公元前 2200—前 2090 年, 后期二段约公元前 2090—前 2060 年, 后期三段约公元前 2060—前 1980 年. 通过比较表 5.3 和表 5.5 可知, "夏商周断代工程"和"中华文明探源工程"的测年结果基本上能够很好地吻合.

总体来看, 王城岗文化前期以王城岗小城为代表, 存续时间大约从公元前 2200—前 2090 年, 后期则包括大城使用期及废弃期. 王城岗大城夯土城墙的年代上限不早于约公元前 2090 年, 其年代下限不晚于约公元前 1980 年, 该城的使用时间前后约 100 a. 从城壕内龙山文化晚期堆积的测年结果看, 大城城墙废弃后城壕中的龙山文化晚期堆积可延续到公元前 1800 年, 城壕的使用时间可达 200 a. 以上年代数据与《登封王城岗考古发现与研究 (2002 ~ 2005)》(北京大学考古文博学院等, 2007: 776—783) 中的年代数据大体吻合.

5.2.2 古城寨遗址

1. 遗址概况

古城寨遗址位于河南省新密市东南 35 千米的曲梁镇大樊庄村, 在溱水东岸台地上. 1997 年, 河南省文物考古研究所对该遗址进行了考古调查, 1998—2000 年先后进行了 3 次发掘, 发现这是一座龙山文化晚期城址, 城址保存有南、北、东 3 面

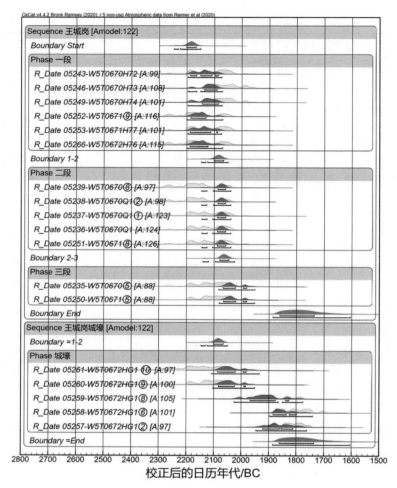

图 5.6 王城岗遗址系列样品 ^{14}C 测年年代校正图 ("中华文明探源工程")

城墙,而西城墙已被溱水冲毁. 南北城墙长约 460 米, 东城墙长约 345 米, 城墙高约 7—16.5 米, 城址面积约 17 万平方米. 城墙南北两面有护城壕, 宽约 34—90 米, 西面有溱水、东面有无名河作为天然屏障. 在城址中部略偏东北处有坐西朝东的高台夯土建筑基址, 南北长 28.4 米, 东西宽 13.5 米, 南北向隔成 7 间, 是一处宫殿建筑 (见图 5.7). 遗址具体情况详见其发掘简报 (河南省文物考古研究所等, 2002). 发掘简报作者将古城寨龙山文化遗存分为四期, 其中, 一期为龙山文化早期遗存, 二至四期为龙山文化晚期遗存, 二期又分为前后两段, 二期前段为城址和宫殿的始建年代, 二期后段为其使用年代, 三期和四期为其废弃年代, 其中, 四期的器物特征演变已接近新砦期.

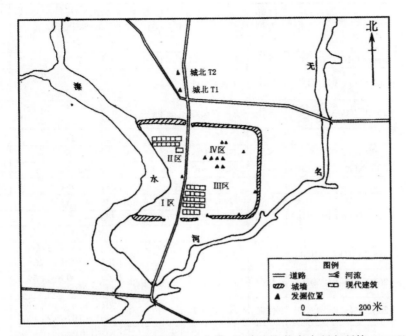

图 5.7 古城寨遗址平面图 (图片取自文献 (河南省文物考古研究所等, 2002))

2. 古城寨遗址的 AMS ^{14}C 年代测定

"中华文明探源工程"曾对古城寨遗址进行 ^{14}C 测年. 实际制样与测量的有 14 个骨头和木炭样品, 其中有 4 个样品的年代明显偏老, 导致其一致性指数太低, 可纳入系列的样品有 10 个. 用 OxCal v4.4.2 和 IntCal20 校正曲线进行了年代校正, 这 10 个样品的 ^{14}C 测年数据与年代校正结果如表 5.6 所示. 由表 5.6 可知, 古城寨二期前段的年代区间约为公元前 2195—前 2115 年, 二期后段的年代区间约为公元前 2130—前 2085 年, 三期的年代区间约为公元前 2095—前 2035 年, 四期的年代区间约为公元前 2045—前 1980 年, 各分期的年代区间有少许交叠. 相应的年代校正图如图 5.8 所示, 图 5.9 是系列样品年代区间在校正曲线上的标图, 其中各分期的年代区间用红色方框标出. 由以上各分期的年代区间可见, 古城寨二期大体上相当于王城岗前期一段, 古城寨三期大体上相当于王城岗后期二段, 古城寨四期大体上相当于王城岗后期三段. 也就是说, 古城寨遗址的龙山文化晚期城址和宫殿的建造大体上与王城岗小城同期.

表 5.6 古城寨遗址系列样品 ^{14}C 测年数据与年代校正结果

分期	发掘编号	样品类型	实验室编号	^{14}C 年龄/BP	校正后的日历年代 68% 区间/BC	一致性指数
边界 Start					2234—2133	
二期前段	98: XGIIIT261㉓	骨头	BA071425	3760±36	2188—2131	116.4%
	2002XGVT773H11	木炭	BA07104	3730±27	2195—2168 (29.5%) 2151—2126 (38.8%)	103.4%
	2000: XGIVT86⑥	骨头	BA071427	3695±27	2192—2177 (16.1%) 2145—2115 (52.2%)	83.4%
边界 1-2					2141—2096	
二期后段	2002XGVT773H28	木炭	BA07105	3680±30	2129—2086	121.1%
	2002XGVT773H30	木炭	BA07100	3665±38	2129—2087	114.7%
边界 2-3					2113—2062	
三期	2002XGVT1019H42	木炭	BA07108	3750±33	2083—2043	71.3%
	2002XGVT1019H43	木炭	BA07109	3670±30	2093—2034	98.0%
边界 3-4					2072—2021	
四期	99: XGIIIT103H99	骨头	BA071418	3670±33	2047—2012 (45.0%) 2000—1978 (23.3%)	100.3%
	2002XGVT1059H41	木炭	BA07101	3665±39	2045—2009 (44.5%) 2002—1978 (23.8%)	108.7%
	2002XGVT1142G1	木炭	BA07102	3655±27	2042—2011 (43.1%) 2001—1978 (25.1%)	112.4%
边界 End					2035—1940	
					模型一致性指数	105.6%

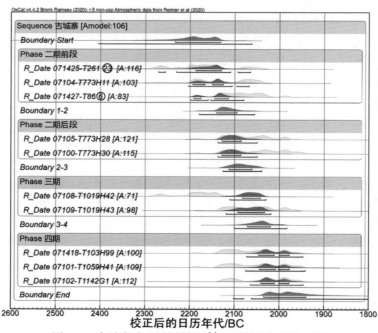

图 5.8 古城寨遗址系列样品 ^{14}C 测年的年代校正图

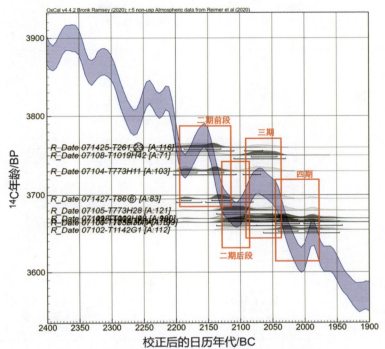

图 5.9 古城寨遗址系列样品年代区间在校正曲线上的标图

5.2.3 禹州瓦店遗址

1. 遗址概况

瓦店遗址位于河南省禹州市瓦店村东部和西北部的台地上,东距禹州市区 7 千米,颍河流经遗址的北面 (见图 5.10). 该遗址是河南省文物考古研究所于 1979 年对禹州颍河两岸进行考古调查时发现的, 1980—1982 年在此进行过三次发掘. 1997 年 "夏商周断代工程" 又对其进行了较大规模的调查和考古发掘, 在东台地发现面积较大的夯土建筑基址, 这里应该是当时的生活区, 在遗址西北部发现有奠基坑和大卜骨, 这里可能是当时的宗教活动场所. 发掘者根据典型陶器的演变规律和地层关系将瓦店遗址的龙山文化遗存分为三期 (夏商周断代工程专家组, 2022; 河南省文物考古研究所, 2004). 2007—2010 年, "中华文明探源工程" 对瓦店遗址再次开展考古发掘工作, 在西北台地发现龙山文化晚期城壕及大型夯土建筑基址, 以及道路、柱洞、灰坑、窖穴、灰沟、墓葬等 (河南省文物考古研究院等, 2018).

2. 瓦店遗址的 AMS ^{14}C 年代测定

"夏商周断代工程" 采集的样品中实际制样与测量的有 15 个, 大部分样品采自东台地的 IV 区, 其中可纳入系列的有 13 个. 用 OxCal v4.4.2 和 IntCal20 校正曲线进行了年代校正, 其 ^{14}C 测年数据与年代校正结果如表 5.7 所示, 相应的年代校正图

如图 5.11 所示. 校正结果表明, 瓦店一期的年代区间约为公元前 2267—前 2137 年,

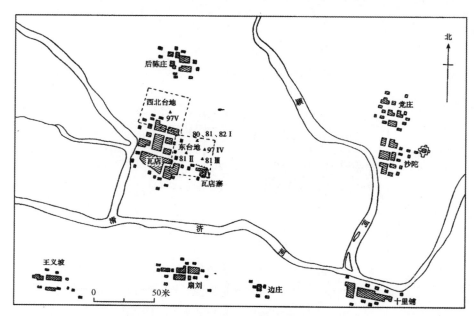

图 5.10　瓦店遗址平面图 (图片取自文献 (河南省文物考古研究所, 2004))

表 5.7　瓦店遗址系列样品 ^{14}C 测年数据与年代校正结果

分期	发掘编号	样品类型	实验室编号	^{14}C 年龄 /BP	校正后的日历年代 68% 区间/BC	一致性指数
边界 Start					2328—2216	
一期	YHW97IVT3H61	木炭	BA03169	3830±30	2258—2200 (60.9%) 2163—2151 (7.4%)	107.5%
一期	YHW97IVT4⑧	木炭	BA03178	3780±30	2267—2257 (6.0%) 2229—2220 (4.9%) 2212—2189 (19.0%) 2184—2142 (38.4%)	106.7%
一期	YHW97IVT4⑥	木炭	BA03175	3775±50	2262—2259 (1.5%) 2235—2137 (66.7%)	118.7%
二期	YHW97IVT6H54	木炭	BA03165	3715±30	2142—2121 (15.1%) 2096—2038 (53.2%)	104.5%
二期	YHW97IVT4④	木炭	BA03172	3650±30	2119—2097 (12.5%) 2039—1959 (55.8%)	100.6%
二期	YHW97IVT1F2	木炭	BA03144	3675±30	2133—2082 (35.3%) 2060—2021 (25.4%) 1995—1981 (7.6%)	100.8%
二期	YHW97IVT1H3	木炭	BA03145	3615±30	2025—1936	101.8%

续表

分期	发掘编号	样品类型	实验室编号	^{14}C 年龄/BP	校正后的日历年代 68% 区间/BC	一致性指数
三期	YHW97IVT3⑤	木炭	BA03154	3445±30	1876—1843 (29.0%) 1821—1799 (12.0%) 1776—1736 (27.3%)	97.9%
	YHW97IVT3F4	木炭	BA03157	3495±30	1881—1865 (12.4%) 1853—1773 (55.9%)	102.0%
	YHW97IVT4H24	木炭	BA03161	3445±35	1876—1842 (28.3%) 1822—1798 (13.8%) 1777—1737 (26.1%)	100.0%
	YHW97IVT6H34	木炭	BA03164	3470±30	1877—1842 (30.5%) 1822—1797 (18.9%) 1777—1750 (18.9%)	102.8%
	YHW97VT1H17	木炭	BA03167	3475±30	1878—1841 (30.4%) 1823—1795 (21.3%) 1778—1753 (16.6%)	102.8%
	YHW97IVT5H46	木炭	BA03183	3525±30	1899—1871 (20.1%) 1848—1775 (48.2%)	101.7%
边界 End					1773—1664	
					模型一致性指数	113.0%

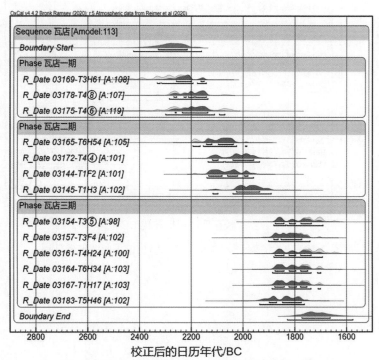

图 5.11 瓦店遗址系列样品 ^{14}C 测年的年代校正图

二期的年代区间约为公元前 2142—前 1936 年，三期的年代区间约为公元前 1899—前 1736 年，总的时间跨度超过了 500 a。其中，瓦店一期大约相当于王城岗五期中的一期，且延伸到更早时期；瓦店二期大约相当于王城岗五期中的二至五期；瓦店三期已延续到新砦期早段 (参见后面的新砦遗址部分)。

我们可以看到，瓦店遗址的时间跨度超过了 500 a，仅有 13 个测年数据，其样品偏少是个缺憾。如果今后能测量较多的样品，则其年代区间两端可能会向内有所收缩。此外，二期和三期样品的年代区间并不衔接，没有交叠区间。这一点在瓦店遗址系列样品年代区间在校正曲线上的标图 (见图 5.12) 中可以看得更为明显。这说明，在现有的二期和三期之间存在样品缺环。现在，瓦店遗址还在继续发掘，希望以后能采集更多样品，进行更细致的分期，得到更理想的结果。

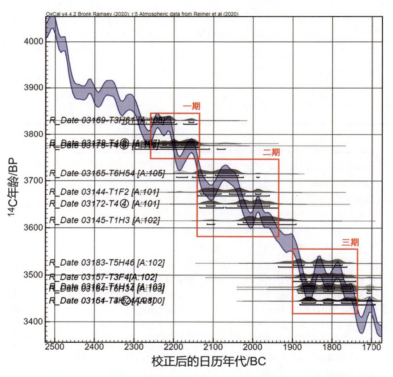

图 5.12　瓦店遗址系列样品年代区间在校正曲线上的标图

5.2.4 新砦遗址

1. 遗址概况

新砦遗址位于河南省新密市东南约 22.5 千米的新砦村西北台地上. 1979 年, 中国社会科学院考古研究所对该遗址进行了首次试掘, 认为新砦遗址富含从龙山文化向二里头文化过渡时期的遗存, 面积约 35 万平方米. "夏商周断代工程" 在实施过程中增设了 "新砦遗址的分期与研究" 专题, 并于 1999—2000 年对该遗址进行了两个季度的发掘 (北京大学古代文明研究中心等, 2004). 2003 年又在遗址中心区西南部发现了规模宏大的城址, 其南面濒临双洎河, 其余三面建有城墙和护城河, 这是大城. 大城西南部为内壕圈占的小城, 内壕圈占的小城中心区偏北处有大型建筑遗迹, 大城北边为东西长 1500 米左右的外壕, 整个城址面积为 70 万—100 万平方米, 参见图 5.13 (赵春青等, 2004). 发掘者将新砦遗存分为三期, 一期为河南龙山文化晚期, 三期属于二里头文化早期, 二期则为介于二者之间的新砦期, 新砦期又可分为早晚两段 (北京大学古代文明研究中心等, 2004).

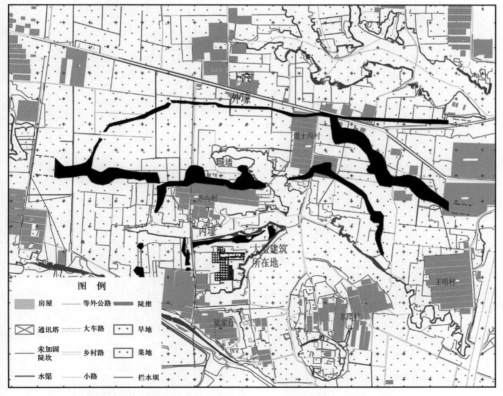

图 5.13　新砦遗址平面图 (图片取自文献 (赵春青等, 2004))

2. 新砦遗址的 AMS ^{14}C 年代测定

表 5.8 给出了新砦遗址的 ^{14}C 测年数据与年代校正结果，年代校正是用 OxCal v4.4.2 和 IntCal20 校正曲线进行的. 其中，实验室编号冠以 SA 的样品是在北京大学 AMS ^{14}C 实验室测量的，冠以 VERA 的样品是在奥地利维也纳大学 AMS ^{14}C 实验室测量的. 从表 5.8 可以看出，两个实验室测量数据的一致性很好. 实验室编号的后缀 -1 和 -2 表示经两次制样. 该系列中新砦遗址的河南龙山文化晚期延续时间较长，而新砦期早段和新砦期晚段延续时间相对较短，在这种情况下，校正模型需要使用中间边界命令. 有些样品在校正中的一致性指数过低已被删除，例如，T1H48 在北京大学测量的样品 SA00010 就被删除了. 新砦遗址的年代校正图如图 5.14 所示，图 5.15 给出系列样品年代区间在校正曲线上的标图，其中各分期的年代区间用红色方框标出. 校正结果表明，新砦遗址的河南龙山文化晚期的年代区间约为公元前 2100—前 1840 年，新砦期早段的年代区间约为公元前 1825—前 1770 年，新砦期晚段的年代区间约为公元前 1775—前 1700 年.

表 5.8 新砦遗址系列样品 ^{14}C 测年数据与年代校正结果

分期	发掘编号	样品类型	实验室编号	^{14}C 年龄 /BP	δ^{13}C /‰	校正后的日历年代 68% 区间/BC	一致性指数
边界 Start							
河南龙山文化晚期	99HXXAT1H123	骨头	SA00002	3700±65	−11.13	2096—1961	103.2%
	99HXXAT1H126	骨头	SA00014-1	3675±35	−9.91	2086—2038	106.4%
			SA00014-2	3740±30	−9.22		
			VERA1429	3695±35			
			VERA1430	3760±45			
	99HXXAT1H122	骨头	SA00008	3570±35	−8.92	1965—1882	107.5%
	99HXXAT1H120	骨头	SA00007-2	3590±30	−10.11	2011—2003 (5.5%) 1973—1896 (62.8%)	102.4%
	99HXXAT1H119	骨头	SA00001-1	3485±30	−7.25	1885—1841	95.8%
			SA00001-2	3490±35	−6.94		
边界 1-2							
新砦期早段	99HXXAT1⑥C	骨头	SA00006-1	3535±35	−9.11	1822—1772	113.7%
			SA00006-2	3470±35	−8.24		
	99HXXAT1H116	骨头	SA00012-2	3480±35	−18.68	1819—1771	108.5%
			VERA1431	3490±35			
			VERA1432	3500±45			
	99HXXAT1H112	骨头	SA00005-2	3465±35	−6.77	1821—1768	102.1%
	99HXXAT1H115	骨头	SA00019-1	3530±35	−10.52	1825—1773	112.5%
			SA00019-2	3500±35	−9.50		
	99HXXAT4H61⑥	骨头	SA00028	3500±35	−13.61	1822—1771	118.3%
边界 2-3						1790—1750	

续表

分期	发掘编号	样品类型	实验室编号	^{14}C 年龄/BP	δ^{13}C /‰	校正后的日历年代 68% 区间/BC	一致性指数
新砦期晚段	99HXXAT1H40	骨头	SA00018-1	3500±30	-20.37	1775—1741	78.5%
			SA00018-2	3470±35	-18.88		
	99HXXAT1H26	骨头	SA00017-1	3395±40	-14.04	1762—1732 (49.7%)	119.4%
			SA00017-2	3455±30	-13.60	1717—1701 (18.6%)	
	99HXXAT1H76	骨头	SA00009	3415±35	-9.00	1755—1703	114.7%
	99HXXAT1H48	骨头	VERA1434	3425±35		1765—1732 (51.4%)	122.0%
			VERA1435	3460±50		1717—1701 (16.9%)	
	99HXXAT1H45	骨头	SA00013-1	3430±55	-12.79	1747—1710	97.6%
			SA00013-2	3390±35	-12.92		
			VERA1436	3380±35			
			VERA1437	3450±50			
	99HXXAT1H29①	骨头	SA00016	3410±50	-7.75	1750—1706	101.2%
			VERA1438	3390±35			
			VERA1439	3430±50			
	99HXXAT4H66	骨头	SA00021-2	3425±30	-14.70	1756—1703	120.6%
	99HXXAT4H30	骨头	SA00020-2	3490±30	-6.42	1776—1739	78.7%
边界 End						模型一致性指数	124.3%

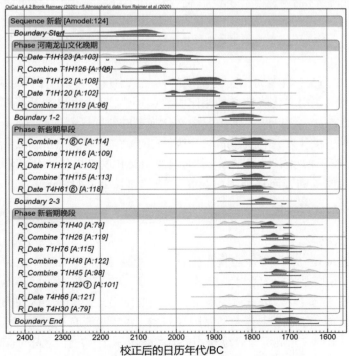

图 5.14 新砦遗址系列样品 ^{14}C 测年的年代校正图

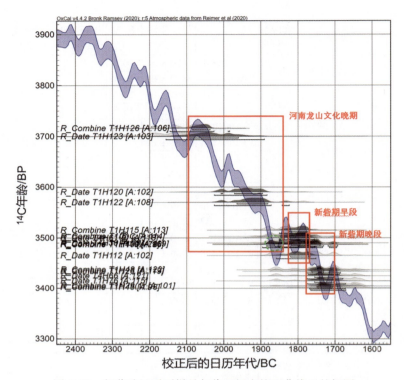

图 5.15 新砦遗址系列样品年代区间在校正曲线上的标图

从图 5.15 可见,河南龙山文化晚期的样品 T1H119 (图中标以绿圈者) 的 ^{14}C 年龄与其他河南龙山文化晚期样品相比明显偏年轻,实际上已在新砦期早段样品的 ^{14}C 年龄范围之内. 受其影响,河南龙山文化晚期的年代区间被拉晚,新砦期早段年代区间的始年也被压晚. 但该样品的一致性指数 (95.8%) 并不低,故我们没有将其删除. 如果在校正模型中将其删除,则河南龙山文化晚期的结束年代和新砦期早段的始年都会向偏早的方向移动 40—50 a,详见 7.3.5 小节的讨论.

5.2.5 附录一: 二里头遗址

1. 遗址概况

二里头遗址是 1959 年徐旭生先生在调查"夏墟"时发现的,它位于河南省偃师市 (现洛阳市偃师区) 西南约 9 千米处,北临现在的洛河,南面是洛河故道. 遗址现存面积约 3 平方千米,是一片较周围略微凸起的台地. 其中心区建有面积为 10.8 万平方米的宫城,宫城内建有大型宫殿建筑群,宫城四周有呈"井"字形的 4 条大路,宽约 10—20 米. 宫城南面有绿松石器作坊和铸铜作坊,作坊周围有夯土墙圈护. 祭祀活动区在宫城北面,贵族聚居区位于宫城周围,贵族墓葬区在宫城东北. 以上为遗址的中心区, 一般居住活动区则位于地势偏低的遗址西部和北部区域, 参见图 5.16 (中国社会科学院考古研究所二里头工作队, 2004).

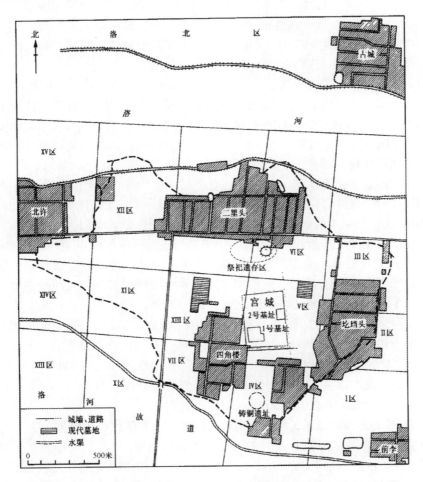

图 5.16　二里头遗址平面图 (图片取自文献 (中国社会科学院考古研究所二里头工作队, 2004))

二里头文化是以二里头遗址为代表, 分布于豫西、晋南地区的一类文化遗存. 二里头遗址的二里头文化可分为四期, 从二期开始进入全盛期, 发现有大型夯土基址 (3 号), 三期筑起了宫城, 且宫城内新建了两组带有明确中轴线规划的大型宫殿建筑群 (1 号和 2 号), 并沿用到四期. 此后, 二里头文化衰落, 被二里冈文化取代, 二里头遗址的二里冈文化期亦被称为二里头遗址五期 (杜金鹏等, 2006).

2. 二里头遗址的常规 ^{14}C 测年数据及年代校正情况

在《夏商周断代工程报告》中列出了中国社会科学院考古研究所和北京大学常规 ^{14}C 实验室所测量的河南偃师二里头遗址 (代码 YL) 和河南伊川南寨二里头遗址 (代码 YN) 的 ^{14}C 测年数据 60 个. 这些数据依考古地层分为五期, 其中, 一至四期为二里头文化, 五期为二里冈文化. 这 60 个样品中包括一期 6 个、二期 19 个、三期 8 个、四期 6 个、五期 20 个, 另有 1 个分期未定.

在《夏商周断代工程报告》中给出了两个不同的二里头遗址的年代校正结果. 一个是第六章 (二) 节表 6.1 中未使用边界命令的单独系列校正结果 (使用 OxCal v3.3 和 IntCal98 校正曲线), 该系列收入了 28 个样品, 包括一期 5 个、二期 13 个、三期 4 个、四期 4 个、五期 2 个. 由于未使用边界命令, 因此一期样品的校正年代区间向早期延伸得很厉害, 达到了公元前 1880 年, 已超过新砦早期的上限.《夏商周断代工程报告》在给出这一结果的同时声明: 以上结果由于没有设置边界条件, 其两端年代向外延伸, 不足以代表年代上限和下限 (夏商周断代工程专家组, 2022: 419). 因此这一结果不可信. 其后在《夏商周断代工程报告》第七章的末尾, 又将新砦遗址和二里头遗址连接起来, 构成一个长系列进行了年代校正 (使用 OxCal v3.9 和 IntCal98 校正曲线). 这实际上是将新砦作为二里头的 "帽子", 借其将二里头的始端年代压下来. 其中, 新砦遗址使用了北京大学 AMS ^{14}C 测年数据, 二里头遗址部分收入了 40 个样品, 包括一期 5 个、二期 11 个、三期 6 个、四期 5 个、五期 13 个. 在构建校正模型时, 设置了起始边界和终止边界, 在二里头一至四期之间没有使用中间边界命令, 其他各分期之间使用中间边界命令. 校正结果表明, 二里头一期的年代区间约为公元前 1714—前 1686 年, 二期约为公元前 1700—前 1610 年, 三期约为公元前 1625—前 1570 年, 四期约为公元前 1569—前 1526 年, 五期约为公元前 1532—前 1465 年 (2022: 499—504).

3. 使用 OxCal v4.4.2 和 IntCal20 校正曲线的年代校正结果

我们利用新砦-二里头长系列中二里头部分的数据, 将二里头作为一个单独系列构建了校正模型, 使用 OxCal v4.4.2 和 IntCal20 校正曲线进行了年代校正. 为便于与长系列进行比对, 使用了起始边界和终止边界命令, 各分期之间不使用中间边界命令, 但在四期和五期之间设立了 "二里头-二里冈边界". ^{14}C 测年数据与年代校正结果见表 5.9, 年代校正图见图 5.17. 表 5.9 中同时列出了《夏商周断代工程报告》中的长系列校正结果与使用 OxCal v4.4.2 和 IntCal20 校正曲线的单独系列校正结果, 以供比对. 图 5.18 为二里头遗址系列样品年代区间在校正曲线上的标图, 其中各分期的年代区间用红色方框标出.

表 5.9　二里头遗址系列样品 ^{14}C 测年数据与年代校正结果

分期	发掘编号	样品类型	实验室编号	^{14}C 年龄/BP	长系列 (v3.9+98)		单独系列 (v4.4.2+20)	
					校正后的日历年代 68% 区间/BC	一致性指数	校正后的日历年代 68% 区间/BC	一致性指数
边界 Start					1728—1706		1743—1697	
一期	YLVT3H58	骨头	XSZ104	3445±37	1711—1690	125.5%	1720—1680	106.7%
	YLVT2⑪	木炭	ZK5206	3406±33	1712—1688	128.5%	1721—1676	117.9%
	YNM3	人骨	ZK5260	3454±34	1710—1691	105.5%	1719—1684	89.3%
	YNM9	人骨	ZK5261	3457±34	1710—1691	98.0%	1719—1685	83.4%
	YNM19	人骨	ZK5262	3391±33	1714—1686	109.8%	1721—1674	107.3%
二期	YLVT4H54	木炭	ZK5227	3327±34	1685—1615	100.1%	1667—1657 (8.4%) 1638—1598 (59.9%)	88.7%
	YLVT4⑦B	骨头	XSZ098	3327±32	1685—1645 (37.6%) 1640—1615 (30.6%)	99.1%	1667—1657 (7.5%) 1638—1597 (60.8%)	87.4%
	YLVT4H46	木炭	ZK5226	3407±36	1695—1630	88.3%	1671—1624	104.6%
	YLVT1H48	兽骨	ZK5244	3348±36	1700—1680 (38.4%) 1670—1655 (16.1%) 1650—1635 (13.7%)	49.6%	1671—1651 (19.6%) 1646—1607 (48.6%)	114.4%
	YLVT4G6	兽骨	ZK5253	3341±39	1685—1620	116.8%	1670—1653 (16.2%) 1644—1604 (52.1%)	107.6%
	YLVT3⑦	兽骨	ZK5257	3313±37	1685—1645 (35.8%) 1640—1610 (32.4%)	84.9%	1664—1659 (3.3%) 1636—1593 (65.0%)	81.6%
	YLVT4⑥A	木炭	ZK5228	3318±34	1685—1645 (35.8%) 1640—1610 (32.4%)	88.5%	1665—1659 (4.3%) 1636—1594 (64.0%)	82.8%
	YLVT2⑨A	木炭	ZK5209	3374±34	1690—1630	124.3%	1669—1619	120.8%
	YNM18	人骨	ZK5263	3343±34	1685—1620	118.9%	1669—1654 (15.3%) 1643—1605 (53.0%)	108.1%
	YNM26	人骨	ZK5265	3380±34	1690—1630	119.0%	1668—1620	118.6%
	YNM33	人骨	ZK5267	3347±35	1685—1620	122.3%	1672—1651 (19.4%) 1645—1607 (48.8%)	113.2%
三期	YLVT5H39	骨头	XSZ160	3296±35	1612—1573	118.3%	1602—1570	113.9%
	YLVT6H34	骨头	XSZ167	3311±35	1616—1573	113.0%	1602—1567	122.6%
	YLVT6⑰A	兽骨	ZK5249	3347±36	1625—1570	86.8%	1600—1564	105.6%
	YLVT1⑨	木炭	ZK5200	3343±35	1621—1574	90.7%	1600—1565	112.6%
	YLVT6⑫B	兽骨	ZK5247	3272±39	1608—1571	122.8%	1603—1571	93.4%
	YNM34	人骨	ZK5270	3301±33	1614—1574	115.2%	1602—1569	115.6%

续表

分期	发掘编号	样品类型	实验室编号	^{14}C 年龄 /BP	长系列 (v3.9+98) 校正后的日历年代 68% 区间/BC	一致性指数	单独系列 (v4.4.2+20) 校正后的日历年代 68% 区间/BC	一致性指数
四期	YLVT1G5	骨头	XSZ169	3331±35	1565—1530	103.9%	1567—1537	118.2%
	YLVT3G4	兽骨	ZK5255	3355±40	1564—1531	78.5%	1568—1538	87.3%
	YLVT4⑤A	木炭	ZK5229	3304±36	1566—1528	117.5%	1566—1533	115.4%
	YLVT6	木炭	ZK5242a	3270±32	1569—1526	109.2%	1563—1527	95.7%
	YLVT6	木炭	ZK5242b	3350±33	1563—1531	75.6%	1567—1539	92.1%
二里头-二里冈					1540—1513		1542—1516	
五期	YLVT4H28	骨头	XSZ101	3241±30	1525—1485 (59.6%) 1480—1465 (8.6%)	124.4%	1522—1491 (52.5%) 1479—1463 (15.7%)	116.7%
	YLVT4④A	骨头	XSZ103	3222±35	1520—1485 (59.0%) 1480—1471 (9.2%)	115.8%	1512—1467	111.0%
	YLVT1②B	骨头	XSZ114	3148±48	1518—1473	82.5%	1505—1460	95.3%
	YLVT1②C	骨头	XSZ115	3270±29	1529—1493	86.1%	1528—1500	119.4%
	YLVT1H2	骨头	XSZ165	3227±35	1525—1485 (59.3%) 1480—1465 (8.9%)	118.8%	1515—1466	113.3%
	YLVT3H5	骨头	XSZ166	3281±35	1532—1492	72.4%	1531—1500	101.8%
	YLVT2⑤	木炭	ZK5215	3197±34	1518—1474	103.2%	1506—1463	105.4%
	YLVT1H2	木炭	ZK5202	3160±34	1517—1474	77.2%	1503—1467 (66.0%) 1453—1450 (2.2%)	94.0%
	YLVT3②	木炭	ZK5224	3141±33	1517—1474	51.4%	1501—1471 (60.2%) 1450—1439 (8.1%)	68.4%
	YLVT1④	兽骨	ZK5243	3273±35	1530—1492	84.9%	1532—1497	111.3%
	YLVT2③B	兽骨	ZK5245	3245±36	1525—1485 (59.1%) 1480—1465 (9.1%)	127.1%	1526—1491 (56.9%) 1478—1466 (11.3%)	122.6%
	YLVT1H1	兽骨	ZK5254	3187±34	1518—1474	98.8%	1505—1464	104.4%
	YLVT1H49	木炭	ZK5252	3245±35	1526—1485 (59.4%) 1480—1465 (8.8%)	127.0%	1526—1492 (57.0%) 1478—1466 (11.3%)	122.1%
边界 End					1495—1420		1485—1429	
					总体一致性指数	112.4%	模型一致性指数	128.8%

5.2 夏代若干重要遗址的 AMS ^{14}C 年代测定

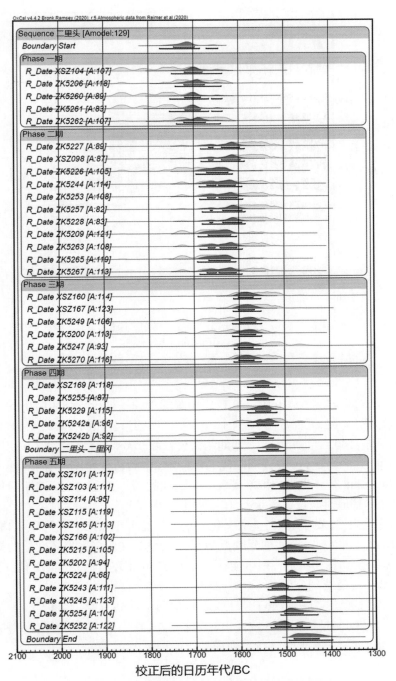

图 5.17　二里头遗址系列样品 ^{14}C 测年的年代校正图

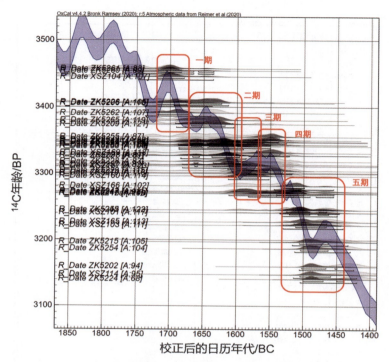

图 5.18　二里头遗址系列样品年代区间在校正曲线上的标图

使用 OxCal v4.4.2 和 IntCal20 校正曲线的单独系列校正结果给出的二里头一期的年代区间约为公元前 1721—前 1674 年，二期约为公元前 1672—前 1593 年，三期约为公元前 1603—前 1564 年，四期约为公元前 1568—前 1527 年，五期约为公元前 1532—前 1439 年. 与《夏商周断代工程报告》中的长系列校正结果 (使用 OxCal v3.9 和 IntCal98 校正曲线) 相差最大的是二期的始年 (近 30 a)，四期的年代区间则几乎一样，其他时间点一般相差 10—20 a.

由以上校正结果可知，二里头文化一期始于公元前 1720 年左右，四期结束于公元前 1530 年左右，一至四期延续近 200 a. 二里头文化与二里冈文化的交界在公元前 1540—前 1515 年期间，很可能在公元前 1530 年左右. 二里头文化五期 (二里冈文化) 则一直延续到公元前 1440 年左右.

我们也用 AMS 方法测量了二里头遗址的两个样品，其与常规 ^{14}C 实验室相同发掘编号样品的测量数据的一致性很好，见表 5.10. 但是 AMS 方法所测量的二里头遗址样品数量太少，无法进行系列样品年代校正.

表 5.10　二里头遗址样品的 AMS ^{14}C 测年数据与相应常规 ^{14}C 测年数据的比对

分期	发掘编号	AMS ^{14}C 测年数据			常规 ^{14}C 测年数据		
		实验室编号	样品类型	^{14}C 年龄/BP	实验室编号	样品类型	^{14}C 年龄/BP
一期	97YLDT3H58	SA99017	木炭	3405±35	XSZ104	兽骨	3445±37
五期	97YLVT3②	SA99041	核桃壳	3150±40	ZK5224	木炭	3141±33

5.3　商代若干重要遗址的 AMS ^{14}C 年代测定

商代可分为商前期和商后期, 二者以盘庚迁殷为分界. 现在已知商代共有 17 世 31 王, 自成汤建国至盘庚迁殷之前, 商人曾迁都 5 次 (汤居亳、仲丁都隞、河亶甲都相、祖乙迁邢、南庚迁奄), 而自盘庚迁殷之后直至商灭亡则不再迁都. 1899 年发现的甲骨文以其丰富的文字资料不仅证实了商的存在, 而且证实了《史记》记载的商王世系是可靠的. 对甲骨出土地的追溯导致了殷墟的发现, 并从 1928 年开始对殷墟进行了科学发掘, 确认了殷墟是商后期的都城所在. 20 世纪 50 年代, 以郑州二里冈商代遗址及郑州商城的发现与发掘为基础, 建立了较完整的商前期考古文化序列, 此后又先后发现了小双桥、偃师商城、洹北花园庄等遗址. 本节将给出北京大学 AMS ^{14}C 实验室对偃师商城、郑州商城、小双桥、洹北花园庄、东先贤等遗址的 ^{14}C 测年数据和年代校正结果.

北京大学 AMS ^{14}C 实验室没有测量殷墟遗址的样品, 殷墟遗址样品的 ^{14}C 测年主要是由中国社会科学院考古研究所采用常规 ^{14}C 测年方法进行测量的. 我们在本节中将常规测量的殷墟遗址 ^{14}C 测年结果, 以及我们用 OxCal v4.4.2 和 IntCal20 校正曲线对殷墟遗址所做的校正结果作为附录列出, 供大家参考. 北京大学 AMS ^{14}C 实验室还对殷墟甲骨进行了测年, 其结果见第六章.

如前所述, 贝叶斯方法的年代校正结果在很大程度上取决于先验条件. 对于考古遗址而言, 先验条件就是遗址和分期的相对年代关系. 一般说来, 同一遗址各分期的相对年代关系是清楚的, 但不同遗址的相对年代关系可能会有不同表达. 不同遗址有可能根据出土陶器等器物的特征排出先后次序, 拼接成一个长系列 (如前所述的新砦-二里头系列), 这是顺序发展的先验条件; 但不同遗址也可能并不存在先后次序, 各遗址分别构成单独系列, 这是独立发展的先验条件. 同样一组遗址使用不同的先验条件 (顺序发展或独立发展的先验条件) 所得到的年代校正结果可能是不同的 (此时的样品取舍也可能不同). 我们在本章中对于郑州商城、小双桥、洹北花园庄和殷墟遗址, 将首先给出按照独立发展的先验条件分别构成单独系列的年代校正结果, 然后给出这些遗址按照顺序发展的先验条件构成长系列的年代校正结果.

5.3.1 偃师商城遗址

1. 遗址概况

偃师商城遗址位于河南省偃师市西郊,西南方向距二里头遗址约 6 千米. 自 1983 年被发现以来,经过多年的发掘,偃师商城的年代、布局和性质基本被厘清. 偃师商城北依邙山和黄河,南临洛河与伊河,大城大致呈长方形 (见图 5.19), 城墙南北长约 1700 米, 东西宽约 1200 米, 城址总面积达 200 余万平方米. 现已探明, 东、西、北 3 面城墙共有 5 座城门, 城墙外侧环绕着 18—20 米宽的护城河, 城内偏西南处有宫城. 宫城大体呈正方形, 面积约 4 万平方米, 四周有宽约 2 米的宫墙. 宫殿规模宏大, 结构复杂, 如二号宫殿的主殿台基面阔超过 90 米, 是已知商代早期规模最大的宫殿单体建筑之一 (夏商周断代工程专家组, 2022: 299). "夏商周断代工程"

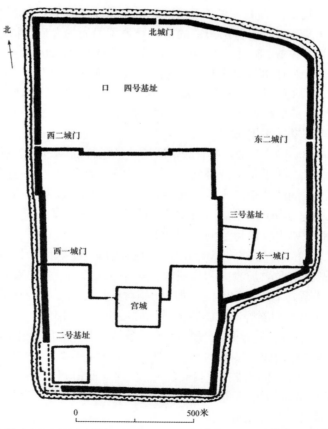

图 5.19 偃师商城遗址平面图 (图片取自文献 (中国社会科学院考古研究所河南第二工作队, 1999))

启动以后又组织了一系列考古发掘,发现大城之内套有小城.小城南北长约1100米,东西宽约740米,面积约80万平方米.偃师商城小城的南、西城墙和东城墙的南段与大城城墙重合,北城墙则自大城的西二城门向东延伸.多处发掘地点的明确地层关系表明,偃师商城的小城早于大城,偃师商城大城的城墙是在小城城墙的基础上扩建而成的.偃师商城的宫城实际上是在小城的中轴线上,但在偃师商城扩建后,宫城则位于偃师商城大城的偏西南处 (中国社会科学院考古研究所河南第二工作队, 1999).

偃师商城的商前期文化共分为三期6段,每期各有早晚两段,是建立在严格的地层学基础之上的一个连续的文化发展过程.发掘者认为,偃师商城小城的始建年代最迟在偃师商城商文化2段的偏早阶段.偃师商城最早的商文化遗存(偃师商城商文化1段)目前主要发现于偃师商城宫城北部的"大灰沟"中,而属于偃师商城商文化1段的"大灰沟"T28的第9和第10层还出土了大量具有浓厚二里头文化四期风格的器物,据此,发掘者认为偃师商城商文化1段的年代上限已经进入二里头文化四期.发掘者还指出,在偃师商城商文化1—6段期间,"大灰沟"均是商人进行祭祀的场所,从沟的口部到底部始终有用作牺牲的猪,这表明,自偃师商城商文化1段开始就有商人在此活动(夏商周断代工程专家组, 2022: 311).

2. 偃师商城遗址的 AMS ^{14}C 年代测定

除偃师商城商文化 6 段缺测年样品外,北京大学 AMS ^{14}C 实验室对其他各段的系列样品进行了测年. 1999 年实验室收到 20 个偃师商城遗址样品,这些样品中可纳入系列的有 15 个. 用 OxCal v4.4.2 和 IntCal20 校正曲线进行了年代校正,相应的 ^{14}C 测年数据与年代校正结果列于表 5.11,图 5.20 是其年代校正图,图 5.21 是系列样品年代区间在校正曲线上的标图,其中各分期的年代区间以红色方框标出.

表 5.11　偃师商城遗址系列样品 ^{14}C 测年数据与年代校正结果

分期		发掘编号	样品类型	实验室编号	^{14}C 年龄 /BP	δ^{13}C /‰	校正后的日历年代 68% 区间/BC	一致性指数
边界 Start							1593—1524	
一期	1 段	96YSVIIT28⑩	骨头	SA00052	3190 ± 55	−10.85	1565—1511	32.9%
		96YSVIIT28⑨	骨头	SA00053	3290 ± 50	−8.14	1567—1514	123.8%
	2 段	96YSVIIT28⑧	骨头	SA99117	3295 ± 40	−9.03	1536—1501	95.6%
		98YSJ1D2T1009④G3	木炭	SA99013	3300 ± 45	−24.75	1536—1501	95.2%
		98YSVIIT0301H99G10 西段	木炭	SA99012	3260 ± 40	−24.45	1533—1497	131.3%
		97YSIVT53G2	骨头	SA99121	3220 ± 35	−20.40	1527—1490	95.2%

续表

分期		发掘编号	样品类型	实验室编号	¹⁴C 年龄/BP	δ¹³C/‰	校正后的日历年代 68% 区间/BC	一致性指数
二期	3段	96YSVIIT28⑦	骨头	SA99118	3230±45	−10.16	1501—1464	128.5%
		98YSIVT54H180下	木炭	SA99008	3210±45	−26.07	1500—1463	127.4%
	4段	98YSVIIT0502G9	木炭	SA99011	3245±35	−27.14	1472—1441	80.3%
		98YSIVT54⑧	木炭	SA99006	3225±45	−24.42	1471—1431	107.2%
		96YSVIIT27⑥A	骨头	SA99119	3110±40	−8.15	1447—1409	81.4%
三期	5段	98YSJ1D2T0511H64	木炭	SA99005	3120±55	−26.97	1430—1378	126.0%
		98YSJ1T0419Ch③	骨头	SA99122	3105±40	−19.16	1426—1377	116.2%
		92YS IV T34④下	竹炭	SA99009	3100±40	−26.53	1425—1376	113.5%
		98YSJ1D2T0412H61	竹炭	SA99002	3030±60	−10.83	1418—1366	87.5%
边界 End							1404—1332	
							模型一致性指数	91.5%

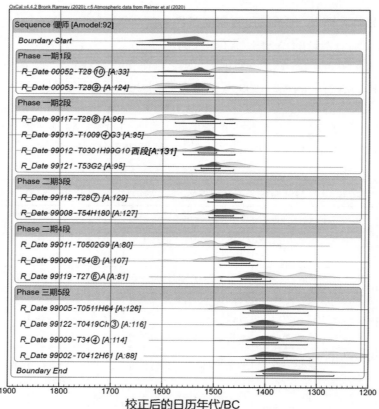

图 5.20 偃师商城遗址系列样品 ¹⁴C 测年的年代校正图

由图 5.21 可以看出, 样品 SA00052 (图中 1 段方框内标绿圈者) 的 ^{14}C 年龄似有错位. 该样品属于 1 段, 但其 ^{14}C 年龄比 2, 3, 4 段样品的年龄都年轻, 其一致性指数只有 33%. 鉴于在全系列 15 个样品中只有这一个样品的一致性指数低于 60%, 参照系列样品取舍的原则 (参见 4.2.5 小节), 我们在这里对其予以保留. 另一个 ^{14}C 年龄可能有错位 (或较大统计性涨落) 的样品是 SA99119 (图中也标有绿圈), 该样品属于 4 段, 但其 ^{14}C 年龄比同为 4 段的 2 个样品年轻了 100 a, 而与 5 段样品的 ^{14}C 年龄相当, 其校正后的年代区间也明显晚于同为 4 段的其他 2 个样品. 但该样品的一致性指数为 81.4%, 并不低, 故我们也对其予以保留. 删除这 2 个样品对校正结果影响的进一步讨论请参见 7.3.5 小节.

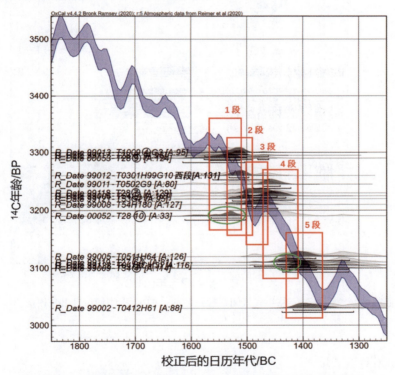

图 5.21 偃师商城遗址系列样品年代区间在校正曲线上的标图

3. 小结与讨论

偃师商城遗址三期 5 段的测年结果表明, 偃师商城遗址商文化 1—5 段的年代区间分别约为: 1 段公元前 1567—前 1511 年, 2 段公元前 1536—前 1490 年, 3 段公元前 1501—前 1463 年, 4 段公元前 1472—前 1409 年, 5 段公元前 1430—前 1366 年. 其中 1 段的年代大体上与二里头四期同时. 以上结果与我们在《夏商周断代工程报告》中给出的结果不同, 起始年代有较大后移, 这是 IntCal20 校正曲线与

IntCal98 校正曲线的差异造成的. 用 IntCal98 校正曲线进行年代校正的系列样品年代区间在校正曲线上的标图见图 5.22. 图中深蓝色为 IntCal98 校正曲线, 浅绿色为 IntCal20 校正曲线. 由于 IntCal98 校正曲线在公元前 1600—前 1560 年区段较 IntCal20 校正曲线明显偏低, 使 1 段的年代区间用 IntCal98 校正曲线校正时延伸到公元前 1600 年左右.

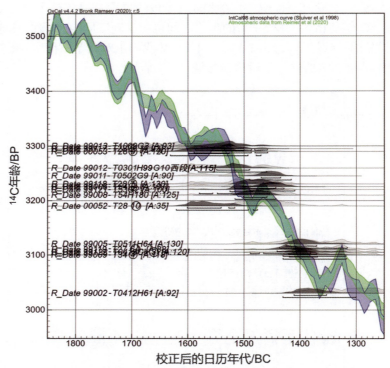

图 5.22 偃师商城遗址系列样品年代区间在校正曲线上的标图 (用 IntCal98 校正曲线进行年代校正)

5.3.2 郑州商城遗址

1. 遗址概况

郑州地区商前期考古很早就已开展. 由于郑州商代遗址的最早发现地和发掘地都是在郑州旧城东南约 1 千米的二里冈一带, 按照考古学惯例, 郑州商前期文化被称为二里冈文化. 此后, 在郑州旧城内外又相继发现多处二里冈期商代遗存和商代城墙遗址, 20 世纪 50 年代的调查和发掘表明, 郑州商代遗址的分布面积约 2500 万平方米, 是继殷墟之后发现的又一处大型商代遗址. 郑州商城夯土城垣大约呈方形, 东城墙和南城墙长约 1700 米, 西城墙长约 1870 米, 北城墙长约 1690 米, 城墙周长近 7000 米. 郑州商城的宫殿区在其中部偏北和东北部一带, 分布面积约占郑州商城总面积的 1/6. 考古发掘表明, 在郑州商城夯土城墙外侧附近分布有铸铜、制陶和制骨等手工业作坊. 20 世纪 80 年代以后, 又陆续在郑州商城的西城墙和南城墙外发现夯土墙基, 可与此前在二里冈一带发现的夯土相连接, 形成郑州商城的外郭城墙. 郑州商城规模宏大、布局有序, 城中发现大面积的宫殿基址及其附属建筑, 无疑是一座商代的王都 (夏商周断代工程专家组, 2022: 288—291). 郑州商城遗址平面图见图 5.23.

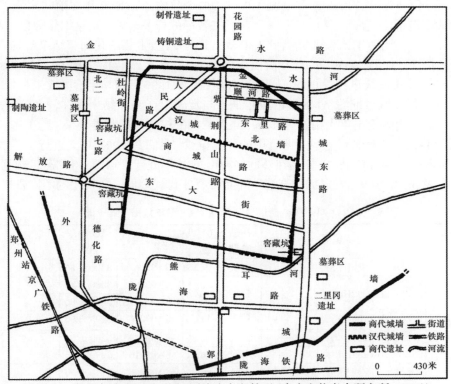

图 5.23　郑州商城遗址平面图 (图片取自文献 (河南省文物考古研究所, 2001))

二里冈期商文化可分为二里冈下层一期、二里冈下层二期、二里冈上层一期、二里冈上层二期, 通常简称为二下一期、二下二期、二上一期、二上二期, 其中, 二下一期郑州商城的四面城墙均已开始建筑, 是郑州商城的始建期; 二下二期四面城墙已经筑好, 并开始修建外郭城墙, 城内东北部修建了多座宫殿建筑, 手工业作坊也开始使用, 是郑州商城的发展阶段; 二上一期宫殿区面积进一步扩大, 是郑州商城的繁荣期; 二上二期郑州商城仍在使用, 仍有重要的王事活动, 但已经从繁荣走向衰落 (夏商周断代工程专家组, 2022: 291—294).

直接压在郑州商城城墙下的还有二里头文化洛达庙类型的有关遗存. 洛达庙期文化遗存最早在 20 世纪 50 年代发现于郑州商城遗址以西约 8000 米的洛达庙遗址, 发掘者将其分为早、中、晚三期 (河南省文物研究所, 1989). 其后, 在郑州商城内和荥阳多地也发现洛达庙文化遗存, 其中, 在郑州商城宫殿区夯土墙下出土的大部分陶器特征与二里头文化四期晚段较为接近, 亦有少量陶器与夯土墙内出土陶片的特征差不多 (河南省文物考古研究所, 2000).

2. 郑州商城遗址的 AMS ^{14}C 年代测量数据

郑州商城遗址的 AMS ^{14}C 测年可分为两个阶段. 在 2000 年之前共测量了 31 个样品, 包括洛达庙晚期和二下一至二上二各期的样品, 其实验室编号冠以 SA99 (见表 5.12). 当时纳入系列样品校正模型的共有 21 个样品, 其测年结果曾发表在《夏商周断代工程 1996—2000 年阶段成果报告·简本》上, 当时是用 OxCal v3.3 和 IntCal98 校正曲线进行校正的.《夏商周断代工程 1996—2000 年阶段成果报告·简本》中郑州商城遗址的 AMS ^{14}C 测年结果与常规 ^{14}C 测年结果存在较大差异, 其中, 二上一期的校正年代相差约 40 a、二上二期的校正年代相差更多. 为了进一步研究此问题, 且考虑到有些分期可用的样品偏少, 我们在 2007 年又进行了再次取样, 所取的均为骨样品, 并分别在 2007 年和 2008 年进行了测量, 得到测量数据 46 个 (见表 5.13), 其中, 发掘编号末端的 a 和 b 等字母代表同一灰坑中的不同骨样品.

表 5.12　郑州商城遗址系列样品 ^{14}C 测年数据 (第一批)

分期	发掘编号	样品类型	δ^{13}C /‰	实验室编号	^{14}C 年龄 /BP	备注
洛达庙晚期	98ZSC8IIT232H230	木炭	−24.97	SA99067	3320 ± 55	
	98ZSC8IIT232H231	骨头	−6.35	SA99068	3385 ± 40	制样方法不同
				SA99068SA	3360 ± 60	
	97ZSC8IIT155G3	骨头	−11.46	SA99076	3295 ± 50	
	98ZSC8IIT203H46	骨头	−10.86	SA99079	3250 ± 35	
	98ZSC8IIT232H233	木炭	−26.01	SA99110	3290 ± 35	
二下一期	98ZSC8IIT232 夯土 VII 下垫土	木炭	−25.30	SA99066	3245 ± 50	
	98ZSC8IIT232 夯土 VII	木炭	−25.36	SA99070	3285 ± 40	
	98ZSC8IIT207 夯土墙	骨头	−9.62	SA99078	3285 ± 85	
	97ZSC8IIT166G2a	骨头	−8.13	SA99074	3280 ± 40	
	ZSC1H9:25	卜骨	−21.60	SA99057	3290 ± 45	
	ZSC1H9:43	骨匕	−12.00	SA99061	3290 ± 40	
	ZS C1H10:31	卜骨	−9.51	SA99034	3205 ± 45	
	98ZSC8IIT232 夯土 VI	木炭	−25.61	SA99069	3280 ± 65	
	98ZSC8IIT203H56	骨头	−8.40	SA99077	3245 ± 40	
	97XNH69	卜骨残	−11.14	SA99073	3220 ± 35	

续表

分期	发掘编号	样品类型	$\delta^{13}C$ /‰	实验室编号	^{14}C 年龄 /BP	备注
二下二期	98ZSC8IIT237F2	木炭	−24.89	SA99072	3340 ± 45	
	98ZSC8IIT233F1a	骨头	−9.81	SA99065	3270 ± 35	
	98ZSC8IIT236H160	骨头	−16.86	SA99071	3185 ± 45	
二上一期	97ZZG2	骨头	−13.21	SA99038	3295 ± 35	
	97ZZT1H1	骨头	−20.89	SA99039	3125 ± 40	
	98ZSC8IIT233H19	骨头	−12.00	SA99114	3225 ± 30	
	98ZSC8IIT234G3	骨头	−12.28	SA99124	3150 ± 50	
	98ZSC8IIT234H8	骨头	−8.93	SA99123	3265 ± 40	
	98ZSC8IIT201G2	骨头	−8.85	SA99113	3275 ± 35	
二上二期	98ZSC8IIT201H2	骨头	−13.45	SA99112	3280 ± 35	
	97ZSC8IIT159H17	骨头	−13.14	SA99111	3190 ± 35	
	97ZSC8IIT159G1	骨头	−8.13	SA99125	3155 ± 35	
	97ZSC8IT23H15	骨头	−12.55	SA99030	2365 ± 45	
	97ZZT1H09	骨头	−14.44	SA99028	3240 ± 40	
	96ZXIVH116	骨头	−12.44	SA99108	3095 ± 35	小双桥样品

表 5.13 郑州商城遗址系列样品 ^{14}C 测年数据（第二批）

分期	发掘编号	样品类型	实验室编号	^{14}C 年龄 /BP	备注
洛达庙晚期	06ZSC8IIT422夯10	羊骨	BA07268	3190 ± 30	
			BA07600	3295 ± 35	
	06ZSC8IIT422夯9a	猪骨	BA07266	3195 ± 30	
	06ZSC8IIT422夯9b	鹿骨	BA08305	3265 ± 30	
	06ZSC8IIT422H94a	牛骨	BA07267	3240 ± 30	
			BA07594	3260 ± 40	
	06ZSC8IIT422H94b	猪骨	BA08306	3245 ± 30	
	94ZSC8IIT58⑥	鹿骨	BA07272	3280 ± 30	
	94ZSC8IIT58④	猪骨	BA07271	3255 ± 35	
	06ZSC8IIT422H81a	鹿骨	BA07265	3340 ± 30	
			BA07767	3285 ± 50	
	06ZSC8IIT422H81b	牛骨	BA07595	3230 ± 40	
	06ZSC8IIT422H81c	猪骨	BA07596	3305 ± 35	
	06ZSC8IIT422H81d	牛骨	BA07597	3255 ± 35	
	06ZSC8IIT422H81e	猪骨	BA07598	3265 ± 40	
	06ZSC8IIT422H81f	猪骨	BA07599	3235 ± 40	

续表

分期	发掘编号	样品类型	实验室编号	^{14}C 年龄/BP	备注
二下一期	06ZSC8IIT166G2b	肋骨	BA07282	3225±30	与 SA99074 同一单位
	06ZSC8IIT422H79a	猪骨	BA07264	3210±45	
	06ZSC8IIT422H79b	牛骨	BA08289	3215±50	
	06ZSC8IIT422H79c	肋骨	BA08290	3250±30	
	02HYZH1	人骨	BA07269	3245±30	
			BA07289	3280±35	
	06ZSC8IIT426H99	牛骨	BA07262	3210±30	
	06ZSC8IIT422H75	牛骨	BA08293	3325±30	
二下二期	98ZSC8IIT233F1b	牛骨	BA07281	3245±40	与 SA99065 同一单位
	06ZSC8IIT426H93a	人骨	BA07261	3270±30	
	06ZSC8IIT426H93b	鹿骨	BA08298	3290±35	
	06ZSC8IIT426H93c	鹿骨	BA08299	3240±30	
	05ZSCNT24H65	狗骨	BA07273	3185±40	
	05ZSCNT24H66	鹿骨	BA07274	3205±30	
	05ZSCNT25H31	鹿骨	BA07280	3210±40	
	05ZSCNT18H46	鹿骨	BA07285	3260±30	
	05ZSCNT17H63	人骨	BA07286	3240±30	
二上一期	05ZSCNT26H67	猪骨	BA07275	3205±30	
	05ZSCNT26H75	牛骨	BA07278	3130±30	
	05ZSCNT26H39	羊骨	BA07283	3155±30	
	05ZSCNT29H69	鹿骨	BA07284	3105±30	
	05ZSCNT23H52	人骨	BA07287	3210±45	
	05ZSCNT22H29	羊骨	BA07288	3220±30	
二上二期	05ZSCNT26H38a	牛骨	BA07276	3205±30	
	05ZSCNT26H38b	牛骨	BA08294	3200±30	
	05ZSCNT26H48a	牛骨	BA07277	3230±45	
	05ZSCNT26H48b	猪骨	BA08296	3165±30	
	05ZSCNT25H22	牛骨	BA07279	3255±40	
	05ZSCNT14H5a	牛骨	BA08301	3130±30	
	05ZSCNT14H5b	羊骨	BA08302	3105±30	

这批样品是用新的制样系统制样、小型 AMS 装置测量的，样品的实验室编号冠以 BA07 或 BA08。

3. 郑州商城遗址系列样品校正模型的建立

在"夏商周断代工程"期间，构建郑州商城遗址系列样品校正模型时一直把洛

达庙晚期 (二里头文化) 放在二下一期之前, 与二里冈的四个分期组成一个样品系列. 这是由于在 "夏商周断代工程" 初期我们对 OxCal 程序还不熟悉, 不太会使用边界命令, 而不使用边界命令会造成系列两端样品的年代区间向外延伸. 在系列前面加上一个分期可以起到与边界命令类似的约束作用, 这在当时被称为 "穿靴戴帽". 洛达庙晚期就是二里冈的一顶帽子, 戴这顶帽子就是为了对二下一期起到约束作用, 这与边界命令的作用是一样的. 在编写《夏商周断代工程报告》期间延续了这一做法. 但是, 如果我们使用边界命令, 那么其实没有必要在郑州商城系列中再加上洛达庙晚期. 因此本书中构建郑州商城遗址系列样品校正模型时将不使用洛达庙晚期的数据, 洛达庙晚期的数据将在后面做单独的年代校正.

郑州商城遗址的两批测年数据被纳入一个统一的系列样品校正模型中, 用 OxCal v4.4.2 和 IntCal20 校正曲线进行年代校正. 在郑州商城遗址的 ^{14}C 测年数据中, 有的是出自同一出土单位. 对于这种情况, 我们首先用 (3.61) 式检查其是否一致, 如果一致, 即在校正模型中用 R_Combine 命令合并处理, 如果不一致, 则不予合并. 例如, SA99074 和 BA07282 都是出自二下一期的 T166G2, 前者是 1997 年发掘、1999 年测量的样品, 后者是 2006 年发掘、2007 年测量的样品, 二者 ^{14}C 测年数据的一致性良好, 故可以合并. 1999 年是用北京大学 EN-AMS 测量的, 2007 年是用北京大学小型 AMS 测量的, 这也是北京大学 AMS ^{14}C 测量数据可靠性的一个证明.

经初步校正并剔除一致性指数太低的样品后, 可纳入校正模型的样品共有 39 个.

4. 郑州商城遗址的 ^{14}C 年代校正结果

表 5.14 是上述校正模型进行系列样品年代校正所得到的结果, 全系列的模型一致性指数为 134.7%, 相应的年代校正图见图 5.24, 图 5.25 为系列样品年代区间在校正曲线上的标图.

表 5.14　郑州商城遗址系列样品 ^{14}C 测年的年代校正结果

分期	发掘编号	样品类型	实验室编号	^{14}C 年龄/BP	校正后的日历年代 68% 区间/BC	一致性指数
边界 Start					1542—1520	
二下一期	98ZSC8IIT232夯土VII下垫土	木炭	SA99066	3245±50	1526—1496	135.1%
	98ZSC8IIT232夯土VII	木炭	SA99070	3285±40	1530—1502	110.4%
	98ZSC8IIT207夯土墙	骨头	SA99078	3285±85	1529—1496	126.4%
	97ZSC8IIT166G2a	骨头	SA99074	3280±40	1524—1497	127.7%
	06ZSC8IIT166G2b	肋骨	BA07282	3225±30		
	ZSC1H9:25	卜骨	SA99057	3290±45	1530—1502	106.0%
	ZSC1H9:43	骨匕	SA99061	3290±40	1529—1503	103.0%

续表

分期	发掘编号	样品类型	实验室编号	^{14}C 年龄/BP	校正后的日历年代68%区间/BC	一致性指数
二下一期	ZSC1H10:31	卜骨	SA99034	3205±45	1518—1487	97.0%
	98ZSC8IIT232夯土VI	木炭	SA99069	3280±65	1530—1497	123.8%
	98ZSC8IIT203H56	骨头	SA99077	3245±40	1526—1496	135.2%
	97XNH69	卜骨残	SA99073	3220±35	1518—1490	99.7%
	06ZSC8IIT422H79a	猪骨	BA07264	3210±45	1517—1494	108.7%
	06ZSC8IIT422H79b	牛骨	BA08289	3215±50		
	06ZSC8IIT422H79c	肋骨	BA08290	3250±30		
	02HYZH1	人骨	BA07269	3245±30	1526—1502	132.1%
			BA07289	3280±35		
	06ZSC8IIT426H99	牛骨	BA07262	3210±30	1513—1487	89.1%
二下二期	98ZSC8IIT233F1b	牛骨	BA07281	3245±40	1485—1457	109.1%
	98ZSC8IIT236H160	骨头	SA99071	3185±45	1487—1461	122.1%
	06ZSC8IIT426H93c	鹿骨	BA08299	3240±30	1483—1457	103.9%
	05ZSCNT24H65	狗骨	BA07273	3185±40	1488—1461	116.1%
	05ZSCNT24H66	鹿骨	BA07274	3205±30	1486—1459	117.0%
	05ZSCNT25H31	鹿骨	BA07280	3210±40	1486—1459	127.0%
	05ZSCNT18H46	鹿骨	BA07285	3260±30	1481—1457	54.2%
	05ZSCNT17H63	人骨	BA07286	3240±30	1483—1457	103.8%
二上一期	98ZSC8IIT233H19	骨头	SA99114	3225±30	1461—1439	88.0%
	98ZSC8IIT234G3	骨头	SA99124	3150±50	1454—1431	130.4%
	97ZZT1H1	骨头	SA99039	3125±40	1451—1429	81.8%
	05ZSCNT26H67	猪骨	BA07275	3205±30	1459—1436	99.6%
	05ZSCNT26H75	牛骨	BA07278	3130±30	1449—1428	78.7%
	05ZSCNT26H39	羊骨	BA07283	3155±30	1451—1431	121.8%
	05ZSCNT23H52	人骨	BA07287	3210±45	1458—1435	114.7%
	05ZSCNT22H29	羊骨	BA07288	3220±30	1461—1438	91.3%
二上二期	97ZSC8IIT159G1	骨头	SA99125	3155±35	1433—1415	143.0%
	97ZSC8IIT159H17	骨头	SA99111	3190±35	1434—1416	70.9%
	96ZXIVH116	骨头	SA99108	3095±35	1430—1410	72.5%
	05ZSCNT26H48b	猪骨	BA08296	3165±30	1433—1415	119.1%
	05ZSCNT14H5a	牛骨	BA08301	3130±30	1430—1411	105.6%
	05ZSCNT14H5b	羊骨	BA08302	3105±30		
边界 End					1423—1402	
					模型一致性指数	134.7%

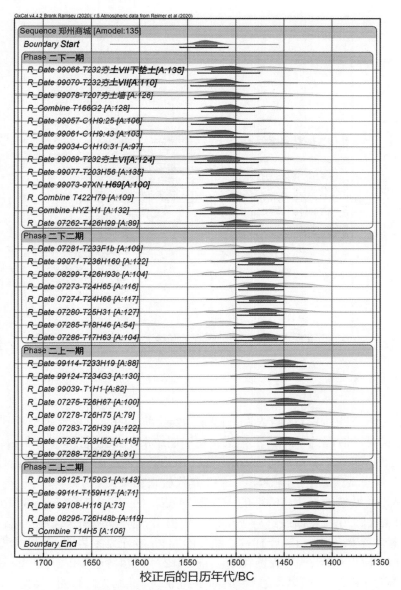

图 5.24 郑州商城遗址系列样品 ^{14}C 测年的年代校正图

校正结果表明, 郑州商城遗址二里头文化与二里冈文化的分界大约在公元前 1542—前 1520 年. 二下一期的年代区间约为公元前 1530—前 1487 年, 二下二期的年代区间约为公元前 1488—前 1457 年, 二上一期的年代区间约为公元前 1461—前

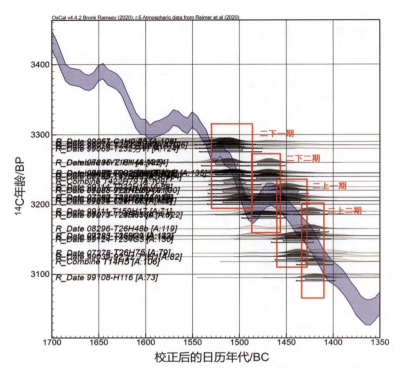

图 5.25 郑州商城遗址系列样品年代区间在校正曲线上的标图

1428 年, 二上二期的年代区间约为公元前 1434—前 1410 年. 从二下一期到二上二期共 4 期的延续时间约 120 a. 二里头文化四期结束于公元前 1530 年左右, 郑州商城遗址二下一期的上限公元前 1530 年可以与二里头遗址的年代很好地衔接.

5. 郑州商城遗址洛达庙晚期的 ^{14}C 年代校正结果

对郑州商城遗址洛达庙晚期的 ^{14}C 测年数据 (见表 5.12 和表 5.13) 用 OxCal v4.4.2 和 IntCal20 校正曲线进行了单期年代校正, 可纳入校正模型的样品共有 19 个, 年代校正结果见表 5.15, 年代校正图见图 5.26. 校正结果表明, 郑州商城遗址洛达庙晚期的年代区间约为公元前 1536—前 1512 年, 其始端约相当于二里头文化四期晚段, 延续到二下一期早段, 持续时间不到 30 a. 此结果与郑州商城宫殿区夯土墙下出土的文化遗存特征相符. 在《夏商周断代工程报告》中, AMS 法测年给出的洛达庙晚期年代区间约为公元前 1600—前 1520 年, 造成本书中结果与其不同的主要原因是二者使用的校正曲线版本不同, 其影响可参见 7.3.3 小节的第 2 部分. 本模型如果用 IntCal98 校正曲线进行校正, 则所得到的年代区间约为公元前 1600—前 1515 年, 与《夏商周断代工程报告》中的结果相符.

表 5.15 郑州商城遗址洛达庙晚期系列样品 ^{14}C 测年的年代校正结果

分期	发掘编号	样品类型	实验室编号	^{14}C 年龄/BP	校正后的日历年代 68% 区间/BC	一致性指数
边界 Start					1544—1519	
洛达庙晚期	98ZSC8IIT232H230	木炭	SA99067	3320±55	1535—1512	99.9%
	98ZSC8IIT232H231	骨头	SA99068SA	3360±60	1536—1512	58.9%
	97ZSC8IIT155G3	骨头	SA99076	3295±50	1535—1512	122.9%
	98ZSC8IIT203H46	骨头	SA99079	3250±35	1533—1513	138.5%
	98ZSC8IIT232H233	木炭	SA99110	3290±35	1534—1513	116.8%
	06ZSC8IIT422夯10	羊骨	BA07600	3295±35	1535—1513	107.8%
	06ZSC8IIT422夯9b	鹿骨	BA08305	3265±30	1533—1514	150.4%
	06ZSC8IIT422H94a	牛骨	BA07267	3240±30	1532—1513	100.0%
			BA07594	3260±40		
	06ZSC8IIT422H94b	猪骨	BA08306	3245±30		
	94ZSC8IIT58⑥	鹿骨	BA07272	3280±30	1533—1514	135.0%
	94ZSC8IIT58④	猪骨	BA07271	3255±35	1533—1513	146.3%
	06ZSC8IIT422H81a	鹿骨	BA07265	3340±30	1533—1515	135.1%
			BA07767	3285±50		
	06ZSC8IIT422H81b	牛骨	BA07595	3230±40		
	06ZSC8IIT422H81c	猪骨	BA07596	3305±35		
	06ZSC8IIT422H81d	牛骨	BA07597	3255±35		
	06ZSC8IIT422H81e	猪骨	BA07598	3265±40		
	06ZSC8IIT422H81f	猪骨	BA07599	3235±40		
边界 End					1525—1504	
					模型一致性指数	160.5%

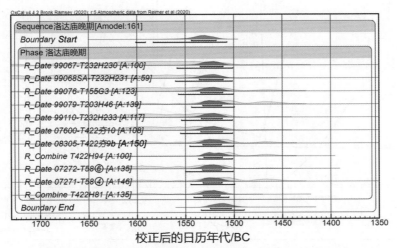

图 5.26 郑州商城遗址洛达庙晚期系列样品 ^{14}C 测年的单期年代校正图

5.3.3 小双桥遗址

1. 遗址概况

小双桥遗址于 1989 年秋被发现, 位于河南省郑州市西北约 20 千米的石佛乡小双桥村及其西南部, 总面积达 144 万平方米 (见图 5.27). 1990 年和 1995 年在小双桥遗址的中心区内先后进行了两次发掘, 确定小双桥遗址在年代上晚于郑州商城遗址而又早于安阳殷墟遗址 (河南省文物考古研究所等, 1996). "夏商周断代工程" 于 1996—2000 年间在小双桥遗址的中心区开展了数次田野发掘和钻探工作, 发现了商代夯土建筑基址、大型祭祀场、祭祀坑、奠基坑、灰沟和灰坑等遗迹. 小双桥遗址出土的陶器和郑州白家庄遗址上层出土的同类器物相近, 一般认为小双桥遗址

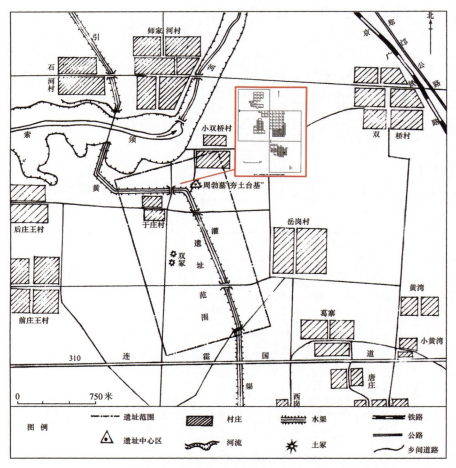

图 5.27　小双桥遗址平面图 (河南省文物考古研究院提供)

的延续时间比较短,其中心区(宫殿宗庙区)大体上相当于白家庄期(即二上二期)或略晚. 有人认为小双桥遗址就是仲丁所迁的隞都,也有人认为小双桥遗址是白家庄期的一处非常重要的王室祭祀场所 (夏商周断代工程专家组, 2022: 313—315).

2. 小双桥遗址的 AMS ^{14}C 年代测量数据

河南省文物考古研究院为我们提供了一批 2000 年发掘小双桥遗址中心区时采集的骨样品,从中得到测量数据 15 个. 根据发掘的层位,按时间顺序可将这些样品分为 7 组,见表 5.16. 表 5.16 中还包括一个 "夏商周断代工程" 期间测量的样品 SA99108. 需要指出的是,小双桥遗址样品的时间顺序分组并非遗址的分期,只表示时间早晚的顺序. 一般认为,小双桥遗址的延续时间较短,只有一个分期. 7 组 T93④A 两个样品的 ^{14}C 年龄相差约 170 a,超过了前述按 (3.61) 式判断一致性的阈值,必须舍去一个. 考虑到 BA200691 与 7 组其他样品的一致性较好,我们将 BA200692 舍去.

表 5.16 小双桥遗址系列样品 ^{14}C 测年数据

时间顺序	发掘编号	样品类型	实验室编号	^{14}C 年龄/BP	备注
无	96ZXIVH116	骨头	SA99108	3095 ± 35	"夏商周断代工程"期间测量的样品
1	2000ZXVT87H36	猪骨	BA200685	3065 ± 30	
3	2000ZXVT49H80a	猪骨	BA200688	3095 ± 30	
3	2000ZXVT49H80b	羊骨	BA200689	3005 ± 40	
4	2000ZXVT93H72a	羊骨	BA200686	3090 ± 30	
4	2000ZXVT93H72b	鹿骨	BA200687	3085 ± 30	
5	2000ZXVT93④Ba	猪骨	BA200693	3000 ± 30	
5	2000ZXVT93④Bb	羊骨	BA200694	3055 ± 25	
6	2000ZXVT53H60	羊骨	BA200901	3035 ± 30	
7	2000ZXVT93④Aa	羊骨	BA200691	2950 ± 35	
7	2000ZXVT93④Ab	猪骨	BA200692	3120 ± 25	舍弃
7	2000ZXVT135R45	人骨	BA200695	2935 ± 30	
7	2000ZXVT135R44	人骨	BA200903	2995 ± 30	
7	2000ZXVT135④A	羊骨	BA200906	2950 ± 35	
7	2000ZXVT135④AR53	人骨	BA200907	3020 ± 30	
7	2000ZXVT95R13	人骨	BA200909	3040 ± 30	

3. 小双桥遗址样品 1—6 组和 7 组的单期 ^{14}C 年代校正结果

由表 5.16 可知,小双桥遗址样品的 ^{14}C 年龄范围约为 3095 BP—2935 BP, ^{14}C

校正曲线在该范围内有一个之字形曲折起伏段，其相应的 ^{14}C 年龄约为 3115 BP—3025 BP，对应的日历年代区间约为公元前 1420—前 1280 年. ^{14}C 校正曲线在 3025 BP 到 2920 BP 之间都呈现起伏的平台状，其对应的日历年代区间约为公元前 1280—前 1120 年 (见图 5.28). 以上 ^{14}C 年龄在 3025 BP 左右的分界大体上在小双桥遗址样品 6 组和 7 组之间，故我们可以对 1—6 组系列样品和 7 组系列样品分别用 OxCal v4.4.2 和 IntCal20 校正曲线进行单期校正. 1—6 组系列样品单期年代校正结果见表 5.17，其相应的年代校正图见图 5.29，其年代区间约为公元前 1387—前 1283 年，模型一致性指数为 105.0%. 7 组系列样品单期年代校正结果见表 5.18，其相应的年代校正图见图 5.30，其年代区间约为公元前 1281—前 1149 年，模型一致性指数为 102.1%. 小双桥遗址 1—6 组和 7 组系列样品年代区间在校正曲线上的标图见图 5.28. 由此可知，7 组系列样品的年代区间与 1—6 组系列样品的年代区间明显不同.

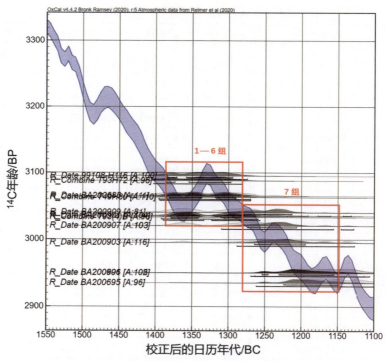

图 5.28 小双桥遗址 1—6 组和 7 组系列样品年代区间在校正曲线上的标图

表 5.17 小双桥遗址 1—6 组系列样品 ^{14}C 测年数据与单期年代校正结果

分期	发掘编号	样品类型	实验室编号	^{14}C 年龄/BP	校正后的日历年代 68% 区间/BC	一致性指数
边界 Start					1411—1346 (61.7%) 1321—1310 (6.5%)	
小双桥 1—6 组	96ZXIVH116	骨头	SA99108	3095 ± 35	1385—1371 (9.6%) 1358—1296 (58.6%)	100.7%
	2000ZXVT87H36	猪骨	BA200685	3065 ± 30	1383—1337 (42.5%) 1319—1291 (25.8%)	111.2%
	2000ZXVT49H80a	猪骨	BA200688	3095 ± 30	1382—1338 (43.9%) 1317—1292 (25.3%)	109.8%
	2000ZXVT49H80b	羊骨	BA200689	3005 ± 40		
	2000ZXVT93H72a	羊骨	BA200686	3090 ± 30	1387—1374 (10.0%) 1355—1298 (58.3%)	95.6%
	2000ZXVT93H72b	鹿骨	BA200687	3085 ± 30		
	2000ZXVT93④Ba	猪骨	BA200693	3000 ± 30	1379—1343 (44.1%) 1307—1283 (24.2%)	95.2%
	2000ZXVT93④Bb	羊骨	BA200694	3055 ± 25		
	2000ZXVT53H60	羊骨	BA200901	3035 ± 30	1380—1341 (43.7%) 1311—1285 (24.6%)	103.6%
边界 End					1356—1325 (19.5%) 1315—1253 (48.7%)	
					模型一致性指数	105.0%

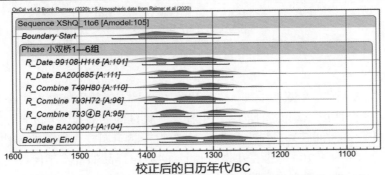

图 5.29 小双桥遗址 1—6 组系列样品 ^{14}C 测年的单期年代校正图

表 5.18 小双桥遗址 7 组系列样品 ^{14}C 测年数据与单期年代校正结果

分期	发掘编号	样品类型	实验室编号	^{14}C 年龄/BP	校正后的日历年代 68% 区间/BC	一致性指数
边界 Start					1318—1222	
小双桥 7 组	2000ZXVT93④Aa	羊骨	BA200691	2950 ± 35	1254—1246 (4.7%) 1231—1158 (63.5%)	104.8%
	2000ZXVT135R45	人骨	BA200695	2935 ± 30	1224—1149	95.7%
	2000ZXVT135R44	人骨	BA200903	2995 ± 30	1265—1196	115.6%

续表

分期	发掘编号	样品类型	实验室编号	^{14}C 年龄 /BP	校正后的日历年代 68% 区间/BC	一致性指数
小双桥 7 组	2000ZXVT135④A	羊骨	BA200906	2950±35	1252—1249 (1.6%) 1229—1156 (66.7%)	102.4%
	2000ZXVT135④AR53	人骨	BA200907	3020±30	1274—1207	103.2%
	2000ZXVT95R13	人骨	BA200909	3040±30	1281—1213	80.2%
边界 End					1213—1106	
					模型一致性指数	102.1%

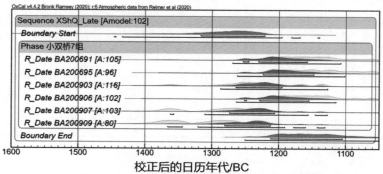

图 5.30　小双桥遗址 7 组系列样品 ^{14}C 测年的单期年代校正图

4. 讨论

由图 5.28 可知, 小双桥遗址 1—6 组样品的 ^{14}C 年龄恰好处于之字形曲折起伏段, 这可能会造成小双桥遗址 1—6 组样品年代区间的展宽. 考古界一般认为小双桥遗址的延续时间较短, 小双桥遗址 1—6 组样品单期校正得到的年代区间 (前 1387—前 1283) 约达 100 a, 但是小双桥遗址 1—6 组样品的真实年代可能只是其中的几十年. 我们的模拟实验表明, 对真实年龄在公元前 1410—前 1370 年与公元前 1330—前 1290 年的年代区间均为 40 a 的两组样品模拟测年所得到的 ^{14}C 年龄进行年代校正, 校正结果表明两组样品的年代区间均在公元前 1400—前 1300 年左右, 没有明显的差别 (见 4.5.4 小节的实验 W). 如果小双桥遗址 1—6 组样品的真实年代区间只是单期校正所得到年代区间中的几十年, 那么测年与年代校正本身无法对其真实年代的确切区间做出判断, 我们只能给出小双桥遗址 1—6 组样品的年代区间约在公元前 1387—前 1283 年之间这一被展宽的年代区间. 这就是校正曲线形状所带来的局限性.

小双桥遗址 6 个 7 组样品的单期校正所得到的年代区间约为公元前 1281—前 1149 年, 已进入殷墟一期与二期的年代范围. 考古界一般认为小双桥遗址的文化遗存与殷墟遗址是不同的. 但是中国社会科学院考古研究所在 2002 年发表的 "夏商周断代工程"期间测量的 5 个小双桥遗址样品的 ^{14}C 年龄亦在 3023 BP—2917 BP 之间, 与我们所测的 7 组样品的 ^{14}C 年龄相仿 (中国社会科学院考古研究所考古科技实验研究中心碳十四实验室, 2002: 54), 这应当不是巧合. 小双桥遗址文化特征与所测年代的矛盾尚需进一步研究. 我们也期待小双桥遗址的进一步发掘能够有新的发现.

5.3.4 洹北花园庄遗址

1. 遗址概况

20 世纪 60 年代以来, 在距离安阳市老城北约 3.5 千米处的洹北花园庄及其相邻的三家庄、董王度一带, 屡见商代文物出土. "夏商周断代工程"于 1996 年起开始在洹北花园庄一带进行大规模的钻探和发掘, 获得了丰富的遗物. 依据地层关系和出土陶器的特征, 洹北花园庄 1997 年发掘简报认为: 洹北花园庄遗址的年代可分为早期阶段和晚期阶段, 整体上早于殷墟大司空村一期, 上限接近二里冈期商文化白家庄阶段 (中国社会科学院考古研究所安阳工作队, 1998). 1998 年的发掘证实了 1997 年的发掘结果. 1999 年再次在洹北花园庄、董王度、韩王度、十里铺一带开展大规模的考古钻探工作, 发现并确认了一座面积达 400 多万平方米的商代城址. 因该城址位于 1961 年国务院划定的殷墟保护范围的东北外缘, 地处洹河北岸, 故称为洹北商城. 图 5.31 为洹北花园庄遗址平面图, 其中黑色实线矩形方框即为洹北商城的范围. 据钻探和试掘可知, 该城址在现今地表以下约 2.5 米, 约呈方形, 其

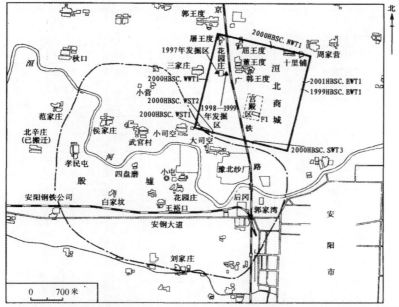

图 5.31 洹北花园庄遗址平面图 (图片取自文献 (中国社会科学院考古研究所安阳工作队, 2003))

东、西、南、北城墙的长度分别为 2230 米、2200 米、2170 米、2150 米，墙体均为夯筑. 在洹北商城南北中轴线的南端分布有宫殿区，经初步钻探表明，宫殿区南北长至少 500 米，东西宽至少 200 米. 在宫殿区内已经发现 30 余处东西向、南北成排的基址，这些基址方向一致，相互之间没有叠压和打破关系，显示出严整有序的布局 (2003). 从出土陶器的特征判断，洹北商城的年代和洹北花园庄遗址的年代是一致的，即主体上早于殷墟文化但又晚于二里冈期商文化. 有学者指出洹北花园庄遗址或即河亶甲所居之相，但也有人认为洹北花园庄遗址是盘庚所迁之殷，即盘庚、小辛、小乙等王都城的所在地，而小屯殷墟则是武丁以后各王都城的所在地 (夏商周断代工程专家组，2022: 318). 对此目前尚无定论.

2. 洹北花园庄遗址的 AMS ^{14}C 年代测定与年代校正

北京大学对 1998 年采集的洹北花园庄遗址系列样品进行了 AMS ^{14}C 测年，并用 OxCal v4.4.2 和 IntCal20 校正曲线进行了年代校正. 构建校正模型时使用了中间边界命令和 UniformSpanPrior = FALSE 任选项. 表 5.19 给出了洹北花园庄遗址 11 个样品的 ^{14}C 测年数据与年代校正结果，其相应的年代校正图示于图 5.32. 此校正结果表明，洹北花园庄早期的年代区间约为公元前 1450—前 1370 年，晚期的年代区间约为公元前 1387—前 1292 年.

表 5.19　洹北花园庄遗址系列样品 ^{14}C 测年数据与年代校正结果

分期	发掘编号	样品类型	实验室编号	^{14}C 年龄 /BP	δ^{13}C /‰	校正后的日历年代 68% 区间/BC	一致性指数
边界 Start						1474—1409	
洹北花园庄早期	98AHDH13	骨头	SA99140	3165 ± 40	−5.46	1443—1397	99.5%
	98AHDH12	骨头	SA99139	3060 ± 35	−16.87	1416—1371	86.9%
	98AHDH11	骨头	SA99138	3190 ± 40	−9.26	1449—1401	76.6%
	98AHDH10	骨头	SA99137	3055 ± 40	−11.60	1416—1371	86.8%
	98AHDM10	骨头	SA99141	3110 ± 40	−6.91	1427—1384	117.9%
	98AHDT4⑥	骨头	SA99106	3150 ± 35	−5.81	1438—1396	114.7%
	98AHDT4⑤	骨头	SA99105	3085 ± 35	−17.71	1421—1376	101.5%
边界早-晚						1404—1337	
洹北花园庄晚期	98AHDH9	骨头	SA99136	3100 ± 40	−7.87	1387—1379 (4.8%) 1355—1297 (63.5%)	107.7%
	98AHDH7	骨头	SA99135	3055 ± 35	−15.04	1373—1292	109.6%
	98AHDH6	骨头	SA99134	3090 ± 35	−16.35	1386—1379 (4.6%) 1355—1296 (63.6%)	108.7%
	98AHDH5	骨头	SA99133	3085 ± 40	−14.25	1383—1380 (2.3%) 1357—1295 (66.0%)	112.7%
边界 End						1345—1252 (39.5%)	
						模型一致性指数	109.4%

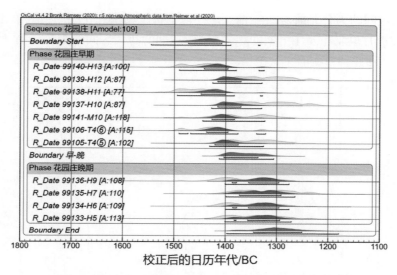

图 5.32 洹北花园庄遗址系列样品 ^{14}C 测年的年代校正图

5.3.5 东先贤遗址

1. 遗址概况

东先贤遗址位于河北省邢台市西南郊七里河北岸的东先贤村附近，东北距邢台市区约 3 千米，西距太行山余脉仅 3 千米. 东先贤村坐落于遗址的中部，将遗址分为南北两部分. 据调查，村北遗址区已知面积近 10 万平方米，村南遗址区面积约 8 万平方米. 1998 年 10—12 月，由河北省文物研究所、中国社会科学院考古研究所和北京大学考古文博学院联合组成东先贤考古队，在该遗址的村北部分进行发掘，发现了丰富的商代遗存，包括灰坑、陶窑和房址等遗迹，以及陶器、骨器、石器、蚌器和卜骨等大量遗物 (见图 5.33). 2000 年 10—12 月，东先贤考古队对遗址进行了再次发掘，进一步充实并完善了东先贤商代遗存的资料 (邢台东先贤考古队，2002). 发掘者将东先贤遗址的商代遗存分为五期，其中，一至三期遗存丰富，四、五期遗存较少. 从遗存的特征看，东先贤遗址一期与洹北花园庄早期接近.

2. 东先贤遗址的 AMS ^{14}C 年代测定

北京大学对东先贤遗址的系列样品进行了 AMS ^{14}C 测年. 实验室收到 6 个样品，其中，有 2 个样品的测年结果明显偏年轻，可纳入系列的包括一期 2 个样品、三期 2 个样品. 用 OxCal v4.4.2 和 IntCal20 校正曲线进行了年代校正. 由于二期的样品空缺，因此在系列样品校正模型的二期中插入了 Date 命令. 构建校正模型时使用了中间边界命令和 UniformSpanPrior=FALSE 任选项. 该遗址的 ^{14}C 测年数据与年代校正结果如表 5.20 所示，其相应的年代校正图如图 5.34 所示. 东先贤遗址一期的年代区间约为公元前 1458—前 1382 年, 大体上与洹北花园庄遗址单独作为一个系列校正时洹北花园庄早期的年代相当, 三期的年代区间约为公元前 1350—前 1263 年, 已延伸到殷墟的年代范围.

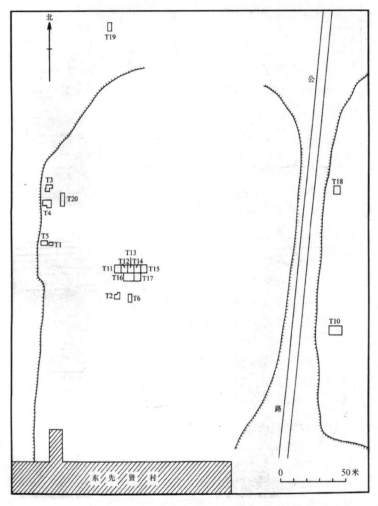

图 5.33　东先贤遗址平面图 (图片取自文献 (邢台东先贤考古队, 2002))

5.3 商代若干重要遗址的 AMS ^{14}C 年代测定

表 5.20 东先贤遗址系列样品 ^{14}C 测年数据与年代校正结果

分期	发掘编号	样品类型	实验室编号	^{14}C 年龄 /BP	δ^{13}C /‰	校正后的日历年代 68% 区间/BC	一致性指数
边界 Start						1545—1388	
一期	98XDT3H15下	木炭	SA99081	3150±60	−24.55	1458—1383	118.9%
一期	98XDT3H15下	骨头	SA99083	3100±35	−14.79	1433—1382	95.8%
边界 1-2						1421—1350	
二期	样品空缺		Date (二期)			1401—1326	
边界 2-3						1381—1301	
三期	98XDT3H10	骨头	SA99082	3105±75	−13.58	1350—1263	107.4%
三期	98XDT1⑧	骨头	SA99131	3085±35	−7.02	1345—1273	95.0%
边界 End						1347—1182	
						模型一致性指数	110.2%

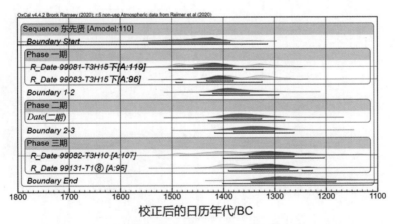

图 5.34 东先贤遗址系列样品 ^{14}C 测年的年代校正图

5.3.6 附录二：殷墟遗址

1. 遗址概况

殷墟遗址是在 20 世纪初寻找甲骨出土地时发现的，位于河南省安阳市西北，洹河自西向东穿过该遗址．自 1928 年开始对殷墟进行科学发掘，确认了其是商后期的都城．通过数十年的发掘，对殷墟的范围和布局有了初步了解．遗址面积约 30 平方千米, 洹河南岸小屯附近为宫殿和宗庙区, 洹河北岸侯家庄、武官村一带为王陵区, 洹河两岸分布着居民住宅区和手工业作坊, 再外即是墓葬区 (中国社会科学院考古研究所, 1987). 殷墟遗址平面图见图 5.35, 其中, 点划线围起来的区域是殷墟遗址的范围. 殷墟的文化分期有多种方案, "夏商周断代工程" 采用《殷墟的发现与研究》(1994) 一书的方案, 依据陶器和青铜器的形制及所出土甲骨的组别, 将殷墟文化分为四期. 一期早段相当于洹北花园庄晚期, 推断约相当于盘庚、小辛、小乙时代; 一期晚段相当于考古研究所殷墟一期 (大司空村一期), 在相关地层中曾出自组、午组卜辞, 约相当于武丁早期. 二期已相当繁盛, 并有妇好墓, 约相当于武丁晚期至祖庚、祖甲时代. 三期约相当于廪辛、康丁、武乙、文丁时代. 四期约相当于帝乙、帝辛时代 (夏商周断代工程专家组, 2022: 191—193).

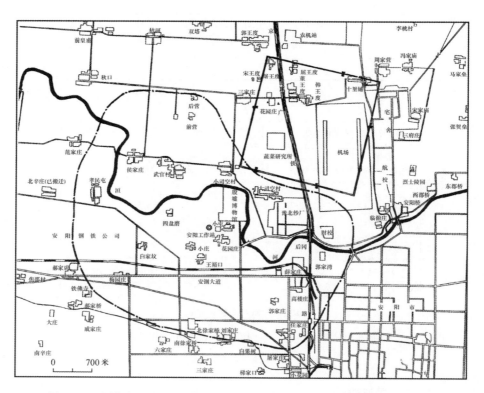

图 5.35　殷墟遗址平面图 (图片取自文献 (夏商周断代工程专家组, 2022))

2. 殷墟遗址的常规 ^{14}C 年代测量数据及其年代校正情况

在《夏商周断代工程报告》中列出了常规 ^{14}C 测年方法所测量的殷墟遗址的 ^{14}C 测年数据 45 个. 这些均为人骨样品, 分别采自小屯、白家坟、大司空村、洹北花园庄、刘家庄、三家庄、王裕口等地的墓葬中. 在《夏商周断代工程报告》中给出的殷墟遗址的年代校正结果是将殷墟遗址和琉璃河遗址拼接成一个长系列得到的 (夏商周断代工程专家组, 2022: 403). 其依据是殷墟的考古发掘表明, 基本没有在年代上紧接四期而又晚于四期的墓葬, 这说明商亡后不久殷墟即不再是城市, 而琉璃河是西周最早的封国燕的都城, 故他们认为这两个遗址虽然相距甚远, 但年代是衔接的, 符合顺序发展的先验条件. 该系列收入了 25 个殷墟遗址样品和 14 个琉璃河遗址出土的墓葬人骨样品. 年代校正使用的是 OxCal v3.9 和 IntCal98 校正曲线, 没有使用中间边界命令. 校正结果表明, 殷墟一期的年代区间约为公元前 1310—前 1220 年, 二期约为公元前 1255—前 1180 年, 三期约为公元前 1200—前 1080 年, 四期约为公元前 1090—前 1040 年, 商周分界的年代区间约为公元前 1049—前 1018 年 (2022: 195—196).

3. 使用 OxCal v4.4.2 和 IntCal20 校正曲线的年代校正结果

我们利用常规 ^{14}C 测年方法中殷墟遗址被收入系列样品的 25 个数据, 将殷墟遗址作为一个单独的系列构建校正模型, 使用 OxCal v4.4.2 和 IntCal20 校正曲线进行年代校正. 在构建校正模型时使用了中间边界命令和 UniformSpanPrior=FALSE 任选项. 使用中间边界命令是因为各分期中样品数量的分布很不均匀, 三期的样品多达 13 个, 超过了总数的一半, 而一期和二期只各有 3 个样品. 使用 UniformSpanPrior=FALSE 任选项可以减少各分期的年代区间交叠. 该系列的年代校正结果见表 5.21, 相应的年代校正图见图 5.36. 校正结果表明, 殷墟一期的年代区间约为公元前 1301—前 1182 年, 二期约为公元前 1205—前 1136 年, 三期约为公元前 1158—前 1096 年, 四期约为公元前 1113—前 1057 年.

表 5.21 殷墟遗址系列样品 ^{14}C 测年数据与年代校正结果

分期	发掘编号	样品类型	实验室编号	^{14}C 年龄 /BP	校正后的日历年代 68% 区间/BC	一致性指数
边界 Start					1393—1224	
一期	AHM9	人骨	ZK5586	3030 ± 35	1293—1214	104.2%
	AHT3③	人骨	ZK5595	3039 ± 42	1301—1212	100.2%
	ABM119	人骨	ZK5501	2920 ± 35	1257—1245 (12.0%) 1226—1182 (56.3%)	57.2%
边界 1-2					1220—1160	
二期	ABM272	人骨	ZK5511	2964 ± 33	1204—1148	124.8%
	ABM451	人骨	ZK5523	2994 ± 37	1205—1153 (61.1%) 1144—1136 (7.2%)	91.8%
	ABM82	人骨	ZK5521	2908 ± 32	1198—1148	71.1%

续表

分期	发掘编号	样品类型	实验室编号	^{14}C 年龄 /BP	校正后的日历年代 68% 区间/BC	一致性指数
边界 2-3					1173—1124	
三期	AWM389	人骨	ZK5578	2937±35	1157—1111	120.3%
	AWM396	人骨	ZK5579	2962±35	1156—1115	110.6%
	AWM395	人骨	ZK5581	2966±37	1156—1115	109.0%
	AWM398	人骨	ZK5582	2888±35	1158—1144 (15.2%) 1131—1100 (53.1%)	83.6%
	ADM1278	人骨	ZK5587	2856±35	1157—1146 (11.1%) 1130—1096 (57.1%)	43.3%
	ADM1281	人骨	ZK5588	2956±35	1157—1114	114.4%
	ALM875	人骨	ZK5590	2935±35	1157—1111	120.3%
	ALM878	人骨	ZK5592a	2946±35	1158—1112	118.8%
	ABM3	人骨	ZK5525	2882±37	1158—1144 (14.9%) 1131—1099 (53.4%)	79.4%
	ABM156	人骨	ZK5543	2983±34	1158—1116	86.1%
	ABM441	人骨	ZK5538	2954±37	1158—1113	116.9%
	ABM60	人骨	ZK5529	2951±35	1158—1113	117.0%
	ABM296	人骨	ZK5534	2870±35	1157—1146 (12.3%) 1130—1098 (56.0%)	62.4%
边界 3-4					1126—1078	
四期	M701	人骨	XSZ085	2890±45	1113—1060	128.8%
	ABM693	人骨	ZK5572	2942±35	1112—1058	81.2%
	ABM23	人骨	ZK5551	2912±31	1111—1060	121.8%
	ABM477	人骨	ZK5559	2900±35	1111—1061	126.4%
	ABM432	人骨	ZK5558	2892±33	1112—1061	123.9%
	AXTF11①	木炭	ZK358	2948±34	1113—1057	69.6%
边界 End					1099—1031	
					模型一致性指数	80.0%

5.3.7 郑州商城-小双桥-洹北花园庄-殷墟遗址长系列校正

1. 单独系列校正模型与长系列校正模型

单独系列校正模型在构建模型时只考虑本遗址的考古文化分期情况及其相对年代关系,而不考虑该遗址与其他遗址的相对年代关系. 这对应于各遗址独立发展的先验条件,此前的各个遗址我们都是这样做的. 长系列校正模型则是由几个考古遗址拼接而成,对应于各遗址顺序发展的先验条件. 构建长系列校正模型的前提是,

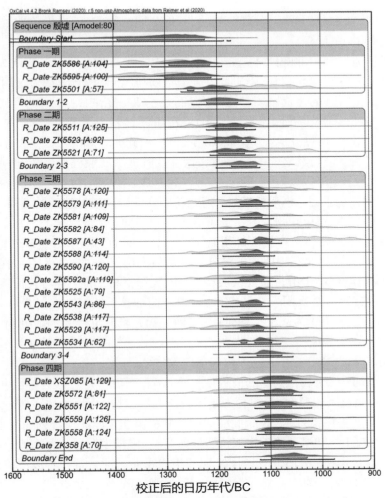

图 5.36 殷墟遗址系列样品 ^{14}C 测年的年代校正图

各遗址考古文化分期的相对年代序列关系是清楚的, 且相互衔接、在时间上很少交叠. 这种相对年代序列一般是依据各遗址文化遗存中的器物 (例如, 陶器、青铜器、骨器等) 特征排定的.

如果一个遗址只有 1—2 个考古文化分期, 总的年代跨度也比较短, 那么这种单独系列校正模型在进行年代校正时其年代区间很有可能被展宽, 展宽程度与校正曲线在该区段的形状有关. 实际上, 如果我们把郑州商城二上一期的样品数据从系列中独立出来单独做单期校正, 则其年代区间也会有所展宽. 二上一期在郑州商城系列样品校正中的年代区间约为公元前 1461—前 1428 年, 但做单期校正时则展宽为公元前 1491—前 1414 年, 即区间长度从 33 a 展宽到 77 a. 这是因为在多分期的系列样品中, 一个分期的年代区间也受到其他分期的约束, 而在做单期校正时这种约束就没有了.

小双桥遗址和洹北花园庄遗址正是这样的情况. 考古学者一般认为, 小双桥遗址只有一个分期, 洹北花园庄遗址可分为早期与晚期两个分期. 对这两个遗址做单独系列校正得到的年代区间都比较宽, 而且小双桥遗址 1—6 组的年代区间 (前 1387—前 1283) 与洹北花园庄晚期 (前 1387—前 1292) 几乎相同, 这与考古学者的一般看法也相悖, 参见 5.3.3 小节与 5.3.4 小节. 因此比较好的做法是将小双桥遗址和洹北花园庄遗址与其之前的郑州商城遗址及其之后的殷墟遗址放到一个长系列中进行年代校正.

2. 郑州商城遗址、小双桥遗址、洹北花园庄遗址与殷墟遗址的相对年代关系

考古界一般认为, 郑州商城遗址可分为二下一期、二下二期、二上一期、二上二期; 小双桥遗址主体遗存属于郑州商城的二上二期 (白家庄期) (河南省文物考古研究所等, 1996); 洹北花园庄遗址可分为早期与晚期, 其早期遗存接近小双桥遗址而略晚, 晚期遗存早于考古研究所殷墟一期 (大司空村一期) 且与其衔接 (中国社会科学院考古研究所安阳工作队, 1998); 殷墟遗址参照所出土的甲骨可分为四期, 一期 (大司空村一期) 为武丁早期时代, 二期为武丁晚期至祖庚、祖甲时代, 三期约相当于廪辛至文丁时代, 四期属于帝乙、帝辛时代 (夏商周断代工程专家组, 2022: 192—193).

《夏商周断代工程报告》的商后期一章认为, 殷墟一期可分为早段和晚段, 早段相当于洹北花园庄晚期, 晚段相当于考古研究所殷墟一期 (大司空村一期) (夏商周断代工程专家组, 2022: 191). 商前期一章则将洹北花园庄遗址列为商前期遗址, 认为洹北花园庄早期遗存接近小双桥遗址而略晚, 晚期遗存属于原来所分的殷墟一期偏早 (2022: 318). 故洹北花园庄晚期的年代在商后期一章中与殷墟一起进行年代校正, 其年代区间为公元前 1300 年之后, 而在商前期一章中与洹北花园庄早期一起进行年代校正, 其年代区间为公元前 1300 年之前. 这样, 洹北花园庄晚期就有了两个不同的年代区间. 本长系列则将洹北花园庄遗址与殷墟遗址作为一个年代衔接的整体来考虑, 不再采用殷墟一期早段和晚段的说法, 但我们也可以将洹北花园庄晚期和殷墟一期 (大司空村一期) 分别理解为 "夏商周断代工程" 定义的殷墟一期的早段和晚段.

唐际根的《中商文化研究》一文认为, 在二里冈文化与殷墟文化之间有一个中商文化时期. 中商一期以郑州小双桥遗址及白家庄遗址上层为代表, 中商二期以安阳洹北花园庄早期及河北藁城台西早期墓葬为代表, 中商三期以安阳洹北花园庄晚期及河北藁城台西晚期居址与墓葬为代表 (1999). 该文指出: "80 年代初, 安阳洹河北岸三家庄已发现殷墟大司空村一期灰坑直接打破中商三期墓葬的地层证据. 从现今发现的陶器看, 中商三期与晚商文化之间也已不再有时间缺环." 该文还认为,中商文化上接以郑州商城、偃师商城为代表的早商文化, 下接以殷墟为代表的晚商文化, 相互衔接关系清楚.

3. 长系列校正模型的建立与年代校正结果

我们根据上面的相对年代关系表述, 按照顺序发展的先验条件构建了郑州商城-小双桥-洹北花园庄-殷墟遗址长系列校正模型. 校正模型将小双桥样品并入郑州商城二上二期, 构成二下一期/二下二期/二上一期/二上二期 (含小双桥)/洹北花园庄早期/洹北花园庄晚期/殷墟一期 (大司空村一期)/殷墟二期/殷墟三期/殷墟四期共十个分期组成的长系列. 模型中间边界的设置尽量与各遗址单独系列校正时一致, 故郑州商城内部不设中间边界, 其他分期之间均设中间边界. 由于使用了较多中间边界命令, 模型使用了 UniformSpanPrior =FALSE 任选项.

长系列的郑州商城、小双桥和洹北花园庄部分是基于前面各遗址单独系列校正模型中的样品构建的. 小双桥 7 组样品因一致性指数太低无法纳入本长系列, 故实际上并入二上二期的只是小双桥 1—6 组的样品. 校正过程中发现洹北花园庄早期样品 SA99140, SA99138, SA99106 的一致性指数过低, 予以舍弃. 长系列的殷墟部分是基于 "夏商周断代工程" 的殷墟系列样品 (夏商周断代工程专家组, 2022: 195—196) 构建的. 该系列一期只有 3 个样品, 没有再划分早段和晚段. 其中有 2 个洹北花园庄晚期的样品 (ZK5586, ZK5595), 我们将其归入洹北花园庄晚期. 在我们测量的无字卜骨和安阳骨样品 (参见表 B.2) 中也有许多样品可以分别归入洹北花园庄晚期 (SA98158, SA99101), 以及殷墟一期 (SA98160, SA98161, SA98162)、二期 (SA99040) 和四期 (SA98166, SA98167). 此外, "夏商周断代工程" 的殷墟系列中有 2 个样品 (ZK5501, ZK5521) 明显偏年轻, 一致性指数过低, 我们将其剔除. 这样, 长系列总共有 86 个样品, 其中包括二下一期 17 个样品、二下二期 8 个样品、二上一期 8 个样品、二上二期 (含小双桥) 14 个样品、洹北花园庄早期 4 个样品、洹北花园庄晚期 8 个样品、殷墟一期 3 个样品、殷墟二期 3 个样品、殷墟三期 13 个样品、殷墟四期 8 个样品. 用 OxCal v4.4.2 和 IntCal20 校正曲线进行了年代校正, 表 5.22 是上述校正模型进行系列样品年代校正所得到的结果, 模型一致性指数为 129.8%, 相应的年代校正图见图 5.37, 样品年代区间在校正曲线上的标图见图 5.38.

由表 5.22 可知, 各分期的年代区间如下: 二下一期约为公元前 1532—前 1487 年, 二下二期约为公元前 1488—前 1457 年, 二上一期约为公元前 1461—前 1421 年, 二上二期 (含小双桥) 约为公元前 1430—前 1367 年, 其中, 二上二期郑州商城部分约为公元前 1430—前 1392 年、小双桥 1—6 组部分约为公元前 1416—前 1367 年, 洹北花园庄早期约为公元前 1377—前 1328 年, 洹北花园庄晚期约为公元前 1332—前 1269 年, 殷墟一期约为公元前 1267—前 1208 年, 殷墟二期约为公元前 1207—前 1150 年, 殷墟三期约为公元前 1158—前 1095 年, 殷墟四期约为公元前 1111—前 1056 年.

表 5.22　郑州商城-小双桥-洹北花园庄-殷墟遗址长系列样品 ^{14}C 测年数据与年代校正结果

分期	发掘编号	样品类型	实验室编号	^{14}C 年龄/BP	校正后的日历年代 68% 区间/BC	一致性指数
边界 Start					1547—1523	
二下一期	98ZSC8IIT232夯土VII下垫土	木炭	SA99066	3245±50	1529—1496	133.7%
	98ZSC8IIT232夯土VII	木炭	SA99070	3285±40	1531—1504	114.0%
	98ZSC8IIT207夯土墙	骨头	SA99078	3285±85	1532—1497	128.2%
	97ZSC8IIT166G2a	骨头	SA99074	3280±40	1526—1498	126.4%
	06ZSC8IIT166G2b	肋骨	BA07282	3225±30		
	ZSC1H9: 25	卜骨	SA99057	3290±45	1532—1504	109.9%
	ZSC1H9: 43	骨匕	SA99061	3290±40	1531—1505	107.1%
	ZSC1H10: 31	卜骨	SA99034	3205±45	1519—1487	94.9%
	98ZSC8IIT232夯土VI	木炭	SA99069	3280±65	1531—1499	126.0%
	98ZSC8IIT203H56	骨头	SA99077	3245±40	1528—1497	133.8%
	97XNH69	卜骨残	SA99073	3220±35	1519—1490	97.6%
	06ZSC8IIT422H79a	猪骨	BA07264	3210±45	1518—1494	106.9%
	06ZSC8IIT422H79b	牛骨	BA08289	3215±50		
	06ZSC8IIT422H79c	肋骨	BA08290	3250±30		
	02HYZH1	人骨	BA07269	3245±30	1527—1503	132.6%
			BA07289	3280±35		
	06ZSC8IIT426H99	牛骨	BA07262	3210±30	1513—1487	87.9%
二下二期	98ZSC8IIT233F1b	牛骨	BA07281	3245±40	1484—1457	109.1%
	98ZSC8IIT236H160	骨头	SA99071	3185±45	1487—1460	122.2%
	06ZSC8IIT426H93c	鹿骨	BA08299	3240±30	1482—1457	103.8%
	05ZSCNT24H65	狗骨	BA07273	3185±40	1488—1460	116.2%
	05ZSCNT24H66	鹿骨	BA07274	3205±30	1487—1458	117.0%
	05ZSCNT25H31	鹿骨	BA07280	3210±40	1487—1458	126.9%
	05ZSCNT18H46	鹿骨	BA07285	3260±30	1481—1457	54.1%
	05ZSCNT17H63	人骨	BA07286	3240±30	1482—1457	103.9%
二上一期	98ZSC8IIT233H19	骨头	SA99114	3225±30	1461—1436	82.0%
	98ZSC8IIT234G3	骨头	SA99124	3150±50	1451—1426	136.7%
	97ZZT1H1	骨头	SA99039	3125±40	1447—1422	97.8%
	05ZSCNT26H67	猪骨	BA07275	3205±30	1457—1435	94.0%
	05ZSCNT26H75	牛骨	BA07278	3130±30	1446—1421	99.3%
	05ZSCNT26H39	羊骨	BA07283	3155±30	1448—1425	130.8%
	05ZSCNT23H52	人骨	BA07287	3210±45	1457—1432	108.5%
	05ZSCNT22H29	羊骨	BA07288	3220±30	1460—1436	85.5%

续表

分期	发掘编号	样品类型	实验室编号	^{14}C 年龄 /BP	校正后的日历年代 68% 区间/BC	一致性指数
二上二期（含小双桥）	97ZSC8IIT159G1	骨头	SA99125	3155±35	1426—1400	103.9%
	97ZSC8IIT159H17	骨头	SA99111	3190±35	1430—1406	45.5%
	05ZSCNT26H48b	猪骨	BA08296	3165±30	1428—1405	82.6%
	05ZSCNT14H5a	牛骨	BA08301	3130±30	1420—1392	120.4%
	05ZSCNT14H5b	羊骨	BA08302	3105±30		
	96ZXIVH116	骨头	SA99108	3095±35	1416—1381	112.4%
	2000ZXVT87H36	猪骨	BA200685	3065±30	1406—1375	92.7%
	2000ZXVT49H80a	猪骨	BA200688	3095±30	1404—1373	89.3%
	2000ZXVT49H80b	羊骨	BA200689	3005±40		
	2000ZXVT93H72a	羊骨	BA200686	3090±30	1410—1381	102.0%
	2000ZXVT93H72b	鹿骨	BA200687	3085±30		
	2000ZXVT93④Ba	猪骨	BA200693	3000±30	1392—1367	62.0%
	2000ZXVT93④Bb	羊骨	BA200694	3055±25		
	2000ZXVT53H60	羊骨	BA200901	3035±30	1399—1368	71.1%
边界 XSQ-HYZ					1386—1357	
洹北花园庄早期	98AHDH12	骨头	SA99139	3060±35	1377—1337	116.0%
	98AHDH10	骨头	SA99137	3055±40	1377—1337	117.4%
	98AHDM10	骨头	SA99141	3110±40	1376—1328	93.7%
	98AHDT4⑤	骨头	SA99105	3085±35	1377—1333	107.6%
边界 HYZ 1-2					1356—1304	
洹北花园庄晚期	98AHDH9	骨头	SA99136	3100±40	1331—1286	98.2%
	98AHDH7	骨头	SA99135	3055±35	1324—1275	114.2%
	98AHDH6	骨头	SA99134	3090±35	1330—1285	100.7%
	98AHDH5	骨头	SA99133	3085±40	1331—1281	107.0%
	98AHDT2④: 50	卜骨	SA98158	3015±35	1318—1269	92.7%
	AHM9	人骨	ZK5586	3030±35	1320—1270	106.8%
	AHT3③	人骨	ZK5595	3039±42	1323—1272	115.2%
	87AXT1H1: 164	骨料	SA99101	3105±35	1332—1290	89.7%
边界 HYZ-YinXu					1303—1253	
殷墟一期	73ASNH115	卜骨	SA98160	2975±40	1263—1208	115.0%
	73ASNG1	卜骨	SA98161	2995±40	1267—1212	132.0%
	91花东H3: 707	卜骨	SA98162	2985±55	1267—1209	129.1%

续表

分期	发掘编号	样品类型	实验室编号	^{14}C 年龄/BP	校正后的日历年代 68% 区间/BC	一致性指数
边界 YinXu 1-2					1231—1171	
殷墟二期	76AXTM5	骨器	SA99040	2945±50	1206—1152	129.7%
	ABM272	人骨	ZK5511	2964±33	1207—1155	123.9%
	ABM82	人骨	ZK5521	2908±32	1201—1150	71.5%
边界 YinXu 2-3					1175—1126	
殷墟三期	AWM389	人骨	ZK5578	2937±35	1156—1111	119.8%
	AWM396	人骨	ZK5579	2962±35	1156—1114	110.5%
	AWM395	人骨	ZK5581	2966±37	1156—1114	109.0%
	AWM398	人骨	ZK5582	2888±35	1157—1144 (13.4%) / 1131—1098 (54.9%)	85.0%
	ADM1278	人骨	ZK5587	2856±35	1156—1147 (9.1%) / 1130—1095 (59.2%)	45.0%
	ADM1281	人骨	ZK5588	2956±35	1157—1113	114.2%
	ALM875	人骨	ZK5590	2935±35	1156—1111	119.7%
	ALM878	人骨	ZK5592a	2946±35	1158—1112	118.3%
	ABM3	人骨	ZK5525	2882±37	1157—1145 (12.9%) / 1131—1098 (55.3%)	80.8%
	ABM156	人骨	ZK5543	2983±34	1157—1116	86.7%
	ABM441	人骨	ZK5538	2954±37	1158—1112	116.5%
	ABM60	人骨	ZK5529	2951±35	1158—1112	116.5%
	ABM296	人骨	ZK5534	2870±35	1157—1146 (10.5%) / 1130—1097 (57.7%)	64.4%
边界 YinXu 3-4					1125—1080	
殷墟四期	M701	人骨	XSZ085	2890±45	1110—1060	130.0%
	ABM693	人骨	ZK5572	2942±35	1109—1057	80.1%
	ABM23	人骨	ZK5551	2912±31	1109—1059	122.6%
	ABM477	人骨	ZK5559	2900±35	1110—1060	127.7%
	ABM432	人骨	ZK5558	2892±33	1110—1060	125.3%
	AXTF11①	木炭	ZK358	2948±34	1108—1056	67.9%
	73ASNH2	卜骨	SA98166	2915±45	1110—1058	123.2%
	84AGM1713	羊肩胛骨	SA98167	2870±50	1111—1060	119.5%
边界 End					1096—1031	
					模型一致性指数	129.8%

注：发掘编号中的遗址代码 ZS 和 ZZ 表示郑州商城，ZX 表示小双桥，AH 表示洹北花园庄，AB 表示白家坟，AD 表示大司空村，AL 表示刘家庄，AS 表示三家庄，AW 表示王裕口，AXT 表示小屯，AG 表示安阳钢铁公司。

从图 5.37 和图 5.38 上可以清楚地看出，虽然二上二期郑州商城部分的样品和小双桥 1—6 组部分的样品在同一个分期中，但是仍可明显分出先后，小双桥 1—6 组部分的样品年代要稍晚于二上二期郑州商城部分，且二者的年代区间有较多的交叠. 洹北花园庄的年代区间与单独校正时相比有较大压缩，但结果比较符合前述的相对年代表述. 实际上，小双桥 1—6 组、洹北花园庄早期 (除去舍弃的 3 个样品)、洹北花园庄晚期各样品的 ^{14}C 年龄十分接近，都在 3110 BP—3030 BP 这个区间，也就是校正曲线的之字形曲折起伏段. 从图 5.38 中可以看出，这几个分期的年代区间有较多交叠. 按相对年代排序后，每一段的年代区间都被压缩到 50—60 a, 洹北花园庄晚期也可以与殷墟一期很好地衔接. 各分期的年代区间已在图 5.38 中用

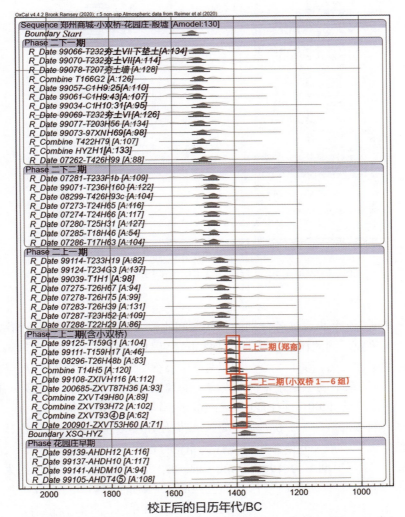

图 5.37 郑州商城-小双桥-洹北花园庄-殷墟遗址长系列样品 ^{14}C 测年的年代校正图

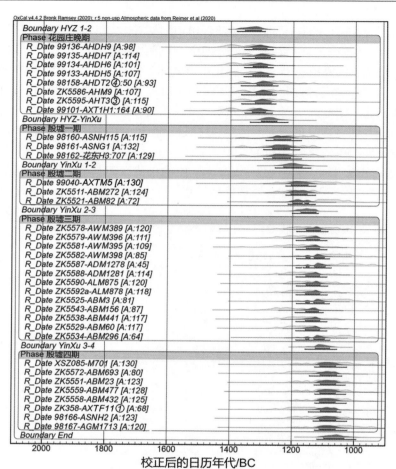

图 5.37　郑州商城-小双桥-洹北花园庄-殷墟遗址长系列样品 ^{14}C 测年的年代校正图 (续)

红色方框标出.

总体来看, 这个长系列各分期的年代区间比较合理, 郑州商城部分与 5.3.2 小节郑州商城单独系列的校正结果的一致性很好; 殷墟部分与 5.3.6 小节殷墟单独系列的校正结果相比较, 除了殷墟一期以外, 其余三期的一致性也很好. 殷墟一期由于定义不同, 结果不同也是正常的. 殷墟三期和四期的年代区间有较多交叠, 这与校正曲线在公元前 1200—前 1050 年之间呈现出两个平台的形状有关.

在前面的 5.3.3 小节和 5.3.4 小节中, 我们使用小双桥和洹北花园庄作为单独系列按各自独立发展 (不存在相对年代关系) 的先验条件所得出的年代校正结果表明, 洹北花园庄早期约为公元前 1450—前 1370 年、洹北花园庄晚期约为公元前 1387—前 1292 年、小双桥 1—6 组约为公元前 1387—前 1283 年、小双桥 7 组约为公元前 1281—前 1149 年. 长系列和单独系列这两种系列的年代校正结果不一致是

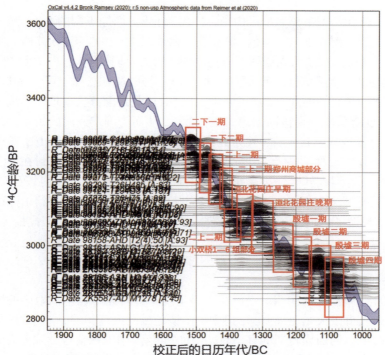

图 5.38　郑州商城-小双桥-洹北花园庄-殷墟遗址长系列样品年代区间在校正曲线上的标图

由于使用了不同的先验条件(顺序发展的先验条件和独立发展的先验条件)而造成的,进一步的讨论可参见 7.3.5 小节.

考古学者对前述的相对年代关系也有不同看法,有些学者认为洹北花园庄早期与小双桥的年代应该有较多的交叠. 实际上,我们在长系列中舍弃的 3 个洹北花园庄早期样品的 ^{14}C 年龄就偏早,约相当于二上二期,故洹北花园庄早期的始年也有可能早到二上二期.

5.4　西周若干重要遗址的 AMS ^{14}C 年代测定

据《史记·周本纪》记载,西周自武王克商到幽王覆灭,共 11 世 12 王. 其中,在第 10 位厉王和第 11 位宣王之间曾有 14 a 由共伯和(共国的诸侯,爵位为伯,名为和)代行天子之政,史称共和执政. 另有一种说法认为,共和是指周定公、召穆公两卿行政. 我国历史的可靠年代记录始自共和元年,即公元前 841 年. 到"夏商周断代工程"启动时,对于此前商周交替的历史事件武王克商的年代已出现多达 44 种说法. "夏商周断代工程" 西周遗址 ^{14}C 测年的主要目的是,选择若干重要遗址建立西周的考古学年代框架,与通过历谱研究建立的西周王年进行比对. 沣西马王村遗址位于陕西长安丰镐遗址区内,而丰镐遗址作为西周王朝的都城,从周文王迁都于此一直延续到平王东迁洛邑,贯穿整个西周之世. 1997 年, 在沣西毛纺厂东面发掘的相关遗迹跨越了从先周到西周晚期的各历史时期, 为从考古学上划分商周界限提供了理想的地层依据. 西周早期周人推行了分封制度, 建立了一批封国. 一些封国的始建是在周初的武王、成王两世, 通过对这些封国都邑遗址内西周最早期文化的测年, 就有可能获得该国始建的年代范围, 从而为确定西周的始年提供重要的参考数据. "夏商周断代工程"选定北京房山琉璃河的燕都遗址和山西省翼城县与曲沃县交界处的天马-曲村晋都遗址作为主要研究对象. 燕国的始封在武王克商之后不久, 晋国的始封君则是成王的同母弟弟叔虞, 在叔虞之子燮父时, 又奉王命"侯于晋". 在天马-曲村遗址中部还有保存较完整的晋侯墓地. 本节将给出沣西马王村遗址、琉璃河遗址居址区、天马-曲村遗址、晋侯墓地等的测年和年代校正结果.

5.4.1 沣西马王村遗址

1. 遗址概况

自 1955 年起至 1986 年, 中国社会科学院考古研究所在丰镐地区的张家庄和客省庄一带发掘了大量西周墓葬, 建立了丰镐地区周人墓葬的分期序列, 从西周初年的成康时期直到西周晚期的宣幽时期. 1997 年春, 中国社会科学院考古研究所在沣西毛纺厂东、马王乳品厂北发掘了 17 座西周墓葬和若干探方 (见图 5.39(a)). 其中, 发掘的探方 97SCMT1 为综合考察丰镐遗址周文化遗存的分期断代提供了丰富的资料 (夏商周断代工程专家组, 2022: 153—154). 该探方由一组系列地层单位构成, 主要的叠压打破关系有 ("→" 表示打破或叠压): T1③层→H3, H8→H11→H16→T1④层→H18 (见图 5.39(b)). 依据地层关系和典型陶器的特征, 可将发掘的相关遗迹分为六期: 一期以 97SCMH18 为代表, 其时代可推定为从文王迁丰至武王伐纣之间的先周晚期, 二、三期属于西周早期, 其中开始出现大量有商文化因素的器物, 应是周人灭商后大量吸收商文化因素所致, 四、五期属于西周中期, 六期为西周晚期. 武王克商应该发生在一期与二期的交界处 (中国社会科学院考古研究所丰镐工作队, 2000).

2. 沣西马王村遗址的 AMS ^{14}C 年代测定与年代校正结果

北京大学 AMS ^{14}C 实验室对沣西马王村遗址进行了 ^{14}C 测年. 实际制样与测量的有 17 个样品, 其中, 3 个样品的测年结果有明显偏离, 一致性指数太低, 因此可纳入系列的有 14 个样品. 沣西马王村遗址的 4 个样品还送到加拿大多伦多大学 AMS ^{14}C 实验室进行了 ^{14}C 测年并取得了数据, 这样, 纳入系列的共有 18 个样品. 用 OxCal v4.4.2 和 IntCal20 校正曲线进行了年代校正, 对于出土于同一单位的样品数据进行了合并处理. 由于五期的样品空缺, 因此在系列样品校正模型的五期中插入了 Date 命令. 该遗址的 ^{14}C 测年与年代校正结果如表 5.23 所示, 其相应的年代校正图如图 5.40 所示.

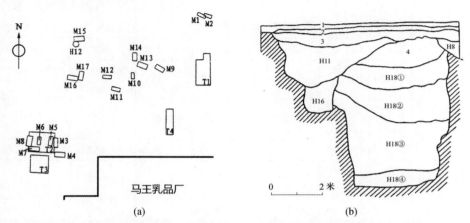

图 5.39 (a) 沣西马王村遗址平面图与 (b) 97SCMT1 西壁剖面图 (图片取自文献 (中国社会科学院考古研究所丰镐工作队, 2000))

表 5.23 沣西马王村遗址系列样品 ^{14}C 测年数据与年代校正结果

分期		发掘编号	样品类型	实验室编号	^{14}C 年龄 /BP	δ^{13}C /‰	校正后的日历年代 68% 区间/BC	一致性指数
边界 Start							1153—1045	
先周	一期	97SCMT2H7	兽骨	SA97022	2935±35	−7.34	1105—1019	84.2%
		97SCMT1H18③	炭化粟	SA97029	2850±50	−9.59	1086—1017	70.1%
			炭化粟	TO7711	2810±60			
		97SCMT1H18②	炭化粟	SA97030	2900±50	−9.95	1096—1022	115.3%
			炭化粟	TO7712	2890±60			
			木炭	SA97002	2905±50	−26.83		
		97SCMT1H18①	木炭	SA97003	2895±50	−25.55	1095—1021	124.7%
先周 – 西周初							1057—998	
西周早	二期	97SCMT1④ 2.4 m 下	木炭	SA97004	2855±55	−25.27	1014—971	98.7%
			木炭	SA97009	2840±55	−25.21		
			木炭	TO7709	2800±30			
		97SCMT1④	木炭	TO7710	2870±30		1032—980	98.6%
	三期	97SCMT1H16	骨头	SA97010	2810±45	−18.34	986—937	133.6%
		97SCMT1H11	木炭	SA97011	2845±45	−25.69	987—937	117.6%

续表

分期		发掘编号	样品类型	实验室编号	^{14}C 年龄/BP	δ^{13}C /‰	校正后的日历年代 68% 区间/BC	一致性指数
西周中	四期	97SCMT1H8	木炭	SA97013	2860±35	-26.44	953—917	58.0%
		97SCMT1H3	木炭	SA97014	2685±45	-25.17	909—850 (63.0%) 835—827 (5.3%)	89.5%
		97SCMT1H3 底 3.4 m	木炭	SA97015	2695±50	-25.63	915—845	96.5%
		97SCMT1③	木炭	SA97023	2730±45	-23.49	921—852	105.6%
	五期	样品空缺		Date (五期)			863—797	
西周晚	六期	97SCMT2M8	人骨	SA97025	2620±55	-6.19	832—777	118.1%
边界 End							829—749	
							模型一致性指数	94.1%

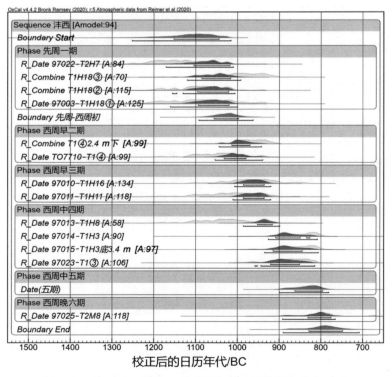

图 5.40　沣西马王村遗址系列样品 ^{14}C 测年的年代校正图

该系列样品的年代校正结果表明,沣西马王村遗址一至六期的延续时间大约从公元前 1105—前 777 年,其中,武王克商大约发生在公元前 1057—前 998 年之间. 此结果与《夏商周断代工程报告》中的沣西马王村遗址校正结果相比大体吻合但略有小幅度变化,其原因主要是纳入了加拿大多伦多大学的测量数据,并对出土于同一单位的样品数据进行了合并处理,故校正模型有所不同.

5.4.2 琉璃河遗址居址区

1. 遗址概况

琉璃河遗址位于北京市房山区琉璃河镇东北的董家林、黄土坡、刘李店等村庄,遗址范围东西长 3.5 千米,南北宽 1.5 千米,总面积约 5.25 平方千米 (见图 5.41). 考古发掘确认琉璃河遗址中董家林村西北的古城址是西周早期的燕国都城遗址,城内有宫殿区和祭祀活动区,在遗址中部的黄土坡村以北和董家林古城以东一带发现有大量燕国墓地. 1981—1987 年,中国社会科学院考古研究所和北京市文物研究所发掘西周墓葬 200 多座. 依据墓葬之间的打破关系、陶器组合及其形制演变规律可

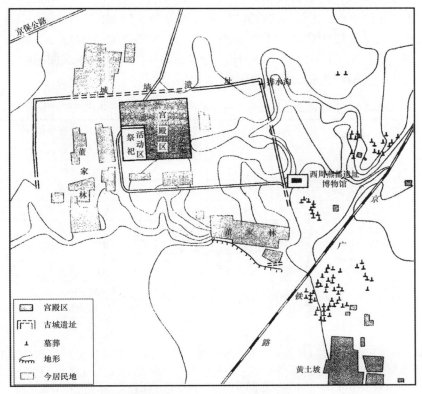

图 5.41　琉璃河遗址平面图 (图片取自文献 (夏商周断代工程专家组, 2022))

将琉璃河墓葬分为三期六段，即西周早期两段、西周中期两段、西周晚期两段. "夏商周断代工程"期间，中国社会科学院考古研究所对琉璃河墓葬出土的人骨样品进行了常规 ^{14}C 测年 (夏商周断代工程专家组, 2022: 403). 1995—1998 年，北京市文物研究所、北京大学考古学系、中国社会科学院考古研究所等单位在琉璃河遗址居址区进行了多次发掘 (北京大学考古学系等, 1996)，研究表明，琉璃河遗址内有周系文化、商系文化和土著燕人文化三种不同文化因素共存的现象. 依据地层关系、陶器组合及其形制演变规律，可将琉璃河遗址居址区遗存分为西周早、中、晚三期. 琉璃河西周早期灰坑 H108 中出土众多陶器和数十片龟甲，其中一片龟甲正面刻有"成周"二字，背面经过掏挖整修，并有明显灼痕. 此龟甲具有重要的断代意义，表明灰坑 H108 堆积的年代不会早于成周的建成，即其上限不应超过成王时期. 同时，灰坑 H108 的包含物表明其年代应在西周早期的偏早阶段.

2. 琉璃河遗址居址区的 AMS 和常规 ^{14}C 年代测定

琉璃河遗址居址区的 ^{14}C 测年样品是由北京大学 AMS ^{14}C 实验室和常规 ^{14}C 实验室分别测量的①，用 OxCal v4.4.2 和 IntCal20 校正曲线进行了年代校正. 表 5.24 给出了琉璃河遗址居址区系列样品 ^{14}C 测年数据与年代校正结果，其相应的年代校正图见图 5.42. 该系列按西周早、中、晚分为 3 期，共 12 个样品，其中，5 个样品是北京大学常规 ^{14}C 实验室测量的. H108① 常规 ^{14}C 实验室与 AMS ^{14}C 实验室均进行了测量，结果吻合良好. 该系列样品的年代校正结果表明，琉璃河遗址居址区的年代范围约为公元前 1050—前 750 年.

表 5.24　琉璃河遗址居址区系列样品 ^{14}C 测年数据与年代校正结果

分期	发掘编号	样品类型	实验室编号	^{14}C 年龄 /BP	δ^{13}C /‰	校正后的日历年代 68% 区间/BC	一致性指数
边界 Start						1092—996	
西周早期	96LG11H108③	木炭	SA98129	2845±50	-26.24	1022—939	120.8%
	96LG11H108②	木炭	XSZ058	2810±35	-26.13	1007—946	112.6%
	96LG11H108①	木炭	XSZ057	2780±60	-25.71	1006—946	111.5%
			SA98127	2805±50	-25.23		
	96LG11H96②	木炭	XSZ062	2800±40	-26.79	1007—946	113.8%
	96LG11T3102H94	木炭	XSZ063	2880±35	-26.47	1051—977 (61.2%) 951—939 (7.0%)	90.0%

① 《夏商周断代工程报告》的常规 ^{14}C 测年结果序列对琉璃河遗址只收入了中国社会科学院考古研究所常规 ^{14}C 实验室测量的琉璃河墓葬 ^{14}C 测年数据的年代校正结果，同时，将北京大学常规 ^{14}C 实验室和 AMS ^{14}C 实验室测量的琉璃河遗址居址区 ^{14}C 测年数据合并为一个系列进行年代校正，并将其纳入 AMS ^{14}C 测年结果序列. 本书沿用此例.

续表

分期	发掘编号	样品类型	实验室编号	^{14}C 年龄 /BP	δ^{13}C /‰	校正后的日历年代 68% 区间/BC	一致性指数
西周中期	96LG11H49⑤	木炭	SA98134	2745±50	-25.78	929—863	110.9%
	96LG11H49④	木炭	SA98135	2800±50	-25.52	954—893 (65.7%) 870—866 (2.5%)	108.4%
	96LG11H49③	木炭	SA98136	2825±40	-24.93	952—903	91.5%
西周晚期	96LG11H86②	木炭	SA98149	2760±35	-25.81	873—827	106.3%
	96LG11H86①	木炭	SA98147	2605±65	-25.20	826—766	137.7%
	96LG11Y1	木炭	XSZ064	2510±35	-26.32	787—747	91.1%
边界 End						778—709	
						模型一致性指数	126.9%

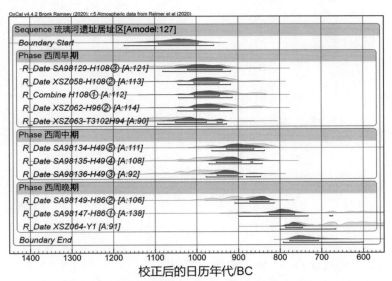

图 5.42 琉璃河遗址居址区系列样品 ^{14}C 测年的年代校正图

5.4.3 天马-曲村遗址

1. 遗址概况

天马-曲村遗址位于山西省翼城县和曲沃县交界处,北倚崇山(又名塔儿山),南望绛山(又名紫金山),汾河在其西,浍河经其南。遗址东西约 3800 米,南北约 2800 米,总面积近 11 平方千米,是迄今所知山西境内规模最大的西周遗址(见图 5.43)。1980—1994 年,北京大学考古学系和山西省考古研究所合作在这里进行了十多次发掘,发掘面积达 2 万多平方米,发现西周早期至春秋初期的中小型墓葬 500

余座,并发现大面积的周代居址,获得了极其丰富的实物资料 (邹衡, 2000). 特别是 1992 年在天马-曲村遗址中部北赵村南发现了晋侯墓地,从而证明了天马-曲村遗址确实是晋国早期都邑之一. 依据陶器的类型学研究并结合有关地层关系, 可将天马-曲村遗址西周遗存分为三期 6 段, 其中, 1 段和 2 段为西周早期, 3 段和 4 段为西周中期, 5 段和 6 段为西周晚期.

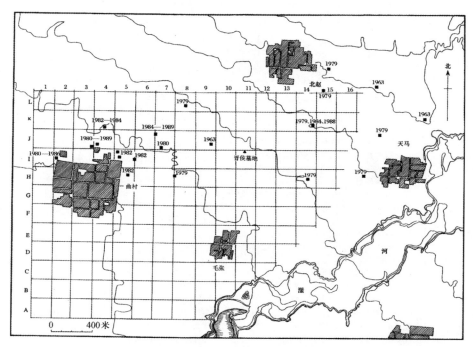

图 5.43 天马-曲村遗址平面图 (图片取自文献 (邹衡, 2000))

2. 天马-曲村遗址的 AMS ^{14}C 年代测定

北京大学 AMS ^{14}C 实验室对天马-曲村遗址进行了 ^{14}C 测年. 实际制样与测量的有 17 个样品, 其中, 3 个样品的测年结果有明显偏离, 可纳入系列的有 14 个样品. 用 OxCal v4.4.2 和 IntCal20 校正曲线进行了年代校正, 表 5.25 给出了天马-曲村遗址系列样品 ^{14}C 测年数据与年代校正结果, 相应的年代校正图如图 5.44 所示, 所有样品均为 20 世纪 80 年代所采集的人骨和兽骨样品.

系列样品校正结果表明, 该遗址的年代范围约为公元前 993—前 772 年, 其始端稍晚于西周始年. 天马-曲村遗址北赵晋侯墓地发现之后, 邹衡、李伯谦等曾认为此地即晋之始封所在. 2007 年, 朱凤瀚发文证明叔虞之子燮父确曾由唐徙于晋, 并始称晋侯. 联系到 2000 年发掘的北赵晋侯墓地最早一组中 M114 墓主乃燮父之墓的考订, 朱凤瀚、李伯谦等主张天马-曲村遗址是晋国第二代燮父始都之晋, 而非叔

虞始封之唐 (夏商周断代工程专家组, 2022: 26). 天马-曲村遗址的测年结果与此说相吻合.

表 5.25 天马-曲村遗址系列样品 ¹⁴C 测年数据与年代校正结果

分期		发掘编号	样品类型	实验室编号	¹⁴C 年龄 /BP	δ¹³C /‰	校正后的日历年代 68% 区间/BC	一致性指数
边界 Start							1026—943	
西周早期	1 段	88QJ7T1327H147	兽骨	SA98014	2870 ± 50	−12.16	993—926	85.9%
		86QJ4M6266	人骨	SA98006	2775 ± 50	−6.30	986—922	107.6%
		86QJ4M6081	狗骨	SA98007	2765 ± 50	−9.55	985—921	94.5%
	2 段	86QJ4M6306	人骨	SA98008	2860 ± 50	−7.32	951—902	62.9%
		86QJ7T35H78	兽骨	SA98017	2745 ± 35	−13.08	931—876	93.4%
		80QIT155H109	兽骨	SA98016	2710 ± 75	−12.23	934—876	102.6%
西周中期	3 段	86QJ4M6411	人骨	SA98009	2795 ± 50	−6.90	882—834	77.5%
		84QJ7T17H23	羊骨	SA98019	2790 ± 60	−9.17	885—833	95.0%
		82QIVT411H410	兽骨	SA98018	2760 ± 35	−9.29	882—835	115.5%
	4 段	82QIVT401H402	鹿骨	SA98021	2745 ± 60	−18.96	844—814	104.7%
			羊骨	SA98020	2710 ± 45	−16.07		
西周晚期	5 段	86QJ2M5215	人骨	SA98010	2605 ± 50	−7.03	814—786	144.5%
		82QIIIT322H326	猪骨	SA98022	2575 ± 50	−7.07	809—784	137.4%
	6 段	86QJ2M5217	人骨	SA98011	2600 ± 50	−6.79	798—772	149.1%
边界 End							792—753	
						模型一致性指数		103.3%

5.4.4 晋侯墓地

1. 遗址概况

晋侯墓地在天马-曲村遗址中部, 北距北赵村约 700 米, 西南距曲村约 1200 米, 东西长约 170 米, 南北宽约 130 米. 1992—2001 年, 北京大学考古学系和山西省考古研究所联合在晋侯墓地开展了大规模持续发掘, 共清理晋侯及其夫人墓葬 9 组、19 座, 另有中小型陪葬墓、车马坑及祭祀坑数十个. 这 9 组墓葬从东向西排成 3 列 (见图 5.45), 其早晚先后次序是: M114, M113 组最早, M9, M13 组次之, M6, M7 组位列第三, M33, M32 组位列第四, M91, M92 组位列第五, M1, M2 组位列第六, M8, M31 组位列第七, M64, M62, M63 组位列第八, M93, M102 组最晚 (李伯谦, 2002).

中间一列东端是燮父的墓 M114 及其夫人的墓 M113, 这两个墓是在 2000 年发现的, 2001 年才完成样品测年, 故没有被列入《夏商周断代工程 1996—2000 年阶

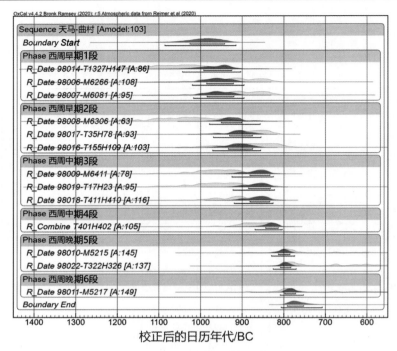

图 5.44 天马-曲村遗址系列样品 ^{14}C 测年的年代校正图

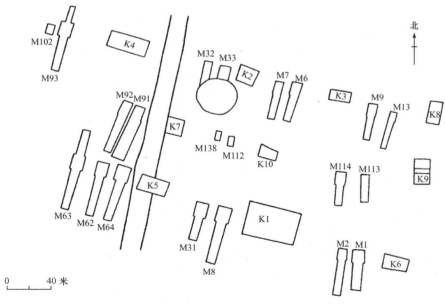

图 5.45 晋侯墓地平面图 (图片取自文献 (李伯谦, 2002))

段成果报告·简本》的晋侯墓地系列样品中去. 在这些墓葬中, M8 被给予了特别的关注, 因在该墓中出土了晋侯苏编钟. 晋侯苏编钟有长篇铭文, 记述了晋侯苏于王三十三年随王东征, 且有 4 组年、月、月相、干支齐全的历日可供推算, 从而可作为推断西周纪年的依据. 在这些墓葬中除了 M93 尚不能确定是殇叔 (穆侯之弟) 还是文侯的墓之外, 其他墓都可与各自的晋侯相对应.

2. 晋侯墓地的 AMS ^{14}C 年代测定

北京大学 AMS ^{14}C 实验室对晋侯墓地进行了 ^{14}C 测年. 在测量晋侯墓地样品期间, 还对骨样品的制样方法进行了研究, 样品实验室编号带后缀 A 的是从明胶中进一步提取了氨基酸, 详见 2.2.2 小节. 在测年过程中曾发现 M64 的人骨样品 SA98093 的年代明显偏老, 无法纳入校正系列, 重新制样后复测的 ^{14}C 年龄也无明显变化, 由此可判断其为错样. 后来重新从 M64 取人骨样品 (SA99043), 所测得的 ^{14}C 年龄为 2670 ± 40 BP, 可纳入校正系列. 而同在 M64 中取的木炭样品 SA98157, 所测得的 ^{14}C 年龄为 2540 ± 55 BP, 有人认为这两个年代值相差太远, 对我们的测年结果表示怀疑. 其实这两个值是符合同源判据的, 但是我们还是在 2007 年对 SA99043 样品进行了重新测量. 新样品的实验室编号为 BA07030, 测得的 ^{14}C 年龄为 2635 ± 40 BP, 与 SA99043 样品的值吻合. 此外, 我们还将样品 SA98155 和 SA98094 送到加拿大多伦多大学 AMS ^{14}C 实验室进行了比对测量, 这些结果也都纳入了校正系列. 用 OxCal v4.4.2 和 IntCal20 校正曲线进行了年代校正, 在构建系列样品校正模型时, 将同一个侯的侯墓、侯夫人墓和陪葬墓作为一个分期, 有 3 个侯没有测年数据, 故在相应分期中插入了 Date 命令. 纳入校正模型的共有 20 个测年数据, 表 5.26 给出了晋侯墓地系列样品 ^{14}C 测年数据与年代校正结果, 其相应的年代校正图示于图 5.46.

表 5.26　晋侯墓地系列样品 ^{14}C 测年数据与年代校正结果

分期	发掘样品	样品类型	实验室编号	^{14}C 年龄 /BP	δ^{13}C /‰	校正后的日历年代 68% 区间/BC	一致性指数	晋侯卒年/BC
边界 Start						987—921		
燮父	M114侯墓主人骨	人骨	SA00062	2830 ± 35	−10.70	960—909	95.6%	
	M114侯墓殉葬狗骨	狗骨	SA00063	2790 ± 35	−11.53			
	M113侯夫人墓主人骨	人骨	SA00061	2805 ± 45	−9.38	961—906	120.2%	
武侯	M9侯墓人骨	人骨	SA98089	2785 ± 50	−12.77	936—882	113.5%	
	M13侯夫人墓人骨	人骨	SA98090	2725 ± 55	−8.36	928—877	103.4%	
成侯	样品空缺		Date (成侯)			906—853		

续表

分期	发掘样品	样品类型	实验室编号	^{14}C 年龄/BP	$\delta^{13}C$ /‰	校正后的日历年代68%区间/BC	一致性指数	晋侯卒年/BC
厉侯	M108侯陪葬墓人骨	人骨	SA98091	2735±50	-5.55	885—836	124.7%	858
靖侯	样品空缺		Date (靖侯)			866—821		841
釐侯	样品空缺		Date (釐侯)			844—810		823
献侯	M8侯墓木炭	木炭	SA98155	2640±50	-25.13	812—796	120.9%	812
			TO7998	2630±40				
	M39侯夫人陪葬墓人骨	人骨	SA98092	2685±50	-7.38	825—799	117.1%	
	M11侯墓道中的祭牲	马骨	SA98094-1	2560±55	-13.18	805—791	79.7%	
			SA98094-2	2610±50	-12.77			
			SA98094A	2575±50	-12.29			
			TO7999	2570±50				
穆侯	M64侯墓人骨	人骨	SA99043	2670±40	-10.07	799—784	68.6%	785
			BA07030	2635±40				
	M64侯墓木炭	木炭	SA98157	2540±55	-24.44			
	M87侯墓道中的祭牲	马骨	SA98095	2555±50	-15.33	796—776	154.7%	
殇叔或文侯	M93侯墓道中的祭牲	马骨	SA98096-1	2515±55	-14.84	787—767	153.4%	殇叔 781 文侯 746
			SA98096-2	2595±50	-16.57			
			SA98096A	2530±55	-13.80			
边界 End						782—751		
						模型一致性指数	133.7%	

3. 讨论

表 5.26 中的年代校正结果给出了各晋侯卒年的年代区间，同时也给出了《史记·晋世家》记载的厉侯之后诸位晋侯的卒年，除了文侯外，这些卒年都落在了校正结果所得到的相应晋侯卒年的年代区间之内. 考古学家尚不能确定 M93 是殇叔还是文侯的墓，不过从测年结果看 M93 是殇叔墓的可能性较大.

整个墓地的年代区间约为公元前 960—前 770 年，与天马-曲村遗址的测年结果基本一致. 晋侯墓地的始年较天马-曲村遗址的始年约晚 30—40 a，这大约相应于燮父迁来封地到其去世的时间.

图 5.46 上半部分的年代区间较宽，下半部分的年代区间较窄. 这是校正曲线的形状造成的. 图 5.47 给出了系列样品年代区间在校正曲线上的标图，由图 5.47 可

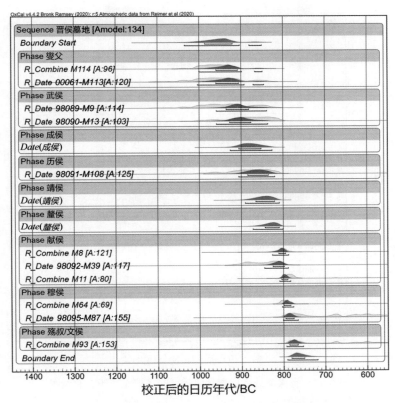

图 5.46 晋侯墓地系列样品 ^{14}C 测年的年代校正图

知，在公元前 820 年之后校正曲线呈陡降状，故这一段的样品年代区间都比较窄，其 68% 区间只有十几年．

M8 侯墓木炭的系列样品校正年代区间为公元前 812—前 796 年．如果将 M8 常规 ^{14}C 测年得到的 ^{14}C 年龄 2625 ± 22 BP 用 OxCal v4.4.2 与 IntCal20 校正曲线进行单样品年代校正，所得到的日历年代 95% 区间为公元前 816—前 780 年（见图 7.1），这与 AMS 系列样品年代校正所得到的 M8 年代区间也基本相合②．M8 的 ^{14}C 测年结果与《史记·晋世家》所载晋献侯籍（即晋侯苏）的卒年公元前 812 年是吻合的，这是"夏商周断代工程"排定"西周金文历谱"的支点之一（夏商周断代工程专家组，2022: 57—61）．

---

②《夏商周断代工程报告》给出的 M8 侯墓木炭常规 ^{14}C 测年的年代区间约为公元前 816—前 800 年（夏商周断代工程专家组，2022: 390—391），这是用 OxCal v3.3 和 IntCal86 校正曲线进行单样品年代校正取 68% 区间得到的．但是，对于单样品年代校正，还是应该选择 95% 区间，尽管对于分期系列样品使用 68% 区间比较接近样品分期的真实年代区间．参见 7.1.4 小节的讨论．

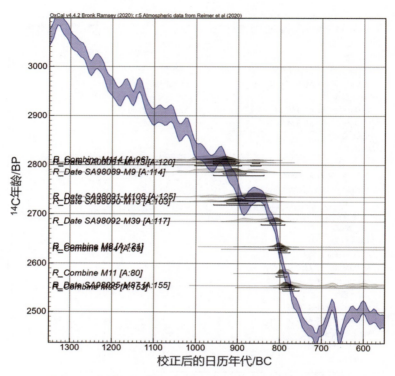

图 5.47　晋侯墓地系列样品年代区间在校正曲线上的标图

第六章 殷墟甲骨的 AMS ^{14}C 年代测定

殷墟甲骨测年是"夏商周断代工程"的一项重要任务,其目标是用 AMS 方法对各期、各组有字甲骨进行 ^{14}C 年代测定,利用贝叶斯方法进行系列样品年代校正,将测得的数据转换成日历年代,进而排出武丁至帝辛的年代序列."夏商周断代工程"通过多种途径研究商后期年代学,包括对甲骨上的五次月食记录所进行的系统研究确定武丁的年代,按照甲骨文的周祭记录和当时的历法确定最后两个商王(帝乙和帝辛)的年代,对殷墟遗址和殷墟甲骨进行 ^{14}C 测年. 通过对甲骨测年,可以直接建立一个独立的商后期 ^{14}C 年代序列. 甲骨文给出了关于商代的有价值的信息,有些甲骨还提到了商王. 通过选择与某些商王相关联的特定甲骨来进行测年,其结果将更可靠、更有价值.

6.1 殷墟甲骨测年的研究背景

6.1.1 甲骨的发现与甲骨学

甲骨是龟甲或牛肩胛骨等,是中国古代(主要在商后期至西周)的占卜用具. 甲骨需事先在其反面挖出规则排列的长方形或梭形的"凿"和圆形的"钻". 占卜时,卜者会提出所卜之事,之后用燃炽的圆柱形硬木枝在"钻"内或"凿"的旁侧烧灼,然后观察甲骨正面出现的"卜"字形裂纹(即卜兆)的形状,以此来判断所卜之事的吉凶. 占卜之后,将所卜之事、预兆和应验情况刻在甲骨上,这就是甲骨卜辞. 但是甲骨文并不都是卜辞,也有准备卜材等的记事刻辞、表谱刻辞(干支表、祀谱、家谱等),以及与卜事无关的记事文字等. 甲骨文是迄今为止已知的中国文字的最早形式. 甲骨文本身已经是比较成熟的文字,具备了今日汉字结构的基本要素,也基本上具备了今日汉语语法的要素. 这说明,在我国文字发展史上可能还有更早的文字,但到目前为止尚未被确认.

甲骨的来源可以被追溯至现代河南安阳的小屯村,即殷墟的所在. 当地农民曾将挖出的甲骨当作一种传统中药龙骨出售. 甲骨发现之前的四五十年间,曾被当作龙骨成批卖给北京或河北安国的药材商,导致其被大量销毁. 1899 年,清朝的国子监祭酒王懿荣从古董商人手中购买了一些带有卜辞的甲骨,并辨认出甲骨上的刻符与周代青铜器上的中国古代文字类似. 1899 年之后,王懿荣、刘鹗、罗振玉、明义士(Menzies) 等人都曾大量收购甲骨. 1928—1937 年,当时的中央研究院历史语言研究所在殷墟进行了 15 次大规模科学发掘，获得了大量甲骨．1973 年，在小屯南地又出土了 4000 多片甲骨 (王宇信，1993)．迄今总共有超过 15 万片殷墟甲骨被发现，目前已知甲骨文使用的不重复字符有 4500 多个，其中为学界公认的可释文字约有 1200 多个．

殷墟甲骨文的大部分内容是关于商后期王室的占卜记录，涉及祭祀、战争、田猎、农业、巡游、天气、疾病等各个方面．商后期共有 8 世 12 王 (见图 6.1)，多数学者认为目前所见的甲骨都是最后 9 个王的．甲骨学以甲骨文为研究对象，主要包含两个方面的研究：一个方面是语言文字学的研究，例如，造字法、语法、书法等．另一个方面是历史考古学的研究，即利用甲骨文进行古代社会的研究，例如，阶级结构、官吏制度、宗法制度、农业与畜牧业、医学、天文历法、历史地理与疆域等．研究表明，商代已掌握稻麦粟黍的栽培和马牛羊鸡犬猪的驯养，有针灸和龋齿的记载，历法采用阴阳合历，已知道设置闰月，一个月分为三旬，以干支纪日．

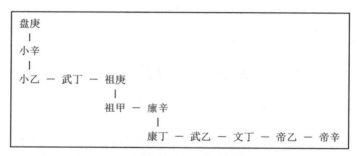

图 6.1　商后期的商王世系 (上下为兄弟、左右为父子)

6.1.2　甲骨的分期断代

只有把甲骨进行时代的鉴别，确定其相当的王世，才能把有关商代社会历史的研究置于可靠的基础之上．故甲骨的分期断代是甲骨学的重要研究内容．

甲骨文中对当朝的商王仅称为王，据此无法判断该甲骨应属于哪个王．甲骨文中对先王则用祭名．祭名的后一个字是十个天干名 (甲、乙、丙、丁等) 之一，由于在甲骨文中提及的商王数多于天干数，因此祭名的后一个字多有重复，要靠其前缀字 (祖、父、兄等) 加以区分．如果一片甲骨上只有一个带前缀的称谓，则仅根据这个称谓仍然难以确定该甲骨应属于哪个王．例如，若一片甲骨的卜辞中有父丁，则这个丁可能是武丁，也可能是康丁，还可能是文丁，那么这片甲骨对应的王就可能是祖庚、祖甲、武乙或帝乙，也即无法加以确定．但若一片甲骨上有多个先王的称谓，例如，除了父丁外，还有兄庚，那么我们就可以据此确定该甲骨是属于祖甲的，这里，父丁是武丁，兄庚是祖庚 (见图 6.1)．但是有多个先王称谓的甲骨并不多，故甲骨文的研究者多利用古文字学的方法进行分期断代的研究.

这方面最早的系统研究工作是 1933 年董作宾提出的五期说及十项标准 (1933). 他所提出的五期是:

一期, 盘庚、小辛、小乙、武丁 (2 世 4 王);
二期, 祖庚、祖甲 (1 世 2 王);
三期, 廪辛、康丁 (1 世 2 王);
四期, 武乙、文丁 (2 世 2 王);
五期, 帝乙、帝辛 (2 世 2 王).

这五期是用世系、称谓、贞人、坑位、方国、人物、事类、文法、字形、书体等十项标准研究甲骨文得出的. 该分期方法目前已被广泛接受. 但是他认为同一王世只能有一种类型的卜辞, 而后来的研究表明同一王世可以有不同类型的卜辞, 某一类型的卜辞也会延续到不同的王世. 对于是否存在早于武丁的甲骨, 学术界有不同的看法. 现在所说的一期一般从武丁开始.

1951 年, 陈梦家按照甲骨上的贞人名字将甲骨分为不同的组 (1951), 提出自组、子组、午组、宾组、出组、何组等分组名称. 1981 年, 李学勤主要根据字体和字形将甲骨分为九组 (1981), 即自组、子组、午组、宾组、出组、历组、无名组、何组与黄组. 甲骨的九组和五期与商王的对应关系见表 6.1. 由表 6.1 可知, 学者们对自组、子组和午组, 以及历组的分期与年代是有争议的.

表 6.1　甲骨的九组和五期与商王的对应关系

分期	商王	组别 (无争议)	自组/子组/午组		历组	
			观点 1	观点 2	观点 1	观点 2
一期	武丁早中期			自组/子组/午组		
	武丁中晚期	宾组、何组				历组一类
二期	祖庚	宾组、何组、出组				历组二类
	祖甲	何组、出组、无名组				
三期	廪辛、康丁	何组、无名组				
四期	武乙	何组、无名组			历组二类	
	文丁	无名组、黄组	自组/子组/午组		历组一类	
五期	帝乙、帝辛	黄组				

1949 年, 董作宾认为自组、子组和午组甲骨属于四期的文丁时期 (1949). 1956 年, 陈梦家对自组、子组和午组卜辞进行了系统研究, 并指出它们应该属于武丁时期 (1956). 现在大多数学者认为这些组别属于一期的武丁时期, 且可能早于宾组卜辞 (李学勤, 1981; 肖楠, 1976; 谢济, 1981), 但是中国台湾学者严一萍在 20 世纪 80 年代仍持自组、子组和午组甲骨属于文丁时期的观点 (1982).

另一个争议是关于历组甲骨. 依据卜辞中的称谓可将历组甲骨分为两类: 历组一类和历组二类. 历组一类亦称为父乙类, 因为这类卜辞中常有父乙的称谓; 历组二类亦称为父丁类, 因为这类卜辞中常有父丁的称谓. 1928 年, 明义士认为这类特殊的卜辞属于武丁或祖庚、祖甲时期, 但是他的这一观点并未正式发表 (陈梦家, 1951; 黄天树, 2007). 董作宾认为这类卜辞应该属于武乙和文丁时期 (1933), 陈梦家也认为这类卜辞应该属于武乙和文丁时期 (1951, 1956). 1977 年, 李学勤建议将此类甲骨称为历组, 并认为其年代为从武丁晚期到祖庚时期 (1977). 此后, 反对与支持李学勤这一观点的学者进行了大量争论. 肖楠 (1980, 1984)、张永山和罗琨 (1980)、谢济 (1982)、刘一曼和曹定云等 (刘一曼等, 2011; 曹定云等, 2019, 2023) 认为历组为武乙和文丁时期的甲骨 (见表 6.1 中的观点 1), 而裘锡圭 (1981)、李学勤和彭裕商 (李学勤, 1981; 彭裕商, 1983; 李学勤等, 1996)、黄天树 (2007)、林沄 (1984, 2013, 2020) 则认为历组为从武丁晚期到祖庚时期的甲骨 (见表 6.1 中的观点 2), 这一争论仍在持续进行中. 按照观点 1, 历组一类甲骨属于文丁时期, 父乙是武乙; 历组二类甲骨属于武乙时期, 父丁是康丁. 故历组二类甲骨早于历组一类甲骨. 按照观点 2, 历组一类甲骨属于武丁时期, 父乙是小乙; 历组二类甲骨属于祖庚时期, 父丁是武丁. 故历组一类甲骨早于历组二类甲骨.

6.1.3 甲骨测年的尝试及其困难

甲骨测年也是国际上关注的问题, 有众多学者对甲骨测年感兴趣. 目前, 我们可以看到此前三批九个国际上的甲骨测年数据, 如表 6.2 所示.

1985 年, 韦斯伯德 (Weisburd) 在一篇介绍利用历史记录研究古代火山喷发的文章中, 曾引用了一个甲骨测年结果 (1985). 用常规 ^{14}C 测年方法测得该甲骨年代为公元前 1095 ± 90 年. 该甲骨的来源不明且误差很大, 但其年代基本上落在甲骨的年代范围之内, 具有一定的参考价值.

1997 年, 吉莱斯皮发表了两个甲骨测年数据 (1997). 这两个数据来自同一片武丁时期的牛肩胛骨, 分别在牛津大学 AMS ^{14}C 实验室 (OxA) 和新西兰国家同位素中心 AMS ^{14}C 实验室 (NZA) 进行了 ^{14}C 测年. OxA 实验室给出的 ^{14}C 年龄是 2930 ± 65 BP, 年代合理; 而 NZA 实验室给出的结果是 3170 ± 96 BP, 明显偏老, 可能有污染未去除干净. 吉莱斯皮在文章中提及他实际上也测量了同一时期的其他甲骨, 但文章中并未报道测量结果, 因为这些样品有的骨胶原含量太低, 无法得到测量结果, 有的则可能已被污染, 导致测量结果明显偏离期望值.

此外, 1991 年, 瑞士苏黎世高工 AMS ^{14}C 实验室受北京大学和中国社会科学院考古研究所的委托测量了 6 片无字卜骨的 ^{14}C 年龄. 这些卜骨是殷墟出土的牛肩胛骨, 其地层属于文丁到帝乙时期. 他们从这些样品中提取了骨胶原作为测年材料, 并用 AMS 测量了样品的 ^{14}C 年龄. 这些测量数据未曾发表, 其中, 只有 ETH-6877

数据是合理的,其他 5 个数据都存在不同程度的问题. ETH-6875 比甲骨年代范围年轻约 200 a, ETH-6876 和 ETH-6879 略显偏老,而 ETH-6878 和 ETH-6880 则偏老超过 150 a.

表 6.2 国际上的甲骨测年数据

数据来源	实验室编号	原编号	甲骨分期信息	^{14}C 年龄 /BP	校正后的日历年代/BC
韦斯伯德					1095 ± 90
吉莱斯皮	OxA-2904		武丁时期	2930 ± 65	
	NZA-2257		武丁时期	3170 ± 96	
瑞士苏黎世高工	ETH-6875	H17:11	~帝乙	2740 ± 50	
	ETH-6876	H17:13	~帝乙	3010 ± 50	
	ETH-6877	H17:26	~帝乙	2935 ± 50	
	ETH-6878	H17:73	~帝乙	3090 ± 50	
	ETH-6879	H17:98	~帝乙	2985 ± 50	
	ETH-6880	H23:21	~文丁	3150 ± 50	

由此可知,甲骨测年不是一个简单的问题. 甲骨测年的困难在于:

(1) ^{14}C 测年的破坏性. 带有卜辞的甲骨是文物,通常保存在博物馆或研究机构中. ^{14}C 测年是破坏性测量,一定量的样品将被烧掉以获得足够的碳,而常规 ^{14}C 测年需要几十到几百克的甲骨样品,故该方法不可能被用于有字甲骨测年.

(2) 甲骨在自然环境中的污染. 新鲜的骨头含有重量的约 20% 的骨胶原,一般说来,保存良好的骨胶原可以给出较好的测年结果. 但是骨胶原会随着时间降解及流失,降解和流失程度取决于埋藏的环境,因此要选择保存良好的甲骨. 此外,由于土壤中腐殖酸、氨基酸的渗入或微生物作用等原因,骨胶原也有被污染的可能.

(3) 甲骨在保存过程中的污染. 甲骨出土时不仅附着许多污染物,而且往往是破碎的,在研究和保存的过程中需要清理、缀合、拼接,在此过程中会用到多种清洗剂、粘接剂及保护剂. 有的甲骨为了研究和展示往往做过翻模复制,在翻模时常使用白油和液体石蜡等作为隔离剂. 这些化学试剂可引入对甲骨的附加污染,使其年龄偏离正常年代 (参见第二章).

(4) 单样品年代校正得到的日历年代区间太宽. 为了得到真实的校正后 ^{14}C 年龄,所测量的 ^{14}C 年龄必须进行年代校正. 由于大气中 ^{14}C 产率随时间波动,校正曲线不是线性的,因此单样品年代校正给出的日历年代区间通常相当宽,不能满足区别不同商王所需要的精度.

(5) 甲骨分散收藏在世界各地的博物馆与研究机构中,构建系列样品校正模型需要收集与各个商王对应的相当数量的甲骨,这不是少数几个收藏机构可以提供的. 而且这些甲骨都属于珍贵文物, 收藏机构一般不愿意拿出来做破坏性测量.

在"夏商周断代工程"中我们相应采取了以下解决办法:

(1) 为了减小 ^{14}C 测年对甲骨的破坏性, 使用 AMS 方法. 与常规 ^{14}C 测年相比, AMS 方法使用小得多的样品, 仅含毫克数量级的碳即可. 尽管如此, 仍需要研究取样方法和甲骨修复技术.

(2) 为了清除甲骨在自然环境中的污染, 采用明胶作为测年组分比骨胶原的可靠性更高, 这是由于明胶经过了更多的纯化步骤 (参见第二章).

(3) 为了清除甲骨在保存过程中的污染, 甲骨前处理中特别附加的纯化流程对于获得正确的年龄来说是至关重要的 (参见第二章).

(4) 为了减小样品的日历年代区间, 使用贝叶斯方法将样品按年代顺序集成到校正模型中, 从而得到较窄的日历年代概率分布.

(5) "夏商周断代工程"通过国家相关部委发文, 取得了国内多家甲骨收藏单位的支持, 从 9 个收藏单位采集了 100 多片甲骨.

6.2 殷墟甲骨样品的采集与 ^{14}C 年龄测定

6.2.1 甲骨样品的采集

甲骨用材主要为牛肩胛骨和龟甲. 由于龟生活的水体会带来贮存库效应, 并且无法得知其具体数值, 因此龟甲不适用于 ^{14}C 测年, 只有牛肩胛骨可被用于 ^{14}C 测年. 有字卜骨是珍贵的文物, 所以采样必须非常谨慎. ^{14}C 测年用甲骨的选择和采集需遵循以下原则:

(1) 甲骨文中有祖、父、兄的称谓, 特别是一片甲骨上同时出现两或三种称谓, 使其分期更清楚, 甚至相关的王可被确定.

(2) 甲骨文中有天象 (如月食)、年祀或周祀的记录.

(3) 甲骨文中有重要事件或贞人名字的记录.

(4) 甲骨出土层位关系清楚, 共存器物可作为考古文化分期的基础.

有关专家按上述原则在中国大陆收藏的甲骨中初选了 220 片作为取样的备选甲骨. 为慎重起见, 在正式取样之前选择了 7 片甲骨进行取样修复实验, 以对取样方法和甲骨修复技术进行研究. 根据制样要求, 从每片甲骨上应取至少 1 g 左右的骨样品, 以便有足够的骨胶原可以被提取出来. 取样要选择骨质好的位置, 且不能破坏卜辞, 以及甲骨背面的钻孔和裂缝. 取样后的甲骨要进行很好的修复, 以便不影响它们原来的面貌. 图 6.2 为一片经取样并修复后的甲骨的照片.

实验之后发现备选甲骨中有的不适于取样, 有关专家经过复选确定了 150 片取样对象, 自 1998 年至 2000 年从中国社会科学院考古研究所、中国社会科学院历史研究所、中国国家图书馆、北京故宫博物院、中国国家博物馆、山东省博物馆、天津博物馆、北京大学、吉林大学分批采集到 107 个有字卜骨样品 (见表 B.1 及表 6.3). 表中甲骨用著录号标识, 大部分甲骨的著录号是用其在《甲骨文合集》(郭沫若等, 1999) 中的编号标识的. 一些出土较晚的甲骨未被收入该书, 则按其出土的地点进行顺序编号. 例如, 从小屯出土的甲骨被给予一个编号, 前面加上屯字, 即编为屯 XXX. 少数中国社会科学院考古研究所收藏的甲骨没有著录号, 则用考古研究所的收藏号标识. 此外还采集了相关的分期明确的无字卜骨 9 片和与商后期特定王直接相关的特殊骨器、骨料样品 3 个, 其中包括一个从武丁妻子妇好墓中出土的骨簪, 还有一个是与帝辛 7 年青铜器同墓葬出土的羊肩胛骨 (见表 B.2 和表 6.4). 所采集的绝大部分甲骨可以清楚地确定其所属的组别, 以及与其相关联的商王, 以便相应样品可被归入甲骨的五期之一, 只有个别甲骨经专家进一步研究后认为分期存疑.

图 6.2　一片已测量的带有占卜文字的甲骨的照片. 著录号为屯 2707, 属于历组. 其上有祖乙、父丁称谓, 一种观点认为这片甲骨属于祖庚时期, 另一种观点认为其属于武乙时期. 卜辞的大意为: 王分别在几个先王 (大乙、大甲、祖乙、父丁) 的宗庙中进行占卜活动, 卜问是否为王免除灾难而对自上甲以来的死去的诸位先公、先王举行祭祀, 祭祀用白公猪和牛作为祭品. 甲骨右侧的红色方框为经修复后的取样位置

表 6.3 有字卜骨 ^{14}C 测量结果数据表

序号	采样编号	甲骨著录号	甲骨收藏号	甲骨组别	甲骨分期	对应商王[①]	实验室编号	^{14}C 年龄 /BP	δ^{13}C /‰	备注
1	3	合集 10410	北图 2113	自组（大）	一期	武丁早	SA98168	2995±30	-7.02	
2	5	合集 20138	北图 20355	自组（大）	一期	武丁早	SA98169c	3090±30	-8.06	经合并处理
3	6	合集 19754	津博 JG1123	自组（大）	一期	武丁早	SA00032	3585±125	-10.00	样品含碳量偏少
4	7	合集 6774	北大 339/4655/18:339	自宾同类	一期	武丁早	SA98170c	2995±30	-9.62	经合并处理
5	8	合集 6846	津博 JG240	自组（大）	一期	武丁早	SA00033	3000±30	-7.02	
6	12	屯 2527	考古所 H65:4+5	自组	一期	武丁中	SA98171c	3100±30	-10.08	经合并处理
7	13	合集 19779	历史所	自组（小）	一期	武丁	SA98172c	3010±30	-13.74	经合并处理
8	15	合集 19933	津博 JG343	自组（小）	一期	武丁	SA00034	2885±30	-9.00	
9	18	合集 2140	北图 5673	自宾同类	一期	武丁	SA98173	3070±55	-7.78	
10	69	合集 31997	北图 11149	自历同类	一期	武丁	SA98188c	2985±30	-10.00	经合并处理
11	71	合集 34120	历史所	子组	一期	武丁早	SA98190	2980±30	-9.41	
12	59	合集 21542	故宫新 185103	子组	一期	武丁中	SA98182c	3225±30	-10.72	经合并处理
13	61	合集 21565	山博 6283	子组	一期	武丁早	SA98183	3035±40	-8.56	
14	62	合集 21739	山博 8056	花南子卜辞	一期	武丁中	SA99092	2980±30	-9.04	
15	63	花南 M99 上③:2	考古所 M99 上③:2	午组	一期	武丁早	SA98184c	2970±30	-8.91	经合并处理
16	65	合集 22116	山博 8070	午组	一期	武丁中	SA99093	3015±30	-8.30	
17	66	合集 22184	历史所	午组	一期	武丁中	SA98185	3010±40	-8.53	
18	67	合集 22086	北图 19650	子组	一期	武丁早	SA98186	3015±35	-8.25	
19	68	花南 M99 上③:1	考古所 M99 上③:1	午组	一期	武丁中	SA98187	3040±35	-6.77	
20	20	合集 9816	北图 2104	宾组（大）	一期	武丁中	SA98174	2995±30	-10.66	
21	22	合集 2869	津博 JG341	宾组（大）	一期	武丁中	SA00035	2930±30	-8.20	

续表

序号	采样编号	甲骨著录号	甲骨收藏号	甲骨组别	甲骨分期	对应商王①	实验室编号	^{14}C 年龄 /BP	$\delta^{13}C$ /‰	备注
22	24	合集 3186	山博 8050	宾组	一期	武丁	SA99088-2	2995±35	-8.77	
23	27	合集 22594	山博 8062	宾组	一期	武丁	SA99089	2955±45	-9.27	
24	28	合集 302	北图 527	宾组(大)	一期	武丁中	SA98175	3050±30	-11.25	
25	32	合集 10132	北大 94/0585/443518:119	宾组	一期	武丁	SA98176c	3120±30	-8.46	经合并处理
26	37	合集 3013	北图 4866	宾组(中)	一期	武丁中晚	SA98177	2985±35	-9.89	
27	40	合集 4122	北图 11157	宾组(中)	一期	武丁中晚	SA98178	2990±40	-9.08	
28	41	合集 6883	北图 11244	宾组(中)	一期	武丁中晚	SA98179	2980±30	-8.11	
29	49	合集 13329	山博 8068	宾组(中)	一期	武丁	SA99090	2965±30	-6.71	
30	50	屯 910	考古所 H24:106+371	宾组(中)	一期	武丁中晚	SA98180	2970±30	-7.12	
31	54	合集 21784	吉大 7-605	宾组(小)	一期	武丁晚	SA00036	2950±30	-9.37	
32	55	合集 3089	北图 5026	宾组(小)	一期	武丁晚	SA98181	2990±40	-9.95	
33	56	合集 5450	山博 8054	宾组	一期	武丁	SA99091	2905±40	-7.82	
34	76	合集 1251	山博 8059	出组	二期	祖庚	SA99094	3025±30	-10.25	
35	78	合集 24610	津博 JG251	出组	二期	祖庚或祖甲	SA00037	2970±30	-8.34	
36	79	合集 26766	北大 94:0601/6021.18:1705	出组	二期	祖庚或祖甲	SA98194	2955±55	-9.34	
37	80	合集 23340	山博 8072	出组	二期	祖庚或祖甲	SA99095	2940±35	-9.05	
38	81	合集 23536	山博 8051	出组	二期	祖庚或祖甲	SA99096c	2960±40	-9.43	经合并处理
39	83	合集 25015	北大 5547/8:1231/21	出组	二期	祖庚或祖甲	SA98195c	2950±30	-6.85	经合并处理
40	90	合集 23477	北图 2457	出组	二期	祖甲	SA98197-1	3285±40	-8.49	
41	93	合集 23506	北图 5781	出组	二期	祖甲	SA98198c	3400±40	-14.51	经合并处理

续表

序号	采样编号	甲骨著录号	甲骨收藏号	甲骨组别	甲骨分期	对应商王①	实验室编号	¹⁴C 年龄 /BP	$\delta^{13}C$ /‰	备注
42	97	屯 2384	考古所 H57:179	出组	二期	祖甲	SA98199	3015±40	-8.40	
43	126	合集 27616	故宫新 185424	无名组 B	二期	祖甲	SA98218	2985±30	-8.13	
44	101	合集 35249	北图 5648	何组	三期		SA98200c	2970±30	-7.69	经合并处理
45	104	屯 173	考古所 H2:301+435	无名组 A	三期	康丁	SA98202	2960±30	-10.83	
46	106	屯 1011	考古所 H24:280	无名组 A	三期		SA98203	2915±45	-8.46	
47	109	屯 2294	考古所 H57:53	无名组 A	三期	康丁	SA98205	2975±40	-8.69	
48	110	屯 2315	考古所 H57:72	无名组 A	三期	康丁	SA98206	2955±30	-7.98	
49	112	屯 2557	考古所 H80:12	无名组 A	三期	康丁	SA98207	2960±30	-9.84	
50	113	屯 2996	考古所 M13:102	无名组 A	三期	康丁	SA98208	2950±30	-10.39	
51	115	合集 27364	故宫新 185458	无名组 A	三期	康丁	SA98210	2995±45	-10.29	
52	116	合集 27348	北图 5723	无名组 A	三期	康丁	SA98211	3080±30	-11.14	
53	121	屯 2209	考古所 H50:71+226	无名组 B	三期	康丁	SA98214c	2930±30	-7.28	经合并处理
54	122	屯 2263	考古所 H57:12	无名组 B	三期	康丁	SA98215	2975±30	-7.19	
55	123	屯 2370	考古所 H57:147	无名组 B	三期	康丁	SA98216	2955±35	-8.27	
56	124	屯 2742	考古所 H103:84	无名组 B	三期	康丁	SA98217	2990±35	-8.60	
57	128	合集 28278	故宫新 185467	无名组 B	三期	康丁	SA98219	3005±30	-7.26	
58	132	合集 27633	北图 5565	无名组 B	三期	康丁	SA98220	2965±35	-10.12	
59	133	屯 2320	考古所 H57:77	无名组 C	三期	康丁	SA98221	2890±35	-8.53	
60	134	考古所安 271A	考古所安 271A	无名组 C	三期	康丁	SA98222	2915±30	-9.38	
61	138	屯 68	考古所 H2:72+769	无名组 C	四期	武乙早	SA98225	3765±35	-10.08	
62	139	屯 647	考古所 H17:113	无名组	四期	武乙早	SA98226	2945±35	-7.93	

续表

序号	采样编号	甲骨著录号	甲骨收藏号	甲骨组别	甲骨分期	对应商王①	实验室编号	^{14}C 年龄 /BP	$\delta^{13}C$ /‰	备注
63	140	屯 2281	考古所 H57:39	无名组	四期	武乙早	SA98227-2	2960±35	-9.13	
64	191	屯 3564	考古所 M16:34	黄组	四-五期	文丁-帝乙	SA98251	2920±35	-10.45	经合并处理
65	192	屯西 H40:1	考古所 H40:1	黄组	五期	帝乙	SA98252c	3125±35	-8.75	
66	193	合集 35588	历博 C8.32	黄组	五期	文丁-帝辛	SA00039	2975±35	-10.32	
67	194	合集 35641	历史所	黄组	五期	帝乙	SA98253	2885±40	-9.46	
68	196	合集 36512	山博 8061	黄组	五期	帝乙-帝辛	SA99097p1	2925±35	-10.26	经合并处理
69	203	合集 37849	北图 5647	黄组	五期	帝乙-帝辛	SA98254c	3110±30	-10.78	
70	204	合集 37852	吉大 7-535	黄组	五期	文丁-帝辛	SA00040	2985±55	-10.00	
71	211	合集 37865	北大 94.0575/5216.18:900	黄组	五期		SA98255	3490±30	-10.41	

以上为分期明确的非历组甲骨 71 片, 以下为历组甲骨 19 片。

序号	采样编号	甲骨著录号	甲骨收藏号	甲骨组别	甲骨分期	对应商王	实验室编号	^{14}C 年龄 /BP	$\delta^{13}C$ /‰	备注
72	142	屯 457	考古所 H2:817	历组 B 父丁		武乙/祖庚	SA98228c	3485±35	-10.44	经合并处理
73	143	屯 601	考古所 H17:46	历组 B 父丁		武乙/祖庚	SA98229	2955±30	-8.96	
74	145	屯南 726	考古所 H23:66	历组 父丁		武乙/祖庚	SA00038	3395±30	-8.56	
75	147	屯 994	考古所 H24:255+1405	历组 B 父丁		武乙/祖庚	SA98230	2950±45	-9.31	
76	148	屯 1116	考古所 H24:416	历组 B 父丁		武乙/祖庚	SA98231	2990±45	-8.58	
77	150	屯 2366	考古所 H57:142	历组 B 父丁		武乙/祖庚	SA98232	2985±30	-8.88	
78	151	屯 2707	考古所 H103:18+20	历组 B 父丁		武乙/祖庚	SA98233c	2930±30	-14.99	经合并处理
79	158	合集 33698	北图 5509	历组 B 父丁		武乙/祖庚	SA98234p1	3040±30	-8.20	
80	159	屯 636	考古所 H17:95	历组 C 父丁		武乙/祖庚	SA98235	2990±30	-9.55	
81	164	屯 1090	考古所 H24:388	历组 C 父丁		武乙/祖庚	SA98237c	3010±35	-7.96	经合并处理

续表

序号	采样编号	甲骨著录号	甲骨收藏号	甲骨组别	甲骨分期	对应商王①	实验室编号	^{14}C年龄/BP	δ^{13}C/‰	备注
82	167	屯 1115	考古所 H24:413+414	历组C父丁		武乙/祖庚	SA98239c	2935±30	-8.44	经合并处理
83	168	屯 1128	考古所 H24:427	历组C父丁		武乙/祖庚	SA98240	3005±35	-8.49	
84	171	合集 32780	北图 10614	历组C父丁		武乙/祖庚	SA98241	2995±30	-10.71	
85	172	合集 34240	故宫新 185248	历组C父乙		文丁/武丁	SA98242c	3045±30	-7.29	经合并处理
86	173	屯 503	考古所 H3:29+31	历组C父丁		武丁/祖庚	SA98243	2985±30	-12.12	
87	174	屯 751	考古所 H23:104	历组父丁		文丁/武丁	SA98244p1	3065±35	-11.31	
88	181	考古所 T8③:148	考古所 T8③:148	历组父丁		文丁/武丁	SA98246	3025±40	-9.51	
89	182	合集 32680	北图 5787	历组父乙		武乙晚/祖庚	SA98247	3215±30	-11.88	
90	184	合集 32764	北图 12062	历组父乙		文丁/武丁晚	SA98248	3005±30	-7.79	
以下为来源不可靠或分期存疑的甲骨 5 片。										
91	103	无	陈梦家捐献	何组	三期	廪辛	SA98201	3005±45	-8.19	来历不可靠
92	70	合集 33074	北图 10752	自历同类	不能确定		SA98189c	2945±30	-8.14	分期不确定
93	135	屯附 1	考古所 T1⑦:4	无名组 C	三或四期	康丁或武乙	SA98223-2	3020±30	-9.81	分期不确定
94	137	屯附 5	考古所 T1⑦:12	无名组 C	三或四期	康丁或武乙	SA98224c	3150±30	-7.73	分期不确定
95	189	屯 505	考古所 H3:33	疑似历组	不能确定		SA98250	2920±30	-9.07	分期不确定

以上为有 ^{14}C 数据的甲骨 95 片，以下为无 ^{14}C 数据的甲骨 12 片。

续表

序号	采样编号	甲骨著录号	甲骨收藏号	甲骨组别	甲骨分期	对应商王[①]	实验室编号	^{14}C年龄/BP	$\delta^{13}C$/‰	备注
96	73	花东310	考古所H3:940	花东子卜辞	一期	武丁	SA98191			有机质严重降解
97	74	花东311	考古所H3:974	花东子卜辞	一期	武丁	SA98192			有机质严重降解
98	75	花东312	考古所H3:985	花东子卜辞	一期	武丁	SA98193			有机质严重降解
99	89	合集23475	故宫新184961	出组	二期	祖庚或祖甲	SA98196			有机质严重降解
100	108	屯1048	考古所H24:328	无名组	三期	康丁	SA98204			有机质严重降解
101	114	屯4510	考古所T53㉘:138	无名组	三期	康丁	SA98209			有机质严重降解
102	119	屯610	考古所H17:58	无名组	三期	康丁	SA98212			有机质严重降解
103	120	屯657	考古所H17:126	历组	三期	康丁	SA98213			有机质严重降解
104	161	屯1059	考古所H24:341	历组		武乙/祖庚	SA98236			有机质严重降解
105	165	屯1099	考古所H24:398	历组		武乙/祖庚	SA98238			有机质严重降解
106	176	屯2534	考古所H75:7	历组		文丁/武丁	SA98245			有机质严重降解
107	187	屯340	考古所H2:642	历组		文丁/武丁	SA98249			有机质严重降解

注：①对应商王一栏中的符号"-"表示此范围内的商王均有可能，符号"/"表示历组甲骨对应商王的两种观点。

表 6.4 无字卜骨和骨样品 ^{14}C 测量结果数据表

序号	采样编号	样品材料	发掘编号	殷墟分期	甲骨分期	对应商王	实验室编号	^{14}C 年龄 /BP	$\delta^{13}C$ /‰	备注
1	22	骨料	小屯东北 T1H1:164	早于殷墟一期	早于一期		SA99101	3105±35	-11.10	
2	1	无字卜骨	98AHDT2④:50	早于殷墟一期	早于一期		SA98158-2	3015±35	-10.28	
3	5	无字卜骨	小屯南 73ASNH115	殷墟一期	一期	早于武丁	SA98160	2975±40	-14.79	
4	6	无字卜骨	小屯南 73ASNG1	殷墟一期	一期	早于武丁	SA98161	2995±40	-12.35	
5	7	无字卜骨	91 花东 H3:707	殷墟一期	一期	武丁早	SA98162	2985±55	-10.55
6	21	骨器	妇好墓 76AXTM5	殷墟二期早段	一期	武丁晚	SA99040	2945±50	-16.85	
7	9	无字卜骨	小屯南 73ASNH99:8	殷墟三期早段	三期		SA98163	3235±40	-15.04	有机质严重降解
8	15	无字卜骨	小屯南 73ASNH75:44	殷墟三期后段	三期		SA98164			
9	16	无字卜骨	小屯南 73ASNH24:430	殷墟三期后段	三期		SA98165-2	3080±30	-8.20	
10	17	无字卜骨	小屯南 73ASNH2	殷墟四期前段	四期		SA98166	2915±45	-8.97	
11	2	无字卜骨	花南 86ANH1:6	殷墟四期	五期		SA98159	2955±40	-10.95	
12	20	羊肩胛骨	钢厂 84AGM1713	殷墟四期	五期	帝辛	SA98167c	2845±35	-15.91	与帝辛7年青铜器同墓葬出土

6.2.2 甲骨制样与测量

甲骨制样与测量的方法可参见第二章和第三章. 对甲骨样品的 ^{14}C 年龄进行的是高精度测量, 其统计误差可达 0.2%—0.3%, 即 16—24 a. 然而, 由于我们对测量数据的系统误差可能了解得并不十分清楚, 为数据可靠起见, 我们设定甲骨的测年误差不小于 30 a. 在 119 个样品中, 有 12 个有字卜骨样品和 1 个无字卜骨样品的有机质严重降解, 无法提取出足够的明胶, 故未能制备出石墨样品, 所以也没有测量数据. 实际上共测量了有字卜骨样品 95 个, 无字卜骨和骨器、骨料样品 11 个.

开始一批样品的 ^{14}C 测量是用北京大学的 EN-AMS 进行的, 在早期测量的 32 个有字卜骨样品中, 我们发现约有 1/3 的甲骨年龄明显老于所属年代范围, 有的甚至偏老数百年. 为验证测量的可靠性, 我们对一些年代偏老的有字卜骨进行了重复制样, 然后再进行复测. 结果表明, 绝大多数样品的复测结果与原测量结果相符, 仍旧偏老. 当时, 甲骨样品是按照常规的骨样品制备方法进行制样的, 我们判断偏老的主要原因很有可能是在甲骨样品整理、缀合、保护、研究和收藏过程中所使用的加固剂和保护剂等引入了死碳污染. 因此我们对制样方法进行了研究, 对 12 个样品的明胶用 3 种不同工艺进行了装柱淋洗等纯化处理工艺的研究, 重新制备石墨后又进行了测年, 结果表明, 部分原来偏老甲骨的年龄降到正常范围. 此后, 在这一研究的基础上, 我们在样品前处理时增加了一项萃洗纯化流程, 然后再提取明胶. 以上对纯化处理流程的研究详见 2.3 节. 后期用 NEC ^{14}C 专用小型 AMS 测量了 55 个有字卜骨样品, 它们绝大部分年代正常, 不过虽然在样品前处理时增加了萃洗纯化流程, AMS 的稳定性也很好, 但是结果表明, 仍有个别样品的年龄偏老, 其中 2 个样品分别偏老了约 400 a 和 200 a. 这不是统计涨落所能解释的. 为检验测量的可重复性, 我们对其中的 15 个样品进行了复测. 结果表明, 这 15 个样品的剩余石墨复测结果均与原结果相符, 包括 4 个原来偏老样品的复测结果仍旧偏老. 我们也曾对 7 个尚有剩余明胶的偏老有字卜骨样品进行了重新制样复测, 结果表明, 其中 6 个样品的复测结果仍旧偏老, 只有 1 个样品的年代回到正常范围. 综上所述, 通过重新制样和重复测量, 我们总共对 95 个有字卜骨样品取得了 137 个 ^{14}C 年代数据, 对 11 个无字卜骨和骨器、骨料样品取得了 14 个 ^{14}C 年代数据. 以上殷墟甲骨的全部测量数据已列于表 B.1 和表 B.2. 表中采样编号为甲骨测年采样登记表中的顺序号, 实验室编号中的后缀 f 表示对剩余石墨样品的复测数据, 后缀 -1 和 -2 分别表示明胶第一次、第二次制备石墨, p1 和 AA 为明胶纯化的方法代码, δ^{13}C 栏所列为常规质谱计的测量值.

对于有多个年代数据的甲骨样品, 我们根据以下原则对年代数据进行了选择与合并. 即根据国际上通用的方法检验同一样品多个数据的一致性, 如果经检验表明同一样品的所有数据源于同一分布, 则予以合并处理. 如果不满足上述判据, 则对部分明显偏老的数据予以舍弃. 经过上述步骤后, 最终每个样品都得到一个 ^{14}C 年代数据, 见表 6.3 和表 6.4, 其中, 实验室编号中的后缀 c 表示经合并处理后得到的数据. 表 6.3 中的有字卜骨样品按顺序可分为 4 部分: 序号 1—71 为有年代数据且分期明确的非历组甲骨 71 片, 序号 72—90 为有年代数据的历组甲骨 19 片, 序号 91—95 为来源不可靠或分期存疑的甲骨 5 片, 序号 96—107 为样品含有机质太少未制备出石墨的甲骨 12 片. 表 6.4 为无字卜骨和骨器、骨料样品.

6.2.3 关于部分甲骨测年数据偏老问题的讨论

从上述情况看, 北京大学 AMS ^{14}C 实验室的测年结果是可靠的. 在所采集的甲骨样品中, 确有相当比例的甲骨受到了不同程度的加固剂、保护剂等的污染, 这种污染可导致所测得的甲骨年代产生不同程度的偏老. 早期的样品前处理过程没有采取附加纯化措施的数据偏老的比例高达 37.5%, 而后期经纯化处理再测量的数据偏老的比例明显降低, 在 10% 左右, 故所采取的纯化处理措施是有效的. 后期在样品前处理时增加了附加纯化措施后测量数据偏老的比例仍然略高于正常值, 故可能有些污染还不能用目前的纯化措施彻底清除, 此外也可能存在污染以外的使样品年龄偏老的其他原因. 有考古学家认为, 占卜使用的牛肩胛骨有可能不是即时宰杀的, 而是经过多年的储藏. 在小屯曾发现大批无字卜骨的窖藏. 不过从甲骨测年的总体情况来看, 绝大多数甲骨储藏的年代不大可能太久. 此外也有一片甲骨的 ^{14}C 年龄偏年轻, 其原因可能是样品测量的统计涨落, 也可能是受虫胶等粘接剂的污染.

6.3 殷墟甲骨系列样品的年代校正

6.3.1 基本方法概述

本书中甲骨样品测年结果的年代校正用 OxCal v4.4.2 和 IntCal20 校正曲线进行. 将甲骨 ^{14}C 年代数据按一至五期分期顺序排列, 首尾加边界, 构成一个系列样品校正模型. 如第四章所述, 校正后所得样品日历年代后验分布的 68% 区间可以作为该样品的日历年代范围, 一个分期的年代范围则以该分期中各样品日历年代范围的叠加为准.

分期系列样品的年代校正结果在有些情况下与校正模型的构建有很大关系. 如果各分期之间不插入中间边界, 则各分期中样品数量的不均衡程度和各分期的预期时间跨度的不均衡程度会使校正结果发生偏离. 如果不同分期中的样品数量相差很多, 则样品多的分期会对样品少的分期产生拉动效应, 使样品少的分期的校正年代产生偏移, 且时间跨度短的分期经校正后会被拉长. 我们的甲骨序列恰恰是这种情况, 一期和三期的样品较多, 二期、四期、五期的样品较少. 而且甲骨学者通过目前的研究认为, 二期、三期相对较短, 而一期、四期、五期相对较长. 故在构建甲骨样品序列时, 我们必须在各分期之间插入中间边界, 以减少上述因素的影响.

实际进行系列分期样品年代校正时, 校正结果还与校正曲线的形状有关. 曲线的平台区和上下扭摆区会使样品的后验分布区间展宽. 在商后期, 校正曲线在公元前 1300—前 1125 年区段上下波动的幅度较大, 而公元前 1125—前 1050 年区段则为平台区. 这都会使各分期的时间跨度变大, 并有较多交叠.

鉴于甲骨学界对历组卜骨的分期及对应商王存在不同观点, 我们采取的方法是: 不将其纳入商后期甲骨系列样品校正模型, 对历组一类和历组二类甲骨进行单独校正, 然后将其与商后期甲骨系列样品的校正结果进行比较. 本节后面所说的甲骨系列样品是指不纳入历组甲骨的商后期甲骨系列样品, 历组甲骨的年代校正将在 6.4 节进行专门讨论.

6.3.2 商后期甲骨系列样品校正模型的构建

1. 构建甲骨系列样品校正模型的原则

(1) 按甲骨一至五期构建校正模型. 历史文献中对武丁的在位年数基本上有共识. 按照传世历史文献《无逸》的记载, 武丁的统治延续了 59 a. 据传《无逸》是周公在约公元前 1030 年写的, 而后被孔子收入《尚书》(孔颖达, 2015: 466—476). 模型利用了这一信息.

(2) 排除来历不可靠和分期存疑的有字卜骨样品 5 个, 排除历组甲骨样品 19 个.

(3) 在剩余的 71 个甲骨样品中排除年代大幅度偏离的样品.

(4) 不采用无字卜骨和早于一期的骨料 (以前曾采用无字卜骨, 参见 6.3.5 小节), 将从妇好墓中出土的骨簪和与帝辛 7 年青铜器同墓葬出土的羊肩胛骨等 2 个骨样品纳入校正模型.

(5) 按甲骨分期构建校正模型, 进行初步校正, 排除一致性指数过低的样品. 一般认为数据的一致性指数应高于 60%, 但实际上一致性指数低于 60% 并不一定表明数据就有问题. 在系列的总体一致性指数很高的前提下, 为了包括尽可能多的甲骨样品, 对少数单样品一致性指数略低于 60% 的数据也予以保留.

2. 自组、子组和午组甲骨分期的确认

如前所述, 对于自组、子组和午组甲骨的分期, 历史上曾经有过争论. 为慎重起见, 我们对其进行了确认. 具体方法是: 对自组、子组和午组甲骨合起来进行单期校正, 同时对四期甲骨和宾组甲骨也分别进行单期校正, 然后将它们的校正结果进行比对, 看自组、子组和午组甲骨的年代是更接近四期甲骨的年代, 还是更接近宾组甲骨的年代. 比对结果见图 6.3 和图 6.4. 比对结果表明, 自组、子组和午组甲骨的年代与四期甲骨的年代相差较多, 而与宾组甲骨的年代较为接近, 且略早于宾组甲骨的年代, 这与认为其属于武丁早中期的观点相符. 故从甲骨年代测定的结果来看, 自组、子组和午组甲骨应当属于一期.

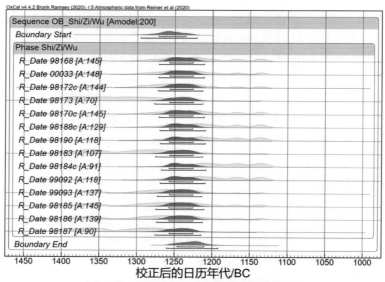

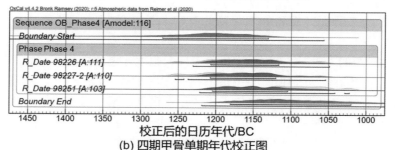

图 6.3 自组、子组和午组甲骨与四期甲骨单期校正结果的比对

3. 个别跨期甲骨的分期

由表 6.1 可知, 宾组、何组、无名组、黄组均可能跨不同的分期. 具体到此次采集测量的甲骨样品, 其中, 何组与无名组甲骨对应的分期与商王都已经经过专家鉴定, 是清楚的. 宾组甲骨在送样时都归入了一期, 但后来经过有关专家鉴定, 其中有三片宾组甲骨 (合集 22594、合集 13329 和合集 3089) 有可能属于二期的祖庚时期, 或者可能上限在武丁晚期、下限在祖庚时期. 因此我们首先把所有宾组甲骨都归入一期构建校正模型, 得出一个校正结果; 然后把三片有可能属于二期的宾组甲骨移入二期, 再得出另外一个校正结果. 根据第四章的相应模拟可知, 这两个结果应该

6.3 殷墟甲骨系列样品的年代校正

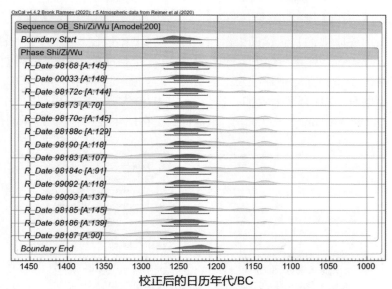

(a) 自组、子组和午组甲骨单期年代校正图

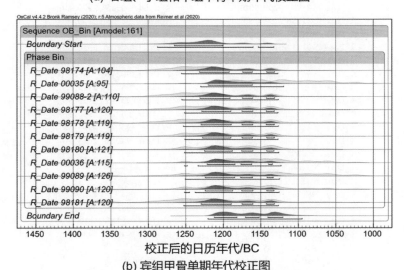

(b) 宾组甲骨单期年代校正图

图 6.4 自组、子组和午组甲骨与宾组甲骨单期校正结果的比对

没有大的差别. 在黄组的八片甲骨中也有三片被鉴定为文丁到帝乙时期, 或者文丁到帝辛时期, 即有可能属于四期也有可能属于五期. 但是其中有两片甲骨所测 ^{14}C 年龄明显偏老, 无法纳入系列样品校正模型. 对于另一片甲骨 (屯 3564), 我们也做同样的处理, 即在构建校正模型时先将其归入四期, 然后再看将其移入五期后结果的变化.

4. 甲骨系列样品校正模型

我们按前述原则 (1) 至 (4) 构建了校正模型 OB1, 包含 55 片有字卜骨和 2 件骨器, 共 57 个样品. 对其进行初步校正, 发现有 5 个样品的一致性指数过低. 按原则 (5) 排除这 5 个样品后构建了校正模型 OB2, 如图 6.5 所示. 纳入 OB2 系列样品校正模型的有 50 片有字卜骨和 2 件骨器, 共 52 个样品. 校正模型中一期的最后一行 Interval ("Wu Ding", 59+T(5)) 即是将武丁在位年数设置为 59 a 的命令. 但

```
Plot( )
 {
  Sequence( "OB2")
  {
   Boundary( "Start");
   Phase( "Phase 1")
   {
    R_Date( "98168", 2995, 30);
    R_Date( "00033", 3000, 30);
    R_Date( "98172c", 3010, 30);
    R_Date( "98173", 3070, 55);
    R_Date( "98170c", 2995, 30);
    R_Date( "98188c", 2985, 30);
    R_Date( "98190", 2980, 30);
    R_Date( "98183", 3035, 40);
    R_Date( "98184c", 2970, 30);
    R_Date( "99092", 2980, 30);
    R_Date( "99093", 3015, 30);
    R_Date( "98185", 3010, 40);
    R_Date( "98186", 3015, 35);
    R_Date( "98187", 3040, 35);
    R_Date( "98174", 2995, 30);
    R_Date( "00035", 2930, 30);
    R_Date( "99088-2", 2995, 35);
    R_Date( "98177", 2985, 35);
    R_Date( "98178", 2990, 40);
    R_Date( "98179", 2980, 30);
    R_Date( "98180", 2970, 30);
    R_Date( "00036", 2950, 30);
    R_Date( "99089", 2955, 45);
    R_Date( "99090", 2965, 30);
    R_Date( "98181", 2990, 40);
    R_Date( "99040", 2945, 50);
    Interval("Wu Ding", 59+T(5));
   };
   Boundary( "1-2");
   Phase( "Phase 2")
   {
    R_Date( "00037", 2970, 30);
    R_Date( "98194", 2955, 55);
    R_Date( "99095", 2940, 35);
    R_Date( "99096c", 2960, 40);
    R_Date( "98195c", 2950, 30);
    R_Date( "98218", 2985, 30);
   };
   Boundary( "2-3");
   Phase( "Phase 3")
   {
    R_Date( "98200c", 2970, 30);
    R_Date( "98202", 2960, 30);
    R_Date( "98203", 2915, 45);
    R_Date( "98205", 2975, 40);
    R_Date( "98206", 2955, 30);
    R_Date( "98207", 2960, 30);
    R_Date( "98208", 2950, 30);
    R_Date( "98210", 2995, 45);
    R_Date( "98214c", 2930, 30);
    R_Date( "98215", 2975, 30);
    R_Date( "98216", 2955, 35);
    R_Date( "98217", 2990, 35);
    R_Date( "98220", 2965, 35);
    R_Date( "98222", 2915, 30);
   };
   Boundary( "3-4");
   Phase( "phase 4")
   {
    R_Date( "98226", 2945, 35);
    R_Date( "98227-2", 2960, 35);
    R_Date( "98251", 2920, 35);
   };
   Boundary( "4-5");
   Phase( "Phase 5")
   {
    R_Date( "98253", 2885, 40);
    R_Date( "99097p1", 2925, 35);
    R_Date( "98167c", 2845, 35);
   };
   Boundary( "End");
  };
 };
```

图 6.5　甲骨系列样品校正模型 OB2

这里实际上设置的是武丁在位年数的一个概率分布，其峰值在 59 a 处，并将武丁在位年数概率分布的 95% 区间的宽度设置为 5 a. 如果该宽度设置得太窄，则会影响 MCMC 迭代过程的收敛程度.

为检验宾组和黄组跨期样品纳入不同分期的影响，我们还构建了校正模型 OB3 和 OB4. OB3 将合集 22594、合集 13329 和合集 3089 移入二期，其他部分与 OB2 相同，OB4 将屯 3564 移入五期，其他部分与 OB2 相同.

6.3.3 商后期甲骨系列样品年代校正的结果

1. 校正模型 OB2 的年代校正结果

甲骨系列样品校正模型 OB2 的年代校正结果如表 6.5 和图 6.6 所示. 只有一个样品的一致性指数低于 60%，为 53.6%，模型一致性指数为 245.4%.

表 6.5　甲骨系列样品校正模型 OB2 的年代校正结果

分期	甲骨著录号	甲骨组别	实验室编号	^{14}C 年龄 /BP	校正后的日历年代 68% 区间/BC	一致性指数
边界 Start					1270—1254	
一期	合集 10410	自组	SA98168	2995 ± 30	1253—1216	141.0%
	合集 6846	自组	SA00033	3000 ± 30	1255—1216	141.6%
	合集 19779	自组	SA98172c	3010 ± 30	1255—1219	135.2%
	合集 2140	自组	SA98173	3070 ± 55	1255—1220	62.4%
	合集 6774	自宾间类	SA98170c	2995 ± 30	1253—1216	141.0%
	合集 31997	自历间类	SA98188c	2985 ± 30	1254—1211	132.4%
	合集 34120	自历间类	SA98190	2980 ± 30	1255—1208	125.1%
	合集 21565	子组	SA98183	3035 ± 40	1255—1220	97.7%
	花南 M99 上③:2	花南子卜辞	SA98184c	2970 ± 30	1255—1243 (18.0%) 1233—1205 (50.2%)	107.7%
	合集 21739	子组	SA99092	2980 ± 30	1255—1208	125.0%
	合集 22116	午组	SA99093	3015 ± 30	1254—1220	128.6%
	合集 22184	午组	SA98185	3010 ± 40	1256—1216	136.8%
	合集 22086	午组	SA98186	3015 ± 35	1255—1219	130.2%
	花南 M99上③:1	午组	SA98187	3040 ± 35	1256—1221	82.4%
	合集 9816	宾组	SA98174	2995 ± 30	1253—1216	140.9%
	合集 2869	宾组	SA00035	2930 ± 30	1226—1198	53.6%
	合集 3186	宾组	SA99088-2	2995 ± 35	1253—1215	142.3%
	合集 3013	宾组	SA98177	2985 ± 35	1253—1212	134.8%
	合集 4122	宾组	SA98178	2990 ± 40	1253—1213	140.4%
	合集 6883	宾组	SA98179	2980 ± 30	1255—1208	125.0%

续表

分期	甲骨著录号	甲骨组别	实验室编号	^{14}C 年龄 /BP	校正后的日历年代 68% 区间/BC	一致性指数
一期	屯 910	宾组	SA98180	2970±30	1255—1243 (18.0%) 1233—1205 (50.3%)	107.7%
	合集 21784	宾组	SA00036	2950±30	1254—1246 (9.8%) 1229—1201 (58.4%)	77.3%
	合集 22594	宾组	SA99089	2955±45	1254—1242 (17.7%) 1234—1204 (50.6%)	100.9%
	合集 13329	宾组	SA99090	2965±30	1255—1243 (16.5%) 1232—1203 (51.7%)	99.1%
	合集 3089	宾组	SA98181	2990±40	1254—1213	140.4%
	76AXTM5	—	SA99040	2945±50	1255—1242 (17.5%) 1235—1204 (50.8%)	92.2%
边界 1-2					1211—1195	
二期	合集 24610	出组	SA00037	2970±30	1209—1181	119.9%
	合集 26766	出组	SA98194	2955±55	1209—1182	135.4%
	合集 23340	出组	SA99095	2940±35	1208—1182	123.3%
	合集 23536	出组	SA99096c	2960±40	1209—1181	132.3%
	合集 25015	出组	SA98195c	2950±30	1208—1182	126.3%
	合集 27616	无名组 B	SA98218	2985±30	1210—1181	97.1%
边界 2-3					1205—1164	
三期	合集 35249	何组	SA98200c	2970±30	1197—1190 (8.1%) 1181—1155 (45.3%) 1146—1134 (14.9%)	118.4%
	屯 173	无名组 A	SA98202	2960±30	1196—1189 (8.1%) 1181—1154 (46.1%) 1146—1135 (14.0%)	126.8%
	屯 1011	无名组 A	SA98203	2915±45	1191—1144	102.6%
	屯 2294	无名组 A	SA98205	2975±40	1196—1189 (8.0%) 1181—1154 (45.7%) 1146—1134 (14.6%)	122.0%
	屯 2315	无名组 A	SA98206	2955±30	1195—1189 (7.2%) 1181—1154 (47.1%) 1147—1136 (14.0%)	128.7%
	屯 2557	无名组 A	SA98207	2960±30	1196—1189 (8.0%) 1182—1154 (46.5%) 1146—1135 (13.8%)	126.8%

续表

分期	甲骨著录号	甲骨组别	实验室编号	^{14}C 年龄 /BP	校正后的日历年代 68% 区间/BC	一致性指数
三期	屯 2996	无名组 A	SA98208	2950±30	1195—1189 (6.8%) 1184—1153 (47.8%) 1148—1136 (13.7%)	129.3%
	合集 27364	无名组 A	SA98210	2995±45	1197—1190 (7.5%) 1181—1155 (45.7%) 1146—1134 (15.1%)	97.0%
	屯 2209	无名组 B	SA98214c	2930±30	1192—1141	116.7%
	屯 2263	无名组 B	SA98215	2975±30	1197—1190 (8.0%) 1181—1155 (44.6%) 1146—1134 (15.6%)	111.6%
	屯 2370	无名组 B	SA98216	2955±35	1194—1190 (4.9%) 1182—1154 (49.6%) 1146—1136 (13.7%)	131.7%
	屯 2742	无名组 B	SA98217	2990±35	1197—1190 (8.4%) 1181—1156 (44.1%) 1146—1134 (15.8%)	91.1%
	合集 27633	无名组 B	SA98220	2965±35	1196—1189 (8.1%) 1181—1154 (45.7%) 1146—1135 (14.5%)	127.5%
	考古所安 271A	无名组 C	SA98222	2915±30	1190—1145	84.3%
边界 3-4					1171—1124	
四期	屯 647	无名组	SA98226	2945±35	1158—1113	119.0%
	屯 2281	无名组	SA98227-2	2960±35	1156—1115	112.3%
	屯 3564	黄组	SA98251	2920±35	1158—1111	112.5%
边界 4-5					1141—1084	
五期	合集 35641	黄组	SA98253	2885±40	1121—1059	122.2%
	合集 36512	黄组	SA99097p1	2925±35	1121—1061	105.9%
	84AGM1713	—	SA98167c	2845±35	1120—1066 (59.7%) 1051—1039 (8.6%)	67.4%
边界 End					1111—1021	
					模型一致性指数	245.4%

我们曾指出, 对于所给出的各分期的日历年代范围不应该看得太绝对. 如果对同一个校正模型进行多次重复运行, 由于计算过程抽样的统计性, 各样品 68% 区间的日历年代范围也有可能出现 1—3 a 的涨落. OB2 的模型一致性指数相当高, 这表明, 该系列校正模型的构建是合理的. 校正结果显示, 各相邻分期均有或多或少的交叠, 这和我们在第四章中的分析是一致的.

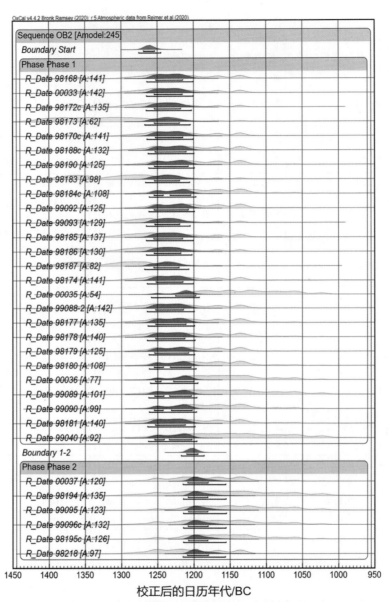

图 6.6　甲骨系列样品校正模型 OB2 的年代校正图

实际上，各分期的日历年代范围还与 ^{14}C 校正曲线的形状有密切关系. 图 6.7 给出了甲骨系列样品各分期校正年代区间在校正曲线上的标图，我们可从该图入手分析校正结果与校正曲线的关系. 由表 6.5 可知，一期与三期都有较多样品的 68% 区间分裂为 2—3 个子区间，这与校正曲线在相应区段的扭摆有关. 三期的年代区

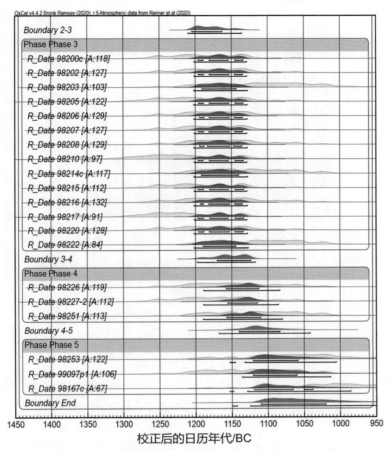

图 6.6　甲骨系列样品校正模型 OB2 的年代校正图 (续)

间较宽且与二期、四期有较多的交叠, 也与校正曲线在公元前 1210—前 1125 年的起伏扭摆有关. 校正给出的五期的 68% 区间长达 80 a, 明显长于其他各期, 这在很大程度上是由校正曲线在公元前 1120—前 1040 年的平台区造成的. 这种由于校正曲线起伏扭摆和平台区造成的年代区间展宽, 是校正曲线的固有局限.

2. 个别宾组和黄组样品分期调整的结果比对

我们也对校正模型 OB3 和 OB4 进行了年代校正, 不同校正模型相关样品和分期的年代区间比对见表 6.6. 比对 OB3 与 OB2 的结果可知, 3 个宾组样品从一期移入二期后, 一至三期的年代区间有不超过 6 a 的变动, 基本上可以忽略. 虽然这 3 个样品本身的年代区间变了, 但对整个年代框架几乎没有影响. 比对 OB4 与 OB2 的结果可知, 样品 SA98251 从四期移入五期对一至四期的年代区间基本上没有影响, 但四期与五期的边界略有上移, 且五期的下限从公元前 1039 年上移至公

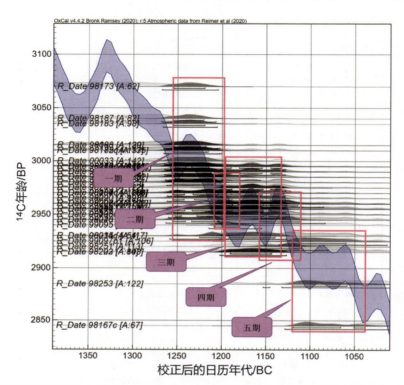

图 6.7　甲骨系列样品各分期校正年代区间在校正曲线上的标图. 每个分期对应于一个方框, 其纵向对应于各样品 ^{14}C 年龄的范围, 横向对应于各样品校正后日历年代的范围

元前 1066 年. 由表 6.5 可知, OB2 五期的下限公元前 1039 年是由样品 SA98167c 给出的. 该样品的校正年代实际上有两个子区间: 公元前 1120—前 1066 年和公元前 1051—前 1039 年. 样品 SA98251 从四期移入五期后, 样品 SA98167c 校正年代的第二个子区间消失了, 这就是 OB4 五期下限上移的原因. 同时, 样品 SA98167c 的一致性指数也从 OB2 的 67.4% 下降到 OB4 的 61.9%. 因此我们在后续的讨论中采用 OB2 的结果.

3. 商王武丁和武王克商的年代

由于武丁是商后期最强大的王, 因此关于商代的一个普遍关注的问题是商王武丁的年代. 模型 OB2 的校正结果给出武丁在位年代为公元前 1256—前 1198 年. 我们也对甲骨一期的样品进行了单期校正, 得到武丁在位年代为公元前 1255—前 1196 年, 其年代区间在校正曲线上的标图见图 6.8. 比较图 6.8 与图 6.7 可知, 甲骨一期样品的单期校正与系列样品年代校正得到的一期结果基本相符. 由此可知, 系列样品年代校正的结果是无偏的.

6.3 殷墟甲骨系列样品的年代校正

表 6.6 校正模型 OB3 和 OB4 的年代校正结果与 OB2 的比对

		OB2 68% 区间/BC	OB3 68% 区间/BC	OB4 68% 区间/BC
样品年代区间	SA99089	1254—1204	1212—1186	
	SA99090	1255—1203	1212—1187	
	SA98181	1254—1213	1213—1187	
	SA98251	1158—1111		1123—1068
分期年代区间	一期	1256—1198	1256—1201	1256—1198
	二期	1210—1181	1213—1186	1210—1181
	三期	1197—1134	1201—1134	1197—1134
	四期	1158—1111	1161—1109	1157—1115
	五期	1121—1039	1121—1036	1124—1066

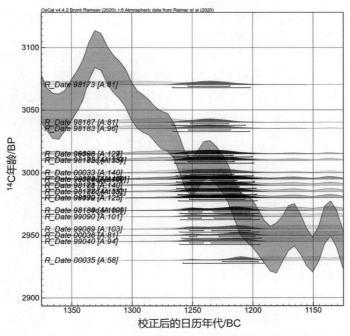

图 6.8 甲骨一期样品单期校正的样品年代区间在校正曲线上的标图

关于商代的另一个普遍关注的问题是武王克商的年代,这也是中国古代年代学的一个关键点. 模型 OB2 的校正结果表明,武王克商的年代 (即甲骨五期的结束年代) 在公元前 1039 年附近.

6.3.4 与"夏商周断代工程"其他研究途径所得结果的比对

1. 与基于宾组甲骨月食记录研究的比对

"夏商周断代工程"基于宾组甲骨记载的五次月食记录,确定武丁在位年代为公元前 1250—前 1192 年 (夏商周断代工程专家组, 2022: 221). 模型 OB2 的校正结果给出武丁在位年代为公元前 1256—前 1198 年, 其年代稍早于上述结果, 但相差仅为 6 a, 可以认为二者的一致性很好. 这一差别可能在很大程度上与 ^{14}C 校正曲线在该区段的形状有关.

2. 与沣西马王村遗址测年结果的比对

与武王克商相关的一个考古遗址是沣西马王村, 那里是武王克商之前周的都城: 沣西马王村位于陕西省西安市附近, 其文化堆积可分为先周、西周早、西周中、西周晚等分期. 武王克商相应于先周与西周早之间的边界. 从沣西马王村采集的样品也曾在北京大学用 AMS 测量, 通过系列样品年代校正得到的武王克商的年代范围为公元前 1057—前 998 年 (参见 5.4.1 小节). 此结果也与甲骨测年得到的武王克商年代为公元前 1039 年附近相符.

3. 与武王克商年代综合研究的比对

"夏商周断代工程"根据不同遗址 ^{14}C 测年结果得出武王克商的年代范围为公元前 1050—前 1020 年, 利用天文方法结合文献研究得出武王克商之年为公元前 1046 年, 依据青铜器铭文建立特定的西周日历年代序列的研究认为武王克商之年为公元前 1046 年的方案能够与西周金文历谱衔接, 由此确定了武王克商的年代为公元前 1046 年. 模型 OB2 的校正结果给出武王克商的年代在公元前 1039 年附近, 与公元前 1046 年相差仅为 7 a, 可以认为二者的一致性很好.

4. 与殷墟遗址测年结果的比对

商后期甲骨主要出土于殷墟小屯村附近. 自从 1928 年以来经过 70 多年的发掘, 殷墟的范围与布局已大致清楚. 根据所出土的甲骨、陶器与青铜器, 可将殷墟文化分为四期, 从殷墟采集的系列样品 (主要是墓葬出土的人骨) 已被中国社会科学院考古研究所测量. 殷墟一期晚段相当于武丁早期, 已发现有自组、午组甲骨. 由于殷墟分期和具体王世之间的对应关系具有若干推测成分, 因此其各分期数据很难和甲骨数据一一确切对应. 但是甲骨测年结果与殷墟测年结果在大多数分期的边界上有良好的对应, 且殷墟四期的结束时间和甲骨五期测年结果也是协调的, 如表 6.7 所示. 表 6.7 中殷墟遗址的 68% 区间采用的是中国社会科学院考古研究所公布的结果, 若使用 OxCal v4.4.2 和 IntCal20 校正曲线进行年代校正, 则结果会略有不同, 详见第五章. 所以总体来说, 商后期甲骨和殷墟遗址两套数据在商后期年代上是一致的.

表 6.7 甲骨测年结果与殷墟测年结果及夏商周年表的比对

商王	夏商周年表/BC	甲骨分期	OB2 68% 区间/BC	殷墟分期	殷墟 68% 区间/BC
盘庚、小辛、小乙	1300—1251			一期早段	1310—1220
武丁早	1250—1192	一期	1256—1198	一期晚段	
武丁晚				二期早段	1255—1180
祖庚、祖甲	1191—1148	二期	1210—1181	二期晚段	
廪辛、康丁		三期	1197—1134	三期	1205—1080
武乙、文丁	1147—1102	四期	1158—1111		
帝乙、帝辛	1101—1046	五期	1121—1039	四期	1090—1040

5. 与夏商周年表的比对

表 6.7 也列出了《夏商周断代工程报告》给出的夏商周年表中商后期各王对应于甲骨各分期的年代 (夏商周断代工程专家组, 2022: 518). 将甲骨测年结果与该夏商周年表相比可以看出, 二者的各分期年代均有很好的对应, 大部分分期的年代差别在 10 a 以内. 甲骨二期与三期的日历年代范围较夏商周年表有较大的展宽, 这可能与校正曲线在公元前 1210—前 1125 年这一区段反复扭摆形成的准平台区有关, 参见图 6.7.

6.3.5 历次甲骨系列样品年代校正的情况

在此之前我们曾经做过 3 次甲骨系列样品的年代校正. 第一次在 2000 年 "夏商周断代工程" 项目结题前, 其结果已收入《夏商周断代工程 1996—2000 年阶段成果报告·简本》(夏商周断代工程专家组, 2000). 当时的样品数量比较少, 且未使用边界命令, 故系列首尾向两端有较多延伸. 第二次在 2008 年 11 月, 当时全部甲骨已测量完毕, 我们在对甲骨数据复核的基础上构建了校正模型 0811 全. 该校正模型收入了 64 个样品, 包括无字卜骨和骨样品, 使用了起始边界、终止边界和中间边界命令, 总体一致性指数达到了 122.6%. 此外, 我们又根据刘一曼等专家挑选的年代更为可靠的甲骨样品构建了校正模型 0811 选. 该校正模型收入了 41 个样品, 总体一致性指数达到了 146.9%. 以上 0811 全和 0811 选的年代校正都是用 OxCal v3.9 和 IntCal98 校正曲线进行的, 且都使用了无字卜骨的数据, 其结果已收入《夏商周断代工程报告》(2022: 478—489). 第三次是在 *Radiocarbon* 上发表甲骨测年文章时, 所给出的甲骨系列样品年代校正是用 OxCal v4.3.2 和 IntCal13 校正曲线进行的, 构建了校正模型 OB. 该校正模型没有使用无字卜骨的数据, 且设置了武丁在位 59 a 的约束 (Liu et al., 2021). 本书甲骨系列样品年代校正是用 OxCal v4.4.2 和 IntCal20 校正曲线进行的, 构建了校正模型 OB2. 历次校正结果的比对见表 6.8. 该表显示, 由于模型 OB 和 OB2 设置了武丁在位年数, 其各分期的年代较模型 0811

全和 0811 选更为合理.

表 6.8 历次甲骨系列样品校正结果的比对

分期	0811 全 68% 区间/BC	0811 选 68% 区间/BC	OB 68% 区间/BC	OB2 68% 区间/BC
一期	1250—1212	1261—1210	1254—1197	1256—1198
二期	1224—1190	1217—1180	1206—1178	1210—1181
三期	1210—1145	1205—1150	1192—1134	1197—1134
四期	1165—1110	1164—1116	1158—1110	1158—1111
五期	1130—1055	1130—1040	1120—1040	1121—1039
样品数量	64	41	52	52
OxCal 版本	v3.9	v3.9	v4.3.2	v4.4.2
校正曲线	IntCal98	IntCal98	IntCal13	IntCal20

6.4 关于历组甲骨测年结果的讨论

前面已经提到, 对于历组甲骨的分期断代目前在甲骨学界有两种观点: 一种观点认为历组甲骨应当属于武乙和文丁时期, 另一种观点认为其年代应该为从武丁晚期到祖庚时期. 甲骨学界的争论都是基于卜辞的内容、称谓、书法、字体、出土层位等, 而我们将试图基于它们的测年结果推断其可能的归属.

6.4.1 历组甲骨年代的单期校正

由表 6.3 可知, 有年代数据的历组甲骨共 19 片, 其中, 历组一类 (父乙类) 4 片, 历组二类 (父丁类) 15 片. 历组二类有 3 片甲骨的 ^{14}C 年龄明显偏老 (大于 3200 BP), 应予以排除, 实际可用的是 12 片. 我们对历组一类和历组二类甲骨分别进行初步的单期校正, 发现各有 1 片甲骨的一致性指数明显偏低. 最后构建了含 3 个样品的单期校正模型 OBS_Fuyi 和含 11 个样品的单期校正模型 OBS_Fuding, 用 OxCal v4.4.2 和 IntCal20 校正曲线进行了单期校正. 校正结果分别列于表 6.9 和表 6.10, 以及图 6.9 和图 6.10.

历组一类甲骨单期校正的 68% 区间较宽, 且分裂为 2 个子区间, 其中较早的子区间较窄, 所含概率的比例也很低, 并远离较晚的主要子区间. 其主要原因是校正曲线在公元前 1400—前 1300 年区段的扭摆导致公元前 1360 年附近形成一个低谷, 因此可以将较早的子区间予以忽略. 同时, 单期校正的 68% 区间宽度也与样品数量有关, 样品数量越少年代区间越宽. 历组一类的甲骨样品只有 3 个, 如果样品数量增加, 则其单期校正的 68% 区间会进一步收窄.

表 6.9　历组一类 (父乙类) 甲骨单期校正结果

分期	甲骨著录号	实验室编号	^{14}C 年龄 /BP	校正后的日历年代 68% 区间/BC	一致性指数
边界 Start				1412—1256	
历组一类	合集 34240	SA98242c	3045±30	1367—1353 (7.3%) 1308—1228 (61.0%)	101.1%
	考古所 T8③:148	SA98246	3025±40	1366—1356 (4.9%) 1303—1222 (63.3%)	113.2%
	合集 32764	SA98248	3005±30	1364—1361 (1.3%) 1296—1218 (67.0%)	107.5%
边界 End				1353—1350 (0.7%) 1290—1139 (67.6%)	
				模型一致性指数	112.6%

表 6.10　历组二类 (父丁类) 甲骨单期校正结果

分期	甲骨著录号	实验室编号	^{14}C 年龄 /BP	校正后的日历年代 68% 区间/BC	一致性指数
边界 Start				1272—1207	
历组二类	屯 601	SA98229	2955±30	1226—1163	112.7%
	屯 994	SA98230	2950±45	1228—1164	118.7%
	屯 1116	SA98231	2990±45	1240—1188 (57.7%) 1176—1163 (7.5%) 1140—1135 (3.0%)	125.0%
	屯 2366	SA98232	2985±30	1236—1191 (58.0%) 1174—1163 (6.9%) 1140—1135 (3.3%)	118.2%
	屯 2707	SA98233c	2930±30	1222—1168	91.9%
	屯 636	SA98235	2990±30	1241—1192 (58.5%) 1174—1163 (6.3%) 1140—1134 (3.5%)	115.4%
	屯 1090	SA98237c	3010±35	1246—1194 (65.8%) 1170—1166 (2.5%)	98.5%
	屯 1115	SA98239c	2935±30	1223—1167	98.0%
	屯 1128	SA98240	3005±35	1245—1194 (62.7%) 1171—1165 (3.7%) 1138—1135 (1.9%)	105.0%
	合集 32780	SA98241	2995±30	1241—1193 (62.1%) 1172—1165 (4.2%) 1138—1135 (1.9%)	111.5%
	屯 503	SA98243	2985±30	1237—1191 (58.2%) 1174—1163 (7.0%) 1140—1135 (3.1%)	118.2%
边界 End				1214—1153 (54.8%) 1140—1124 (13.5%)	
				模型一致性指数	138.3%

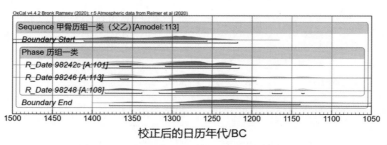

图 6.9　历组一类 (父乙类) 甲骨单期校正图

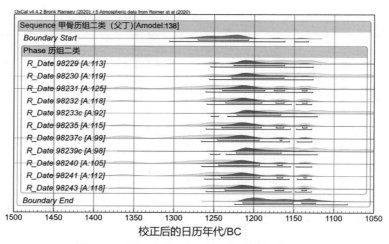

图 6.10　历组二类 (父丁类) 甲骨单期校正图

历组二类多数甲骨样品的单期校正 68% 区间分裂为 2—3 个子区间, 这主要是校正曲线在公元前 1170—前 1130 年区段的扭摆造成的. 我们仔细分析数据可以发现, 后面一个子区间实际上很窄, 只有五六年 (约前 1140—前 1134), 其积分概率也很低 (不超过 4%), 因此实际上可以将该子区间忽略.

6.4.2　历组甲骨作为系列样品的年代校正

由图 6.9 和图 6.10 可知, 历组一类甲骨的校正年代明显早于历组二类甲骨的校正年代, 且二者的年代区间有少量交叠. 因此我们可以构建一个包括两个分期的历组甲骨系列样品校正模型 OB_Li, 以历组一类甲骨作为一期, 以历组二类甲骨作为二期, 然后对其进行系列样品年代校正. 校正结果见表 6.11 和图 6.11.

将此结果与单期校正结果比对可知, 历组一类和历组二类甲骨的年代区间均有所收缩, 且历组一类甲骨的头部小区间和历组二类甲骨的尾部小区间都消失了. 这是系列样品先验条件引入较强约束的结果. 图 6.12 给出了历组甲骨系列样品年代区间在校正曲线上的标图.

表 6.11 历组甲骨系列样品校正模型 OB_Li 的校正结果

分期	甲骨著录号	实验室编号	^{14}C 年龄 /BP	校正后的日历年代 68% 区间/BC	一致性指数
边界 Start				1306—1226	
历组一类	合集 34240	SA98242c	3045 ± 30	1284—1221	89.3%
	考古所 T8③:148	SA98246	3025 ± 40	1276—1221	123.9%
	合集 32764	SA98248	3005 ± 30	1271—1221	130.8%
边界 1-2				1258—1250 (8.1%) 1243—1211 (60.1%)	
历组二类	屯 601	SA98229	2955 ± 30	1228—1189	107.5%
	屯 994	SA98230	2950 ± 45	1231—1187	115.0%
	屯 1116	SA98231	2990 ± 45	1235—1192	131.5%
	屯 2366	SA98232	2985 ± 30	1233—1195	126.4%
	屯 2707	SA98233c	2930 ± 30	1225—1185	78.9%
	屯 636	SA98235	2990 ± 30	1234—1196	124.6%
	屯 1090	SA98237c	3010 ± 35	1237—1197	105.3%
	屯 1115	SA98239c	2935 ± 30	1226—1185	85.8%
	屯 1128	SA98240	3005 ± 35	1237—1196	112.9%
	合集 32780	SA98241	2995 ± 30	1235—1196	120.8%
	屯 503	SA98243	2985 ± 30	1233—1195	126.5%
边界 End				1220—1161	
				模型一致性指数	148.7%

综合图 6.7 和图 6.12, 我们可以得到图 6.13. 由图 6.13 可知, 历组甲骨的校正年代与甲骨四期相距较远, 基本上在甲骨一期和二期的范围内, 且历组二类与甲骨二期前段 (即祖庚时期) 有较多交叠.

根据上述分析, 我们基本上可以得出如下结论:

(1) 历组一类甲骨的年代早于历组二类甲骨.

(2) 历组甲骨的校正年代与甲骨四期的校正年代相距较远.

(3) 历组一类甲骨的校正年代与系列样品甲骨一期的校正年代区间有交叠, 历组二类甲骨的校正年代与系列样品甲骨二期前段 (即祖庚时期) 有交叠.

以上结论与历组一类甲骨属于一期 (武丁)、历组二类甲骨属于二期 (祖庚) 的观点相符合. 不过这里应当指出, 目前采用的历组一类样品数量较少, 这对于校正结果是会有影响的. 如果历组一类有更多样品, 那么历组一类甲骨的校正年代区间会进一步收缩, 并可能进一步向系列样品甲骨一期的校正年代区间靠拢.

270　第六章　殷墟甲骨的 AMS ^{14}C 年代测定

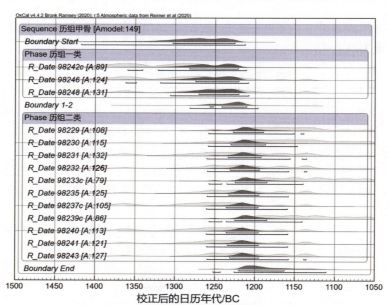

图 6.11　历组甲骨系列样品校正模型 OB_Li 的校正图

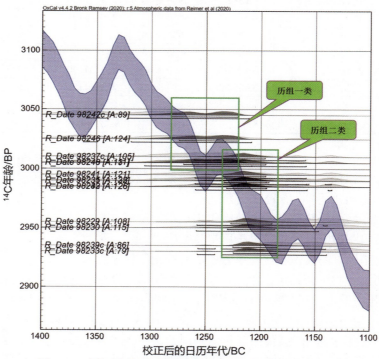

图 6.12　历组甲骨系列样品年代区间在校正曲线上的标图

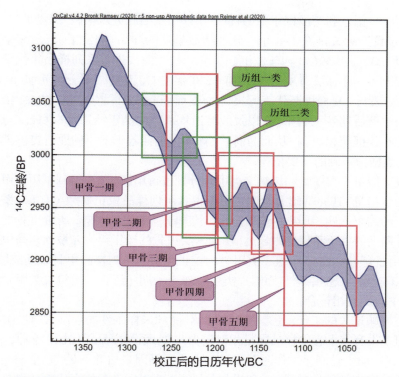

图 6.13　历组甲骨系列样品校正年代与五期甲骨系列样品校正年代在校正曲线上位置的比对

6.5　殷墟甲骨测年的小结

"夏商周断代工程"的"骨质样品的制备研究"专题、"AMS 法技术改造与测试研究"专题和"殷墟甲骨分期与年代测定"专题充分合作,对殷墟甲骨 ^{14}C 测年进行了深入研究,有效地排除了大部分甲骨样品的加固剂与保护剂等污染,最大限度地提高了 AMS ^{14}C 测年数据的可靠性,同时系统研究了系列样品年代校正的方法,反复核实了各甲骨样品的分期属性,为得到可靠的殷墟甲骨年代测定结果打下了坚实的基础.

我们测量了 95 片有字卜骨、8 片无字卜骨,以及 3 件骨器、骨料,共计 106 个样品,得到了 158 个 ^{14}C 年代数据. 通过对这些数据进行仔细审查、一致性检验和合并处理,得到了 106 个样品的 ^{14}C 年代数据. 在剔除来源不可靠、分期不确定,以及历组卜骨共 24 个数据后,可进行系列样品年代校正的数据为 82 个. 考虑到无字卜骨只有层位信息,与商王的对应信息具有不确定性,我们只采用有字卜骨和 2 个与相应商王有可靠关联的骨样品,共计 73 个样品. 在构建系列样品校正模型时,还需排除明显偏老和明显偏年轻的样品共 16 个，因此进入模型 OB1 的样品为 57 个. 在初步校正后又排除了 5 个一致性指数偏低的样品，构建了包含 52 个样品的校正模型 OB2. 用 OxCal v4.4.2 和 IntCal20 校正曲线进行系列样品年代校正的结果表明，甲骨一期（武丁）始于公元前 1256 年左右，五期结束于公元前 1039 年左右. 以上结果与《夏商周断代工程报告》(夏商周断代工程专家组，2022) 给出的夏商周年表中商后期各王的年代，以及殷墟遗址墓葬的测年结果基本吻合，与商前期和西周的年代框架相协调，从而为商后期年代，包括若干王年的厘清提供了以甲骨 ^{14}C 年代数据为基础的重要依据.

通过对历组一类甲骨和历组二类甲骨分别进行单期校正，得到了历组甲骨校正年代的初步信息，在此基础上构建了历组甲骨系列样品校正模型 OB_Li. 系列样品年代校正的结果表明，历组一类甲骨的年代早于历组二类甲骨；历组甲骨的校正年代与甲骨四期的校正年代相距较远；历组一类甲骨的校正年代与系列样品甲骨一期的校正年代区间有交叠，历组二类甲骨的校正年代与系列样品甲骨二期前段（即祖庚时期）有交叠. 以上结论与历组一类甲骨属于一期（武丁）、历组二类甲骨属于二期（祖庚）的观点相符合.

现在回顾过去的工作，还是有些许遗憾. 受到采样条件的限制，二期、四期、五期和历组一类有字卜骨的样品数量相对较少，这对系列样品年代校正会带来一些不利影响. 在启动甲骨测年工作时对甲骨的人为污染因素估计不足，在早期的制样过程中未能采取有效的纯化措施. 所采集的甲骨样品中，确有相当比例的甲骨受到了不同程度的加固剂、保护剂等的污染，这种污染可导致所测得的甲骨年代产生不同程度的偏老，后经纯化处理这一问题才得到基本解决.

第七章 关于 ^{14}C 测年若干问题的讨论

^{14}C 测年的目的是得到样品的真实年龄或日历年代. 本章将就 ^{14}C 测年的四个环节、^{14}C 测年数据的可靠性、在 ^{14}C 年代校正中使用贝叶斯方法时应该注意的一些问题等展开讨论,力图在前面各章的基础上对 ^{14}C 测年中应该注意的一些问题进行概括. ^{14}C 方法既可以用于测年,也可以用于示踪 (参见 1.1.5 小节),本章主要讨论测年问题,但有些原则也适用于示踪应用.

7.1 ^{14}C 测年的四个环节

得到 ^{14}C 测年结果要经过四个环节,即样品采集、制样、样品 ^{14}C 年龄测量和样品 ^{14}C 年代校正. 下面分别讨论这四个环节中的主要问题.

7.1.1 样品采集

^{14}C 测年的样品可能来自自然界或考古发掘遗址,也可能是博物馆或个人的藏品. 样品的选择要适合于进行 ^{14}C 测年,保存状况良好,并含有足够的碳. 一般说来,骨样品的年代要比木炭更为可靠. 在样品采集时要注意收集如下信息:

(1) 样品的层位与分期信息. 采样时要注意是否存在层位扰动或样品搬运现象. 如有必要,最好采集出土层位成序列或考古分期明确的成系列样品,以便于进行系列样品年代校正. 第四章的模拟研究表明,对于系列样品,最好每个分期能提供 4—6 个样品.

(2) 样品是否满足封闭条件,是否受到污染. 在很多情况下全碳样品并不能反映样品的真实年龄,此时挑选能够代表样品真实年龄的合适的样品形态与组分是十分重要的.

(3) 样品是否有贮存库效应.

样品采集应当由有经验的考古与地质工作者进行,必要时最好有 ^{14}C 测年工作者参与. 关于各种样品采集的注意事项可参见《中国 ^{14}C 年代学研究》中的第二章 (仇士华等, 1990).

7.1.2 制样

制样包括样品的前处理与化学制备. 通过前处理清除样品中的杂质与污染,分离提取出理想的测年组分. 通过化学制备得到适用于 AMS 或常规测量仪器使用的样品形态(例如,石墨、苯).制样过程中要注意避免引入新的污染.在制备待测样品的同时,还要通过同样的流程制备供相对测量使用的标准样品和本底样品,以及供检查测量质量的其他参照样品(如 IAEA C1—C6).对于小于 100 µgC 的小样品,相应标准样品与本底样品的大小也应当与被测样品相匹配.详见第二章.

7.1.3 样品 ^{14}C 年龄测量

在这个环节中,用 AMS 或常规法对样品进行测量,通过此步骤得到样品的 ^{14}C 年龄.

造成 ^{14}C 年龄偏差的主要因素是污染和分馏.污染来自与样品年代不同的材料,包括现代碳污染和死碳污染.死碳污染的典型例子是甲骨样品中保护剂与粘接剂导致的样品年龄偏老.现代碳污染可造成测量本底上升和样品年龄偏年轻.分馏效应则可造成样品中 ^{14}C/^{12}C 值的偏离,致使年代数据偏离正常值.为此,我们在测量中要进行本底校正和标准样校正,同时要避免在测量过程中产生新的污染与分馏.这方面的一个例子就是 CAMS 中存在的流强相关的附加分馏效应(参见 3.2.5 小节),此时应该使用 AMS 测量的 δ^{13}C 值进行分馏校正,这样可以对流强相关的附加分馏效应进行校正,从而得到准确的测年结果.这已经被专门安排的实验所证实.

^{14}C 测量是基于放射性衰变规律进行的,因此不可避免地存在着随机性的计数统计误差.这也决定了 ^{14}C 测年总会存在一定的误差,只能得出一个或大或小的年代区间.^{14}C 测量还可能会伴随着或大或小的系统误差,包括时间相关、靶位相关和流强相关的随机性系统误差,还有污染与分馏造成的确定性系统误差(参见 3.2.3 小节).对这些测量误差要进行具体分析并安排相应的实验进行研究.采用相对测量的方法并合理安排测量程序可以在一定程度上消除系统误差(参见 3.2.4 小节).

7.1.4 样品 ^{14}C 年代校正

通过对单样品或系列样品进行 ^{14}C 年代校正,可以依据样品的 ^{14}C 年龄和 ^{14}C 校正曲线得到样品的真实年龄或日历年代.在有些情况下(例如,某些艺术品鉴定、古人类学研究、旧石器时代考古等),单样品的测年结果也是十分有意义的.但是,对于历史考古学、沉积物测年等,系列样品年代校正可以给出更为理想的结果.

依据校正曲线,一个样品的真实年龄只对应一个 ^{14}C 年龄,参见 (4.4) 式 (如果考虑到校正曲线的误差,则对应一个 ^{14}C 年龄的单峰分布),但是一个 ^{14}C 年龄则有可能对应多个真实年龄 (如果考虑到测量误差和校正曲线的误差,则可能对应真实年龄概率的多峰分布).实际上,后者是前者的逆运算,如同开方是乘方的逆运算一样. 由于大气中 ^{14}C 的含量随时间而变, ^{14}C 校正曲线呈不规则形状, 在不同区段的形状可分别呈斜坡区、扭摆区、短平台区和长平台区. 单纯的斜坡区内曲线单调下降且少有起伏 (如前 1470—前 1370、前 840—前 760), 但斜坡区通常不长且两端伴有较大起伏. 短平台区内曲线大体上保持水平且少有起伏 (如前 1120—前 1050), 但通常较短, 不足百年. 长平台区很少见, 典型的如公元前 760—前 410 年和公元 1650—1950 年. 实际上, 单纯的斜坡区和单纯的平台区很少, 校正曲线大部分区段的形状以斜坡叠加扭摆 (如前 2220—前 1970、前 1780—前 1600) 为主, 在局部区段则为平台叠加扭摆 (如前 1880—前 1760、前 1220—前 1120). 以上各区段的曲线可参见图 1.1.

校正曲线的扭摆起伏造成一个 ^{14}C 年龄对应多个日历年代, 使校正后的样品日历年代后验概率分布变宽. 变宽的程度则与校正曲线的形状密切相关. 在较陡的斜坡区后验概率分布较窄, 在平台区后验概率分布较宽, 参见图 4.8. 在较陡的斜坡区后验概率分布较窄的一个典型例子是晋侯墓 M8 木炭样品的年代校正. 常规法得到的该样品的 ^{14}C 年龄是 2625 ± 22 BP (夏商周断代工程专家组, 2022: 391), 用 OxCal v4.4.2 与 IntCal20 校正曲线进行单样品年代校正, 其相应的年代校正图如图 7.1 所示. 由图 7.1 可知, 校正后的日历年代 95% 区间为公元前 816—前 780 年, 区间宽度只有 36 a, 小于该样品 ^{14}C 年龄的 95% 区间的宽度 88 a. 但是这种情况是非常少见的, 这是由于 ^{14}C 校正曲线在这一区段陡降造成的.

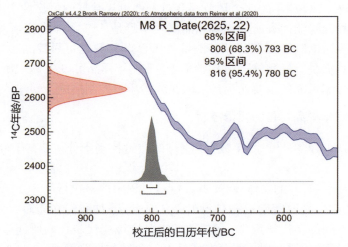

图 7.1 晋侯墓 M8 木炭样品 (常规 ^{14}C 测年) 的单样品年代校正图

对于系列样品年代校正, 如果校正曲线扭摆起伏的周期恰好与分期年代区间的长度相匹配, 如王城岗五期样品系列和古城寨样品系列, 则会出现一个分期对应曲线的谷底, 下一个分期对应曲线的峰顶的情况, 参见图 5.4 和图 5.9. 对于校正曲线的平台叠加扭摆区段, 如甲骨三期, 校正后的样品年代区间就会分裂成多个子区间, 参见图 6.7. 较大的扭摆或平台叠加扭摆区段还可造成校正后样品年代区间的延伸, 并导致分期的年代区间展宽和交叠, 参见 4.5.4 小节中的实验 W 及图 4.26. 关于系列样品年代校正的进一步讨论请参见 7.3 节.

^{14}C 年代校正的工作可以由测年工作者进行, 也可以由有经验的用户进行. 一般情况下, ^{14}C 年代校正程序和相应的年代校正图均会给出样品的两个校正后的日历年代区间: 68% 区间和 95% 区间. 对于分期系列样品, 我们已经通过模拟研究证明, 使用 68% 区间比较接近样品分期的真实年代区间, 参见 4.5.2 小节及图 4.17. 但是, 对于单样品年代校正, 还是应该使用 95% 区间. 对于单样品, 如果使用 68% 区间, 则样品的真实年龄会有 1/3 的概率落在区间之外; 如果使用 95% 区间, 则样品的真实年龄只有 5% 的概率落在区间之外. 当然, 我们也可以同时给出 68% 区间和 95% 区间, 供使用者参考. 此外, ^{14}C 年代校正的工作无论是由测年工作者进行, 还是由有经验的用户进行, 在给出年代区间的同时均应说明校正所使用的程序版本和校正曲线的版本. 因为不同版本得出的年代区间可能会有差别, 参见 7.3.3 小节.

7.2 关于 ^{14}C 测年数据可靠性的讨论

原则上讲, ^{14}C 测年的四个环节都会对 ^{14}C 测年数据的可靠性产生影响. 所采集样品的年龄确实能代表所期望得到的真实年龄是 ^{14}C 测年数据可靠的前提. 本节中我们主要讨论制样和 ^{14}C 年龄测量对 ^{14}C 测年数据可靠性的影响, 这里所说的 ^{14}C 测年数据是指样品的 ^{14}C 年龄 (对于非测年样品可以用其 *FM* 值衡量). 保证 ^{14}C 测年数据可靠的主要途径是采取充分的质量控制措施.

7.2.1 ^{14}C 测年样品制备的质量控制

为了得到可靠的 ^{14}C 测年数据, 制样的质量控制十分重要, 有如下几个重要环节:

(1) 拟定规范有效的操作规程, 并在制样过程中严格执行.

(2) 从样品中提取所期望的有测年意义的组分. 如我们在前面所讨论的, 不同组分可能有不同的年代学意义, 所提取的组分应该能代表我们所期望的年代学意义. 在组分选择时还要考虑该组分在样品中的含量和提取效率.

(3) 污染的清除与抑制. 污染有两类: 一类是样品的固有污染, 即所采集样品本身带来的污染, 例如, 样品埋藏环境中的腐殖酸侵入、甲骨中的保护剂和粘接剂污染等. 这类污染有的可以在样品前处理时通过恰当的手段清除. 另一类是制样过程中新引入的污染, 例如, 制样系统管道表面吸附的大气或制备前面样品时残留的记忆效应等污染. 这类污染可以通过规范的操作流程避免.

(4) 标准样品和本底样品的选择. 对于 AMS 测量, 标准样品建议使用 OX-I 或 OX-II. 本底样品分为有机本底样品和无机本底样品. 有机本底样品一般使用无烟煤, 在存放和使用过程中要防止无烟煤被污染, 例如, 吸附空气中的飞尘 (飞尘内含有各种有机物、细菌) 和随之而来的霉变等. 无机本底样品一般使用大理石或方解石.

7.2.2 ^{14}C 测年数据的误差分析与质量控制

关于 ^{14}C 测年数据的误差在第三章中已有较为深入的讨论. 在此我们还要再强调一下系统误差的问题. 目前很多 ^{14}C 实验室使用商品化的 AMS 装置, 这些装置往往可以给出很高的测量精度, 如 0.2‰. 测量精度越高, 置信区间就越窄, 但是在有系统误差的情况下, 这也意味着真值落在置信区间之外的概率越高. 因此, 在对系统误差没有充分了解的情况下, 给出高精度测量结果是存在较高风险的. 北京大学 AMS ^{14}C 实验室在报道 ^{14}C 测年数据时所给出的最小误差一般为 ±30 a. 如果测量得到的误差小于 ±30 a, 则报道为 ±30 a, 除非用户有特殊要求 (如在大气 CO_2 和 CH_4 的示踪研究中). 对于一般的应用和贝叶斯系列样品年代校正, 这一精度已经足够了. 国际上有些实验室也是这样做的.

仅靠测量本身是无法直接发现系统误差的, 有的系统误差可以通过精心安排的实验发现, 有的则只能通过实验室之间的比对发现. 以下措施有助于发现系统误差, 提高 ^{14}C 测年数据的可靠性:

(1) 拟定规范有效的操作规程, 并在测量过程中严格执行.

(2) 比较测量结果的内部误差和外部误差. 如果外部误差明显高于内部误差, 则测量中可能存在随机性系统误差, 应对装置和操作过程进行仔细检查.

(3) 经常检查测量的本底值, 如果本底值出现较大涨落, 则应对制样和测量过程进行认真检查, 找到本底值异常的原因.

(4) 在测量被测样品和标准样品的同时, 测量已知样品. 例如, 如果以 OX-I 为标准样品, 则可以在同一靶轮上安排测量 OX-II 和 ANU 蔗糖 (或 IAEA C6). 如果 OX-II/OX-I 和 ANU 蔗糖/OX-I 的比值较标称值有较大偏离, 则意味着测量过程中 (或制样过程中) 可能存在系统误差, 需要进行仔细检查. 这里的已知样品与被测样品应该是同一批次进行制样的. 对于不同批次制备的样品, 其污染与分馏情况可能不同.

(5) 进行实验室之间的比对测量. 比对时应该使用原始样品, 并对样品前处理方法做出规定. 比对时应选择有权威的高水平实验室, 最好是参加 IAEA 组织的国际 ^{14}C 样品比对活动, 参见 3.4.4 小节与 3.4.5 小节.

7.2.3 ^{14}C 测年数据的拒绝率

^{14}C 测年数据的可靠是 ^{14}C 测年结果可靠的前提. 如前所述, ^{14}C 测年数据的可靠性取决于样品采集、制样与测量这三个环节, 其中任何一个环节出了问题都可能导致 ^{14}C 测年数据的不可靠. 直到 20 世纪 80 年代中期, 用户对 ^{14}C 测年数据的不认同还是一个相当普遍的现象. 例如, 牛津大学 AMS ^{14}C 实验室于 1986 年曾报道, 当时该实验室 ^{14}C 测年数据的拒绝率约为 1/5, 即有 1/5 的 ^{14}C 测年数据与用户的期望值相差较远 (Batten et al., 1986). 一个重要的原因是样品采集者没有很好地明确测年样品与目标研究对象的对应关系. 这一状况在 20 世纪 90 年代得到很大改善, 这主要得益于测年工作者和送样者的充分沟通, 以及样品前处理技术中组分分离技术的发展. 这与 AMS 技术在 20 世纪 80—90 年代的快速发展有关. AMS 技术所需样品量远小于常规法, 样品测量的工效也大为提高, 这为开展样品组分分离技术的研究提供了有利条件. 20 世纪 80 年代, 世界上多数 AMS 装置是利用原有的核物理实验室的研究用加速器自行改装的, 有些装置在 "平顶传输" 等性能上有缺陷. 自 20 世纪 90 年代开始, AMS 装置的商品化发展迅速. 这些商品化的 AMS 装置有较完善的物理设计, 测量精度比较有保证. 这些因素都使 ^{14}C 测年数据的拒绝率有所下降.

但是 ^{14}C 测年数据不被用户接受的情况仍时有发生, 且有不少事例是样品本身的问题所致. 为了解决此问题, 测年工作者应当与用户进行充分沟通, 使用户能够理解 ^{14}C 测年本身的优点与局限性, 并充分理解测年对样品的要求. 同时, 测年工作者也应仔细检查、审视样品的制备和测量过程, 解决存在的问题. 此外, 测量本身带有随机性. 对于单次测量, 真值有 5% 的可能落在 95% 区间之外, 因此必要时可安排复测, 参见 3.4.3 小节. 当然, 也有年代期望值本身与样品实际情况不符的情况, 例如, 地层曾经受到过扰动, 或者对某些未知因素的影响未做充分的估计, 对此也要做具体分析.

7.3 关于在 ^{14}C 年代校正中使用贝叶斯方法的讨论

现在使用贝叶斯方法对系列样品进行年代校正已相当普遍, 在 *Radiocarbon* 上刊发的很多文章中已经采用了这种方法. 本节讨论在使用该方法时应该注意的一些问题.

7.3.1 使用贝叶斯方法进行系列样品年代校正的优势

系列样品年代校正与单样品年代校正相比有如下优势 (其中 (1) 是大家熟知的, 但系列样品年代校正的优势并不只限于这一条):

(1) 样品年代的可信区间得到压缩, 提高了测年结果的时间分辨率.

(2) 依据先验条件, 可以排出样品或各分期样品年代区间的正确顺序, 从而得到有价值的可用年代数据. 对于分期已知的系列样品, 应该取各分期内所有样品日历年代 68% 区间的叠加作为该分期的日历年代 68% 区间, 这个年代区间比较接近该分期的真实年代区间 (参见第四章中的实验 N6rn). 如果使用单样品年代校正, 我们只能取日历年代 95% 区间, 而 ^{14}C 校正曲线的不规则形状可能使各分期中单样品的日历年代 95% 区间的时间分布完全无规律可循. 例如第五章中的王城岗遗址在 "夏商周断代工程" 期间所测的样品, 其系列样品校正结果已示于图 5.3. 如果对每个样品使用单样品年代校正, 则结果如图 7.2 所示, 各样品后验概率分布下方的下层括号为日历年代 95% 区间. 从该图中完全无法得出各分期的年代. 比较图 5.3 和图 7.2 即可看出系列样品年代校正的优势.

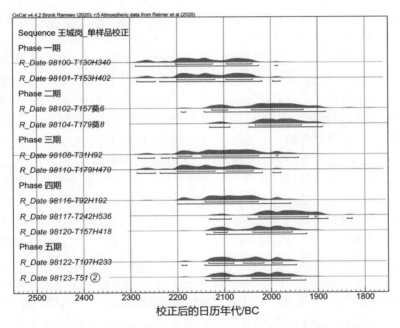

图 7.2　王城岗遗址在 "夏商周断代工程" 期间所测的系列样品的单样品年代校正图

(3) 通过检查一致性指数可以排除异常样品 (例如, 有较大统计性偏离的 ^{14}C 测年数据、受到严重污染的样品等), 提高测年数据的可靠性.

(4) 对于分期已知的系列样品, 只要各分期的样品数量足够多, 则各分期的年代框架就是足够稳定的. 个别样品 (少于 5%) 测量结果的较大偏离 (无论是什么原因导致的) 或分期错位并不会撼动这一年代框架. 例如, 在甲骨测年中, 有三片宾组

甲骨可能属于一期 (武丁晚期)，也可能属于二期 (祖庚时期). 因此我们针对这两种情况分别构建了校正模型 OB2 和 OB3，校正结果表明，这两个模型给出的甲骨一期和二期的年代区间基本一致. 虽然这三个样品自身的年代区间变了，但对整个年代框架几乎没有影响，参见表 6.6.

7.3.2 如何看待考古 ^{14}C 测年中的先验条件

使用贝叶斯方法对系列样品进行年代校正的结果与先验条件密切相关. 先验条件是由考古工作者或地学工作者根据样品采集情况和样品本身包含的信息提供的. 对于时序已知的系列样品，其先验条件就是样品排列的时间顺序. 对于分期已知的系列样品，其先验条件就是哪几个样品属于哪个分期，以及各分期排列的时间顺序. 使用 OxCal 程序进行系列样品年代校正时，根据先验条件、各样品的 ^{14}C 测年数据和 ^{14}C 校正曲线的数据，按照贝叶斯公式用 MCMC 方法做反复迭代，直至得到收敛的各样品后验概率分布. 即便是同一组样品的 ^{14}C 测年数据，如果先验条件 (校正模型) 不同，也会得到不同的校正结果，参见图 4.3 和表 4.1.

有些考古工作者对此表示不理解. 他们的疑问是: 我让你测年, 告诉我哪个样品早, 哪个样品晚, 怎么你先来问我了? 还有一些考古工作者喜欢搞盲测, 给你几个样品测年, 看你测的结果对不对. 实际上, 由于校正曲线上有很多起伏, 一个 ^{14}C 年龄数据可能对应多个校正后 ^{14}C 年代区间. 如果两个单样品的校正后 ^{14}C 年代区间间隔较大, 则可以靠盲测判定其早晚. 但如果两个单样品的校正后 ^{14}C 年代区间有所重叠, 则很难靠盲测判定其早晚. 4.2.4 小节和其中的图 4.4 就给出了这样一个例子. 可以说先验条件反映的是样品的相对年代信息, 通过系列样品年代校正得到的是样品的绝对年代信息. 为了保证系列样品年代校正的客观性, 首先要保证先验条件的客观性, 建立客观合理的校正模型. 一般而言, 不能期望通过系列样品年代校正去检验先验条件, 除非先验条件明显不合理, 导致模型一致性指数太低.

在构建校正模型的过程中, 对于每个样品与先验条件中给定的分期是否相符, 还需要进行检验. 如果对根据先验条件构建的初步校正模型进行系列样品年代校正后发现有的样品的一致性指数太低, 则需要对其予以剔除, 并对初步校正模型进行调整. 在此过程中进行年代校正的工作者应当与提供样品的考古工作者进行充分沟通, 弄清样品的具体情况. 对于重要样品, 若其一致性指数太低, 最好能安排复测. 如果有很多样品的 ^{14}C 年龄出现单向偏离, 例如, 在甲骨测年初期出现较多的样品年龄偏老的情况, 则需要特别小心并努力查明原因.

7.3.3 OxCal 程序与 ^{14}C 校正曲线的版本选择对校正结果的影响

在 "夏商周断代工程" 和 "中华文明探源工程" 期间, 我们进行系列样品年代校正时一般使用 OxCal v3.9 和 IntCal98 校正曲线. 殷墟甲骨系列在 *Radiocarbon*

上发表文章时使用 OxCal v4.3.2 和 IntCal13 校正曲线. 2020 年 8 月, 新的 IntCal20 校正曲线正式发布, OxCal 程序也推出了最新版本 v4.4.2, 第五章和第六章的年代校正就是使用 OxCal v4.4.2 和 IntCal20 校正曲线进行的. 那么 OxCal 程序和校正曲线的不同版本组合所给出的年代校正结果是否会有差别呢? 这要看具体情况, 单就"夏商周断代工程"和"中华文明探源工程"期间我们所测定的遗址来说, 我们比对了各遗址和甲骨使用 OxCal v4.4.2 和 IntCal20 校正曲线进行年代校正的结果与以前的结果, 发现大多数遗址的一致性较好, 参见 5.1.3 小节对新砦和天马-曲村两个遗址用 OxCal 程序和校正曲线的不同版本组合所得校正结果的比对. 但在有些情况下也会有一定的影响.

1. OxCal 程序版本差别对校正结果的影响

尽管在大多数情况下 OxCal 程序版本差别对校正结果的影响不大, 但在比对中我们也发现有少数遗址存在较大差别. OxCal 程序版本差别影响最大的是王城岗遗址在"夏商周断代工程"期间所测的系列样品. 在比对时为了排除校正曲线版本差别的影响, 我们都使用 IntCal98 校正曲线, 而 OxCal 程序分别使用 v3.9 和 v4.4.2 版本. 结果表明, 使用 OxCal v4.4.2 时每个年代区间都分裂成两个子区间, 一期和二期多了年轻的子区间, 而三期、四期、五期多了偏老的子区间, 这使得各分期的年代区间大幅度交叠从而难以区分, 参见图 7.3. 若舍弃该图中加红色方框的子区间, 那么结果还是大体上合理的. 使用 IntCal20 校正曲线的校正结果与此基本一样.

我们就此问题与 OxCal 程序的编写者布朗克-拉姆齐进行了讨论. 他对此做了如下说明: 在 OxCal v4 及之后的版本中模型的方程有一些微小的变化 (2009a: 350). 如果在模型中设置任选项

Options()
{
  UniformSpanPrior=FALSE;
};

即将均匀跨度先验条件关闭, 那么会在运行时得到与旧版本一致的结果. 因为模型中有很多中间边界, 是否使用此任选项会造成结果的很大不同. 将均匀跨度先验条件关闭将倾向于较长的时间序列, 否则新模型所采用的方法会使整个序列缩短. 此任选项仅适用于具有中间边界的情况. 我们按照他的建议在校正模型中增加了相应任选项, 使这一问题得到了解决. 第五章中王城岗遗址的年代校正就使用了此任选项, 参见图 5.5 校正模型之后的文字说明. 使用此任选项后图 7.3 中加红色方框的子区间都消失了, 一期与五期的年代区间也向两端有所延伸, 见图 5.3.

2. 校正曲线版本差别对校正结果的影响

IntCal20 与 IntCal98 校正曲线在大部分区段差别不大, 但也有几处有明显差别. 在本书使用的年代范围内, 主要是公元前 1700—前 1500 年、公元前 1320—前

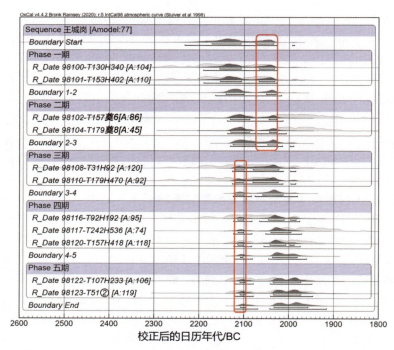

图 7.3　王城岗遗址在"夏商周断代工程"期间所测的系列样品使用 OxCal v4.4.2 和 IntCal98 校正曲线进行年代校正的结果 (未使用任选项)

1180 年这两个区段有较大差别 (见图 1.1)。IntCal20 与 IntCal98 校正曲线的差别对年代校正结果产生较大影响的典型例子是偃师商城遗址始年的变化。使用 IntCal20 校正曲线时偃师商城遗址的始年为公元前 1566 年, 而使用 IntCal98 校正曲线时偃师商城遗址的始年为公元前 1600 年, 这是由于 IntCal98 校正曲线在公元前 1600—前 1560 年区段较 IntCal20 校正曲线明显偏低造成的, 参见图 5.22。郑州商城遗址洛达庙晚期的年代也存在同样的问题。在公元前 1320—前 1180 年区段 IntCal20 校正曲线与 IntCal98 校正曲线相比更为光滑且少起伏, 故在这一区段使用 IntCal98 校正曲线得到的样品年代区间与 IntCal20 校正曲线相比会分裂为更多的子区间, 殷墟遗址的一期和二期就是这样的一个例子, 见图 7.4。

对于校正曲线的选择, 布朗克-拉姆齐认为, 新的校正曲线与老的校正曲线相比有一些显著差异, 新的校正曲线包含了大量新的高精度数据, 因此更为精确。校正曲线的更新确实给考古学带来了许多重大改变, 其中最引人注目的是希腊圣托里尼火山的喷发年代的改变, 参见文献 (van der Plicht et al., 2020)。布朗克-拉姆齐表示, 目前的共识是老的校正曲线在某些地方有明显的偏差, 尽管其原因我们还不能真正理解. 因此建议大家都使用最新的校正曲线.

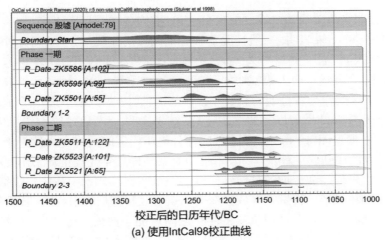

(a) 使用IntCal98校正曲线

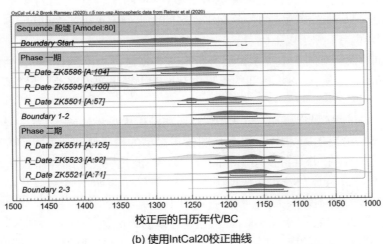

(b) 使用IntCal20校正曲线

图 7.4　殷墟遗址使用不同校正曲线进行系列样品校正结果的比对 (节选一期和二期)

7.3.4　^{14}C 年代校正结果中各分期年代区间的确定及其不确定度

对于考古遗址来说, 进行样品 ^{14}C 测年的主要目的是求得遗址各文化分期的年代区间, 以及整个遗址延续的年代范围, 有时也包括特定历史事件的年代区间. 通过对遗址的系列样品进行年代校正可以得到各分期中每个样品的 68% 和 95% 区间. 我们在第四章中专门设计了一个实验 N6rn, 模拟研究如何对各分期的日历年代区间做出尽量合理的估计. 该实验所用的校正模型设定了各分期的真实年代区间且各分期的真实年代区间无交叠，每个分期内含 6 个样品，样品的真实年代用伪随机数发生器产生，在各分期真实年代区间内随机分布。对校正模型进行年代校正所得到的各分期日历年代 68% 和 95% 区间是分期内各样品日历年代 68% 或 95% 区间的叠加。实验结果表明，一般情况下各分期的日历年代 68% 区间比较接近设定的真实年代区间，且交叠量不大；而日历年代 95% 区间则明显比设定的真实年代区间宽很多，交叠量也会大幅度增加，参见表 4.10 和图 4.17. 因此可以取各分期日历年代 68% 区间作为各分期的真实年代区间的估计。对该模型进行了 100 次重复运行，每次都重新产生各样品的真实年龄，结果表明，系列的起始边界和终止边界均比较稳定，参见图 4.19. 由此可知，这种分期年代区间的确定方法是十分合理且可靠的.《夏商周断代工程报告》及本书中对系列样品年代校正均采用此种估计方法，而不再给出样品和分期的日历年代 95% 区间. 在第四章中我们也曾指出，对于校正曲线的某些区段，特别是有较大涨落的扭摆区和较长的平台区，日历年代 68% 区间也会有较大的展宽，此时真实的年代区间可能会被估计得过长. 当然，在这种情况下，日历年代 95% 区间会被展宽得更多，参见图 4.17 中五期的情况.

我们进一步对这样确定的各分期年代区间的不确定度做一个估计. 各分期年代区间的变动可能来源于以下因素：

(1) 如果我们对同一个校正模型进行多次重复运行，由于计算过程抽样的统计性，各样品的日历年代 68% 区间的范围也有可能出现小幅度涨落，通常偏差不超过 1—2 a.

(2) OxCal 程序与校正曲线的版本差别和校正模型的影响. 作为一个例子，我们来看表 6.8 给出的殷墟甲骨 4 个不同校正模型的校正结果. 这 4 个校正模型的基本框架是一样的，并且都使用了中间边界命令，但相应分期的样品数量并不相同，所使用的 OxCal 程序与校正曲线的版本也不同. 结果表明，4 个校正模型的各分期年代区间的差别并不是很大，一般在数年到 10 a 左右.

(3) 各分期样品数量的影响. 如果有些分期的样品数量偏少，则所给出年代区间容易受到各种因素的影响；如果各分期的样品数量较多，则系列样品的年代框架比较稳定. 因此我们在取样时最好使每个分期有 4—6 个样品.

7.3.5 关于校正模型构建的几个问题

关于校正模型构建的一般性问题我们在第四章中已经进行了讨论，第五章中讨论了若干遗址的校正模型构建问题，第六章中讨论了殷墟甲骨测年的校正模型构建问题. 这里主要结合第五章和第六章中的一些具体实例讨论校正模型构建的方法学问题，着重讨论中间边界命令的使用、单期校正的使用、模型中样品错位和取舍对分期年代区间的影响、校正模型的构建与修正、长系列校正模型的使用等问题.

1. 中间边界命令的使用

在如下三种情况下，校正模型在各分期之间应使用中间边界命令：

(1) 各分期的样品数量差异很大，例如，殷墟遗址和殷墟甲骨的情况.

(2) 各分期的时间跨度差异很大，例如，新砦遗址.

(3) 校正曲线对应区段有较大起伏且起伏的周期较短，例如，王城岗遗址、古城寨遗址、洹北花园庄遗址和东先贤遗址. 此时，若在 OxCal v4.4.2 中不使用中间边界命令，则整个遗址的年代跨度都会被压缩，且每个年代区间分裂成两个子区间，使各分期的年代区间无法分开. 例如，古城寨遗址在不使用中间边界命令时各分期年代区间交叠严重，参见图 7.5，而使用中间边界命令时各分期的年代区间可以清楚地分开，参见图 5.9.

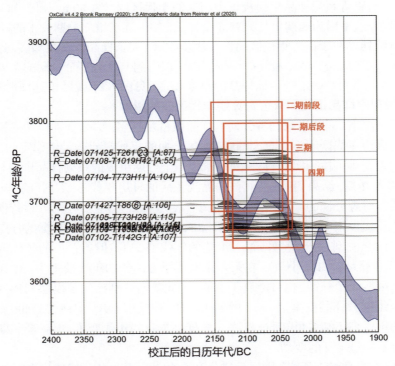

图 7.5　古城寨遗址不使用中间边界命令时的样品年代区间在校正曲线上的标图

2. 单期校正的使用

单期校正是指所有样品都属于一个分期且有起始边界和终止边界，是系列样品年代校正的一种特殊情况. 图 4.1、图 4.2 和图 4.3 中的校正模型 3，以及实验 W 就是单期校正的例子. 该例子也说明，单期校正所得到的样品年代区间与单样品年代校正相比可以得到较大压缩. 因此单期校正也可以给出该分期年代区间的比较好的估计.

单期校正通常在构建系列样品校正模型的过程中用于对分期的合理性进行判断. 例如, 在第六章中的甲骨测年构建校正模型时, 对𠂤组、子组和午组甲骨所属分期的判断. 经对𠂤组、子组和午组甲骨合起来进行单期校正, 同时对四期甲骨和宾组甲骨也分别进行单期校正, 然后将这些校正结果进行比较, 发现𠂤组、子组和午组甲骨的年代与四期甲骨的年代相差较多, 而与宾组甲骨的年代较为接近, 且略早于宾组甲骨的年代, 故𠂤组、子组和午组甲骨应当属于一期, 参见 6.3.2 小节中的第 2 部分.

单期校正年代区间的宽窄与样品数量有关. 样品较少时年代区间较宽, 样品较多时年代区间较窄. 例如, 上面提到的四期甲骨单期校正的年代区间 (约 100 a, 见图 6.3(b)) 与甲骨系列样品年代校正中四期的年代区间 (约 50 a, 见图 6.6) 相比就明显宽很多, 这是因为四期甲骨只有 3 个样品. 如果逐步增加单期校正的样品数量, 我们可以看到单期校正的年代区间也在逐步收窄. 如果样品数量足够多, 这种年代区间的收窄就会稳定下来, 最终单期校正也可以得到与在有多个分期的系列样品中一致的结果. 第六章中甲骨一期样品的单期校正 (见图 6.8) 就属于这种情况.

3. 模型中样品错位和取舍对分期年代区间的影响

一般情况下, 只要系列和各分期的样品数量足够多, 那么个别样品的错位对于各分期的日历年代区间不会有大的影响, 各分期的年代框架是足够稳定的. 在第四章中我们曾安排了模拟实验 Tx, 在一个由 4 个分期组成的系列样品中将样品 103 从 1 期移入 2 期, 结果表明, 虽然该样品校正后的日历年代 68% 区间有较大变化, 但两个模型对应分期的年代区间变化很小 (参见 4.5.3 小节). 在第五章晋侯墓地系列样品的年代校正中, 我们曾将 M8 和 M64 两个墓的 ^{14}C 测年数据的分期对调分别构建出两个模型, 结果表明, 每一组墓的年代都变了, 但各晋侯的年代区间并没有明显变化 (参见 5.1.4 小节). 在第六章殷墟甲骨测年的年代校正中, 有 3 个宾组甲骨样品可能属于一期, 也可能属于二期. 为此我们分别构建了模型 OB2 和 OB3, 这 3 个宾组甲骨样品在模型 OB2 中列入一期, 在模型 OB3 中列入二期. 比较这两个模型的年代校正结果可知, 虽然这 3 个样品本身的年代变了, 但一至三期的年代区间只有不超过 6 a 的变动.

但是, 在有些情况下, 个别样品错位和取舍也会引起各分期年代区间的明显变动. 例如, 第五章在偃师商城遗址测年一小节曾讨论过一期 1 段样品 SA00052 和二期 4 段样品 SA99119 的问题, 指出它们的 ^{14}C 年龄相对于先验条件有较大偏离, 有可能是错位样品, 但由于没有明显证据, 因此仍将它们保留在样品系列中. 这里我们来看一下, 如果将这两个样品舍弃, 对各分期的年代区间有多大影响. 图 7.6 是舍弃两个样品后偃师商城遗址系列样品年代区间在校正曲线上的标图, 与图 5.21 比对可以看出二者的区别. 表 7.1 是舍弃两个样品前后各分期年代区间的比对, 由表 7.1 可知, 舍弃样品 SA00052 主要影响 1 段的年代区间和 2 段的始年, 舍弃样品 SA99119 主要影响 4 段的末年和 5 段的始年. 这几个年代的差别一般在 10 a 左右, 而其他各年代的差别则一般只有数年. 4 段的末年前后相差了 27 a, 这是由于样品 SA99119 的年代区间较 4 段其他两个样品的年代区间大幅度偏晚, 并进而导致 5 段样品的始年后移.

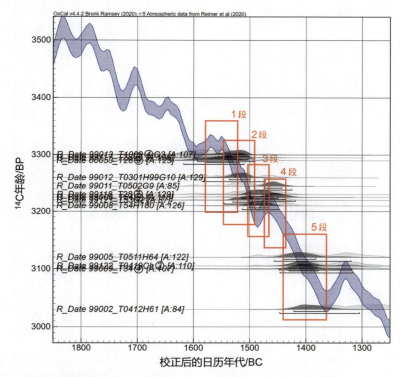

图 7.6 偃师商城遗址系列样品年代区间在校正曲线上的标图 (舍弃样品 SA00052 和样品 SA99119)

表 7.1 偃师商城遗址舍弃样品 SA00052 和样品 SA99119 前后各分期年代区间的比对

分期		舍弃前的日历年代 68% 区间/BC	舍弃后的日历年代 68% 区间/BC
一期	1 段	1566—1511	1579—1521
	2 段	1536—1489	1547—1492
二期	3 段	1501—1462	1502—1466
	4 段	1472—1410	1474—1437
三期	5 段	1430—1366	1441—1363

另一个例子是新砦遗址河南龙山文化晚期样品 T1H119 的取舍. 该样品的 ^{14}C

年龄与其他河南龙山文化晚期样品相比明显偏年轻，实际上已在新砦期早段样品的 ^{14}C 年龄范围之内. 图 7.7 是舍弃样品 T1H119 后新砦遗址系列样品年代区间在校正曲线上的标图，与图 5.15 比对可看出舍弃样品 T1H119 前后的区别.

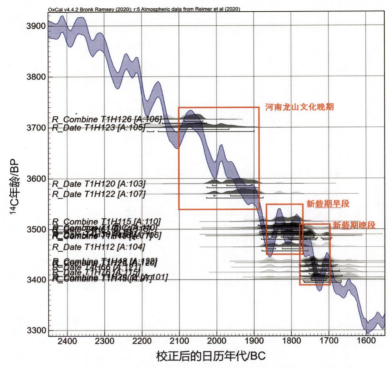

图 7.7 舍弃样品 T1H119 后新砦遗址系列样品年代区间在校正曲线上的标图

表 7.2 是舍弃样品 T1H119 前后新砦遗址各分期年代区间的比对，由此可知，舍弃样品 T1H119 后新砦遗址河南龙山文化晚期大致上从公元前 2100—前 1890 年，新砦期早段大致上从公元前 1865—前 1770 年，新砦期晚段大致上从公元前 1775—前 1700 年. 与舍弃样品 T1H119 前相比，河南龙山文化晚期的末年和新砦期早段的始年都向偏早的方向移动了 40—50 a.

表 7.2 舍弃样品 T1H119 前后新砦遗址各分期年代区间的比对

分期	舍弃前的日历年代 68% 区间/BC	舍弃后的日历年代 68% 区间/BC
河南龙山文化晚期	2100—1840	2100—1890
新砦期早段	1825—1770	1865—1770
新砦期晚段	1775—1700	1775—1700

4. 校正模型的构建与修正

对于系列样品年代校正来说, 校正模型的正确构建是一个关键问题, 有时需要进行多次尝试和修正. 一般说来, 我们得到了一组系列样品的 ^{14}C 测年数据后, 可以先根据已知的先验条件构建一个初步的校正模型, 进行年代校正. 然后对校正结果进行审视, 看各样品的一致性指数是否都大于 60%, 或者一致性指数小于 60% 的样品数是否少于样品总数的 5%, 同时看模型一致性指数是否大于 60%. 如果一致性指数小于 60% 的样品数多于样品总数的 5%, 或者模型一致性指数小于 60%, 则这个初步的校正模型可能是有问题的. 此时应对一致性指数小于 60% 的样品进行适当的舍弃, 即对校正模型进行修正, 再重新进行年代校正. 例如, 在第六章中对殷墟甲骨进行年代校正时, 我们首先构建了包含 57 个样品的校正模型 OB1, 校正后发现有 5 个样品的一致性指数过低. 舍弃这 5 个样品后构建了校正模型 OB2, 其年代校正结果表明, 只有 1 个样品的一致性指数低于 60% (为 53.6%), 模型一致性指数为 245.4%. 这个结果就比较理想了, 因此最后采用了这个结果.

应该说, 构建校正模型是一件需要一定经验的工作, 需要对贝叶斯方法、OxCal 程序和 OxCal 命令有深入的了解. 例如, 我们前面提到的中间边界命令的使用、Uniform-SpanPrior=FALSE 任选项的使用、Interval 命令的使用, 以及王城岗 ("中华文明探源工程") 校正模型中复杂分期的设置 (参见图 5.5) 等, 都是需要根据具体情况进行选择的. 此外, 虽然多数情况下个别样品的错位对于各分期的日历年代区间不会有大的影响, 但是在有些情况下个别样品的错位和取舍也会引起各分期年代区间的明显变动, 例如, 前面提到的偃师商城遗址和新砦遗址. 此时对关键样品的取舍应当持谨慎的态度, 必要时应对关键样品的分期进行认真核实, 或者对样品进行复测, 或者补充更多的样品进行测年.

OxCal 程序可提供系列样品年代区间在校正曲线上的标图. 这种图可以形象地显示校正结果与校正曲线的关系, 适当加工后可以清楚地显示各分期日历年代 68% 区间的相对关系, 例如, 图 7.5、图 7.6、图 7.7. 这种图对我们分析不同校正模型的校正结果十分有用, 例如, 比对图 7.5 和图 5.9、图 7.6 和图 5.21、图 7.7 和图 5.15, 即可看出不同校正模型对校正结果的影响, 从而为校正模型的构建与修正提供参考.

5. 长系列校正模型的使用

一般情况下我们不需要使用跨多个遗址的长系列校正模型, 但是, 如果有些遗址的延续时间较短, 只有 1—2 个分期, 则可以考虑和与其前后紧密衔接的其他遗址一起构建长系列校正模型. 小双桥遗址和洹北花园庄遗址就属于这种情况. 使用长系列校正模型时应满足如下条件:

(1) 各遗址的相对年代关系清楚且相互紧密衔接.
(2) 最前面的遗址和最后面的遗址应当有较多分期, 以便提供足够的约束.

我们构建的郑州商城-小双桥-洹北花园庄-殷墟遗址长系列校正模型可以很好地满足这两个条件. 考古界一般认为, 小双桥遗址主体遗存属于郑州商城二上二期或曰白家庄期 (河南省文物考古研究所等, 1996). 洹北花园庄遗址可分为早期与晚期, 其早期遗存接近小双桥遗址而略晚, 晚期遗存早于考古研究所殷墟一期 (大司空村一期) 且与其衔接 (中国社会科学院考古研究所安阳工作队, 1998). 由此可知, 按照这一相对年代关系, 该长系列是满足条件 (1) 的. 长系列最前面的郑州商城遗址有四个分期, 最后面的殷墟遗址也有四个分期, 故条件 (2) 也是满足的.

我们在第四章中曾经指出, 系列样品年代校正就是利用系列样品的相互时间关系产生约束, 从而缩小样品校正后 ^{14}C 年代的可信区间. 如果约束比较弱, 则样品年代区间就缩小得比较少; 如果约束比较强, 则样品年代区间就缩小得比较多. 约束的强弱是由很多因素决定的, 例如, 我们前面提到的单期校正的情况, 样品数量少约束就比较弱, 而样品数量多约束就比较强. 对于有多个分期的系列样品, 分期数量少约束就比较弱, 而分期数量多约束就比较强. 但是样品年代区间的宽窄也不完全是由约束强弱决定的, 校正曲线的形状也起很大作用. 在约束强弱与校正曲线形状的综合作用下, 有时会出现十分复杂的情况. 例如, 如果我们不把殷墟遗址纳入上述长系列, 而是只构建一个郑州商城-小双桥-洹北花园庄组成的长系列, 那么这样一个系列是有缺陷的, 不满足上面给出的条件 (2). 这样一个系列的首端约束比较强、尾端约束比较弱, 而校正曲线在这一段又恰好有一个之字形弯折, 因此其校正结果就会把小双桥和洹北花园庄的年代向前拉, 使之与殷墟遗址的年代脱节, 参见图 7.8. 把殷墟遗址纳入这个长系列可以在尾端引入较强的约束, 使首端和尾端的约束均衡, 从而得到比较合理的结果, 如图 5.38 所示. 将图 7.8 与图 5.38 比对, 即可看出两者的区别. 由此可知, 长系列校正方法也不是可以随意使用的.

7.3 关于在 ^{14}C 年代校正中使用贝叶斯方法的讨论

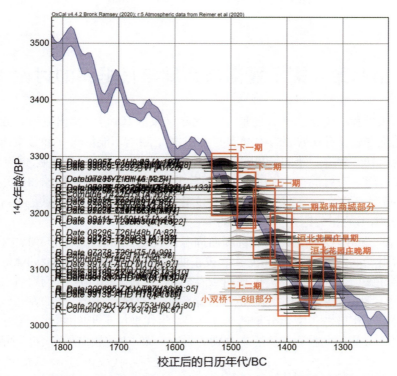

图 7.8 郑州商城-小双桥-洹北花园庄长系列样品年代区间在校正曲线上的标图

第八章 关于夏商与西周年代框架的讨论

在本章中我们将试图在各遗址 ^{14}C 测年结果的基础上，得出夏商和西周时期基于各遗址考古文化分期的年代框架. 由于 ^{14}C 测年不能像天文和金文历谱等方法那样给出具体到哪一年的结果，因此这个年代框架不可能十分精确，所给出的各分期年代区间一般可能存在 1—10 a 的不确定度，但我们还是力图给出有重要参考价值的各遗址考古文化分期的绝对年代. 文化分期与朝代的对应关系是考古学者研究的范畴，本书的相关论述都是引用的考古学者的意见.

图 8.1—图 8.4 分别给出了夏商和西周考古文化分期的年代框架，其中，蓝色矩形粗框为用 OxCal v4.4.2 和 IntCal20 校正曲线进行年代校正得到的 AMS ^{14}C 测年结果，绿色矩形细框为常规 ^{14}C 测年结果，两种考古文化过渡的年代区间的 AMS 和常规 ^{14}C 测年结果分别用浅蓝色和浅绿色矩形框表示. 矩形框的左边线与右边线分别对应于相应考古文化分期的起止年代，年代坐标示于图的上边框与下边框. 为消除 OxCal 程序与校正曲线版本差别的影响，以便于比较，常规 ^{14}C 测年结果也是采用 OxCal v4.4.2 和 IntCal20 校正曲线重新进行年代校正的结果，其中，各系列样品的常规 ^{14}C 测年数据取自《夏商周断代工程报告》.

8.1 夏代若干遗址测年结果汇总

"夏商周断代工程"认为王城岗、古城寨、瓦店、新砦和二里头等遗址都是包含夏代文化遗存的遗址，诸遗址各文化分期的年代框架如图 8.1 所示. 由图 8.1 可知，这些遗址相关文化遗存的年代范围大体上在公元前 2200—前 1530 年之间，其中，可分为三种考古学文化，即河南龙山文化晚期 (约前 2200—前 1900)、新砦期文化 (约前 1865—前 1700) 和二里头文化 (约前 1720—前 1530)，其中，河南龙山文化晚期开始的时间可能更早，这里只是说相关遗址涵盖的年代区间.

王城岗遗址是河南龙山文化晚期的重要遗址. "夏商周断代工程"将其分为五期，其中，一期为王城岗小城始建期，二期为小城使用期，三期为小城废弃期. "中华文明探源工程"将其分为两期三段，其中，前期一段相当于"夏商周断代工程"五期中的一期和二期，为小城的始建期与使用期；后期二段相当于"夏商周断代工程"五期中的三期，为王城岗大城始建期；后期三段相当于"夏商周断代工程"五期中的四期和五期且更长，为王城岗大城的使用期与废弃期. 由此可知，大城始建与小城废弃是在同一时期发生的. 大城城壕的使用时间很长，在大城废弃之后的河南龙

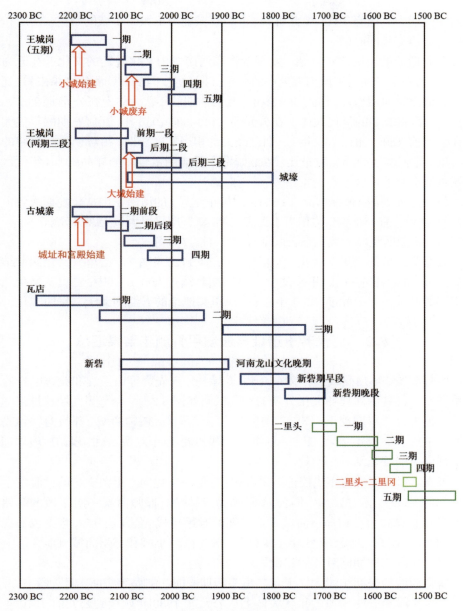

图 8.1 夏代遗址考古年代框架图

山文化堆积可延续到公元前 1800 年.

　　古城寨遗址二至四期为河南龙山文化晚期. 从 ^{14}C 测年结果看, 其二至四期是与王城岗同期的遗址. 二期前段为城址和宫殿的始建年代, 二期后段为其使用年代,三期和四期为其废弃年代.由此可知,古城寨城址与王城岗小城的始建、使用和废弃年代大体上是同时的.

瓦店遗址的情况比较复杂.发掘者将其河南龙山文化晚期的文化遗存分为三期,并认为一至三期与王城岗五期中的二至五期对应.但从 ^{14}C 测年结果来看,瓦店遗址的延续时间相当长,达到 500 多年.瓦店一期的年代大体上在公元前 2267—前 2137 年,瓦店二期的年代大体上在公元前 2142—前 1936 年,瓦店三期的年代大体上在公元前 1899—前 1736 年,三期已经大约相当于新砦期.相对于 500 多年的时间跨度,瓦店遗址的样品数量比较少,如果今后能测量较多的样品,则其年代区间两端可能会有所收缩.

新砦遗址 (按照舍弃样品 T1H119 的校正结果) 的河南龙山文化晚期大致上在公元前 2100—前 1890 年,约相当于瓦店二期.新砦期早段大致上在公元前 1865—前 1770 年,新砦期晚段大致上在公元前 1775—前 1700 年.

二里头遗址的二里头文化一期始于公元前 1720 年左右,二里头文化四期结束于公元前 1530 年左右,二里头文化一至四期延续近 200 a,其中,二里头文化二期与三期的交替约在公元前 1600 年左右.二里头遗址的五期则属于二里冈文化.

8.2 商代若干遗址与殷墟甲骨测年结果汇总

偃师商城、郑州商城、小双桥、洹北花园庄、东先贤等诸遗址和殷墟甲骨的单独系列校正得到的商代各文化分期的年代区间如图 8.2 所示,郑州商城遗址洛达庙晚期单独进行了单期校正.图 8.2 中也给出了二里头、偃师商城、郑州商城和殷墟遗址的常规 ^{14}C 测年结果.图 8.3 则给出了郑州商城-小双桥-洹北花园庄-殷墟遗址长系列样品的校正结果.

根据二里头遗址的年代校正结果可知,二里头文化向二里冈文化的过渡发生在约公元前 1542—前 1516 年,即公元前 1530 年左右.偃师商城一期 2 段的起始年代 (公元前 1536 年) 和郑州商城二下一期的起始年代 (公元前 1533 年) 也都在公元前 1530 年左右,因此,从测年结果来看,偃师商城小城和郑州商城可能大体上是在二里冈文化的初期同时开始建设的.

偃师商城的一期 1 段大体上与二里头四期同时.偃师商城的一期 2 段、二期 3 段、二期 4 段和三期 5 段的年代大体上从公元前 1530 年延续到公元前 1370 年左右,约 160 a.郑州商城作为单独系列进行年代校正时二下一期、二下二期、二上一期和二上二期的年代大体上从公元前 1530 年延续到公元前 1410 年左右,约 120 a;而作为长系列进行年代校正时则大体上从公元前 1530 年延续到公元前 1390 年左右,约 140 a,与偃师商城的一期 2 段到三期 5 段的年代基本上对应.郑州商城长系列校正的年代区间下限与单独系列校正的年代区间下限相比晚了 20 a,这是小双桥与洹北花园庄遗址样品拉动的结果.

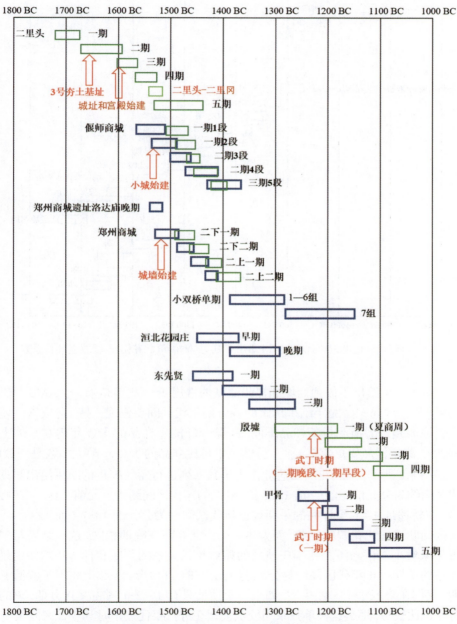

图 8.2　商代遗址考古年代框架图 (各遗址作为单独系列进行年代校正)

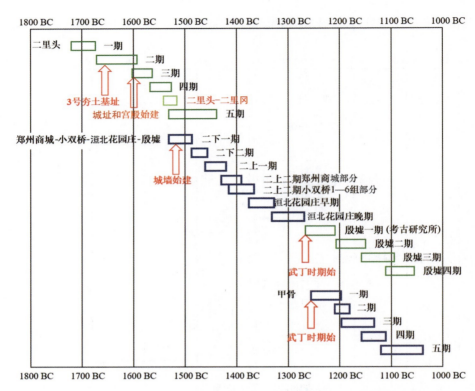

图 8.3 商代遗址考古年代框架图 (郑州商城-小双桥-洹北花园庄-殷墟遗址长系列)

图 8.2 中也给出了偃师商城和郑州商城的常规 ^{14}C 测年结果. 与 AMS ^{14}C 测年结果相比, 常规 ^{14}C 测年结果给出的各分期年代区间要偏晚一些. 造成这一差别的主要原因是二者所测量的样品不同, 常规 ^{14}C 测年样品的 ^{14}C 年龄在总体上比 AMS ^{14}C 测年样品要更年轻一些, 虽然其中可比样品的 ^{14}C 年龄大多数是一致的.

如图 8.2 所示, 洹北花园庄遗址作为单独系列进行年代校正的结果给出早期的年代区间约为公元前 1449—前 1371 年, 晚期的年代区间约为公元前 1387—前 1292 年. 小双桥遗址 1—6 组样品的单期校正年代区间约为公元前 1387—前 1283 年, 该年代区间晚于洹北花园庄早期, 而大体上与洹北花园庄晚期相同, 这一结果与多数考古学家对小双桥与洹北花园庄遗址的相对年代关系的判断相悖. 小双桥遗址 7 组样品的单期校正年代区间约为公元前 1281—前 1149 年, 大致上相当于殷墟一至二期. 我们在第五章中曾经指出, 如果一个遗址只有 1—2 个考古文化分期, 总的年代跨度也比较短, 那么这种单独系列校正模型在进行年代校正时其年代区间很有可能被展宽, 展宽的程度在很大程度上与校正曲线在该区段的形状有关. 小双桥遗址 1—6 组样品和洹北花园庄遗址样品的 ^{14}C 年龄恰好处于校正曲线的之字形曲折起伏段, 这有可能会加重相应年代区间的展宽. 我们在第七章中也曾经指出, 对于有多个分期的系列样品, 分期数量少时约束就比较弱, 而分期数量多时约束就比较强. 约束的强弱决定了样品年代区间压缩的多少, 分期数量多时各分期的年代区间之间会有相互挤压或拉动作用. 郑州商城-小双桥-洹北花园庄-殷墟遗址长系列就属于分期数量较多、相互约束较强的情况. 当然, 其前提是各分期相互衔接、基本上没有交叠.

东先贤遗址一期的年代区间约为公元前 1458—前 1382 年, 大体上与洹北花园庄遗址单独作为一个系列校正时其早期的年代相当, 东先贤三期的年代区间约为公元前 1350—前 1263 年, 其后半段的年代已进入殷墟的年代范围.

按照郑州商城-小双桥-洹北花园庄-殷墟遗址长系列校正结果 (参见图 8.3) 可知, 郑州商城从二下一期到二上二期的年代区间约为公元前 1532—前 1392 年, 小双桥遗址 1—6 组样品的年代区间约为公元前 1416—前 1367 年, 与郑州商城二上二期有所交叠, 洹北花园庄早期约为公元前 1377—前 1328 年, 洹北花园庄晚期约为公元前 1332—前 1269 年, 殷墟一期 (大司空村一期、"夏商周断代工程" 的殷墟一期晚段) 约为公元前 1267—前 1208 年, 殷墟二期约为公元前 1207—前 1150 年, 殷墟三期约为公元前 1158—前 1095 年, 殷墟四期约为公元前 1111—前 1056 年. 按此结果, 如果将整个商代按早商、中商、晚商划分, 则早商从二下一期到小双桥始年延续约 120 a, 若以公元前 1600 年作为商的始年, 则早商延续超过 180 a, 中商从小双桥到洹北花园庄晚期延续约 150 a, 晚商从殷墟一期到四期延续约 210 a. 考虑到早商 (成汤至太戊) 5 世、中商 (中丁至小乙) 5 世、晚商 (武丁至帝辛) 7 世, 若每世平均约 30 a, 则上述延续时间应当还是比较合理的.

小双桥与洹北花园庄遗址作为单独系列的校正结果和与郑州商城、殷墟遗址组成长系列的校正结果不一致, 这是由于二者分别使用了不同的先验条件造成的. 长系列是基于各遗址按相对年代顺序发展的先验条件构建的校正模型, 而单独系列是基于各遗址各自独立发展 (即不考虑各遗址之间的相对年代关系) 的先验条件构建的校正模型. 本书中我们分别给出这两种不同的结果, 供大家参考. 关于这几个遗址年代的详细讨论请参见 5.3.3 小节、5.3.4 小节和 5.3.7 小节.

8.3 西周若干遗址测年结果汇总

沣西马王村遗址、琉璃河遗址居址区和天马-曲村遗址各文化分期, 以及晋侯墓地各侯卒年的年代区间如图 8.4 所示. 图 8.4 中也给出了殷墟遗址、沣西马王村、琉璃河遗址墓葬区的常规 ^{14}C 测年结果. 沣西马王村遗址的常规 ^{14}C 测年结果对西周早期和西周中期没有进一步细分, 故其一个框对应于 AMS ^{14}C 测年结果的两个框. 常规 ^{14}C 测量的西周中期较 AMS ^{14}C 测量明显偏早, 这可能与常规系列所测西周中期样品均为较早的四期样品, 缺少五期样品和西周晚期样品有关.

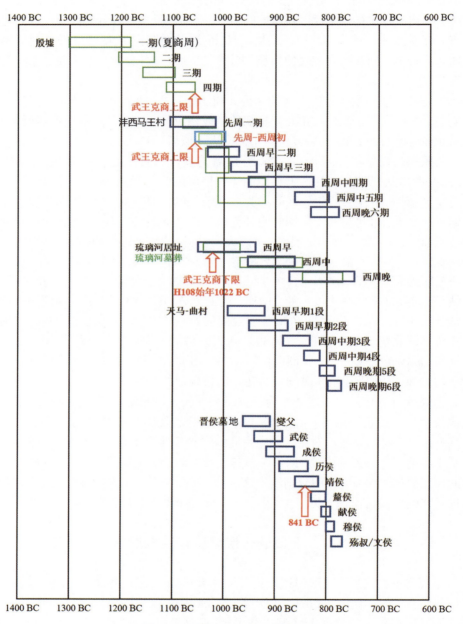

图 8.4　西周遗址考古年代框架图

沣西马王村遗址是此期间的重要遗址. 从出土的陶器特征来看, 其一期为先周晚期, 即相当于商代末期, 二、三期则属于西周早期, 故一期与二期的中间边界即为先周向西周初的过渡期, 也就是商周的过渡期. 被广泛关注的武王克商事件应该就发生在这一过渡期内. 据 AMS ^{14}C 测年结果可知, 一期的年代区间与殷墟四期有所重合, 先周向西周初过渡期的年代区间约为公元前 1057—前 998 年, 二期 (西周早期) 的始端约在公元前 1032 年.

琉璃河遗址是西周最早分封的燕侯属地, 燕国的始封在武王克商之后不久. 琉璃河遗址居址区 ^{14}C 测年结果给出其西周始年不早于公元前 1051 年. 其中, H108 出土了带有 "成周" 二字的龟甲, 这表明, H108 堆积的年代上限不应超过成王时期, 其年代应在西周早期的偏早阶段. 表 5.24 表明, H108 的年代区间约为公元前 1022—前 946 年.

天马-曲村遗址是西周较早分封的晋侯属地, 周成王封同母弟弟叔虞于唐, 叔虞之子燮父又奉王命侯于晋, 始称晋侯. 故天马-曲村遗址的年代应当略晚于西周的始建年代, 系列样品年代校正给出该遗址的年代区间约为公元前 993—前 772 年.

晋侯墓地共有晋侯及其夫人墓葬 9 组 19 座. 最早的燮父墓的年代区间约为公元前 960—前 909 年, 基本上在天马-曲村遗址的西周早期 1 段的年代区间内.《史记·晋世家》记载的厉侯之后诸位晋侯的卒年, 除了文侯外, 这些卒年都落在了校正结果所得到的相应晋侯卒年的年代区间之内. 晋侯墓地系列最晚的墓是 M93, 考古学家尚不能确定其是殇叔还是文侯的墓. M93 校正后的年代区间约为公元前 787—前 767 年, 据《史记·晋世家》记载殇叔卒于公元前 781 年而文侯卒于公元前 746 年, 故从测年结果看 M93 是殇叔墓的可能性较大.

《夏商周断代工程报告》从多个考古遗址的 ^{14}C 测年结果推定武王克商的年代范围约为公元前 1050—前 1020 年, 报告中给出了两种推定途径: 一种途径是根据常规法的沣西马王村遗址早期测年结果中先周向西周初过渡期的年代范围, 见该报告中的表 7-16 (夏商周断代工程专家组, 2022: 399). 但当时使用的样品数量较少, 后来使用较多样品所得到的先周向西周初过渡期的年代范围约为公元前 1052—前 1008 年, 见该报告中的表 7-15c (2022: 396). 另一种途径是根据殷墟-琉璃河遗址墓葬区长系列的 ^{14}C 测年结果: 考虑到殷墟文化四期的年代 (前 1090—前 1040) 有可能延续到西周初, 故克商年范围的上限可取为公元前 1050 年. 琉璃河遗址一期 H108 出土有 "成周" 二字的龟甲, 其年代不得早于成王, 因此其上界可以作为克商年范围的下限, 该遗址一期墓葬中最早的年代数据的中值为公元前 1020 年. 由此得出克商年的范围约为公元前 1050—前 1020 年. 见该报告第三章 (三) 节第 2 小节的 "由相关系列 ^{14}C 测年推定克商年的范围" (2022: 158).

根据 AMS ^{14}C 测年结果, 沣西马王村系列先周向西周初过渡期的年代范围约为公元前 1057—前 998 年, 琉璃河遗址 H108 的年代范围约为公元前 1022—前 946

年. 故武王克商的年代上限可取沣西马王村系列先周向西周初过渡期的上界公元前 1057 年, 年代下限可取琉璃河遗址 H108 年代范围的上界公元前 1022 年, 则武王克商的年代范围可定为公元前 1057—前 1022 年, 此结果在沣西马王村系列先周向西周初过渡期的年代范围之内, 与《夏商周断代工程报告》中给出的武王克商年代范围公元前 1050—前 1020 年十分接近. 实际上,《夏商周断代工程报告》中年代校正使用的是 OxCal v3.9 和 IntCal98 校正曲线. 按照本书中使用 OxCal v4.4.2 和 IntCal20 校正曲线进行的系列样品年代校正得出的 ^{14}C 测年结果可知, 殷墟四期的年代范围约为公元前 1113—前 1057 年. 此殷墟四期的下限与 AMS ^{14}C 所测沣西马王村系列先周向西周初过渡期的上界公元前 1057 年相符合. 另外, 琉璃河遗址居址区 ^{14}C 测年结果给出西周始年约在公元前 1051 年, 考虑到燕国的始封在武王克商之后不久, 这与前面所取的武王克商的年代上限公元前 1057 年也是相符合的. 故根据 AMS ^{14}C 测年结果, 武王克商的年代范围可定为公元前 1057—前 1022 年.

8.4　结论与讨论

综合上面的结果和图 8.1—图 8.4 的年代框架图我们可以看出, 从河南龙山文化晚期 (王城岗遗址、古城寨遗址、瓦店遗址一期和二期)、新砦期 (新砦遗址) 和二里头文化 (二里头遗址), 到商前期 (偃师商城遗址、郑州商城遗址、小双桥遗址、洹北花园庄遗址、东先贤遗址) 和商后期 (殷墟遗址与殷墟甲骨), 再到西周早期、中期和晚期 (沣西马王村遗址、琉璃河遗址、天马-曲村遗址、晋侯墓地) 这样一系列遗址的 AMS ^{14}C 测年结果加上二里头遗址和殷墟遗址的常规 ^{14}C 测年结果可以构成一个连续的年代框架. 按照此年代框架, 王城岗遗址和古城寨遗址的河南龙山文化晚期大约始于公元前 2200 年, 瓦店遗址的河南龙山文化晚期开始得略早, 新砦遗址的河南龙山文化晚期开始得略晚. 新砦期大约从公元前 1900 年延续到公元前 1700 年. 二里头文化约始于公元前 1720 年, 结束于公元前 1530 年. 河南龙山文化晚期、新砦期与二里头文化的年代可以很好地衔接. 二里头遗址的二里头文化向二里冈文化的过渡大约发生在公元前 1530 年前后, 这与偃师商城小城与郑州商城的始建年代大体上同时. 小双桥遗址和洹北花园庄遗址的年代上接郑州商城遗址, 下接殷墟遗址, 延续约 150 a. 殷墟遗址的测年结果与殷墟甲骨的测年结果吻合良好, 大约从公元前 1267 年延续到公元前 1056 年, 与沣西马王村、琉璃河等遗址的测年结果也可以很好地衔接. 根据 AMS ^{14}C 测年结果推定的武王克商年代范围约为公元前 1057—前 1022 年, 与《夏商周断代工程报告》中给出的武王克商年代范围公元前 1050—前 1020 年十分接近. 晋侯墓地的年代范围约为公元前 960—前 770 年,《史记·晋世家》记载的厉侯之后诸位晋侯的卒年 (假定 M93 是殇叔墓) 都落在了校正结果所得到的相应晋侯卒年的年代区间之内. 综上所述, 可以认为该年代框架从宏观上看是合理的. 但是上述年代框架只是一个阶段性的成果, 有些问题还需要进一步研究.

(1) 有些遗址的测年数据还偏少. 有的分期只有一两个、两三个 ^{14}C 测年数据, 这有可能导致分期的年代区间有所偏移. 也有的遗址缺少某些分期的样品, 例如, 新砦遗址就没有测量二里头期的样品, 这也可能会影响新砦期晚段的年代下限.

(2) 瓦店遗址的测年结果还不够理想, 主要是测年样品的数量偏少. 测年结果与发掘早期的预期有一定的差距. 发掘者原来认为瓦店一、二期分别与王城岗二、三期相当, 瓦店三期与王城岗四、五期相当 (河南省文物考古研究所, 2004), 但测年结果表明, 瓦店遗址的年代跨度比王城岗遗址要大得多, 从早于王城岗一期直到新砦期 (参见图 8.1). 经过近几年的进一步发掘, 发掘者也认为瓦店遗址的年代跨度比开始时的预期要长得多, 并将二期和三期分别划分为早段和晚段 (河南省文物考古研究院等, 2021). 瓦店遗址年代的进一步细化还有待于测量分期分段明确的更多样品.

(3) 对于小双桥遗址, 发掘者认为其延续时间较短, 大体上与郑州商城白家庄期 (相当于二上二期) 同时或略晚, 但测年结果表明, 有相当数量样品 (包括北京大学 AMS ^{14}C 测量的小双桥 7 组样品和中国社会科学院考古研究所常规法测量的小双桥样品) 的年代晚到了殷墟时期. 而小双桥遗址的文化遗存与殷墟遗址的文化遗存是不同的, 小双桥遗址的文化特征与所测得年代的矛盾尚需进一步研究.

现在瓦店遗址和小双桥遗址还在继续发掘, 我们期望随着进一步发掘还会有新的发现, 这些遗址的年代也最终会得到厘清. 我们相信, 随着考古工作的深入开展和更多 ^{14}C 测年数据的取得, 上述年代框架也还会进一步完善.

附录 A 夏商周时期遗址的 AMS ^{14}C 测量数据

本附录中的表 A.1—表 A.20 收录了第五章中各遗址 AMS ^{14}C 测年的所有测量数据,包括未被纳入系列的数据. 只有表 A.17 是琉璃河遗址居址区系列样品北京大学常规 ^{14}C 测年数据 (其收入原因见 5.4.2 小节). 有些遗址 (王城岗、郑州商城) 进行了分批取样,则各批样品分别列表. 有些遗址 (新砦、沣西马王村、晋侯墓地) 的样品与国外实验室进行了比对测量,这些比对测量结果也分别列表,其中,表 A.6 是新砦遗址系列样品在奥地利维也纳大学 AMS ^{14}C 实验室测量的结果,表 A.15 和表 A.20 分别是沣西马王村遗址系列与晋侯墓地系列样品在加拿大多伦多大学 AMS ^{14}C 实验室测量的结果,这些表格的备注栏内注明了各样品对应的北京大学 AMS ^{14}C 实验室编号. 北京大学 AMS ^{14}C 实验室还测量了 4 个二里头遗址的样品,测量结果列于表 A.7.

表 A.9、表 A.10 和表 A.11 中发掘编号的英文小写字母后缀代表同一发掘单位中的不同骨样品. 表 A.5 和表 A.19 中实验室编号的后缀 -1 和 -2 分别表示样品第一次、第二次制备石墨的测量数据. 表 A.9 和表 A.19 中实验室编号的后缀 A 和 SA 是骨样品制备方法的代码,详见第二章. 各表中的 δ^{13}C 值是用常规质谱计测量的.

表 A.1 王城岗遗址系列样品 AMS ^{14}C 测年数据 ("夏商周断代工程")

序号	分期	发掘编号	样品类型	实验室编号	^{14}C 年龄/BP	δ^{13}C/‰	备注
1	一期	WT255H565	骨头	SA98099	3615 ± 75	−6.00	
2		WT130H340	骨头	SA98100	3740 ± 45	−11.48	
3		WT153H402	骨头	SA98101	3730 ± 45	−19.90	
4	二期	WT157奠6	木炭	SA98102	3635 ± 50	−25.33	
5		WT157奠6	骨头	SA98103	3335 ± 40	−9.88	
6		WT179奠8	骨头	SA98104	3625 ± 35	−16.91	
7	三期	WT258H695	骨头	SA98107	3820 ± 35	−8.28	
8		WT31H92	骨头	SA98108	3705 ± 55	−9.38	
9		WT179H470	骨头	SA98110	3730 ± 45	−17.84	
10	四期	WT92H192	骨头	SA98116	3695 ± 40	−12.74	
11		WT242H536	骨头	SA98117	3610 ± 40	−10.38	
12		WT157H418	骨头	SA98120	3650 ± 35	−15.95	
13	五期	WT45H103	骨头	SA98121	3556 ± 55	−20.29	
14		WT107H233	骨头	SA98122	3670 ± 35	−11.38	
15		WT51②	骨头	SA98123	3655 ± 35	−8.67	

表 A.2 王城岗遗址系列样品 AMS ^{14}C 测年数据（"中华文明探源工程"）

序号	分期		发掘编号	样品类型	实验室编号	^{14}C 年龄/BP	备注
"中华文明探源工程" 系列一							
1	前期	一段	04W5T0670H72	木炭	BA05243	3720±35	
2	前期	一段	04W5T0670H73	木炭	BA05246	3680±35	
3	前期	一段	04W5T0670H74	木炭	BA05249	3700±35	
4	后期	二段	04W5T0670⑧	木炭	BA05239	3750±40	
5	后期	二段	04W5T0670Q1②	木炭	BA05238	3745±35	Q1 为城墙夯土
6	后期	二段	04W5T0670Q1①	木炭	BA05237	3730±40	
7	后期	二段	04W5T0670Q1	骨头	BA05236	3725±35	
8	后期	三段	04W5T0670⑤	骨头	BA05235	3710±40	
"中华文明探源工程" 系列二							
9	前期	一段	04W5T0671⑨	木炭	BA05252	3750±35	
10	前期	一段	04W5T0671H77	木炭	BA05253	3725±35	
11	前期	一段	04W5T0671H79	木炭	BA05254	3585±35	
12	后期	二段	04W5T0671⑧	木炭	BA05251	3720±35	
13	后期	三段	04W5T0671⑤	木炭	BA05250	3700±35	
"中华文明探源工程" 系列三							
14	前期	一段	04W5T0672H76	木炭	BA05266	3745±40	
15	后期		04W5T0672HG1⑩	木炭	BA05261	3730±60	HG1 为城墙壕沟
16	后期		04W5T0672HG1⑨	木炭	BA05260	3700±40	
17	后期		04W5T0672HG1⑧	木炭	BA05259	3560±40	
18	后期		04W5T0672HG1⑥	木炭	BA05258	3475±30	
19	后期		04W5T0672HG1②	木炭	BA05257	3515±35	

表 A.3 古城寨遗址系列样品 AMS ^{14}C 测年数据

序号	分期	发掘编号	样品类型	实验室编号	^{14}C 年龄/BP	备注
1	二期前段	98: XGIIIT261⑥ 上	骨头	BA071424	3900±28	
2	二期前段	98: XGIIIT261⑧B	骨头	BA071423	3835±40	
3	二期前段	98: XGIIIT261㉓	骨头	BA071425	3760±36	
4	二期前段	2002XGVT773H11	木炭	BA07104	3730±27	
5	二期前段	2000: XGIVT86⑥	骨头	BA071427	3695±27	
6	二期后段	2002XGVT773H28	木炭	BA07105	3680±30	
7	二期后段	2002XGVT773H30	木炭	BA07100	3665±38	
8	三期	2002XGVT1019H42	木炭	BA07108	3750±33	
9	三期	2002XGVT1019H43	木炭	BA07109	3670±30	
10	四期	99: XGIIIT103H99	骨头	BA071418	3670±33	
11	四期	99: XGIVT103H99 底	骨头	BA071419	3785±41	
12	四期	2002XGVT1183G1	木炭	BA07099	3730±32	
13	四期	2002XGVT1059H41	木炭	BA07101	3665±39	
14	四期	2002XGVT1142G1	木炭	BA07102	3655±27	

表 A.4　瓦店遗址系列样品 AMS ^{14}C 测年数据

序号	分期	发掘编号	样品类型	实验室编号	^{14}C 年龄/BP	备注[①]
1	一期	YHW97IVT3H61	木炭	BA03169	3830±30	
2		YHW97IVT4⑧	木炭	BA03178	3780±30	
3		YHW97IVT4⑥	木炭	BA03175	3775±50	
4	二期	YHW97IVT3⑤	木炭	BA03154	3445±30	疑似三期
5		YHW97IVT3F4	木炭	BA03157	3495±30	
6	三期	YHW97IVT6H54	木炭	BA03165	3715±30	疑似二期
7		YHW97IVT4④	木炭	BA03172	3650±30	
8		YHW97IVT1F2	木炭	BA03144	3675±30	
9		YHW97IVT1H3	木炭	BA03145	3615±30	
10	三期	YHW97IVT4H24	木炭	BA03161	3445±35	
11		YHW97IVT6H34	木炭	BA03164	3470±30	
12		YHW97IVT1H14	木炭	BA03166	2015±30	
13		YHW97IVT1H17	木炭	BA03167	3475±30	
14		YHW97IVT5③	木炭	BA03182	3825±30	
15		YHW97IVT5H46	木炭	BA03183	3525±30	

注：①以下标注为疑似二/三期的样品系校正年代与原分期倒置，构建模型时已调整，见图 5.11。

表 A.5　新砦遗址系列样品 AMS ^{14}C 测年数据 (北京大学)

序号	分期	发掘编号	样品类型	实验室编号	^{14}C 年龄/BP	δ^{13}C /‰	备注
1	河南龙山文化晚期	99HXXAT1H123	骨头	SA00002	3700±65	−11.13	
2		99HXXAT1H126	骨头	SA00014-1	3675±35	−9.91	
3				SA00014-2	3740±30	−9.22	
4		99HXXAT1H122	骨头	SA00008	3570±35	−8.92	
5		99HXXAT1H120	骨头	SA00007-1	3485±30	−10.63	
6				SA00007-2	3590±30	−10.11	
7		99HXXAT1H119	骨头	SA00001-1	3485±30	−7.25	
8				SA00001-2	3490±35	−6.94	
9	新砦期早段	99HXXAT1⑥C	骨头	SA00006-1	3535±35	−9.11	
10				SA00006-2	3470±35	−8.24	
11		99HXXAT1H116	骨头	SA00012-1	3345±40	−19.26	
12				SA00012-2	3480±35	−18.68	
13		99HXXAT1H112	骨头	SA00005-1	3715±45	−6.43	
14				SA00005-2	3465±35	−6.77	
15		99HXXAT1H115	骨头	SA00019-1	3530±35	−10.52	
16				SA00019-2	3500±35	−9.50	
17		99HXXAT4H61⑥	骨头	SA00028	3500±35	−13.61	

续表

序号	分期	发掘编号	样品类型	实验室编号	^{14}C 年龄/BP	$\delta^{13}C$ /‰	备注
18	新砦期晚段	99HXXAT1H40	骨头	SA00018-1	3500±30	−20.37	
19				SA00018-2	3470±35	−18.88	
20		99HXXAT1H26	骨头	SA00017-1	3395±40	−14.04	
21				SA00017-2	3455±30	−13.60	
22		99HXXAT1H76	骨头	SA00009	3415±35	−9.00	
23		99HXXAT1H48	骨头	SA00010	3645±40	−19.77	
24		99HXXAT1H45	骨头	SA00013-1	3430±55	−12.79	
25				SA00013-2	3390±35	−12.92	
26		99HXXAT1H29①	骨头	SA00016	3410±50	−7.75	
27		99HXXAT4H66	骨头	SA00021-1	3680±45	−15.04	
28				SA00021-2	3425±30	−14.70	
29		99HXXAT4H30	骨头	SA00020-1	3545±40	−6.75	
30				SA00020-2	3490±30	−6.42	

表 A.6 新砦遗址系列样品 AMS ^{14}C 测年数据 (奥地利维也纳大学)

序号	分期	发掘编号	样品类型	实验室编号	^{14}C 年龄/BP	备注
1	河南龙山文化晚期	99HXXAT1H126	骨头	VERA1429	3695±35	SA00014, 骨胶原
2				VERA1430	3760±45	SA00014, 明胶
3	新砦期早段	99HXXAT1H116	骨头	VERA1431	3490±35	SA00012, 骨胶原
4				VERA1432	3500±45	SA00012, 明胶
5	新砦期晚段	99HXXAT1H48	骨头	VERA1434	3425±35	SA00010, 骨胶原
6				VERA1435	3460±50	SA00010, 明胶
7		99HXXAT1H45	骨头	VERA1436	3380±35	SA00013, 骨胶原
8				VERA1437	3450±50	SA00013, 明胶
9		99HXXAT1H29①	骨头	VERA1438	3390±35	SA00016, 骨胶原
10				VERA1439	3430±50	SA00016, 明胶

表 A.7 二里头遗址系列样品 AMS ^{14}C 测年数据

序号	分期	发掘编号	样品类型	实验室编号	^{14}C 年龄/BP	$\delta^{13}C$/‰	备注
1	一期	97YLDT3H58	木炭	SA99017	3405±35	−23.17	
2	一期	97YLDT3H58	鼠骨	SA99018	885±40	−17.19	后期进入
3	二期	97YLVT3H57 东部	鱼骨	SA99042	3720±40	−15.48	贮存库效应使偏老
4	五期	97YLVT3②	核桃壳	SA99041	3150±40	−24.21	

表 A.8　偃师商城遗址系列样品 AMS ^{14}C 测年数据

序号	分期	发掘编号	样品类型	实验室编号	^{14}C 年龄 /BP	δ^{13}C /‰	备注
1	一期 1 段	96YSVIIT28①	骨头	SA00052	3190 ± 55	−10.85	
2		96YSVIIT28⑨	骨头	SA00053	3290 ± 50	−8.14	
3		96YSVIIT28⑧	骨头	SA99117	3295 ± 40	−9.03	
4	一期 2 段	98YSJ1D2T1009④G3	木炭	SA99013	3300 ± 45	−24.75	
5		98YSVIIT0301H99G10西段	木炭	SA99012	3260 ± 40	−24.45	
6		97YSIVT53G2	骨头	SA99121	3220 ± 35	−20.40	
7	二期 3 段	96YSVIIT28⑦	骨头	SA99118	3230 ± 45	−10.16	
8		98YSIVT54H180(下)	木炭	SA99008	3210 ± 45	−26.07	
9		98YSIVT54H181(上)	木炭	SA99007	3305 ± 75	−24.95	
10	二期 4 段	98YSVIIT0502G9	木炭	SA99011	3245 ± 35	−27.14	
11		98YSIVT54⑧	木炭	SA99006	3225 ± 45	−24.42	
12		96YSVIIT27⑥A	骨头	SA99119	3110 ± 40	−8.15	
13		96YSVIIT28⑥B	骨头	SA99120	3305 ± 40	−8.87	
14	三期 5 段	98YSJ1D2T0511H64	木炭	SA99005	3120 ± 55	−26.97	
15		98YSJ1T0419Ch③	骨头	SA99122	3105 ± 40	−19.16	
16		92YSIVT34④下	竹炭	SA99009	3100 ± 40	−26.53	
17		98YSJ1D2T0100H79	木炭	SA99001	3005 ± 45	−24.28	
18		98YSJ1D2T0208H4	木炭	SA99003	3295 ± 40	−22.17	
19		98YSJ1D2T0412H61	竹炭	SA99002	3030 ± 60	−10.83	
20		92YSIVH110	木炭	SA99010	3480 ± 50	−25.36	

表 A.9　郑州商城遗址系列样品 AMS ^{14}C 测年数据（第一批）

序号	分期	发掘编号	样品类型	实验室编号	^{14}C 年龄 /BP	δ^{13}C /‰	备注
1	洛达庙晚期	98ZSC8IIT232H230	木炭	SA99067	3320 ± 55	−24.97	
2		98ZSC8IIT232H231	骨头	SA99068	3385 ± 40	−6.35	制样方法不同
3				SA99068SA	3360 ± 60		
4		97ZSC8IIT155G3	骨头	SA99076	3295 ± 40	−11.46	
5		98ZSC8IIT203H46	骨头	SA99079	3250 ± 35	−10.86	
6		98ZSC8IIT232H233	木炭	SA99110	3290 ± 35	−26.01	
7	二下一期	98ZSC8IIT232 夯土 VII 下垫土	木炭	SA99066	3245 ± 50	−25.30	
8		98ZSC8IIT232 夯土 VII	木炭	SA99070	3285 ± 40	−25.36	
9		98ZSC8IIT207 夯土墙	骨头	SA99078	3285 ± 85	−9.62	
10		97ZSC8IIT166G2a	骨头	SA99074	3280 ± 40	−8.13	
11		ZSC1H9: 25	卜骨	SA99057	3290 ± 45	−21.60	
12		ZSC1H9: 43	骨匕	SA99061	3290 ± 40	−12.00	

附录 A　夏商周时期遗址的 AMS ^{14}C 测量数据

续表

序号	分期	发掘编号	样品类型	实验室编号	^{14}C 年龄 /BP	δ^{13}C /‰	备注
13		ZSC1H10: 31	卜骨	SA99034	3205±45	−9.51	
14	二下一期	98ZSC8IIT232夯土Ⅵ	木炭	SA99069	3280±65	−25.61	
15		98ZSC8IIT203H56	骨头	SA99077	3245±40	−8.40	
16		97XNH69	卜骨残	SA99073	3220±35	−11.14	
17	二下二期	98ZSC8IIT237F2	木炭	SA99072	3340±45	−24.89	
18		98ZSC8IIT233F1a	骨头	SA99065	3270±35	−9.81	
19		98ZSC8IIT236H160	骨头	SA99071	3185±45	−16.86	
20		97ZZG2	骨头	SA99038	3295±35	−13.21	
21		97ZZT1H1	骨头	SA99039	3125±40	−20.89	
22	二上一期	98ZSC8IIT233H19	骨头	SA99114	3225±30	−12.00	
23		98ZSC8IIT234G3	骨头	SA99124	3150±50	−12.28	
24		98ZSC8IIT234H8	骨头	SA99123	3265±40	−8.93	
25		98ZSC8IIT201G2	骨头	SA99113	3275±35	−8.85	
26		98ZSC8IIT201H2	骨头	SA99112	3280±35	−13.45	
27		97ZSC8IIT159H17	骨头	SA99111	3190±35	−13.14	
28	二上二期	97ZSC8IIT159G1	骨头	SA99125	3155±35	−8.13	
29		97ZSC8IT23H15	骨头	SA99030	2365±45	−12.55	
30		97ZZT1H09	骨头	SA99028	3240±40	−14.44	
31		96ZXIVH116	骨头	SA99108	3095±35	−12.44	小双桥样品

表 A.10　郑州商城遗址系列样品 AMS ^{14}C 测年数据（第二批）

序号	分期	发掘编号	样品类型	实验室编号	^{14}C 年龄 /BP	备注
1		06ZSC8IIT422夯10	羊骨	BA07268	3190±30	
2				BA07600	3295±35	
3		06ZSC8IIT422夯9a	猪骨	BA07266	3195±30	
4		06ZSC8IIT422夯9b	鹿骨	BA08305	3265±30	
5		06ZSC8IIT422H94a		BA07267	3240±30	
6			牛骨	BA07594	3260±40	
7		06ZSC8IIT422H94b	猪骨	BA08306	3245±30	
8	洛达庙晚期	94ZSC8IIT58⑥	鹿骨	BA07272	3280±30	
9		94ZSC8IIT58④	猪骨	BA07271	3255±35	
10		06ZSC8IIT422H81a	鹿骨	BA07265	3340±30	
11				BA07767	3285±50	
12		06ZSC8IIT422H81b	牛骨	BA07595	3230±40	
13		06ZSC8IIT422H81c	猪骨	BA07596	3305±35	
14		06ZSC8IIT422H81d	牛骨	BA07597	3255±35	
15		06ZSC8IIT422H81e	猪骨	BA07598	3265±40	
16		06ZSC8IIT422H81f	猪骨	BA07599	3235±40	

续表

序号	分期	发掘编号	样品类型	实验室编号	^{14}C 年龄/BP	备注
17	二下一期	06ZSC8IIT166G2b	肋骨	BA07282	3225±30	与 SA99074 同一单位
18		06ZSC8IIT422H79a	猪骨	BA07264	3210±45	
19		06ZSC8IIT422H79b	牛骨	BA08289	3215±50	
20		06ZSC8IIT422H79c	肋骨	BA08290	3250±30	
21		02HYZH1	人骨	BA07269	3245±30	
22				BA07289	3280±35	
23		06ZSC8IIT426H99	牛骨	BA07262	3210±30	
24		06ZSC8IIT422H75	牛骨	BA08293	3325±30	
25	二下二期	98ZSC8IIT233F1b	牛骨	BA07281	3245±40	与 SA99065 同一单位
26		06ZSC8IIT426H93a	人骨	BA07261	3270±30	
27		06ZSC8IIT426H93b	鹿骨	BA08298	3290±35	
28		06ZSC8IIT426H93c	鹿骨	BA08299	3240±30	
29		05ZSCNT24H65	狗骨	BA07273	3185±40	
30		05ZSCNT24H66	鹿骨	BA07274	3205±30	
31		05ZSCNT25H31	鹿骨	BA07280	3210±40	
32		05ZSCNT18H46	鹿骨	BA07285	3260±30	
33		05ZSCNT17H63	人骨	BA07286	3240±30	
34	二上一期	05ZSCNT26H67	猪骨	BA07275	3205±30	
35		05ZSCNT26H75	牛骨	BA07278	3130±30	
36		05ZSCNT26H39	羊骨	BA07283	3155±30	
37		05ZSCNT29H69	鹿骨	BA07284	3105±30	
38		05ZSCNT23H52	人骨	BA07287	3210±45	
39		05ZSCNT22H29	羊骨	BA07288	3220±30	
40	二上二期	05ZSCNT26H38a	牛骨	BA07276	3205±30	
41		05ZSCNT26H38b	牛骨	BA08294	3200±30	
42		05ZSCNT26H48a	牛骨	BA07277	3230±45	
43		05ZSCNT26H48b	猪骨	BA08296	3165±30	
44		05ZSCNT25H22	牛骨	BA07279	3255±40	
45		05ZSCNT14H5a	牛骨	BA08301	3130±30	
46		05ZSCNT14H5b	羊骨	BA08302	3105±30	

表 A.11 小双桥遗址系列样品 AMS ^{14}C 测年数据

序号	时间顺序分组	发掘编号	样品类型	实验室编号	^{14}C 年龄 /BP	备注
1	1	2000ZXVT87H36	猪骨	BA200685	3065±30	
2	3	2000ZXVT49H80a	猪骨	BA200688	3095±30	
3		2000ZXVT49H80b	羊骨	BA200689	3005±40	
4	4	2000ZXVT93H72a	羊骨	BA200686	3090±30	
5		2000ZXVT93H72b	鹿骨	BA200687	3085±30	
6	5	2000ZXVT93④Ba	猪骨	BA200693	3000±30	
7		2000ZXVT93④Bb	羊骨	BA200694	3055±25	
8	6	2000ZXVT53H60	羊骨	BA200901	3035±30	
9	7	2000ZXVT93④Aa	羊骨	BA200691	2950±35	
10		2000ZXVT93④Ab	猪骨	BA200692	3120±25	
11		2000ZXVT135R45	人骨	BA200695	2935±30	
12		2000ZXVT135R44	人骨	BA200903	2995±30	
13		2000ZXVT135④A	羊骨	BA200906	2950±35	
14		2000ZXVT135④AR53	人骨	BA200907	3020±30	
15		2000ZXVT95R13	人骨	BA200909	3040±30	

表 A.12 洹北花园庄遗址系列样品 AMS ^{14}C 测年数据

序号	分期	发掘编号	样品类型	实验室编号	^{14}C 年龄 /BP	δ^{13}C/‰	备注
1	洹北花园庄早期	98AHDH13	骨头	SA99140	3165±40	−5.46	
2		98AHDH12	骨头	SA99139	3060±35	−16.87	
3		98AHDH11	骨头	SA99138	3190±40	−9.26	
4		98AHDH10	骨头	SA99137	3055±40	−11.60	
5		99AHDM10	骨头	SA99141	3110±40	−6.91	
6		98AHDT4⑤	骨头	SA99105	3085±35	−17.71	
7		98AHDT4⑥	骨头	SA99106	3150±35	−5.81	
8		98AHDM9	人骨	SA99016	3290±40	−7.29	
9	洹北花园庄晚期	98AHDM6	人骨	SA99015	3195±40	−7.17	
10		98AHDH5	骨头	SA99133	3085±40	−14.25	
11		98AHDH6	骨头	SA99134	3090±35	−16.35	
12		98AHDH7	骨头	SA99135	3055±35	−15.04	
13		98AHDH9	骨头	SA99136	3100±40	−7.87	

表 A.13　东先贤遗址系列样品 AMS ^{14}C 测年数据

序号	分期	发掘编号	样品类型	实验室编号	^{14}C 年龄/BP	δ^{13}C/‰	备注
1	一期	98XDT6H9	骨头	SA99128	2965±40	−7.12	
2	一期	98XDT3H15下	木炭	SA99081	3150±60	−24.55	
3		98XDT3H15下	骨头	SA99083	3100±35	−14.79	
4	二期	98XDT2H6	骨头	SA99130	2935±40	−21.00	
5	三期	98XDT1⑧	骨头	SA99131	3085±35	−7.02	
6		98XDT3H10	骨头	SA99082	3105±75	−13.58	

表 A.14　沣西马王村遗址系列样品 AMS ^{14}C 测年数据 (北京大学)

序号	分期		发掘编号	样品类型	实验室编号	^{14}C 年龄/BP	δ^{13}C/‰	备注
1	先周	一期	97SCMT2H7	兽骨	SA97022	2935±35	−7.34	
2			97SCMT1H18③	炭化粟	SA97029	2850±50	−9.59	
3			97SCMT1H18②	炭化粟	SA97030	2900±50	−9.95	
4			97SCMT1H18②	木炭	SA97002	2905±50	−26.83	
5			97SCMT1H18①	木炭	SA97003	2895±50	−25.55	
6	西周早	二期	97SCMT1④2.4 m 下	木炭	SA97004	2855±55	−25.27	
7			97SCMT1④2.4 m 下	木炭	SA97009	2840±55	−25.21	
8			97SCMT1④	木炭	SA97006	2750±55	−25.70	
9		三期	97SCMM7	骨头	SA97020	2915±40	−8.15	
10			97SCMT1H16	骨头	SA97010	2810±45	−18.34	
11			97SCMT1H11	木炭	SA97011	2845±45	−25.69	
12	西周中	四期	97SCMT1H8	木炭	SA97012	2890±40	−25.47	
13			97SCMT1H8	木炭	SA97013	2860±35	−26.44	
14			97SCMT1H3底 3.4 m	木炭	SA97015	2695±50	−25.63	
15			97SCMT1H3	木炭	SA97014	2685±45	−25.17	
16			97SCMT1③	木炭	SA97023	2730±45	−23.49	
17	西周晚	六期	97SCMT2M8	人骨	SA97025	2620±55	−6.19	

表 A.15　沣西马王村遗址系列样品 AMS ^{14}C 测年数据 (加拿大多伦多大学)

序号	分期		发掘编号	样品类型	实验室编号	^{14}C 年龄/BP	δ^{13}C/‰	备注
1	先周	一期	97SCMT1H18③	炭化粟	TO7711	2810±60		SA97029
2			97SCMT1H18②	炭化粟	TO7712	2890±60		SA97030
3	西周早	二期	97SCMT1④2.4 m 下	木炭	TO7709	2800±30		SA97009
4			97SCMT1④	木炭	TO7710	2870±30		SA97006

表 A.16 琉璃河遗址居址区系列样品 AMS ^{14}C 测年数据

序号	分期	发掘编号	样品类型	实验室编号	^{14}C 年龄/BP	δ^{13}C/‰	备注
1	西周早期	96LG11H108③	木炭	SA98129	2845 ± 50	-26.24	
2		96LG11H108①	木炭	SA98127	2805 ± 50	-25.23	
3	西周中期	96LG11H49⑤	木炭	SA98134	2745 ± 50	-25.78	
4		96LG11H49④	木炭	SA98135	2800 ± 50	-25.52	
5		96LG11H49③	木炭	SA98136	2825 ± 40	-24.93	
6		96LG11H39	木炭	SA98144	2885 ± 60	-27.02	
7		96LD14H3	木炭	SA98145	2960 ± 40	-26.23	
8	西周晚期	96LG11H86②	木炭	SA98149	2760 ± 35	-25.81	
9		96LG11H86①	木炭	SA98147	2605 ± 65	-25.20	
10		97LG11H136	木炭	SA98151	2845 ± 55	-26.15	

表 A.17 琉璃河遗址居址区系列样品北京大学常规 ^{14}C 测年数据

序号	分期	发掘编号	样品类型	实验室编号	^{14}C 年龄/BP	δ^{13}C/‰	备注
1	西周早期	96LG11H108②	木炭	XSZ058	2810 ± 35	-26.13	
2		96LG11H108①	木炭	XSZ057	2780 ± 60	-25.71	
3		96LG11H96②	木炭	XSZ062	2800 ± 40	-26.79	
4		96LG11T3102H94	木炭	XSZ063	2880 ± 35	-26.47	
5	西周晚期	96LG11Y1	木炭	XSZ064	2510 ± 35	-26.32	

表 A.18 天马-曲村遗址系列样品 AMS ^{14}C 测年数据

序号	分期		发掘编号	样品类型	实验室编号	^{14}C 年龄/BP	δ^{13}C/‰	备注
1	西周早期	1 段	88QJ7T1327H147	兽骨	SA98014	2870 ± 50	-12.16	
2			86QJ4M6266	人骨	SA98006	2775 ± 50	-6.30	
3			86QJ4M6081	狗骨	SA98007	2765 ± 50	-9.55	
4			80QIT124Y101	兽骨	SA98012	2645 ± 55	-12.81	
5		2 段	86QJ4M6306	人骨	SA98008	2860 ± 50	-7.32	
6			80QIT155H109	兽骨	SA98016	2710 ± 75	-12.23	
7			86QJ7T35H78	兽骨	SA98017	2745 ± 35	-13.08	
8	西周中期	3 段	86QJ4M6411	人骨	SA98009	2795 ± 50	-6.90	
9			82QIVT411H410	兽骨	SA98018	2760 ± 35	-9.29	
10			84QJ7T17H23	羊骨	SA98019	2790 ± 60	-9.17	
11		4 段	82QIVT401H402	羊骨	SA98020	2710 ± 45	-16.07	
12			82QIVT401H402	鹿骨	SA98021	2745 ± 60	-18.96	
13	西周晚期	5 段	86QJ2M5215	人骨	SA98010	2605 ± 50	-7.03	
14			82QⅢT322H326	猪骨	SA98022	2575 ± 50	-7.07	
15		6 段	86QJ7T45H83 上	骨头	SA98023	2430 ± 55	-7.66	
16			82QIT433H412	羊骨	SA98024	2795 ± 65	-14.12	
17			86QJ2M5217	人骨	SA98011	2600 ± 50	-6.79	

表 A.19　晋侯墓地系列样品 AMS ^{14}C 测年数据 (北京大学)

序号	分期	发掘样品	样品类型	实验室编号	^{14}C 年龄/BP	δ^{13}C/‰	备注
1	燮父	M114 侯墓主人骨	人骨	SA00062	2830±35	−10.30	
2		M114 侯墓殉葬狗骨	狗骨	SA00063	2790±35	−11.53	
3		M114 侯墓殉人肋骨	人骨	SA00069	2730±40	−9.01	
4		M113 侯夫人墓主人骨	人骨	SA00061	2805±45	−9.38	
5		M113 侯夫人墓人骨	人骨	SA00068	2895±40	−10.00	
6	武侯	M9 侯墓人骨	人骨	SA98089	2785±50	−12.77	
7		M13 侯夫人墓人骨	人骨	SA98090	2725±55	−8.36	
8	成侯	M6 侯墓殉葬狗骨	狗骨	SA00065	2925±35	−7.40	
9	历侯	M108 侯陪葬墓人骨	人骨	SA98091	2735±40	−5.55	
10	靖侯	M91 侯墓铜鼎底烟炱	烟炱	SA99086	4855±45	−24.49	
11		M91 侯墓铜鼎底烟炱	烟炱	SA99087	2915±40	−10.54	
12	献侯	M8 侯墓木炭	木炭	SA98155	2640±50	−25.13	
13		M39 侯夫人陪葬墓人骨	人骨	SA98092	2685±50	−7.38	
14		M11 侯墓道中的祭牲	马骨	SA98094-1	2560±55	−13.18	
15				SA98094-2	2610±50	−12.77	
16				SA98094A	2575±50	−12.29	
17	穆侯	M64 侯墓人骨	人骨	SA99043	2670±40	−10.07	
18				BA07030	2635±40		
19		M64 侯墓木炭	木炭	SA98157	2540±55	−24.44	
20		M87 侯墓道中的祭牲	马骨	SA98095	2555±50	−15.33	
21	文侯或殇叔	M93 侯墓木炭	木炭	SA98156-1	2650±60	−22.62	
22				SA98156-2	2855±45	−22.27	
23		M93 侯墓道中的祭牲	马骨	SA98096-1	2515±55	−14.84	
24				SA98096-2	2595±50	−16.57	
25				SA98096A	2530±55	−13.80	

表 A.20　晋侯墓地系列样品 AMS ^{14}C 测年数据 (加拿大多伦多大学)

序号	分期	发掘样品	样品类型	实验室编号	^{14}C 年龄/BP	δ^{13}C/‰	备注
1	献侯	M8 侯墓木炭	木炭	TO7998	2630±40		SA98155
2		M11 侯墓道中的祭牲	马骨	TO7999	2570±50		SA98094

附录 B 殷墟甲骨的 AMS ^{14}C 测量数据

本附录中表 B.1 为有字卜骨 AMS ^{14}C 测量结果数据表, 表 B.2 为无字卜骨和安阳骨样品 AMS ^{14}C 测量结果数据表. 这两个表中的样品都是按照采样编号从小到大的顺序排列的, 采样编号为 "夏商周断代工程" 甲骨测年采样登记表中的顺序号, 实验室编号中的后缀 f 表示为对剩余石墨样品的复测数据, 后缀 -1 和 -2 分别表示明胶第一次、第二次制备石墨的测量数据. 有 7 个甲骨样品在第二次制备石墨时进行了重新编号 (BA07031—BA07037), 在表 B.1 中新编号以括号形式标出. 表 B.1 中对应商王一栏中的符号 "-" 表示此范围内的商王均有可能, 符号 "/" 表示历组甲骨对应商王的两种观点. "夏商周断代工程" 的 "骨质样品的制备研究" 专题对甲骨制样与清除污染方法做了细致的研究, 进行了多种方法的尝试, 详见第二章. 在研究过程中对经过常规处理流程制备的明胶尝试了几种纯化方法, 其中, 标记有 p1 的样品为对常规流程制备的明胶附加了用有机溶剂进行淋洗的过程, 在表 B.1 的备注栏中标识为明胶经装柱淋洗纯化. 另外还曾尝试用不同有机溶剂淋洗的 p2 和 p3 流程, 因为结果不够稳定, 故未将其列为正式数据. 甲骨样品测量后期在样品前处理中增加了用系列有机溶剂萃洗的过程, 这类样品在备注栏中标识为甲骨经萃洗纯化. 表 B.2 中实验室编号加的后缀 AA 也是一种制样方法的代码, 详见第二章. 在表 B.1 和表 B.2 中, 都有一些样品的备注栏中标明有机质严重降解, 这些样品无法制备出足够数量的明胶, 因此也没有测量数据. 本附录中 δ^{13}C 栏所列为常规质谱计的测量值. 本表中所列甲骨 ^{14}C 测年数据有相当部分未能进入甲骨系列样品校正模型. 这主要是由于开始处理甲骨时, 对于可能受到加固剂、粘接剂污染的问题估计不足. 虽然后来经过研究基本上解决了这个问题, 但受当时的时间和条件所限, 未能彻底解决该问题.

表 B.1 有字卜骨 AMS ^{14}C 测量结果数据表

序号	采样编号	甲骨著录号	甲骨收藏号	甲骨组别	甲骨分期	对应商王	实验室编号	^{14}C 年龄 /BP	δ^{13}C /‰	备注
1	3	合集 10410	北图 2113	自组 (大)	一期	武丁早	SA98168	2995±30	-7.02	甲骨经苯洗纯化
2	5	合集 20138	北图 20355	自组 (大)	一期	武丁早	SA98169-1	3160±40	-8.06	
							SA98169-1f	3085±55	-8.06	甲骨经苯洗纯化
							SA98169-2	3065±35	-7.79	明胶经装柱淋洗纯化
							SA98169p1	3075±30	-7.89	明胶经装柱淋洗纯化, 样品含碳量偏少
3	6	合集 19754	津博 JG1123	自组 (大)	一期	武丁早	SA00032	3585±125	-10.00	甲骨经苯洗纯化
4	7	合集 6774	北大 339/4655/18:339	自宾间类	一期	武丁早	SA98170	2995±30	-9.62	甲骨经苯洗纯化
							SA98170f	3000±30	-9.62	甲骨经苯洗纯化
5	8	合集 6846	津博 JG240	自组 (大)	一期	武丁早	SA00033	3000±30	-7.02	甲骨经苯洗纯化
6	12	屯 2527	考古所 H65:4+5	自组	一期	武丁早	SA98171	3100±35	-10.08	甲骨经苯洗纯化
							SA98171f	3100±85	-10.08	甲骨经苯洗纯化
7	13	合集 19779	历史所	自组 (小)	一期	武丁中	SA98172	3005±35	-13.74	甲骨经苯洗纯化
							SA98172f	3010±30	-13.74	甲骨经苯洗纯化
8	15	合集 19933	津博 JG343	自组 (小)	一期	武丁	SA00034	2885±30	-9.00	甲骨经苯洗纯化
9	18	合集 2140	北图 5673	自组 (小)	一期	武丁中	SA98173	3070±55	-7.78	甲骨经苯洗纯化
10	20	合集 9816	北图 2104	宾组 (大)	一期	武丁中	SA98174	2995±30	-10.66	甲骨经苯洗纯化
11	22	合集 2869	津博 JG341	宾组 (大)	一期	武丁中	SA00035	2930±30	-8.20	甲骨经苯洗纯化
12	24	合集 3186	山博 8050	宾组	一期	武丁	SA99088-1	3135±30	-8.77	甲骨经苯洗纯化
							SA99088-1f	3130±30	-8.77	甲骨经苯洗纯化
							SA99088-2 (BA07031)	2995±35		

续表

序号	采样编号	甲骨著录号	甲骨收藏号	甲骨组别	甲骨分期	对应商王	实验室编号	^{14}C 年龄 /BP	$\delta^{13}C$ /‰	备注
13	27	合集 22594	山博 8062	宾组	一期	武丁	SA99089	2955 ± 45	−9.27	甲骨经萃洗纯化
14	28	合集 302	北图 527	宾组 (大)	一期	武丁中	SA98175	3050 ± 30	−11.25	
15	32	合集 10132	北大 94/0585/443518 : 119	宾组	一期		SA98176-1	3115 ± 30	−8.46	
							SA98176-1f	3120 ± 40	−8.46	
							SA98176-2 (BA07032)	3120 ± 40		
16	37	合集 3013	北图 4866	宾组 (中)	一期	武丁中晚	SA98177	2985 ± 35	−9.89	
							SA98177f	3170 ± 60	−9.89	
17	40	合集 4122	北图 11157	宾组 (中)	一期	武丁中晚	SA98178	2990 ± 40	−9.08	
18	41	合集 6883	北图 11244	宾组 (中)	一期	武丁中晚	SA98179	2980 ± 30	−8.11	甲骨经萃洗纯化
19	49	合集 13329	山博 8068	宾组	一期	武丁	SA99090	2965 ± 30	−6.71	甲骨经萃洗纯化
20	50	屯 910	考古所 H24 : 106+371	宾组 (中)	一期	武丁中晚	SA98180	2970 ± 30	−7.12	甲骨经萃洗纯化
21	54	合集 21784	吉大 7-605	宾组 (小)	一期	武丁晚	SA00036	2950 ± 30	−9.37	甲骨经萃洗纯化
22	55	合集 3089	北图 5026	宾组 (小)	一期	武丁晚	SA98181	2990 ± 40	−9.95	
23	56	合集 5450	山博 8054	宾组	一期	武丁	SA99091	2905 ± 40	−7.82	甲骨经萃洗纯化
24	59	合集 21542	北图 6283	子组	一期	武丁早	SA98182-1	3220 ± 35	−10.72	
							SA98182-2	3115 ± 30	−10.89	
							SA98182-3 (BA07033)	3235 ± 40		
25	61	合集 21565	故宫新 185103	子组	一期	武丁中	SA98183	3035 ± 40	−8.56	甲骨经萃洗纯化
26	62	合集 21739	山博 8056	子组	一期	武丁	SA99092	2980 ± 30	−9.04	甲骨经萃洗纯化
27	63	花南 M99 上③ : 2	考古所 M99上③ : 2	花南子卜辞	一期	武丁早	SA98184	2965 ± 50	−8.91	甲骨经萃洗纯化
							SA98184f	2975 ± 40	−8.91	

续表

序号	采样编号	甲骨著录号	甲骨收藏号	甲骨组别	甲骨分期	对应商王	实验室编号	^{14}C 年龄 /BP	$\delta^{13}C$ /‰	备注
28	65	合集 22116	山博 8070	午组	一期	武丁	SA99093	3015±30	-8.30	甲骨经苯洗纯化
29	66	合集 22184	历史所	午组	一期	武丁中	SA98185	3010±40	-8.53	甲骨经苯洗纯化
30	67	合集 22086	北图 19650	午组	一期	武丁中	SA98186	3015±35	-8.25	甲骨经苯洗纯化
31	68	花南 M99 上 ③:1	考古所 M99 上 ③:1	午组	一期	武丁早	SA98187	3040±35	-6.77	
32	69	合集 31997	北图 11149	自历间类	一期	武丁	SA98188	2995±30	-10.00	甲骨经苯洗纯化
							SA98188f	2980±30	-10.00	
33	70	合集 33074	北图 10752	自历间类	分期存疑		SA98189	2975±30	-8.01	甲骨经苯洗纯化
							SA98189f	2920±30	-8.01	
34	71	合集 34120	历史所	自历间类	一期	武丁	SA98190	2980±30	-9.41	
35	73	花东 310	考古所 H3:940	花东子卜辞	一期	武丁	SA98191			有机质严重降解
36	74	花东 311	考古所 H3:974	花东子卜辞	一期	武丁	SA98192			有机质严重降解
37	75	花东 312	考古所 H3:985	花东子卜辞	一期	武丁	SA98193			
38	76	合集 1251	山博 8059	出组	二期	祖庚	SA99094	3025±30	-10.25	
39	78	合集 24610	津博 JG251	出组	二期	祖庚或祖甲	SA00037	2970±30	-8.34	甲骨经苯洗纯化
40	79	合集 26766	北大 94:0601/6021.18:1705	出组	二期	祖庚或祖甲	SA98194	2955±55	-9.34	
41	80	合集 23340	山博 8072	出组	二期	祖庚或祖甲	SA99095	2940±35	-9.05	甲骨经苯洗纯化
42	81	合集 23536	山博 8051	出组	二期	祖庚或祖甲	SA99096	2965±50	-9.43	甲骨经苯洗纯化
							SA99096f	2960±65	-9.43	
43	83	合集 25015	北大 5547/8:1231/21	出组	二期	祖庚或祖甲	SA98195	2965±30	-6.85	甲骨经苯洗纯化
							SA98195f	2940±30	-6.85	
44	89	合集 23475	故宫新 184961	出组	二期	祖庚或祖甲	SA98196			有机质严重降解

附录 B 殷墟甲骨的 AMS ^{14}C 测量数据

续表

序号	采样编号	甲骨著录号	甲骨收藏号	甲骨组别	甲骨分期	对应商王	实验室编号	^{14}C 年龄 /BP	δ^{13}C /‰	备注
45	90	合集 23477	北图 2457	出组	二期	祖甲	SA98197-1	3285±40	-8.49	
							SA98197-2 (BA07034)	3410±45		
46	93	合集 23506	北图 5781	出组	二期	祖甲	SA98198-1	3375±55	-14.51	
							SA98198-2 (BA07035)	3425±60		
47	97	屯 2384	考古所 H57:179	出组	二期	祖甲	SA98199	3015±40	-8.40	甲骨经苯洗纯化
48	101	合集 35249	北图 5648	何组	三期		SA98200	2960±30	-7.69	甲骨经苯洗纯化
							SA98200f	2975±30	-7.69	来历不可靠
49	103	无	考古所 陈梦家捐献	何组	三期	廪辛	SA98201	3005±45	-8.19	甲骨经苯洗纯化
50	104	屯 173	考古所 H2:301+435	无名组 A	三期	康丁	SA98202	2960±30	-10.83	有机质严重降解
51	106	屯 1011	考古所 H24:280	无名组 A	三期	康丁	SA98203	2915±45	-8.46	
52	108	屯 1048	考古所 H24:328	无名组 A	三期	康丁	SA98204			有机质严重降解
53	109	屯 2294	考古所 H57:53	无名组 A	三期	康丁	SA98205	2975±40	-8.69	
54	110	屯 2315	考古所 H57:72	无名组 A	三期	康丁	SA98206	2955±30	-7.98	
55	112	屯 2557	考古所 H80:12	无名组 A	三期	康丁	SA98207	2960±30	-9.84	
56	113	屯 2996	考古所 M13:102	无名组 A	三期	康丁	SA98208	2950±30	-10.39	
57	114	屯 4510	考古所 T53②:138	无名组 A	三期	康丁	SA98209			有机质严重降解
58	115	合集 27364	故宫新 185458	无名组 A	三期	康丁	SA98210	2995±45	-10.29	
59	116	合集 27348	北图 5723	无名组 A	三期	康丁	SA98211	3080±30	-11.14	甲骨经苯洗纯化
60	119	屯 610	考古所 H17:58	无名组	三期	康丁	SA98212			有机质严重降解
61	120	屯 657	考古所 H17:126	无名组	三期	康丁	SA98213			有机质严重降解
62	121	屯 2209	考古所 H50:71+226	无名组 B	三期	康丁	SA98214	2930±35	-7.28	甲骨经苯洗纯化
							SA98214f	2930±30	-7.28	

续表

序号	采样编号	甲骨著录号	甲骨收藏号	甲骨组别	甲骨分期	对应商王	实验室编号	^{14}C 年龄 /BP	δ^{13}C /‰	备注
63	122	屯 2263	考古所 H57:12	无名组 B	三期	康丁	SA98215	2975±30	-7.19	甲骨经苯洗纯化
64	123	屯 2370	考古所 H57:147	无名组 B	三期	康丁	SA98216	2955±35	-8.27	甲骨经苯洗纯化
65	124	屯 2742	考古所 H103:84	无名组 B	三期	康丁	SA98217	2990±35	-8.60	甲骨经苯洗纯化
66	126	合集 27616	故宫新 185424	无名组 B	二期	祖甲	SA98218	2985±30	-8.13	
67	128	合集 28278	故宫新 185467	无名组 B	三期	康丁	SA98219	3005±30	-7.26	
68	132	合集 27633	北图 5565	无名组 C	三期	康丁	SA98220	2965±35	-10.12	甲骨经苯洗纯化
69	133	屯 2320	考古所 H57:77	无名组 C	三期	康丁	SA98221	2890±35	-8.53	甲骨经苯洗纯化
70	134	考古所安 271A	考古所安 271A	无名组 C	三期	康丁	SA98222	2915±30	-9.38	甲骨经苯洗纯化
71	135	屯附 1	考古所 T1①:4	无名组 C	三或四期分期存疑	康丁或武乙	SA98223-1 SA98223-2	3405±35 3020±30	-7.23 -6.72	甲骨经苯洗纯化
72	137	屯附 5	考古所 T1①:12	无名组 C	三或四期分期存疑	康丁或武乙	SA98224 SA98224f	3155±30 3145±30	-9.66 -9.66	
73	138	屯 68	考古所 H2:72+769	无名组 C	四期	武乙早	SA98225	3765±35	-10.08	
74	139	屯 647	考古所 H17:113	无名组	四期	武乙早	SA98226	2945±35	-7.93	
75	140	屯 2281	考古所 H57:39	无名组	四期	武乙早	SA98227-1 SA98227-2	3105±40 2960±35	-9.19 -9.13	
76	142	屯 457	考古所 H2:817	历组 B 父丁	分期有争议	武乙/祖庚	SA98228 SA98228f	3510±50 3465±45	-10.44 -10.44	
77	143	屯 601	考古所 H17:46	历组 B 父丁	分期有争议	武乙/祖庚	SA98229	2955±30	-8.96	甲骨经苯洗纯化
78	145	屯南 726	考古所 H23:66	历组父丁	分期有争议	武乙/祖庚	SA00038	3395±30	-8.56	甲骨经苯洗纯化
79	147	屯 994	考古所 H24:255+1405	历组 B 父丁	分期有争议	武乙/祖庚	SA98230	2950±45	-9.31	甲骨经苯洗纯化

续表

序号	采样编号	甲骨著录号	甲骨收藏号	甲骨组别	甲骨分期	对应商王	实验室编号	^{14}C 年龄 /BP	$\delta^{13}C$ /‰	备注
80	148	屯 1116	考古所 H24:416	历组 B 父丁	分期有争议	武乙/祖庚	SA98231	2990±45	-8.58	
81	150	屯 2366	考古所 H57:142	历组 B 父丁	分期有争议	武乙/祖庚	SA98232	2985±30	-8.88	甲骨经苯洗纯化
82	151	屯 2707	考古所 H103:18+20	历组 B 父丁	分期有争议	武乙/祖庚	SA98233	2925±30	-13.17	甲骨经苯洗纯化
							SA98233f	2945±45	-13.17	
83	158	合集 3698	北图 5509	历组 B 父丁	分期有争议	武乙/祖庚	SA98234-1	3275±45	-8.20	
							SA98234-1f	3305±55	-8.20	明胶经柱装淋洗纯化
							SA98234-2	3230±30	-8.12	
							SA98234p1	3040±30	-8.20	
84	159	屯 636	考古所 H17:95	历组 C 父丁	分期有争议	武乙/祖庚	SA98235	2990±30	-9.55	
85	161	屯 1059	考古所 H24:341	历组 C 父丁	分期有争议	武乙/祖庚	SA98236			有机质严重降解
86	164	屯 1090	考古所 H24:388	历组 C 父丁	分期有争议	武乙/祖庚	SA98237-1	3005±55	-7.96	
							SA98237-2	3015±45	-7.96	
87	165	屯 1099	考古所 H24:398	历组 C 父丁	分期有争议	武乙/祖庚	SA98238			有机质严重降解
88	167	屯 1115	考古所 H24:413+414	历组 C 父丁	分期有争议	武乙/祖庚	SA98239	2940±50	-7.73	甲骨经苯洗纯化
							SA98239f	2935±30	-7.73	
89	168	屯 1128	考古所 H24:427	历组 C 父丁	分期有争议	武乙/祖庚	SA98240	3005±35	-8.49	甲骨经苯洗纯化
90	171	合集 32780	北图 10614	历组 C 父丁	分期有争议	武乙/祖庚	SA98241	2995±30	-10.71	甲骨经苯洗纯化

续表

序号	采样编号	甲骨著录号	甲骨收藏号	甲骨组别	甲骨分期	对应商王	实验室编号	^{14}C年龄/BP	δ^{13}C/‰	备注
91	172	合集 34240	故宫新 18524	历组C父乙	分期有争议	文丁/武乙	SA98242	3040±30	-7.36	明胶经装柱淋洗纯化
							SA98242p1	3055±35	-7.29	
92	173	屯 503	考古所 H3:29+31	历组C父丁	分期有争议	武乙/祖庚	SA98243	2985±30	-9.14	甲骨经苯洗纯化
93	174	屯 751	考古所 H23:104	历组父乙	分期有争议	文丁/武丁	SA98244-1	3545±40	-12.82	
							SA98244-1f	3560±60	-12.82	
							SA98244-2	3650±35	-12.76	明胶经装柱淋洗纯化
							SA98244p1	3065±35	-11.31	
94	176	屯 2534	考古所 H75:7	历组	分期有争议	文丁/武丁	SA98245			有机质严重降解
95	181	考古所 T8③:148	考古所 T8③:148	历组父乙	分期有争议	文丁/武丁	SA98246	3025±40	-9.51	
96	182	北图 32680	北图 5787	历组父丁	分期有争议	武乙晚/祖庚	SA98247	3215±30	-11.88	
97	184	合集 32764	北图 12062	历组父乙	分期有争议	文丁/武丁晚	SA98248	3005±30	-7.79	甲骨经苯洗纯化
98	187	屯 340	考古所 H2:642	历组父乙	分期有争议	文丁/武丁	SA98249			有机质严重降解
99	189	屯 505	考古所 H3:33	疑似历组	不能确定		SA98250	2920±30	-9.07	甲骨经苯洗纯化
100	191	屯 3564	考古所 M16:34	黄组	四-五期	文丁-帝乙	SA98251	2920±35	-10.45	
101	192	屯西 H40:1	考古所 H40:1	黄组	五期	帝乙	SA98252-1	3065±60	-8.75	
							SA98252-2 (BA07036)	3155±40		

续表

序号	采样编号	甲骨著录号	甲骨收藏号	甲骨组别	甲骨分期	对应商王	实验室编号	^{14}C年龄/BP	$\delta^{13}C$/‰	备注
102	193	合集 35588	历博 C8.32	黄组	五期	文丁-帝辛	SA00039	2975±35	-10.32	甲骨经苯洗纯化
103	194	合集 35641	历史所	黄组	五期		SA98253	2885±40	-9.46	
104	196	合集 36512	山博 8061	黄组	五期	帝乙-帝辛	SA99097	2980±35	-10.26	明胶经装柱淋洗纯化
							SA99097p1	2925±35	-10.26	
105	203	合集 37849	北图 5647	黄组	五期		SA98254-1	3060±60	-10.81	
							SA98254-2	3095±30	-10.78	
							SA98254p1	3145±40	-10.68	明胶经装柱淋洗纯化
							SA98254-3 (BA07037)	3175±50		
106	204	合集 37852	吉大 7-535	黄组	五期	文丁-帝辛	SA00040	2985±55	-10.00	甲骨经苯洗纯化
107	211	合集 37865	北大 94.0575/5216.18：900	黄组	五期		SA98255	3490±30	-10.41	

表 B.2 无字卜骨和安阳骨样品 AMS ^{14}C 测量结果数据表

序号	采样编号	甲骨分期	殷墟分期	发掘编号	样品类型	实验室编号	^{14}C 年龄 /BP	δ^{13}C /‰	备注
1	1	早于一期	早于一期	98AHDT2④:50	卜骨	SA98158-1	3205±50	-10.24	
2						SA98158-2	3015±35	-10.28	
3	2	五期	四期	花南86AHNH1:6	卜骨	SA98159	2955±40	-10.95	
4	5	一期		小屯南73ASNH115	卜骨	SA98160	2975±40	-14.79	
5	6		一期	小屯南73ASNG1	卜骨	SA98161	2995±40	-12.35	
6	7			91花东H3:707	卜骨	SA98162	2985±55	-10.55	
7	9			小屯南73ASNH199:8	卜骨	SA98163	3235±40	-15.04	
8	15	三期	三期	小屯南73ASNH75:44	卜骨	SA98164			有机质严重降解
9	16			小屯南73ASNH24:430	卜骨	SA98165-1	3205±35	-9.16	
10						SA98165-2	3080±30	-8.20	
11	17	五期	四期	小屯南73ASNH2	卜骨	SA98166	2915±45	-8.97	
12	20			钢厂84AGM1713	羊肩胛骨	SA98167	2870±50	-16.35	与帝辛 7 年青铜器同墓葬出土
13						SA98167AA	2825±45	-15.47	
14	21	一期	二期	妇好墓76AXTM5	骨器	SA99040	2945±50	-16.85	
15	22	早于一期	早于一期	小屯 87AXT1H1:164	骨料	SA99101	3105±35	-11.10	

参 考 文 献

北京大学古代文明研究中心, 郑州市文物考古研究所, 2004. 河南省新密市新砦遗址 2000 年发掘简报 [J]. 文物, 3: 4—20.

北京大学考古文博学院, 河南省文物考古研究所, 2007. 登封王城岗考古发现与研究 (2002 ~ 2005) [M]. 郑州: 大象出版社.

北京大学考古学系, 北京市文物研究所, 1996. 1995 年琉璃河周代居址发掘简报 [J]. 文物, 6: 4—15.

曹定云, 刘一曼, 2019. 四论武乙、文丁卜辞 —— 无名组与历组卜辞早晚关系 [J]. 考古学报, 2: 193—212.

曹定云, 刘一曼, 2023. 五论武乙、文丁卜辞 —— 对《评〈四论〉》一文中提出问题的辩驳 [J]. 殷都学刊, 1: 1—14.

陈梦家, 1951. 甲骨断代学 (甲篇) [J]. 燕京学报, 40: 1—64.

陈梦家, 1956. 殷虚卜辞综述 [M]. 北京: 科学出版社.

陈铁梅, 2008. 科技考古学 [M]. 北京: 北京大学出版社.

董作宾, 1933. 甲骨文断代研究例 [G]//庆祝蔡元培先生六十五岁论文集 (上册). 北平: 国立中央研究院.

董作宾, 1949. 殷墟文字乙编序 [J]. 考古学报, 4: 255—289.

杜安, 马艳, 2007. 殷墟甲骨的保护处理 [J]. 中原文物, 6: 87—90.

杜金鹏, 许宏, 2006. 二里头遗址与二里头文化研究: 中国·二里头遗址与二里头文化国际学术研讨会论文集 [M]. 北京: 科学出版社.

方燕明, 2009. 夏代前期城址的考古学观察 [G]//吉林大学边疆考古研究中心, 新果集: 庆祝林沄先生七十华诞论文集. 北京: 科学出版社: 147—159.

复旦大学, 清华大学, 北京大学, 1986. 原子核物理实验方法 [M]. 北京: 原子能出版社.

郭沫若, 胡厚宣, 1999. 甲骨文合集 [M]. 北京: 中华书局.

郭之虞, 1994. 加速器质谱学 [M]//"现代核分析技术及其在环境科学中的应用" 项目组, 现代核分析技术及其在环境科学中的应用. 第四章. 北京: 原子能出版社: 79—127.

郭之虞, 1998. 高精度加速器质谱 ^{14}C 测年 [J]. 北京大学学报 (自然科学版), 34 (2/3): 201—206.

郭之虞, 1999. 加速器质谱 ^{14}C 测年及其应用 [M]//陈文寄, 计凤桔, 王非, 年轻地质体系的年代测定 (续): 新方法、新进展. 第一章. 北京: 地震出版社: 1—24.

郭之虞, 马宏骥, 2002. 如何看待与使用系列样品 ^{14}C 年代校正方法 [N]. 中国文物报, 2002-6-21 (5).

韩旭里, 谢永钦, 2018. 概率论与数理统计 [M]. 北京: 北京大学出版社.

何明, 包轶文, 苏胜勇, 等, 2020. 小型加速器质谱系统研制及分析技术研究 [J]. 原子核物理评论, 37(3): 784—790.
河南省文物考古研究所, 2000. 河南郑州商城宫殿区夯土墙 1998 年的发掘 [J]. 考古, 2: 40—60.
河南省文物考古研究所, 2001. 郑州商城: 1953～1985 年考古发掘报告 [M]. 北京: 文物出版社.
河南省文物考古研究所, 2004. 禹州瓦店 [M]. 北京: 世界图书出版公司北京公司.
河南省文物考古研究所, 新密市炎黄历史文化研究会, 2002. 河南新密市古城寨龙山文化城址发掘简报 [J]. 华夏考古, 2: 53—82.
河南省文物考古研究所, 郑州大学文博学院考古系, 南开大学历史系博物馆学专业, 1996. 1995 年郑州小双桥遗址的发掘 [J]. 华夏考古, 3: 1—56.
河南省文物考古研究院, 北京大学考古文博学院, 2018. 禹州瓦店环壕聚落考古收获 [J]. 华夏考古, 1: 3—29.
河南省文物考古研究院, 河南省夏文化研究中心, 北京大学考古文博学院, 2021. 河南禹州瓦店遗址 WD2F1 建筑发掘简报 [J]. 华夏考古, 6: 3—38.
河南省文物研究所, 1989. 郑州洛达庙遗址发掘报告 [J]. 华夏考古, 4: 48—77.
黄天树, 2007. 殷墟王卜辞的分类与断代 [M]. 北京: 科学出版社.
蒋祖棣, 2002. 西周年代研究之疑问: 对 "夏商周断代工程" 方法论的批评 [G]//《宿白先生八秩华诞纪念文集》编辑委员会, 宿白先生八秩华诞纪念文集. 北京: 文物出版社: 89—108.
孔颖达, 2015. 影印南宋官版尚书正义 [M]. 北京: 北京大学出版社.
李伯谦, 1986. 二里头类型的文化性质与族属问题 [J]. 文物, 6: 41—47.
李伯谦, 2002. 晋侯墓地发掘与研究 [C]//上海博物馆, 晋侯墓出土青铜器国际学术研讨会论文集. 上海: 上海书画出版社: 29—40.
李惕碚, 1980. 实验的数学处理 [M]. 北京: 科学出版社.
李学勤, 1977. 论 "妇好" 墓的年代及有关问题 [J]. 文物, 11: 32—37.
李学勤, 1981. 小屯南地甲骨与甲骨分期 [J]. 文物, 5: 27—33.
李学勤, 彭裕商, 1996. 殷墟甲骨分期研究 [M]. 上海: 上海古籍出版社.
林沄, 1984. 小屯南地发掘与殷墟甲骨断代 [M]//中国古文字研究会, 山西省文物局, 中华书局编辑部, 古文字研究: 第 9 辑. 北京: 中华书局: 111—154.
林沄, 2013. 评〈三论武乙、文丁卜辞〉[C] //李宗焜, 第四届国际汉学会议论文集: 出土材料与新视野. 台北: "中研院": 1—26.
林沄, 2020. 评《四论武乙、文丁卜辞》[J]. 出土文献, 1: 2—18.
刘若新, 仇士华, 蔡莲珍, 等, 1997. 长白山天池火山最近一次大喷发年代研究及其意义 [J]. 中国科学 (D 辑), 27(5): 437—441.
刘绪, 2018. 夏文化探讨的现状与任务 [J]. 中原文化研究, 5: 5—13.
刘一曼, 曹定云, 2011. 三论武乙、文丁卜辞 [J]. 考古学报, 4: 467—502.
吕新苗, 朱立平, NISHIMURA M, 等, 2011. 西藏南部普莫雍错 19 cal ka BP 以来高分辨率环境记录 [J]. 科学通报, 56(24): 2006—2016.
彭裕商, 1983. 也论历组卜辞的时代 [J]. 四川大学学报 (哲学社会科学版), 1: 91—109.

仇士华, 2015. ^{14}C 测年与中国考古年代学研究 [M]. 北京: 中国社会科学出版社.

仇士华, 蔡莲珍, 1998. 解决商周纪年问题的一线希望 [C]//中国社会科学院考古研究所, 中国商文化国际学术讨论会论文集. 北京: 中国大百科全书出版社: 442—449. 该文亦收入: 仇士华, 2015. ^{14}C 测年与中国考古年代学研究. 北京: 中国社会科学出版社: 112—121.

仇士华, 陈铁梅, 蔡莲珍, 1990. 中国 ^{14}C 年代学研究 [M]. 北京: 科学出版社.

裘锡圭, 1981. 论"历组卜辞"的时代 [M]//中国古文字研究会, 四川大学历史系古文字研究室, 古文字研究: 第 6 辑. 北京: 中华书局: 263—321.

苏辉, 2002. 美国之行答问: 关于"夏商周断代工程" [N]. 中国文物报, 2002-8-16 (5).

孙杰, 2013. 金沙遗址出土卜甲的修复 [J]. 文物保护与考古科学, 25 (1): 75—81.

唐际根, 1999. 中商文化研究 [J]. 考古学报, 4: 393—420.

王宇信, 1993. 甲骨学通论 [M]. 第四章. 北京: 中国社会科学出版社: 65—102.

夏商周断代工程专家组, 2000. 夏商周断代工程 1996—2000 年阶段成果报告: 简本 [M]. 北京: 世界图书出版公司北京公司.

夏商周断代工程专家组, 2022. 夏商周断代工程报告 [M]. 北京: 科学出版社.

肖楠, 1976. 安阳小屯南地发现的"自组卜甲"——兼论"自组卜辞"的时代及其相关问题 [J]. 考古, 4: 234—241.

肖楠, 1980. 论武乙、文丁卜辞 [M]//中国古文字研究会, 中华书局编辑部, 古文字研究: 第 3 辑. 北京: 中华书局: 43—79.

肖楠, 1984. 再论武乙、文丁卜辞 [M]//中国古文字研究会, 山西省文物局, 中华书局编辑部, 古文字研究: 第 9 辑. 北京: 中华书局: 155—188.

谢济, 1981. 武丁时另种类型卜辞分期研究 [M]//中国古文字研究会, 四川大学历史系古文字研究室, 古文字研究: 第 6 辑. 北京: 中华书局: 322—344.

谢济, 1982. 试论历组卜辞的分期 [G]//胡厚宣, 甲骨探史录. 北京: 三联书店: 87—111.

邢台东先贤考古队, 2002. 邢台东先贤商代遗址发掘报告 [M]//北京大学中国考古学研究中心, 北京大学古代文明研究中心, 古代文明: 第 1 卷. 北京: 文物出版社: 371—451.

许宏, 2009. 最早的中国 [M]. 北京: 科学出版社.

严一萍, 1982. 甲骨断代问题 [M]. 中国台湾: 艺文印书馆.

尹金辉, 焦文强, 卢演俦, 等, 1997. Fe、H_2 法加速器质谱仪 (AMS) ^{14}C 测年石墨靶制备系统的建立 [J]. 地球学报, 18 (Supp.): 230—232.

原思训, 1990. 加速器质谱计 ^{14}C 测年用石墨样品的制备 [M]//中国第四纪研究委员会, 碳十四年代学组, 第四纪冰川与第四纪地质论文集: 第六集 (碳十四专集). 北京: 科学出版社: 9—16.

原思训, 1993. 加速器质谱法测定兴隆纹饰鹿角与峙峪遗址等样品的 ^{14}C 年代 [J]. 人类学学报, 12 (1): 92—95.

张立东, 2002. 面对面的对话: "夏商周断代工程"的美国之旅 [N]. 中国文物报, 2002-5-24 (7).

张世箕, 1979. 测量误差及数据处理 [M]. 北京: 科学出版社.

张永山, 罗琨, 1980. 论历组卜辞的年代 [M]//中国古文字研究会, 中华书局编辑部, 古文字研究: 第 3 辑. 北京: 中华书局: 80—103.

赵春青, 张松林, 张家强, 等, 2004. 河南新密新砦遗址发现城墙和大型建筑 [N]. 中国文物报, 2004-3-3(1).

赵海涛, 许宏, 2019. 中华文明总进程的核心与引领者: 二里头文化的历史位置 [J]. 南方文物, 2: 57—67.

中国社会科学院考古研究所, 1987. 殷墟发掘报告 (1958—1961) [M]. 北京: 文物出版社.

中国社会科学院考古研究所, 1994. 殷墟的发现与研究 [M]. 北京: 科学出版社.

中国社会科学院考古研究所安阳工作队, 1998. 河南安阳市洹北花园庄遗址 1997 年发掘简报 [J]. 考古, 10: 23—35.

中国社会科学院考古研究所安阳工作队, 2003. 河南安阳市洹北商城的勘察与试掘 [J]. 考古, 5: 387—400.

中国社会科学院考古研究所二里头工作队, 2004. 河南偃师市二里头遗址宫城及宫殿区外围道路的勘察与发掘 [J]. 考古, 11: 963—973.

中国社会科学院考古研究所丰镐工作队, 2000. 1997 年沣西发掘报告 [J]. 考古学报, 2: 199—256.

中国社会科学院考古研究所河南第二工作队, 1999. 河南偃师商城小城发掘简报 [J]. 考古, 2: 97—107.

中国社会科学院考古研究所考古科技实验研究中心碳十四实验室, 2002. 放射性碳素测定年代报告 (二八) [J]. 考古, 7: 49—58.

中国政府网, 2018. 国务院新闻办就中华文明起源与早期发展综合研究成果有关情况举行发布会 [OL]. 2018-5-28. http://www.gov.cn/xinwen/2018-05/28/content_5294241.htm#1.

邹衡, 2000. 天马-曲村 (1980—1989) [M]. 北京: 科学出版社.

BATTEN R J, BRONK RAMSEY C, GILLESPIE, et al., 1986. A review of the operation of the Oxford radiocarbon accelerator unit [J]. Radiocarbon, 28(2A): 177—185.

BEUKENS R P, 1994. Procedures and precision in ^{14}C AMS [J]. Nuclear instruments and methods in physics research, B 92: 182—187.

BOARETTO E, WU X H, YUAN J R, et al., 2009. Radiocarbon dating of charcoal and bone collagen associated with early pottery at Yuchanyan cave, Hunan Province, China [J]. PHAS, 106(24): 9595—9600.

BRONK RAMSEY C, 1994. Analysis of chronological information and radiocarbon calibration: The program OxCal[J]. Archaeological Computing Newsletter, 41: 11—16.

BRONK RAMSEY C, 1995. Radiocarbon calibration and analysis of stratigraphy: The OxCal program [J]. Radiocarbon, 37(2): 425—430.

BRONK RAMSEY C, 1998. Probability and dating[J]. Radiocarbon, 40(1): 461—474.

BRONK RAMSEY C, 2000. Comment on 'the use of Bayesian statistics for ^{14}C dates of chronologically ordered samples: A critical analysis' [J]. Radiocarbon, 42(2): 199—202.

BRONK RAMSEY C, 2001. Development of the radiocarbon calibration program [J]. Radiocarbon, 43 (2A): 355—363.

BRONK RAMSEY C, 2008. Deposition models for chronological records[J]. Quaternary Science Reviews, 27: 42—60.

BRONK RAMSEY C, 2009a. Bayesian analysis of radiocarbon dates[J]. Radiocarbon, 51(1): 337—360.

BRONK RAMSEY C, 2009b. Dealing with outliers and offsets in radiocarbon dating [J]. Radiocarbon, 51(3): 1023—1045.

BRONK RAMSEY C, DEE M, LEE S, et al., 2010. Developments in the calibration and modeling of radiocarbon dates[J]. Radiocarbon, 52(2/3): 953—961.

BRONK RAMSEY C, LEE S, 2013. Recent and planned developments of the program OxCal [J]. Radiocarbon, 55(2/3): 720—730.

BROWN T A, NELSON D E, VOGEL J S, et al., 1988. Improved collagen extraction by modified longin method [J]. Radiocarbon, 30(2): 171—177.

BRUHN F, DUHR A, GROOTES P M, et al., 2001. Chemical removal of conservation substances by "Soxhlet"-type extraction [J]. Radiocarbon, 43(2A): 229—237.

BUCK C E, CHRISTEN J A, JAMES G N, 1999. BCal: An on-line Bayesian radiocarbon calibration tool[J/OL]. Internet Archaeology 7. https: //doi.org/10.11141/ia.7.1.

BUCK C E, KENWORTHY J B, LITTON C D, et al., 1991. Combining archaeological and radiocarbon information: A Bayesian approach to calibration[J]. Antiquity, 65(249): 808—821.

BUCK C E, LITTON C D, SMITH A F M, 1992. Calibration of radiocarbon results pertaining to related archaeological events[J]. Journal of Archaeological Science, 19(5): 497—512.

CHEN J E, GUO Z Y, LIU K X, 2011. Development of accelerator mass spectrometry and its applications [J]. Reviews of Accelerator Science and Technology, 4: 117—145.

COHEN D J, BAR-YOSEF O, WU X H, et al., 2017. The emergence of pottery in China: Recent dating of two early pottery cave sites in South China [J]. Quaternary International, 441: 36—48.

de MARIA D, 2021. Towards a new horizon for biomedical applications of AMS [D]. ETH-Zurich, Switzerland.

DONAHUE D J, LINICK T W, JULL A J T, 1990. Isotope-ratio and background corrections for accelerator mass spectrometry radiocarbon measurements [J]. Radiocarbon, 32(2): 135—142.

FINKEL R C, SUTER M, 1993. AMS in the earth sciences: Technique and applications[M]//Advances in analytical geochemistry. Vol. 1. Greenwich: JAI Press: 1—114.

GAO P, ZHOU L P, LIU K X, et al., 2019. Radiocarbon in the maritime air and sea surface water of the South China sea [J]. Radiocarbon, 61(2): 461—472.

GILLESPIE R, 1997. Radiocarbon calibration of the Shang: A proposal[M]//BULBECK D, BARNARD N, Ancient Chinese and Southeast Asian bronze age cultures: The proceedings of a conference held at the Edith and Joy London foundation property. Vol.2. Taipei: SMC Publishing Inc.: 679—686.

HEATON T J, KÖHLER P, BUTZIN M, et al., 2020. Marine20–the marine radiocarbon age calibration curve (0–55, 000 CAL BP) [J]. Radiocarbon, 62(4): 779—820.

HEDGES R E M, HUMM M J, FOREMAN J, et al., 1992a. Developments in sample combustion to carbon dioxide, and in the Oxford AMS carbon dioxide ion source system[J]. Radiocarbon, 34(3): 306—311.

HEDGES R E M, van KLINKEN G J, 1992b. A review of current approaches in the pretreatment of bone for radiocarbon dating by AMS[J]. Radiocarbon, 34(3): 279—291.

HOGG A G, HEATON T J, HUA Q, et al., 2020. SHCal20 Southern hemisphere calibration, 0–55, 000 years CAL BP [J]. Radiocarbon, 62(4): 759—778.

JONES M, NICHOLLS G, 2002. New radiocarbon calibration software[J]. Radiocarbon, 44(3): 663—674.

JULL A J T, DONAHUE D J, HATHEWAY A L, et al., 1986. Production of graphite targets by deposition from CO/H_2 for precision accelerator ^{14}C measurements[J]. Radiocarbon, 28(2A): 191—197.

KAIHOLA L, KOJOLA H, HEINONEN A, 1992. A minivial for small-sample ^{14}C dating[J]. Radiocarbon, 34(3): 402—405.

KHOSH M S, XU X M, TRUMBORE S E, 2010. Small-mass graphite preparation by sealed tube zinc reduction method for AMS ^{14}C measurements[J]. Nuclear Instruments and Methods in Physics Research, B 268: 927—930.

KILIAN M R, van der PLICHT J, VAN GEEL B, 1995. Dating raised bogs: New aspects of AMS ^{14}C wiggle matching, a reservoir effect and climatic change[J]. Quaternary Science Reviews, 14: 959—966.

KIRNER D L, BURKY R, TAYLOR R E, et al., 1997. Radiocarbon dating organic residues at the microgram level [J]. Nuclear Instruments and Methods in Physics Research, B 123: 214—217.

KIRNER D L, TAYLOR R E, SOUTHON J R, 1995. Reduction in backgrounds of microsamples for AMS ^{14}C dating [J]. Radiocarbon, 37(2): 697—704.

KUTSCHERA W, 2023a. An overview of world-wide AMS facilities [J]. Nuclear Instruments and Methods in Physics Research, B 538: 87—94.

KUTSCHERA W, JULL A J T, PAUL M, et al., 2023b. Atom counting with accelerator mass spectrometry [J]. Reviews of Modern Physics, 95(3): 035006(1—63).

LIBBY W F, ANDERSON E C, ARNOLD J R, 1949. Age determination by radiocarbon content: World-wide assay of natural radiocarbon [J]. Science, 109(2827): 227—228.

LIU K X, DING X F, FU D P, et al., 2007. A new compact AMS system at Peking University [J]. Nuclear Instruments and Methods in Physics Research, B 259: 23—26.

LIU K X, GUO Z Y, LU X Y, et al., 2000. Improvements of PKUAMS for precision ^{14}C analysis of the project of Xia-Shang-Zhou chronology[J]. Nuclear Instruments and Methods in Physics Research, B 172: 70—74.

LIU K X, WU X H, GUO Z Y, et al., 2021. Radiocarbon dating of oracle bones of late Shang period in ancient China[J]. Radiocarbon, 63(1): 155—175.

MINAMI M, NAKAMURA T, 1998. Comparison of AMS radiocarbon ages between amino acids and collagens in fossil bones[J]. Chinese Science Bulletin, 43: 89.

MOOK W G, van der PLICHT J, 1999. Reporting ^{14}C activities and concentrations [J]. Radiocarbon, 41(3): 227—239.

OGNIBENE T J, BENCH G, VOGEL J S, 2003. A high-throughput method for the conversion of CO_2 obtained from biochemical samples to graphite in septa-sealed vials for quantification of ^{14}C via accelerator mass spectrometry[J]. Analytical Chemistry, 75(9): 2192—2196.

PEARSON G W, 1986. Precise calendrical dating of known growth-period samples using a 'curve fitting' technique[J]. Radiocarbon, 28(2A): 292—299.

PRINOTH-FORNWAGNER R, NIKLAUS T H, 1994. The man in the ice: Results from radiocarbon dating[J]. Nuclear Instruments and Methods in Physics Research, B 92 (1—4): 282—290.

PURSER K H, SMICK T H, PURSER R K, 1990. A precision ^{14}C accelerator mass spectrometer [J]. Nuclear Instruments and Methods in Physics Research, B 52: 263—268.

REIMER P J, AUSTIN W E N, BARD E, et al., 2020. The IntCal20 Northern hemisphere radiocarbon age calibration curve (0–55 Cal kBP) [J]. Radiocarbon, 62(4): 725—757.

REIMER P J, BAILLIE M G L, BARD E, et al., 2004. IntCal04 terrestrial radiocarbon age calibration, 0–26 Cal kyr BP [J]. Radiocarbon, 46(3): 1029—1058.

REIMER P J, BAILLIE M G L, BARD E, et al., 2009. IntCal09 and Marine09 radiocarbon age calibration curves, 0–50, 000 years Cal BP [J]. Radiocarbon, 51(4): 1111—1150.

REIMER P J, BARD E, BAYLISS A, et al., 2013. IntCal13 and Marine13 radiocarbon age calibration curves 0–50, 000 years Cal BP [J]. Radiocarbon, 55(4): 1869—1887.

ROZANSKI K, STICHLER W, GONFIANTINI R, et al., 1992. The IAEA ^{14}C intercomparison exercise 1990 [J]. Radiocarbon, 34(3): 506—519.

RUFF M, SZIDAT S, GÄGGELER H W, et al., 2010. Gaseous radiocarbon measurements of small samples [J]. Nuclear Instruments and Methods in Physics Research, B 268 (7—8): 790—794.

SANTOS G M, SOUTHON J R, DRENZEK N J, et al., 2010. Blank assessment for ultra-small radiocarbon samples: Chemical extraction and separation versus AMS [J]. Radiocarbon, 52(2—3): 1322—1335.

SANTOS G M, SOUTHON J R, GRIFFIN S, et al., 2007. Ultra small-mass AMS ^{14}C sample preparation and analyses at KCCAMS/UCI facility [J]. Nuclear Instruments and Methods in Physics Research, B 259: 293—302.

SCHUUR E A G, DRUFFEL E R M, TRUMBORE S E, eds., 2016. Radiocarbon and climate change [M]. Switzerland: Springer International Publishing.

SCOTT E M, COOK G T, NAYSMITH P, 2007a. Error and uncertainty in radiocarbon measurements [J]. Radiocarbon, 49(2): 427—440.

SCOTT E M, COOK G T, NAYSMITH P, et al., 2007b. A report on phase 1 of the 5th international radiocarbon intercomparison (VIRI) [J]. Radiocarbon, 49(2): 409—426.

SLOTA P J, JULL A J T, LINICK T W, et al., 1987. Preparation of small samples for ^{14}C accelerator targets by catalytic reduction of CO[J]. Radiocarbon, 29(2): 303—306.

SLOTA P J, TAYLOR R E, 1986. AMS ^{14}C analysis of samples from archaeological contexts: Pretreatment and target preparation[C]//Proceedings of the first university of California conference on accelerator mass spectrometry. Institute of Geophysics and Planetary Physics, University of California.

STAFFORD T W, BRENDEL K, DUHAMEL R C, 1988. Radiocarbon, ^{13}C and ^{15}N analysis of fossil bone: Removal of humates with XAD-2 resin [J]. Geochimica et Cosmochimica Acta, 52(9): 2257—2267.

STEIER P, ROM W, 2000. The use of Bayesian statistics for ^{14}C dates of chronologically ordered samples: A critical analysis [J]. Radiocarbon, 42(2): 183—198.

STUIVER M, POLACH H A, 1977. Discussion reporting of ^{14}C data [J]. Radiocarbon, 19(3): 355—363.

STUIVER M, REIMER P J, BARD E, et al., 1998. IntCal98 radiocarbon age calibration, 24,000–0 Cal BP [J]. Radiocarbon, 40(3): 1041—1083.

SUTER M, BALZER R, BONANI G, et al., 1984. A fast beam pulsing system for isotope ratio measurements [J]. Nuclear Instruments and Methods in Physics Research, B 5: 242—246.

SYNAL H A, JACOB S, SUTER M, 2000. The PSI/ETH small radiocarbon dating system [J]. Nuclear Instruments and Methods in Physics Research, B 172: 1—7.

SYNAL H A, STOCKER M, SUTER M, 2007. MICADAS: A new compact radiocarbon AMS system [J]. Nuclear Instruments and Methods in Physics Research, B 259: 7—13.

TALAMO S, FEWLASS H, MARIA R, et al., 2021. "Here we go again": The inspection of collagen extraction protocols for ^{14}C dating and palaeodietary analysis [J/OL]. Science & Technology of Archaeological Research, 7(1): 62—77.

TAYLOR R E, BAR-YOSEF O, 2014. Radiocarbon dating (2nd ed.) [M]. Walnut Creek, California: Left Coast Press.

van der PLICHT J, BRONK RAMSEY C, HEATON T J, et al., 2020. Recent developments in calibration for archaeological and environmental samples [J]. Radiocarbon, 62(4):

1095—1117.

VOGEL J S, 1992. Rapid production of graphite without contamination for biomedical AMS [J]. Radiocarbon, 34(3): 344—350.

VOGEL J S, NELSON D E, SOUTHON J R, 1987. ^{14}C background levels in an accelerator mass spectrometry system [J]. Radiocarbon, 29(3): 323—333.

VOGEL J S, PALMBLAD N M, OGNIBENE T, et al., 2007. Biochemical paths in humans and cells: Frontiers of AMS bioanalysis [J]. Nuclear Instruments and Methods in Physics Research, B 259: 745—751.

VOGEL J S, SOUTHON J R, NELSON D E, et al., 1984. Performance of catalytically condensed carbon for use in accelerator mass spectrometry [J]. Nuclear Instruments and Methods in Physics Research, B 5: 289—293.

WALKER B D, XU X M, 2019. An improved method for the sealed-tube zinc graphitization of microgram carbon samples and ^{14}C AMS measurement [J]. Nuclear Instruments and Methods in Physics Research, B 438: 58—65.

WEISBURD S, 1985. Excavating words: A geological tool [J]. Science News, 127(6): 91—94.

WU X H, ZHANG C, GOLDBERG P, et al., 2012. Early pottery at 20, 000 years ago in Xianrendong cave, China [J]. Science, 336: 1696—1700.

XIE Q Y, SUN H F, LIU Y F, et al., 2006. Adduction of biomacromolecules with acrylamide (AA) in mice at environmental dose levels studied by accelerator mass spectrometry [J]. Toxicology Letters, 163: 101—108.

XU X M, GAO P, SALAMANCA E G, et al., 2013a. Ultra small-mass graphitization by sealed tube zinc reduction method for AMS ^{14}C measurements [J]. Radiocarbon, 55(2—3): 608—616.

XU X M, KHOSH M S, DRUFFEL-RODRIGUEZ K C, et al., 2010. Is the consensus value of ANU sucrose (IAEA C-6) too high? [J]. Radiocarbon, 52(2—3): 866—874.

XU X M, SHEN C D, STILLS A K, et al., 2013b. Homogeneity evaluation of Chinese Sugar Carbon (CSC) standard for AMS ^{14}C measurement [J]. Nuclear Instruments and Methods in Physics Research, B 294: 430—434.

XU X M, TRUMBORE S E, ZHENG S H, et al., 2007. Modifying a sealed tube zinc reduction method for preparation of AMS graphite targets: Reducing background and attaining high precision [J]. Nuclear Instruments and Methods in Physics Research, B 259: 320—329.

YUAN S X, LI K, YUAN J R, et al., 1997. Applications of AMS radiocarbon dating in Chinese archaeological studies[C]//DUGGAN J L, MORGAN I L, eds., Proceedings of the 14th international conference on the application of accelerators in research and industry (CP392). New York: AIP Press: 803—806.

YUAN S X, WU X H, GAO S J, et al., 2000a. Comparison of different bone pretreatment methods for AMS ^{14}C dating [J]. Nuclear Instruments and Methods in Physics Research,

B 172: 424—427.

YUAN S X, WU X H, GAO S J, et al., 2000b. The CO_2 preparation system for AMS dating at Peking University [J]. Nuclear Instruments and Methods in Physics Research, B 172: 458—461.

YUAN S X, WU X H, LIU K X, et al., 2007. Removal of contaminants from oracle bones during sample pretreatment [J]. Radiocarbon, 49(2): 211—216.

ZHOU W J, NIU Z C, WU S G, et al., 2020. Fossil fuel CO_2 traced by radiocarbon in fifteen chinese cities [J]. Science of the total environment, 729: 138639.

后　　记

2017年《夏商周断代工程报告》的最后一轮修改工作接近尾声时,李伯谦先生向我们提出建议,希望我们写一本关于"夏商周断代工程"AMS ^{14}C测年的书. 我们从20世纪80年代末建造北京大学EN-AMS装置、1996年参与"夏商周断代工程"至今,在AMS ^{14}C测年方面已经工作了三十余年,也觉得需要对所做的工作做个总结. 这是写作本书的初衷.

由于种种原因,本书的写作一直拖到2019年6月才开始动笔,2020年10月完成了第一章至第六章的第一稿. 此后又对小双桥遗址的数据进行了补充,并加写了第七章和第八章,到2021年9月完成了全书的第二稿. 在写作过程中,本书的四位作者不断对全书进行讨论和修改,又对书中所有遗址系列样品和甲骨样品都用OxCal v4.4.2和IntCal20校正曲线重新进行了年代校正,到2022年6月完成了全书的第三稿. 陈佳洱、仇士华、陈星灿、徐晓梅和北京大学出版社邀请的一位匿名专家审阅了全书的第三稿,并提出了很多宝贵的修改意见. 根据他们的修改意见,本书作者于2023年7月完成了全书的第四稿. 2023年11月本书排出初校样,2024年1月排出二校样. 雷兴山对二校样进行了复审. 作者对以上审稿专家表示由衷的感谢.

应当指出的是,在"夏商周断代工程"内部,特别是"^{14}C测年技术的改进与研究"课题内部的交流讨论,对于我们的AMS ^{14}C测年工作有极大的促进作用. 从1997年到2009年,"夏商周断代工程"共召开了20次^{14}C测年研讨会,其中半数是与考古学家一起开的. 通过这些研讨会,无论是在^{14}C测年课题内部,还是在^{14}C测年课题与考古学家之间,都进行了充分的讨论与沟通,对于^{14}C测年的方法、系列样品年代校正、^{14}C测年结果与考古学的整合等问题逐步取得了共识.

北京大学EN-AMS的建造是在陈佳洱院士的领导下进行的,先后参加建造、升级改造和测量工作的主要有李坤、郭之虞、严声清、刘洪涛、斯厚智、刘克新、鲁向阳、汪建军、李斌、于金祥、彭士香、张征芳、袁敬琳、张桂筠、巩玲华、任晓堂、王忠义、于茂林、刘智辉等人. 北京大学小型AMS装置是在北京大学城市与环境学院周力平教授的倡导下建成,并于2004年投入使用的,周力平、刘克新、郭之虞参加了实验室的前期筹备工作,刘克新、丁杏芳、付东坡参加了实验室的建设和^{14}C样品的测量工作. 在1996年之前参加北京大学AMS ^{14}C制样实验室建设工作的有原思训、高世君、陈铁梅,在1996年之后参加北京大学AMS ^{14}C制样设备改进和制样工作的有原思训、吴小红、高世君、潘岩和王金霞. 北京大学研究用贝叶斯方法进行系列样品年代校正的有郭之虞、马宏骥、鲁向阳、吴小红. 上述人员对北京大学 AMS ^{14}C 测年设备的安装、改造、调试和研究工作做出了重要贡献. 本书中的琉璃河遗址居址区系列样品除了 AMS ^{14}C 数据外, 还使用了若干北京大学常规 ^{14}C 实验室的 ^{14}C 数据 (详见 5.4.2 小节), 参加相应制样和测量工作的有陈铁梅、原思训、马力、蒙清平和胡艳秋等. 作者对本书作者以外的上述人员致以诚挚的感谢.

北京大学 AMS ^{14}C 测年工作得到了测年专家仇士华、蔡莲珍、陈铁梅, 以及考古专家李伯谦、刘绪、杨育彬、方燕明、蔡全法、赵春青、徐良高、杜金鹏、唐际根、宋国定、李素婷、杨树刚等人的支持与帮助, 甲骨测年工作得到了甲骨研究专家刘一曼、曹定云、黄天树等人的帮助. 仇士华先生曾多次和我们讨论 AMS ^{14}C 测年中遇到的问题, 帮助我们不断提高测量的精度和可靠性. 我们的工作也得到了"夏商周断代工程"办公室的大力支持. OxCal 程序的编写者布朗克-拉姆齐对我们的工作给予了很大帮助, 特别是在年代校正的模拟研究和程序新版本使用中遇到问题时, 他总能给出有价值的建议. 作者在此对以上专家表示深深的感谢.

北京大学的 AMS ^{14}C 测年工作得到了科技部、国家自然科学基金委员会和北京大学的资助和大力支持, 特此致谢.

作者感谢北京大学出版社编辑陈小红和班文静为本书出版付出的辛勤劳动. 本书的出版得到了国家出版基金的资助.

作者

2024 年 2 月 28 日